高职高专"十三五"规划教材

商业银行信贷实务

邱立军　胡　茵　主编
宋　贺　副主编

化学工业出版社

·北京·

本书以现代市场经济的运行机制为背景，以商业银行信贷业务的理论与实践为主线，结合商业银行从业资格考试内容，概括介绍了商业银行信贷业务的基本理论，详细阐述了信贷资金的筹集、信贷业务的相关基础知识、业务流程及风险管理。同时，本书还结合信贷业务的新发展的实际，增加了担保业务管理、银行网络贷款业务以及小额信贷业务等方面的基本理论和实践业务知识，体现了较强的时代感。此外，本书每章还引入相应的案例和资料，章后还配有练习题，以方便读者学习。

本书可以作为高职高专金融、投资专业的教材，也可以作为银行和农村金融机构信贷工作人员以及对信贷知识感兴趣的人员的自学参考用书。

图书在版编目（CIP）数据

商业银行信贷实务/邱立军，胡茵主编．—北京：化学工业出版社，2018.8（2022.1重印）
ISBN 978-7-122-32293-7

Ⅰ.①商… Ⅱ.①邱… ②胡… Ⅲ.①商业银行-信贷管理 Ⅳ.①F830.5

中国版本图书馆CIP数据核字（2018）第112500号

责任编辑：蔡洪伟　　　　　文字编辑：李　曦
责任校对：边　涛　　　　　装帧设计：张　辉

出版发行：化学工业出版社(北京市东城区青年湖南街13号　邮政编码100011)
印　　装：三河市双峰印刷装订有限公司
787mm×1092mm　1/16　印张18　字数452千字　2022年1月北京第1版第4次印刷

购书咨询：010-64518888　　　　售后服务：010-64518899
网　　址：http://www.cip.com.cn
凡购买本书，如有缺损质量问题，本社销售中心负责调换。

定　　价：45.00元　　　　　　　　　　　　　　　　　　版权所有　违者必究

前 言

"商业银行信贷实务"是研究商业银行信贷业务的基本理论、基础知识和基本技能的应用性学科,是金融、投资专业的主干课程,也是经济类专业的核心课程。

本书在编写过程中,根据相关专业培养目标的要求,坚持基础理论教学以应用为目标,以必须、够用为原则,结合银行从业资格考试的要求,合理地处理商业银行信贷基础理论和信贷业务实践的关系,力求做到内容完整、结构合理、条理清晰、突出实用,讲练结合,真正符合高职高专教学特色要求。在教材编写中,主要突出以下几个方面的特色:

第一,基础性。在保持商业银行信贷实务原有的教学内容的基础上,将重点放在基础知识、基本理论、基本技能的掌握上。

第二,实用性。体现高职特色,理论以"够用"为度,引入银行从业资格考试"公司信贷""个人贷款"部分相关内容,并以案例、知识链接、资料等内容增加教材的实用性。

第三,创新性。在内容上不仅及时反映最新的银行信贷业务监管要求与业务实践,而且针对高职学生就业岗位——农村商业银行、村镇银行、小贷公司等的实际增加了"银行网络贷款业务"以及"小额信贷业务"的最新内容。

本书的基本框架如下:第一章"商业银行信贷概述"介绍信贷的概念、特征和性质、信贷资金运动规律、信贷资金管理的内容;第二章"商业银行资金来源"介绍各种信贷资金来源的构成以及负债业务的组织与管理;第三章"贷款管理的基本制度和基本规定"介绍贷款的当事人、当事人的权利义务、贷款种类、期限和利率、贷款业务流程、贷款管理制度;第四章"贷款定价"介绍贷款定价的基本原理、定价的影响因素、定价的基本原则、定价的方法;第五章"客户信用分析"、第六章"贷款项目评估"介绍流动资金贷款、固定资产贷款决策的依据即财务分析、信用等级评估、贷款项目评估的方法以及客户征信的查询和使用方法;第七章"贷款担保"介绍保证担保、抵押担保、质押担保方式的法律规定以及各类贷款的管理要点;第八章、第九章"公司授信业务""个人贷款业务"介绍该两类贷款的种类、管理方法以及操作要点;第十章"贷款风险管理"介绍贷款风险的概念、种类、防范和控制机制、贷款风险分类方法;第十一章、第十二章"银行网络贷款业务""小额信贷业务"介绍银行网络贷款及小额信贷业务与管理。

本书编写组由6人组成,编者有长期从事高职教育的老师,也有来自于银行业务实践的教师,具有较强的理论功底和实践经验。主编由邱立军、胡茵担任,副主编由宋贺担任。具体分工如下:第一章、第八章、第十章由邱立军编写,第二章、第三章、第五章、第九章由胡茵编写,第四章由王宁编写,第六章、第七章由宋贺编写,第十一章由姜丽帆编写,第十二章由王文昭编写。全书由邱立军进行总纂和定稿。

在本书的编写过程中，吉林银行程松斌副行长和邱月老师给予了大力支持和无私帮助，在此向其致以诚挚的谢意。本书编写过程中我们参阅了大量有关资料，借鉴和吸收了一些相关的研究成果，听取了许多专家、同仁的意见，在此一并表示衷心的感谢。由于编者水平有限，加上时间仓促，本书在编写过程中难免有疏漏和错误之处，恳请同行、专家和读者能提出宝贵意见，以便后续对该书进行修订和完善。

编者

2018 年 4 月

目 录

第一章　商业银行信贷概述 …………………………………………………… 1
　第一节　银行信贷的职能和作用 …………………………………………… 1
　　一、银行信贷及信贷资金的含义 …………………………………………… 1
　　二、银行信贷的特征和本质 ………………………………………………… 2
　　三、商业银行的信贷职能 …………………………………………………… 3
　　四、信贷的作用 ……………………………………………………………… 4
　第二节　商业银行信贷资金运动规律 ……………………………………… 5
　　一、银行信贷资金的构成 …………………………………………………… 5
　　二、信贷资金运动过程 ……………………………………………………… 6
　　三、信贷资金运动规律 ……………………………………………………… 7
　　四、按信贷资金运动规律管理信贷 ………………………………………… 8
　第三节　信贷资金管理 ……………………………………………………… 8
　　一、中央银行对信贷资金宏观管理的任务和内容 ………………………… 8
　　二、银行监管部门对商业银行信贷资金的管理 …………………………… 10
　　三、商业银行内部信贷资金管理 …………………………………………… 13

第二章　商业银行资金来源 …………………………………………………… 16
　第一节　商业银行的资本 …………………………………………………… 16
　　一、商业银行资本的含义与构成 …………………………………………… 16
　　二、商业银行资本的功能和作用 …………………………………………… 18
　第二节　商业银行负债业务 ………………………………………………… 20
　　一、商业银行负债业务的经营原则 ………………………………………… 20
　　二、商业银行负债的构成 …………………………………………………… 21
　　三、商业银行的负债成本 …………………………………………………… 22
　　四、商业银行存款的组织与管理 …………………………………………… 23
　　五、商业银行借入款项的组织与管理 ……………………………………… 30

第三章　贷款管理的基本制度和基本规定 …………………………………… 37
　第一节　贷款原则和政策 …………………………………………………… 37

一、贷款原则 ………………………………………………………… 38
　　二、贷款政策 ………………………………………………………… 38
　第二节　信贷业务的基本要素 …………………………………………… 40
　　一、商业银行信贷业务双方当事人 ………………………………… 40
　　二、贷款种类 ………………………………………………………… 43
　　三、贷款的期限和利率 ……………………………………………… 44
　　四、贷款的还款方式 ………………………………………………… 45
　第三节　贷款业务基本操作流程 ………………………………………… 46
　　一、建立信贷关系 …………………………………………………… 46
　　二、贷款申请与调查 ………………………………………………… 48
　　三、贷款审查与审批 ………………………………………………… 52
　　四、签订借款合同 …………………………………………………… 52
　　五、贷款发放与支付 ………………………………………………… 53
　　六、贷后检查 ………………………………………………………… 54
　　七、贷款风险分类 …………………………………………………… 54
　　八、贷款收回 ………………………………………………………… 55
　　九、贷款档案管理 …………………………………………………… 55
　第四节　信贷业务的管理制度 …………………………………………… 56
　　一、信贷业务授权与授信制度 ……………………………………… 56
　　二、贷款主责任人与经办责任人制度 ……………………………… 59
　　三、贷款"三查"制度与审贷分离制度 …………………………… 60
　　四、信贷业务报备制度与责任追究制度 …………………………… 61
　　五、贷款回避制度与离职审计制度 ………………………………… 62

第四章　贷款定价 …………………………………………………………… 66
　第一节　影响贷款定价的因素及定价原则 ……………………………… 66
　　一、贷款定价的含义 ………………………………………………… 67
　　二、贷款定价的影响因素 …………………………………………… 67
　　三、贷款定价的原则 ………………………………………………… 68
　第二节　贷款定价原理及方法 …………………………………………… 69
　　一、贷款定价的基本原理 …………………………………………… 69
　　二、贷款价格的构成 ………………………………………………… 70
　　三、贷款定价的方法 ………………………………………………… 71

第五章　客户信用分析 ……………………………………………………… 76
　第一节　企业信用分析 …………………………………………………… 76
　　一、信用分析的定义 ………………………………………………… 76
　　二、信用分析的目的 ………………………………………………… 77
　　三、信用分析的内容 ………………………………………………… 77
　第二节　企业财务因素分析 ……………………………………………… 78
　　一、企业财务分析概述 ……………………………………………… 78

  二、企业财务报表分析 ……………………………………………………… 79
  三、企业财务比率分析 ……………………………………………………… 82
 第三节　企业非财务因素分析 ………………………………………………… 85
  一、企业非财务因素分析的作用 …………………………………………… 85
  二、非财务分析的内容 ……………………………………………………… 85
  三、注意事项 ………………………………………………………………… 89
 第四节　企业信用等级评估 …………………………………………………… 90
  一、企业信用等级评估定义 ………………………………………………… 90
  二、企业信用等级评估方法 ………………………………………………… 90
  三、企业信用等级指标体系 ………………………………………………… 91
  四、企业信用评估流程 ……………………………………………………… 94
 第五节　个人信用评估 ………………………………………………………… 95
  一、个人信用评估定义 ……………………………………………………… 95
  二、个人信用调查 …………………………………………………………… 95
  三、个人信用等级评估指标体系 …………………………………………… 96
 第六节　征信系统 ……………………………………………………………… 97
  一、征信系统概述 …………………………………………………………… 97
  二、征信报告的查询 ………………………………………………………… 99
  三、解读征信报告 ………………………………………………………… 100

第六章　贷款项目评估 ……………………………………………………… 105
 第一节　贷款项目评估概述 …………………………………………………… 107
  一、银行贷款项目评估的意义 ……………………………………………… 107
  二、项目评估的原则 ………………………………………………………… 108
  三、项目评估的内容 ………………………………………………………… 109
  四、项目评估的程序 ………………………………………………………… 111
 第二节　项目非财务分析 ……………………………………………………… 112
  一、项目背景分析 …………………………………………………………… 113
  二、项目借款人分析 ………………………………………………………… 113
  三、市场需求预测和竞争力分析 …………………………………………… 113
  四、生产规模分析 …………………………………………………………… 114
  五、原辅料供给分析 ………………………………………………………… 115
  六、技术及工艺流程分析 …………………………………………………… 115
  七、项目建设和生产条件分析 ……………………………………………… 116
  八、环境影响分析 …………………………………………………………… 117
  九、项目组织与人力资源分析 ……………………………………………… 117
 第三节　项目财务效益分析 …………………………………………………… 118
  一、财务预测的审查 ………………………………………………………… 119
  二、项目现金流量分析 ……………………………………………………… 120
  三、项目盈利能力分析 ……………………………………………………… 121
  四、项目清偿能力分析 ……………………………………………………… 123

  五、贷款风险性评估 ··· 124
  六、项目不确定性分析 ··· 124
  七、财务评价的基本报表 ·· 126
  八、项目银行、社会效益评估 ·· 126

第七章　贷款担保 ·· 130
第一节　贷款担保概述 ··· 130
  一、贷款担保的作用 ··· 130
  二、贷款担保的分类 ··· 132
  三、贷款的担保原则 ··· 133
第二节　贷款保证担保 ··· 134
  一、贷款保证的定义 ··· 134
  二、保证人资格与能力 ··· 134
  三、担保范围及担保期间 ·· 135
  四、保证贷款操作要点 ··· 135
  五、贷款保证风险及其防范 ·· 137
第三节　贷款抵押 ·· 140
  一、贷款抵押的概念 ··· 140
  二、抵押物的范围 ·· 140
  三、抵押物的估价及抵押登记 ······································· 141
  四、抵押贷款操作要点 ··· 142
  五、贷款抵押风险及其防范 ·· 144
第四节　贷款质押 ·· 146
  一、贷款质押的概念 ··· 146
  二、质押的范围 ··· 146
  三、质押价值、质押率的确定 ······································· 147
  四、质押贷款操作的要点 ·· 147
  五、贷款质押风险及其防范 ·· 149

第八章　公司授信业务 ·· 153
第一节　企业流动资金贷款 ·· 154
  一、企业流动资金贷款及其规则 ···································· 154
  二、企业资金贷款的对象和条件 ···································· 154
  三、企业流动资金贷款需求量的测算 ······························· 155
  四、流动资金贷款风险评价及控制措施 ···························· 157
  五、流动资金贷款操作流程 ··· 158
第二节　固定资产贷款 ··· 161
  一、固定资产贷款及其规则 ··· 161
  二、固定资产贷款条件 ··· 162
  三、固定资产贷款操作流程 ··· 163
第三节　项目融资 ·· 166

  一、项目融资及其规则 ·· 166
  二、项目融资参与各方当事人及项目融资的条件 ·· 167
  三、项目融资业务操作流程 ·· 169
 第四节 票据承兑与贴现 ·· 170
  一、银行承兑汇票业务 ·· 170
  二、票据贴现业务 ·· 172
 第五节 其他表外业务 ·· 176
  一、贷款承诺 ·· 176
  二、保函业务 ·· 179
  三、信用证 ·· 183

第九章 个人贷款业务 ·· 192
 第一节 个人贷款概述 ·· 192
  一、个人贷款的特征 ·· 192
  二、个人贷款的种类 ·· 193
 第二节 个人住房贷款业务 ·· 194
  一、个人住房贷款的概念和特点 ·· 194
  二、个人住房贷款的种类 ·· 195
  三、个人住房贷款的还款方式 ·· 195
  四、个人住房贷款的风险与防范 ·· 196
  五、个人住房贷款的操作规程 ·· 197
 第三节 汽车消费贷款业务 ·· 200
  一、汽车消费贷款的含义及特点 ·· 200
  二、汽车消费贷款的原则和营销模式 ·· 200
  三、汽车消费贷款的风险与防范 ·· 201
  四、办理汽车消费贷款的业务流程 ·· 201
 第四节 个人信用卡业务 ·· 203
  一、个人信用卡业务的概念 ·· 203
  二、信用卡业务的种类 ·· 203
  三、信用卡业务的相关要素 ·· 204
  四、信用卡业务操作流程 ·· 206
  五、信用卡业务风险及其控制与防范 ·· 207
 第五节 个人经营性贷款 ·· 209
  一、个人经营性贷款的含义和分类 ·· 209
  二、个人经营性贷款的特征 ·· 210
  三、个人经营性贷款的操作流程 ·· 210

第十章 贷款风险管理 ·· 216
 第一节 贷款风险概述 ·· 216
  一、贷款风险的定义和特征 ·· 216
  二、贷款风险的种类及表现形式 ·· 218

  三、贷款风险的管理策略 ·· 219
 第二节 贷款风险分类 ··· 221
  一、贷款分类的含义和标准 ·· 221
  二、贷款风险分类的目标、原则和意义 ·· 222
  三、贷款分类考虑的因素及监管要求 ·· 223
  四、贷款风险分类方法 ·· 223
  五、不同类别贷款分类 ·· 228
 第三节 不良贷款的处置 ··· 230
  一、不良贷款的定义及成因 ·· 230
  二、不良贷款的监控和考核 ·· 230
  三、不良贷款的处置方式 ·· 231

第十一章 银行网络贷款业务 ·· 238
 第一节 银行网络贷款业务概述 ··· 239
  一、网络信贷的兴起 ·· 239
  二、银行网络贷款的模式 ·· 239
  三、银行网络贷款的发展机遇与挑战 ·· 240
  四、银行发展网络信贷业务的建议 ·· 242
 第二节 银行网络贷款产品及业务流程 ··· 243
  一、银行个人网络贷款业务产品及业务流程 ···································· 243
  二、建行中小企业"e贷通"系列产品及业务流程 ······························ 245
  三、建行小微企业"快e贷"及业务流程 ······································ 249
 第三节 网络贷款的风险管理 ··· 250
  一、网络贷款对象及风险特征 ·· 250
  二、加强银行网络贷款风险防范的建议 ·· 251

第十二章 小额信贷业务 ·· 254
 第一节 小额信贷概述 ··· 255
  一、小额信贷的含义与特点 ·· 255
  二、小额信贷的分类 ·· 256
  三、小额信贷模式 ·· 256
  四、我国小额贷款实践 ·· 258
 第二节 商业银行小额信贷的基本要素 ··· 259
  一、小额信贷的对象和条件 ·· 259
  二、小额信贷的贷款用途 ·· 259
  三、贷款额度的确定 ·· 260
  四、贷款期限与利率 ·· 260
  五、还款方式——分期还款 ·· 260
  六、组织管理 ·· 261
 第三节 微小企业财务分析与逻辑检验 ··· 261
  一、微小企业财务分析的方法 ·· 261

二、财务报表编制与重构 …………………………………………………… 262
　三、财务数据的逻辑检验 …………………………………………………… 266
第四节　小额信贷操作管理 …………………………………………………… 269
　一、小额信贷业务受理 ……………………………………………………… 269
　二、贷款评估 ………………………………………………………………… 270
　三、贷款审查、审批 ………………………………………………………… 271
　四、贷款发放 ………………………………………………………………… 271
　五、贷后监控 ………………………………………………………………… 271
　六、贷款收回 ………………………………………………………………… 273

参考文献 …………………………………………………………………………… 276

第一章

商业银行信贷概述

【学习目的与要求】

了解信贷、信贷资金的概念；

掌握信贷的特征与本质；

了解信贷资金的运动过程及其规律；

掌握中央银行对信贷资金宏观管理的任务和内容；

掌握银行监管部门对商业银行的信贷资金管理内容；

掌握商业银行内部信贷资金管理内容。

【案例导入】

华夏银行 100 亿授信 投向未来科技城

2016 年 04 月 25 日，华夏银行杭州分行与杭州未来科技城管委会签署战略合作协议，计划未来 3 年向杭州未来科技城授信 100 亿元，支持小镇内创业型中小企业创业资金贷款。

华夏银行根据小镇内科创型企业的特点量身定制了"天使贷"和"投联贷"业务，让更多小型企业、微型企业、小企业主享受到扶持政策。"天使贷"业务采用无抵押、无系统外保证信用贷款方式，方便快捷，信用贷款授信金额最高可达 300 万。"投联贷"业务是华夏银行和创投机构达成战略合作，在创投机构对创新型企业已进行风险评估和投资的基础上，银行以"股权＋债权"的模式对企业进行投资，形成股权投资和银行信贷之间的联动融资模式，可采用单笔贷款一次性授信或给予授信额度循环贷款方式，期限最长 3 年。

资料来源：新华网，http://news.xinhuanet.com/local/2016-04/25/c_128926446.htm

第一节　银行信贷的职能和作用

一、银行信贷及信贷资金的含义

商业银行信贷活动是商业银行传统的经营行为。今天，虽然商业银行不断拓展现代银行经营领域，但是信贷业务仍是商业银行最重要的业务，只是在内涵与外延方面已经有了很大的发展。正因如此，商业银行信贷管理成为商业银行经营管理的核心内容。商业银行信贷业务经营管理水平的高低，直接关系到商业银行的竞争、生存与发展。所以，科学地认识信贷本质，加强信贷管理，对管好、用好信贷资金，充分发挥信贷的经济杠杆作用，提高信贷资金运用效益，具有十分重要的意义。

1. 银行信贷的含义

信贷是一种借贷行为，它是以偿还和付息为条件的特殊价值运动。从经济内容看，就是债务人与债权人由借贷而形成的债权债务关系，体现着一定的社会关系，是从属于商品货币经济的一个范畴。银行的信贷活动是货币资金流通的重要方式。

银行信贷有三个层次相互联系又宽窄不同含义。第一层含义是指银行贷款，即银行在一定期限内以让渡资金的使用权为代价，由借款人到期后还本付息的民事法律行为。第二层含义是指银行授信，即银行向客户直接提供货币资金的支持，或对客户在有关经济活动中的信用向第三方作出保证，以此收取利息或费用的行为。授信分表内授信和表外授信。表内授信包括贷款、项目融资、贸易融资、贴现、透支、保理、拆借等；表外授信包括贷款承诺、保证、信用证、票据承兑等。由于企业法人需要表外授信，且表外授信也存在着风险，因此，授信是从风险控制的角度对银行信贷业务的概括。第三层含义是指银行信用，即以银行为中介、以存贷为主体的信用活动的总称。它既包括存款者或债权人向银行提供信用，也包括银行向借款人或债务人提供信用。银行自有资金较少，主要靠负债经营，只有筹集了大量的资金，才能发放更多的贷款，这层含义即是从经营管理的角度对银行信贷进行的概括。

2. 信贷资金的含义

银行信贷的具体体现形式是信贷资金。信贷资金是商业银行从事信贷业务营运的货币资金，也即商业银行通过信贷方式（即以偿还付息为条件）筹集和分配的资金，信贷资金具有独立的形态，不同于财政资金和企业资金。

从资金存在的具体形态上看，信贷资金属于货币形态的资金。作为货币形态的信贷资金与物资形态的资金相比，有它的特征，即具有资金与货币的双重属性。作为资金，它参加生产的全部过程，作为货币，它不能参加生产过程，只是流通手段和支付手段，不停地在流通领域运动。信贷资金具有资金与货币的双重职能，而货币的职能是它的主要职能。

二、银行信贷的特征和本质

（一）银行信贷的特征

信贷的特征也即信贷资金的特征，信贷资金的特征是偿还性、增值性、风险性和虚拟性。偿还性、增值性是基本特征，风险性和虚拟性衍生特征。

1. 偿还性

偿还性是指借款人要按约定的贷款期限、借款数额，到期偿还贷款。偿还是信贷的内在要求，不还款不称其为贷款，而是拨款，给予或捐赠等。财政拨款不需要偿还，捐赠款也不需要偿还，而信贷就必须偿还。贷款要偿还，存款要支取，这是信贷的本质特征。

2. 增值性

增值性是指借款人使用贷款或保证时要按约定的利率支付利息或费用，这是市场经济的内在要求。在市场经济条件下，经营信贷业务与从事其他经济活动一样，都是为了获取一定的经济利益；此外，银行在经营信贷业务时，要耗费一定的费用，如果贷款不收取利息，这些费用就得不到补偿，经营活动也就要停止。因此，收取利息和费用，也就成为信贷活动的内在要求。

3. 风险性

信贷的风险性是指信贷资金到期不能偿还本金而发生损失的可能性或保证履行了垫款给

银行带来的损失。这是市场经济本身所决定的。市场经济优胜劣汰,借款人的情况是变化无常的。贷款发放后或提供保证后,由于产品、市场、管理等诸多因素的影响,企业可能效益不好,甚至严重资不抵债,濒临破产,贷款或担保肯定存在一定的风险。另外,由于信用制度没有完全建立起来,有钱不愿还贷的情况也大量存在,信贷的风险不可避免。

4. 虚拟性

信贷的虚拟性是指社会上一切货币资金通过信用媒介所产生的重影。当存款人把货币存入银行后,银行向借款人发放贷款,贷款形成借款人的存款,借款人将存款支付货款后又形成新的存款人的存款,银行将存款留足备付金和存款准备金之后,又可以发放贷款,又形成新的存款,循环往复。表面上社会资金扩大了好多倍,实际上,这笔资金被"虚拟"了。只有通过这笔信贷资金的运用,并产生了经济效益时,信贷资金的真正意义才能得以体现。

(二) 信贷的本质

信贷的本质,即信贷的属性,包括信贷的自然属性和信贷的社会属性两个方面。

1. 信贷的自然属性

信贷的自然属性是指信贷是一种借贷行为,在商品经济条件下,实质是一种特殊商品。之所以把信贷称为商品,是因为在市场经济条件下,银行是把信贷作为商品来经营的,做的是货币买卖。吸收存款是买入货币,发放贷款是卖出货币,货币是商品,信贷自然也是商品。但信贷不是一般商品,而是特殊商品。其特殊性表现在以下五个方面:

(1) 特殊的使用价值 可以满足人们多方面的需要。

(2) 特殊的转让方式 信贷只转让使用权,不转让所有权,是两权分离的商品。

(3) 特殊的价格形式 信贷商品的价格是使用信贷支付的报酬,即贷款利息和费用。

(4) 特殊的商品形式 信贷商品是货币形式。

(5) 特殊的运动方式 信贷"消费"后,不退出流通领域,继续在市场流通。

由于信贷是商品,因而信贷必然受价值规律的制约。尽管目前利率没有完全放开,但是随着利率市场化的不断推进,信贷受价值规律的支配会越来越大。

2. 信贷的社会属性

信贷的社会属性是指从宏观考察的信贷本质。从宏观考察,信贷不是特殊商品,而是国家投放货币的主要形式,是货币流通的主闸门和调节器,信贷供给不受价值规律制约,只受货币流通规律的制约。

国家投放货币的主要形式有四种:一是发放贷款,二是收购金银,三是收购外汇,四是收购债券。由于收购金银、外汇受金、银产量及国际贸易收支的影响,收购债券是宏观调控的手段,因而信贷成为国家投放货币的主要形式。信贷调节货币流通的作用是通过贷款的发放和收回来实现的。市场上货币少了,增发贷款,增加存款,增加货币;相反,市场上货币多了,收回货款,减少存款,减少流通中的货币。

信贷本质在微观与宏观上的不同属性,是由信贷本身的特殊性决定的。信贷既是货币的借贷行为,是特殊商品,同时又是一个国家投放货币的形式之一。作为商品,信贷受价值规律制约,作为货币供应形式,信贷受货币流通规律的制约,这就是信贷活动微观要搞活,宏观要监控的基本原理。只有从微观与宏观两个方面把握信贷的本质,才能管好信贷,提高信贷资金的使用效益。

三、商业银行的信贷职能

信贷的职能是指信贷在经济范畴所固有的功能。信贷之所以一经产生就成为调节经济,促进国民经济发展的杠杆，是和它本身所固有的职能分不开的。概括起来信贷有四个方面的职能。

1. 聚集和经营社会资金的职能

在社会主义条件下，银行通过信用方式，把分散在社会各阶层、再生产各环节中的资金集中起来，形成一个巨大的资金力量，再通过贷款或投资等方式把这些资金投放于生产和流通领域，促进社会主义商品生产和商品流通规模的不断扩大，并获取利润。这种职能是信贷的基本职能。

2. 调节经济活动的职能

信贷调节经济活动的职能，宏观上表现为信贷规模、信贷结构、贷款利率的调整。通过信贷规模的扩张与收缩，信贷结构的调整及利率的调整影响国民经济的发展趋势。信贷调节经济活动的职能微观上表现为贷与不贷，贷多贷少、期限长短、利率高低。通过增加或减少贷款，提高或降低利率等调节企业的经济行为，促使其调整产品结构、提高产品质量、改善经营管理，或促使其停产、转产、甚至破产，以此调节经济活动。

3. 服务和监督经济活动的职能

信贷具有服务和监督经济活动的职能是由信贷的本质特征决定的。信贷的本质特征是偿还性、增值性和风险性。为了保证信贷资金的安全，能按时收回本息，必须对贷款进行管理和监督，管理的主要内容就是利用信贷关系对企业的经济活动施加影响，强化行为约束，以促使其合理有效地使用资金。监督的主要内容是监督企业依法签订合同，依合同使用贷款，以及监督企业依法经营，以此保证信贷活动正常有序进行。

4. 信息反馈的职能

信贷的信息反馈职能包括两个方面：一是信贷直接提供的信息，如信贷规模、信贷结构、信贷投向、贷款利率、信贷供求状况、贷款运用效果等；二是信贷间接提供的信息，如银行向国民经济各部门发放信贷，了解各单位的经济活动，从而银行形成重要的经济活动信息系统。它可以向市场及有关部门及时地提供大量的经济活动信息。

四、信贷的作用

在我国市场经济中，信贷起着十分重要的作用。

1. 为国民经济提供信贷资金，促进国民经济可持续发展

信贷促进国民经济发展的作用表现在宏观和微观两个方面。从微观上看，银行通过吸收存款聚集资金力量，再通过贷款向企业供应资金，可以促进生产要素尽快组合，形成生产力，推动经济发展。从宏观上看，适当的货币供给是商品经济健康发展的必备条件，银行适当控制信贷规模能为国民经济提供良好的货币供应环境，同时通过信贷的总量调控、结构调整、投入改变，对失衡的国民经济进行调节，促使国民经济稳定可持续发展。

2. 调节货币流通，促进货币流通的稳定

社会再生产过程中流通的货币，主要是通过信贷投放出去的。调节货币流通量主要也是靠信贷调节来实现的。信贷调节货币流通，促进货币流通的稳定，主要是通过信贷政策的松紧和信贷结构的调整来调节市场货币流通量。当市场上流通的货币过多，物价上涨，通货膨胀时，可以通过紧缩信贷政策，以保持物价稳定，通货稳定。反之，则放松信贷政策。总的来说，就是适当地控制规模，保证信贷资金的合理分配，使贷款的增减与生产流通的发展变化相适应，促进货币流通的稳定。

3. 加速技术转化，促进技术进步

科学技术是第一生产力，新技术新发明只有应用于生产，才会推动经济的腾飞，才会促进社会生产力的高度发展。但技术转化和技术进步要通过投资活动来实现。仅仅靠企业自有资金的力量，是无法在较短的期限内跟上技术转化和技术进步的步伐的。银行通过发放中长期贷款，科技开发贷款等支持了科学技术的开发利用，支持了企业采用新技术更新设备，推动了企业技术革新和技术进步。

4. 促进企业改善经营管理、提高经济效益

银行给国民经济各部门发放贷款，为保证贷款的安全，要实行信贷监督。信贷监督的作用表现在监督企业按核算的要求，改善经营管理、促使企业以最小的劳动耗费，取得最大的经济效益。

【资料】

中央银行公布1月金融数据：新增人民币贷款2.9万亿，创历史新高

2018年2月12日，中央银行（以下简称央行）网站公布2018年1月贷款统计数据：1月份人民币贷款增加2.9万亿元，外币贷款增加473亿美元。

1月末，本外币贷款余额128.63万亿元，同比增长12.6%。月末人民币贷款余额123.03万亿元，同比增长13.2%，增速分别比上月末和上年同期高0.5个和0.6个百分点。当月人民币贷款增加2.9万亿元，同比多增8670亿元。分部门看，住户部门贷款增加9016亿元，其中，短期贷款增加3106亿元，中长期贷款增加5910亿元；非金融企业及机关团体贷款增加1.78万亿元，其中，短期贷款增加3750亿元，中长期贷款增加1.33万亿元，票据融资增加347亿元；非银行业金融机构贷款增加1862亿元。月末，外币贷款余额8852亿美元，同比增长9.2%。当月外币贷款增加473亿美元。

资料来源：新浪财经。

第二节 商业银行信贷资金运动规律

银行信贷同一切经济活动一样，有它自身的客观规律。要有效地开展信贷活动，强化信贷管理，必须首先掌握信贷资金运动的全过程及规律性，只有把握信贷资金运动规律及其特点，才能在工作中自觉地按客观经济规律办事，更好地开展信贷工作。

一、银行信贷资金的构成

商业银行的信贷资金包括资金来源和资金运用两方面。

（一）商业银行信贷资金来源

（1）各项存款 这是指商业银行面向居民和企业筹集闲置资金而形成的存款，是商业银行信贷资金的主要来源。它主要包括企业存款、储蓄存款和其他存款，占商业银行信贷资金来源的70%。

（2）债券筹资 商业银行债券筹资主要是由发行金融债券以及卖出回购证券构成的。此项来源是商业银行比较稳定的资金来源，且不必缴纳法定准备金，但其成本高于存款。此项来源占比重极少。

（3）向中央银行借款 一般采取再贷款和再贴现两种形式。中央银行向商业银行发放贷款，既是其作为最后贷款人职能的体现，又是调节银行信贷规模的重要手段。

(4) 同业拆借和同业存放　同业拆借是指金融机构之间为调剂短期资金余缺而相互融通资金的一种行为,已成为商业银行之间调剂余缺的一个重要途径。同业拆借包括拆出和拆入,当商业银行拆入资金时,便形成资金来源及同业拆入。同业存放是商业银行与其他金融机构在日常资金往来中,其他金融机构的存款形成一部分资金来源。

(5) 资本金　主要包括:实收资本、资本公积、盈余公积、未分配利润。按照《巴塞尔协议》即要保证8%的本充足率。

(二) 商业银行信贷资金运用

商业银行信贷资金运用在商业银行资产负债表的资产项目中,主要有以下几项:

(1) 各项贷款　各项贷款是指商业银行发放的短期、中期和长期贷款的总和。这是商业银行最主要的资产项目,一般在资产中占65%以上。

(2) 债券投资　商业银行进行债券投资的项目有两个:一是政府债券,主要是购买国债;二是金融债券,主要购买央行债券和政策性金融债券。目前我国商业银行债券投资占总资产的10%左右。

(3) 现金资产　包括:在中央银行账户存款、库存现金、外汇占款、存放同业。商业银行必须保有一定量的现金资产,以适应中央银行备付金以及法定存款准备金的需求,同时维持日常经营、同业往来。

(4) 同业拆放　与前述信贷资金来源中的同业拆入相反,同业拆放则是通过拆借市场拆出资金,属于信贷资金运用。

二、信贷资金运动过程

1. 信贷资金运动过程的含义

信贷资金从筹集、贷放、使用至最后归流到出发点的整个过程,就是信贷资金的运动过程。由于信贷资金来源主要是存款,信贷资金的运用主要用于贷款,所以信贷资金运动主要表现在存款的存入和支取,贷款的发放和收回,是一个存款,贷款和再生产过程有机结合的运动过程。

2. 信贷资金运动过程

信贷资金的运动过程表现为筹集资金、分配资金、使用资金、收回资金和返还资金五个阶段。筹集资金是前提;分配资金是关键;借款者将货币资金投入生产过程是信贷资金周转运动的基础,信贷资金运动是各个阶段信贷资金运动的有机整体,是一种特殊的运动形式,具体表现为信贷资金的三重支付,三重归流的运动过程。

以银行对工业企业贷款为例,信贷资金运动过程可用图1-1表示。

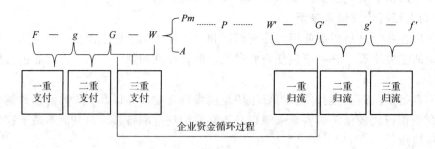

图1-1　信贷资金运动过程

资金筹集阶段指银行吸收了存款,实现第一重支付($F—g$);资金分配阶段指银行将筹集到的资金贷放给使用者形成企业的货币资金实现第二重支付($g—G$);资金使用阶段指企业用借入的资金购买各种生产要素实现第三重支付($G—W$),经过生产过程,企业将新产品销售出去并取得货款实现第一重归流($W'—G'$);资金收回阶段指企业将销售收入的一部分归还银行贷款本金和利息实现第二重归流($G'—g'$);资金返还阶段指存款者向银行提取存款本金和利息($g'—f'$)实现第三重归流。至此,一个信贷资金运动过程结束。可见,信贷资金运动过程是一个以银行为中心的三重支付,三重归流,通过企业供、产、销三个阶段,采取四种资金形式(货币资金,储备资金,生产资金,成品资金)的资金运动过程。

上述是从信贷资金的一次周转来考察信贷资金运动的。事实上,任何企业的生产经营活动都是不间断地进行的。从生产的反复进行观察,企业的资金运动是在供、产、销三个阶段,货币、储备、生产、成品四种资金占用形态是时间上继起,空间上并存,不断地循环和周转着。随着企业资金的不断循环与周转,银行信贷资金也是不停地处在发放与收回的运动过程中,并有相当一部分贷款被企业占用。

3. 信贷资金运动特征

从上述信贷资金运动过程可以看出,信贷资金运动与企业资金运动相比有两个显著特征:

(1)依存性 银行信贷资金运动依存于企业资金运动,没有企业资金运动,就没有信贷资金运动。由于信贷资金运动存在于企业资金运动,这就决定了信贷资金运动数量和运动效果,依存于企业资金需求数量和资金运用效果。

(2)两重性 信贷资金作为资金参加企业资金运动全过程,这种参与是通过信贷转化为企业的货币资金、储备资金、生产资金、成品资金的形态进行的。信贷作为货币,则不能参加企业的生产过程,不停地在流通领域运动,当企业偿还贷款后,这部分货币便退出流通领域。

三、信贷资金运动规律

信贷资金是在不停地运动着的,不论在生产领域还是在流通领域,信贷资金运动都具有以下客观要求。

1. 信贷资金运动以偿还付息为条件

信贷资金是以所有权与使用权相分离为特征的资金。偿还和收取利息是信贷区别于财政的基本特征。银行也只有在承认客户存款所有权的前提下,以支付利息为经济报酬,才能取得在存期之内的支配权(即使用权)。商业银行也只有在维护自身资金的所有权的条件下,以取得贷款利息为经济补偿,才能向借款者提供贷款的使用权。信贷资金不偿还、不收取利息就失去了意义。

2. 信贷资金运动是以货币信用中介为中心

信贷资金是银行在执行信用中介职能中形成的。信贷资金运动虽然必须与企业的生产流通过程相结合,但从信贷资金运动的过程看,银行是信用中介。不论是存款的存取,还是贷款的借还,都是通过银行进行的。因此,信贷资金运动是以银行为中心进行的。

3. 信贷资金运动以社会再生产为前提和基础

信贷资金参与社会生产和商品流通,是保证信贷资金周转和增值的前提。信贷资金只有在转化为企业经营资金时,才会被社会再生产过程所吸收使用,发挥职能,并具备按期归还的前提条件。信贷资金以社会再生产为前提和基础必须要求信贷规模与社会产品再生产的发展相适应，只有生产发展了，商品流通扩大了，银行聚集和分配的资金才能增加，信贷资金规模才能扩大。反过来，信贷资金运动和分配的规模，又影响社会生产和商品流通的发展速度与比例关系。

4. 信贷资金运动以取得经济效益目的

信贷资金的运动过程，涉及资金提供者、商业银行和资金使用者，三大经济主体之间的资金融通，构成了信贷资金的运动。三大经济主体，之所以参加资金融通，主要目的都是为了取得经济效益。尤其是企业，企业不借款，生产流通难以进行或只能在原有规模的基础上进行，不能增加经济效益。通过上面分析可以看出，信贷资金运动的目的是取得经济效益，从商业银行的角度讲尤为如此。

通过上面对信贷资金运动过程的客观要求的分析，商业银行信贷资金运动规律可以归纳如下：以偿还付息为条件，以银行（货币信用中介）为中心，以社会再生产为前提和基础，以取得经济效益为目的的特殊价值运动。

四、按信贷资金运动规律管理信贷

信贷资金运动规律，反映了信贷资金运动过程中内在的本质联系，是商业银行资金管理必须遵循的规律。这一规律可以具体解释为三个规律。一是贷款规模要适度的规律，二是贷款结构要合理的规律，三是贷款投向要择优的规律。按信贷资金运动规律管理信贷应在信贷资金运动过程的各个阶段注意如下的问题。

筹集资金：努力扩大存款的规模，增加存款期限的稳定性，注意避免存贷利率倒挂。

分配资金：贷款规模要适度，贷款结构要合理，贷款投向要择优。

使用资金：协助客户搞好生产经营，做到供应环节合理储备原材料、生产环节产品配套无残次，销售环节不积压、货款及时归行。

收回资金：按约定期限及时收回贷款本金和利息。

资金返还：保证存款本息的及时支取，及时动员存款的续存。

第三节 信贷资金管理

信贷资金运动有其内在规律，按信贷资金管理信贷要求加强信贷资金管理。信贷资金管理包括三个层次：中央银行对信贷资金的宏观管理、银行监管部门对商业银行的信贷资金管理、商业银行内部的信贷资金管理。

一、中央银行对信贷资金宏观管理的任务和内容

对信贷资金的宏观管理是指中央银行对整个金融体系信贷资金总量的控制和信贷资金结构的调节与监管。这项工作是由中央银行完成的。中央银行作为最主要的宏观调节机构之一，对信贷资金实行宏观管理是其重要的任务之一。

（一）信贷资金宏观管理的基本任务

这种调控现在主要运用存款准备金率、公开市场业务、再贴现率、再贷款等方式调控基础货币。

1. 调节货币流通，实现物价稳定

稳定物价是中央银行货币政策的首要目标，而物价稳定的实质是币值的稳定。币值稳定与否通常采用综合物价指数来衡量。物价指数上升，表示货币贬值；物价指数下降，则表示

货币升值。稳定物价是一个相对的概念，就是要控制通货膨胀，使一般物价水平在短期内不发生急剧的波动。

2. 实现信贷资金最佳社会效益和良性循环

社会效益是指银行利用金融手段合理地聚集和分配信贷资金支持企业生产的增长和流通的扩大，这时企业的单位消耗最低，投入产出比最高，对各种资源利用最佳。与此同时，银行利用金融手段合理地聚集和分配信贷资金也促进和调节社会经济，使社会经济不断发展，实现信贷资金良性循环。

（二）信贷资金宏观管理的基本内容

1. 信贷资金总量管理

信贷资金总量又称信贷规模，表现为三个层次：一是中央银行的信贷规模；二是金融体系的信贷规模；三是全社会的信用总量。全社会的信用总量是指一定时期内银行和非银行金融机构向社会提供贷款的总量。

中央银行对贷款总量进行调控，是国家实施金融宏观调控的主要内容，也就是通常所说的放松或抽紧银根。通过放松或抽紧银根调节社会总需求，使社会总需求与社会总供给大体保持平衡。

2. 信贷结构管理

信贷结构表现为信贷存量结构和增量结构。存量结构表明已发放的贷款分布状况，增量结构就是新增贷款的投向。信贷结构管理的目的是：优化信贷资金投向，搞活存量，实现信贷资金的合理配置。信贷结构管理的主要内容有：优化贷款投向结构，调节贷款期限结构。

（三）信贷资金宏观管理的政策

1. 货币政策

货币政策是中央银行对货币供应量、信贷量、利率等进行调节和控制而采取的政策措施。中央银行根据国家一定时期的宏观经济目标，通过货币政策工具的运作，影响商业银行等金融机构信贷规模。

中央银行所采取的货币政策工具主要有三类。一是常规性货币政策工具，这是最主要的货币政策工具，包括存款准备金制度、再贴现政策和公开市场业务，被称为中央银行的"三大法宝"，主要是从总量上对货币供应量和信贷规模进行调节。二是选择性的货币政策工具，是指中央银行针对某些特殊的信贷或某些特殊的经济领域而采用的工具，主要包括证券市场信用控制、不动产信用控制、消费者信用控制。三是补充性货币政策工具，包括信用直接控制工具，指中央银行依法对商业银行创造信用的业务进行直接干预而采取的各种措施，主要有信用分配、直接干预、流动性比率、利率限制、特种贷款；信用间接控制工具，指中央银行凭借其在金融体制中的特殊地位，通过与金融机构之间的磋商、宣传等，指导其信用活动，以控制信用，其方式主要有窗口指导、道义劝告。

2. 信贷政策

信贷政策是中央银行根据国家宏观调控和产业政策要求，对金融机构信贷总量和投向实施引导、调控和监督，促使信贷投向不断优化，实现信贷资金优化配置并促进经济结构调整的重要手段。

信贷政策和货币政策相辅相成，相互促进。两者既有区别，又有联系。通常认为，货币政策主要着眼于调控总量，通过运用利率、汇率、公开市场操作等工具借助市场平台调节货币供应量和信贷总规模，促进社会总供求大体平衡，从而保持币值稳定。信贷政策主要着眼于解决经济结构问题，通过引导信贷投向，调整信贷结构，促进产业结构调整和区域经济协调发展。从调控手段看，货币政策调控工具更市场化一些；而信贷政策的有效贯彻实施，不仅要依靠经济手段和法律手段，必要时还须借助行政手段和调控措施。

【资料】

央行：金融支持去产能，住房信贷因城施策

在2016年4月21日召开的金融市场工作座谈会上，央行就2016年的金融市场和信贷政策各项工作做了部署，指出要坚持改革创新和风险防范并重，坚持底线思维，紧紧围绕去产能、去库存、去杠杆、降成本、补短板五大任务。

会议就七项重点工作做出部署，排在首位的是以钢铁、煤炭等行业去产能为着力点，全面做好金融支持"三去一降一补"各项工作。

日前，一行三会联合印发了《关于支持钢铁煤炭行业化解产能实现脱困发展的意见》（以下简称《意见》），强调金融机构应满足钢铁、煤炭企业合理资金需求，严格控制对违规新增产能的信贷投入。对长期亏损、失去清偿能力和市场竞争力的企业及落后产能，坚决压缩退出相关贷款。针对钢铁煤炭过剩产能所引致的不良贷款，《意见》指出银行业金融机构要综合运用债务重组、破产清算等手段，妥善处置企业债务和银行不良资产，加快不良贷款核销和批量转让进度，坚决遏制企业恶意逃废债务行为。

针对住房信贷政策，会议指出要按照因地制宜、因城施策的原则，进一步完善区域性差别化住房信贷政策，推动房地产金融产品规范创新，促进住房信贷市场平稳有序运行。

资料来源：http://mt.sohu.com/20160424/n445864840.shtml。

二、银行监管部门对商业银行信贷资金的管理

（一）银行监管部门对商业银行的信贷资金管理的含义

银行监管部门对商业银行的信贷资金管理，就是通过使用经济的、行政的、法律的手段，对其信贷资金活动进行有效的监督和管理，以实现资金使用的流动性和安全性，保持金融业的正常运营和稳定。银行监管部门对商业银行信贷资金管理以前是实施资产负债比例管理，目前实施风险管理。

资产负债比例管理，是银行监管部门从商业银行的稳定性角度出发，要求商业银行执行的管理制度，管理的目的是保持资金使用的流动性和安全性。

风险管理是银行监管部门为加强商业银行风险管理，维护银行体系安全稳健运行，依法对商业银行的风险及其管理体系实施的监督管理。

（二）银行监管部门对商业银行信贷资金管理的风险管理的内容

1. 建立贷款风险管理制度

商业银行要建立健全贷款审查审批制度，建立贷款的综合授权授信制度，建立大额贷款、大额信用证、大额提现向银行监管部门报告制度、完善信贷资产风险准备制度等。

2. 监管商业银行信贷资金风险

根据《商业银行资本金管理办法》《商业银行流动性风险管理办法》等规定，银行监管部门对商业银行信贷资金的风险进行监管。监管的主要核心指标有：风险水平指标、风险迁徙指标和风险抵补指标三类。具体指标及监管标准见表1-1。

表 1-1 商业银行风险监管核心指标一览表

指标类别		指标	计算公式/%	指标值
风险水平	流动性风险	1. 流动性比例	流动性资产/流动性负债	大于等于25%
		2. 流动性覆盖率	合格优质流动性资产/未来30天现金净流出量	大于等于100%
	信用风险	3. 不良资产率	不良资产/资产总额	小于等于4%
		3.1. 不良贷款率	不良贷款/贷款余额	小于等于5%
		4. 单一集团客户授信集中度	单一集团客户授信总额/资金本净额	小于等于15%
		4.1. 单一客户贷款集中度	单一客户授信总额/资金本净额	小于等于10%
		5. 全部关联度	全部关联授信/资本净额	小于等于50%
风险迁徙	正常类贷款	6. 正常贷款迁徙率		
		6.1. 正常类贷款迁徙率	正常类变成后四类金额/正常类贷款金额	
		6.2. 关注类贷款迁徙率	关注类变成后三类金额/关注类贷款金额	小于等于0.5%
	不良贷款	7. 不良贷款迁徙率		小于等于1.5%
		7.1. 次级贷款迁徙率	次级类中变为可疑和损失金额/次级类贷款	小于等于3%
		7.2. 可疑贷款迁徙率	可疑类变为损失类贷款的金额/可疑类贷款	小于等于40%
风险抵补	盈利能力	8. 成本收入比	营业费用/营业收入	小于等于35%
		9. 资产利润率	净利润/资产平均余额	大于等于0.6%
		10. 资本利润率	净利润/所有者权益平均余额	大于等于11%
	贷款损失准备	11. 贷款拨备率	贷款损失准备/贷款余额	大于等于2.5%
		11.1. 拨备覆盖率	贷款损失准备/不良贷款	大于等于150%
	资本充足程度	12. 资本充足率	总资本/加权风险资产	系统重要性大于11.5%，其他银行大于10.5%
		12.1. 核心一级资本充足率	核心一级资本/加权风险资产	大于等于5%
		12.2. 一级资本充足率	一级资本/加权风险资产	大于等于6%

资料来源：《商业银行资本金管理办法》《商业银行流动性风险管理办法（试行）》等规章指标、数据整理。

风险水平指标的流动性风险指标中，流动性资产是指一个月以内（含一个月）可变现的资产，包括库存现金、在人民银行存款、存放同业、国库券、一个月内到期的同业净拆出款、一个月内到期的银行承兑汇票、其他经人民银行核准的证券。流动性负债是指一个月内（含一个月）到期的存款、同业净拆入款。流动性覆盖率指标中的合格优质流动性资产是指商业银行的现金资产以及通过出售或抵（质）押方式，在无损失或极小损失的情况下在金融市场快速变现的各类资产。

【资料】

银监会发布2016年二季度主要监管指标数据

近日,中国银监会发布2016年二季度主要监管数据。

银行业资产和负债规模继续稳步增长。2016年二季度末,我国银行业金融机构境内外本外币资产总额为218万亿元,同比增长15.7%。其中,大型商业银行资产总额83.4万亿元,占比38.3%,同比增长7.4%;股份制商业银行资产总额40.4万亿元,占比18.5%,同比增长15.3%。

银行业金融机构境内外本外币负债总额为201.8万亿元,同比增长15.2%。其中,大型商业银行负债总额77.1万亿元,占比38.2%,同比增长7%;股份制商业银行负债总额37.9万亿元,占比18.8%,同比增长15.2%。

银行业支持经济社会重点领域和民生工程力度持续加强。2016年二季度,银行业进一步完善差别化信贷政策,优化信贷结构,继续加强对"三农"、小微企业、保障性安居工程等经济社会重点领域和民生工程的金融服务。截至二季度末,银行业金融机构涉农贷款(不含票据融资)余额27.3万亿元,同比增长8.7%;用于小微企业的贷款(包括小微型企业贷款、个体工商户贷款和小微企业主贷款)余额25万亿元,同比增长13.2%。用于信用卡消费、保障性安居工程等领域贷款同比分别增长17.2%和62%,分别高于各项贷款平均增速4.2个百分点和49个百分点。

信贷资产质量总体可控。2016年二季度末,商业银行(法人口径,下同)不良贷款余额14373亿元,较上季末增加452亿元;商业银行不良贷款率1.75%,与上季末持平。

2016年二季度末,商业银行正常贷款余额80.8万亿元,其中正常类贷款余额77.5万亿元,关注类贷款余额3.3万亿元。

银行业利润增长有所趋缓。截至2016年二季度末,商业银行当年累计实现净利润8991亿元,同比增长3.17%。2016年二季度商业银行平均资产利润率为1.11%,同比下降0.08个百分点;平均资本利润率15.16%,同比下降0.77个百分点。

银行业整体风险抵补能力保持稳定。针对信用风险计提的减值准备较为充足。2016年二季度末,商业银行贷款损失准备余额为25291亿元,较上季末增加924亿元;拨备覆盖率为175.96%,较上季末上升0.93个百分点;贷款拨备率为3.07%,较上季末增加0.02个百分点。

2016年二季度末,商业银行(不含外国银行分行)加权平均核心一级资本充足率为10.69%,较上季末降低0.27个百分点;加权平均一级资本充足率为11.10%,较上季末降低0.28个百分点;加权平均资本充足率为13.11%,较上季末降低0.25个百分点。

流动性水平保持充裕。2016年二季度末,商业银行流动性比例为48.14%,较上季末上升0.06个百分点;人民币超额备付金率2.28%,较上季末上升0.22个百分点;存贷款比例(人民币境内口径)为67.22%,较上季末上升0.21个百分点。

资料来源:中国银行业监督管理委员会网站。

三、商业银行内部信贷资金管理

(一) 商业银行内部信贷资金管理的含义

商业银行内部信贷资金管理是指商业银行运用经济、法律、行政的方法和手段，按照国家信贷政策和商业银行信贷原则，对信贷业务活动进行策划、操作和规范化制约的活动，以期达到减少商业银行经营风险，提高经济效益，促进国民经济良性发展的目的。

商业银行内部信贷管理的内容较多，从不同的角度划分，有不同的管理内容。按管理对象划分，分为银行内部对信贷业务活动管理和银行通过信贷活动对信贷对象的管理两个方面。前者包括信贷计划的编制执行，检查与分析，信贷政策、信贷原则、信贷方式，信贷办法的制定等。后者包括信贷资金运用状况的检查分析，国民经济活动信息的搜集与整理，协助企业改善经营管理，活化资金，促进企业提高经济效益等。按信贷管理的层次划分，信贷管理包括总行信贷管理，省、市分行的信贷管理及县支行的信贷管理。不同的划分，管理内容的侧重点不同。

(二) 商业银行总行信贷资金管理的内容

根据现行规定，商业银行总行实施信贷资金管理的内容如下：

1. 实施资产负债比例和风险管理

商业银行要按照规定的业务范围吸收存款、发放贷款和组织资金营运，实施资产负债比例和风险管理。管理的目的是实现信贷资金的安全性、流动性和效益性。

2. 商业银行要编制年度信贷资金营运计划

商业银行要按照国家金融宏观调控的要求和业务发展需要，对贷款和其他资产全面实行期限管理，编制年度信贷资金营运计划，按季分月组织实施。

3. 商业银行总行对本行资产的流动性和支付能力负全部责任

商业银行总行应加强系统内信贷资金的集中管理和统一调度，可根据情况建立第二存款准备金制度，并谨慎地使用第二存款准备金，保证全系统资金的正常运行。

4. 商业银行总行对借款资金负全部责任

商业银行总行应对其分支机构拆出拆入资金，向人民银行借款和再贴现的数额、期限作出明确规定。

5. 商业银行的资金运用，要体现国家产业政策和信贷政策的要求

对国家限制发展的产业和产品，要严格控制贷款的发放；对国家明令禁止生产的产品，不得发放贷款。

(三) 商业银行基层行信贷资金管理的内容

商业银行基层行信贷资金管理的内容主要包括五个方面：

1. 管理基本信贷关系

商业银行基层行按照本行的规定进行资金来源管理和资金运用管理，主要对借款对象进行管理，并建立信用档案，完善信息系统。

2. 管理市场定位与营销

商业银行基层行根据辖区情况细分市场，发现潜在市场，并确定资金开发策略和贷款业务创新等。

3. 进行科学贷款定价

商业银行基层行健全成本和收益的核算机制、约束机制、科学确定价格。

4. 控制规模与结构

商业银行基层行在开展信贷业务时应适当控制总量，合理配置结构。

5. 进行风险管理

商业银行基层行要按照总行的规定贯彻风险防范、分散、规避、补偿机制。

练习题

一、名词解释

1. 信贷　2. 授信　3. 信贷资金　4. 贷款　5. 信贷规模

二、单选题

1. 信贷资金的来源主要由四部分组成：银行资本金、各项存款、借款、发行金融债券，其中（　　）是信贷资金的主要来源。
   A. 银行资本金　　B. 各项存款　　C. 借款　　D. 发行金融债券

2. 从微观角度考察，信贷是特殊商品，受（　　）制约。
   A. 货币流通规律　B. 价值规律　　C. 自然规律　　D. 农村经济发展规律

3. 我国投放货币的主要形式是（　　）。
   A. 收购金银　　B. 收购外汇　　C. 发放贷款　　D. 购买债券

4. 信贷资金运动过程是（　　）的特殊价值运动。
   A. 双重支付双重归流　　　　B. 存款的存入和提取
   C. 三重支付三重归流　　　　D. 贷款的发放和收回

5. 银行存款指运用（　　）方式从社会聚集起来的货币资金。
   A. 行政　　B. 经济　　C. 信用　　D. 法律

6. 以下业务中（　　）为商业银行表内业务。
   A. 开出信用证　　B. 担保　　C. 贷款承诺　　D. 票据贴现

7. 商业银行（　　）对本行资产的流动性和支付能力负全部责任。
   A. 总行　　B. 省分行　　C. 市分行　　D. 县支行

8. 商业银行对同一借款客户的贷款总额与银行资本总额的比例不得超过（　　）。
   A. 5%　　B. 10%　　C. 20%　　D. 50%

9. 商业银行流动性资产是指（　　）内可变现的资产。
   A. 1个月　　B. 2个月　　C. 3个月　　D. 4个月

三、多项选择题

1. 广义的信贷是指以银行为中介、以存贷为主体的信用活动的总称，包括（　　）等业务。
   A. 存款　　B. 贷款　　C. 贴现　　D. 承兑
   E. 信用证

2. 信贷资金的一般运动过程可以划分为（　　）。
   A. 资金归流阶段　B. 筹集资金阶段　C. 使用资金阶段　D. 配置资金阶段
   E. 资金返还阶段

3. 信贷的特征有（　　）。
   A. 偿还性　　B. 计息性　　C. 计划性　　D. 风险性
   E. 虚拟性

4. 表外业务主要包括（　　）。

A. 票据承兑　　　B. 信用证　　　C. 贷款承诺　　　D. 担保
E. 保函

5. 下列属于信贷资金运用的构成主要包括（　　）。
A. 各项贷款　　　B. 存放中央银行款项　C. 证券投资　　　D. 库存现金
E. 同业存放和同业拆借

四、判断题

1. 信贷是体现一定经济关系的不同所有者之间的借贷行为，是价值运动的特殊形式。（　）
2. 授信是银行为客户直接提供货币资金支持。（　）
3. 根据国家的货币政策，具体确定一定时期商业银行等金融机构贷款倾斜对象的政策就是银根松紧的政策。（　）
4. 信贷资金作为货币参加企业资金运动的全过程。（　）
5. 信贷资金宏观管理的任务一是调节货币流通，实现物价稳定，二是实现信贷资金最佳社会效益和良性循环。（　）
6. 信贷资金管理包括中央银行对信贷资金的管理和银行监管部门对商业银行的信贷资金管理。（　）

五、思考题

1. 授信与贷款有哪些区别？
2. 信贷的特征和属性是什么？
3. 试述信贷资金的运动过程以及信贷资金运动规律。
4. 怎样才能按信贷资金运动规律管理信贷？

第二章 商业银行资金来源

【学习目的与要求】

了解资本的概念与作用；
掌握存款业务的意义与作用；
掌握存款的分类与各部分构成内容；
了解银行借入负债的种类及其管理。

【案例导入】

吉林银行隆重推出"智能存款"产品

吉林银行 2017 年 8 月 4 日隆重推出"智能存款"新产品。"吉林银行智能存款"是指个人客户与吉林银行签订"智能存款"产品服务协议，起存金额为 1 万元人民币，存期最长为一年，可提前支取，并根据本金实际存期对应的智能存款利率靠档计息，兼具收益性和流动性的一款活期存款产品。产品亮点：一次签约，终身受用，日常资金随用随取；分段计息、期限靠档；随时支取，后进先出，保证客户利息损失最小。办理途径：客户持吉林银行借记卡在吉林银行各营业网点签约办理。

1 天、7 天、3 个月、6 个月、1 年期智能存款分段计息，执行利率分别为 0.8%、1.35%、1.43%、1.69%、1.95%。

吉林银行智能存款对比优势：存期靠档，无任何风险，存期最长为 1 年，活期账户享受定期利率，实现活期存款收益最大化，支取利息在每季度付息日付息，期满后未支取的金额自动支付利息。

资料来源：搜狐网 http://www.sohu.com/a/204608508_743613 及吉林银行官网整理。

第一节 商业银行的资本

资本是商业银行资金来源的基础部分，银行的设立和经营活动开展都要以一定数量的资本为前提。更重要的是，银行资本的充足程度还关系到债权人和社会公众对银行的信心，因此，资本对于商业银行有着特殊意义。

一、商业银行资本的含义与构成

（一）商业银行资本的含义

商业银行资本的含义可以从以下 3 个层面加以理解。

（1）会计资本 指银行总资产与总负债账面价值的差额，即银行的净值。

（2）经济资本　指银行在财务困难时可用来吸收损失的最低所需资本。

（3）监管资本　指国家金融监管当局对银行的最低资本要求。当国家金融监管当局以法律的形式来定义监管资本项目时，监管资本也称为法定资本。

（二）我国商业银行资本的构成

根据我国《商业银行资本充足率管理办法》规定，商业银行资本包括一级资本和二级资本。

1. 一级资本

一级资本包括核心一级资本和其他一级资本。

核心一级资本包括实收资本或普通股、资本公积、盈余公积、一般风险准备、未分配利润和少数股权可计入部分。

（1）实收资本　指投资者按照章程或合同、协议的约定，实际投入商业银行的资本。

（2）资本公积　包括资本溢价、接受的非现金资产捐赠准备和现金捐赠、股权投资准备、外币资本折算差额、关联交易差价和其他资本公积。

（3）盈余公积　指按照规定从税后利润中提取的积累资金，包括法定盈余公积、任意盈余公积及法定公益金。

（4）一般风险准备　指商业银行按规定从净利润中提取，用于弥补亏损的风险准备。

（5）未分配利润　商业银行以前年度实现的未分配利润或未弥补亏损。

（6）少数股权　在合并报表时，包括在核心资本中的非全资子公司中的少数股权，是指子公司净经营成果和净资产中不以任何直接或间接方式归属于母银行的部分。

其他一级资本包括：其他一级资本工具（优先股）及其溢价及少数股东资本可计入部分。

2. 二级资本

二级资本包括二级资本工具及其溢价以及超额贷款损失准备。

二级资本工具必须具备的条件：发行且实缴的；受偿顺序排在存款人和一般债权人之后；不得由发行银行或其关联机构提供抵押或保证；原始期限不低于5年，并且不得含有利率跳升机制及其他赎回激励；自发行之日起，至少5年后方可由发行银行赎回，且行使赎回权必须得到银监会的事先批准；必须含有减记或转股的条款，当触发事件发生时，该工具能立即减记或者转为普通股；除非商业银行进入破产清算程序，否则投资者无权要求加快偿付未来到期债务（本金或利息）；分红或派息必须来自于可分配项目，且分红或派息不得与发行银行自身的评级挂钩，也不得随着评级变化而调整等。

【资料】

浦发银行发行优先股拓展资本来源

为满足金融监管要求，浦发银行采取非公开发行的方式发行永久性非累积、非参与、可赎回的优先股。发行价格为票面金额100元，数量不超过3亿股，分次发行，2014年发行不超过1.5亿股。股息率的确定按照"基准利率＋固定溢价"的方式，存续期内每5年调整一次，首次定价时采取市场询价的方式得到的票面股息率为6％。首期基准利率为3.44％，固定溢价为2.56％，并在存续期内不再调整；之后每5年在重新定价日按照同样方式计算得出定价日的基准利率，加2.56％的固定溢价即为重新确定的股息率。股息以现金方式在优先股缴款截止日每满一年之日发放。为使优先股符合一级资本的标准，浦发银行规定公司有权取消股息支付且不构成违约等不利于投资方的条款，以便充分提示风险并筛选合格投资者。当公司累计三个会计年度或连续两个会计年度未足额支付股息时，优先股股东有权出席股东大会与普通股股东共同表决。在强制转股方面，银行转股的触发事件是普通股核心一级资本充足率下降至5.125%以下或发生二级资本工具触发事件。强制转股价格为董事会决议公告日前最近一个会计年度末，经审计的合并报表口径归属于母公司所有者的每股净资产，为10.96元/股。在回购安排上，浦发银行未设置投资者回售条款，优先股股东没有回售的权利但银行拥有赎回权，即银行可以按照银监会的批准和要求，在发行日期满5年之后的每个优先股股息支付日的赎回期内，按照票面金额全部或部分赎回优先股。

资料来源：肖瑞.浦发银行发行优先股融资案例分析[D].江西财经大学，2017.6.

二、商业银行资本的功能和作用

（一）商业银行资本的功能

资本对于商业银行非常重要。充足的资本可以使商业银行的债权人以及社会公众对于银行的信任感加强，有利于保证银行的稳健经营和整个金融体系的健康发展。总体而言，商业银行的功能有以下几个方面。

1. 保护功能

资本金是保护存款人利益、承担银行经营风险的保障。资本可以起到保护存款人的利益，避免银行经营不善或意外事件冲击给存款人造成损失的作用。拥有充足的资本表明银行有能力承担较大的风险，不会轻易发生流动性危机和支付困难，即使在破产或倒闭时也能给予存款人和债权人较高的补偿。

2. 营业功能

资本金是商业银行市场准入的先决条件。商业银行只有达到或超过一定的资本限额时才能获准开业，商业银行的自有资本为银行注册、组织营业以及尚未吸收存款前的经营提供了启动资金。同时，商业银行在开业后的业务经营与管理过程中，随着资产业务的发展需要不断补充银行资本，达到金融监管当局的最低资本充足率要求。

3. 管理功能

各国在商业银行资本控制方面有很多的规定。商业银行只有首先具备了足够的资本金，才会被允许开业从事银行业务，或者是扩展银行业务的发展范围。同时，金融监管部门也可以通过调整或者是变更商业银行有关资本金的管理规定，来调整本国的金融秩序和金融结构。

4. 维护公众对银行的信心

资本能够提升社会公众对商业银行的信心，具有充足资本的商业银行，抵御风险的能力更强，会使储户对银行有安全感，从而维护公众对银行的信任。

（二）商业银行资本的作用

1. 资本是商业银行成立和发展的先决条件

一方面，由于商业银行在开业之前不能依靠外来资金的途径筹集资金，不能利用客户资金购置营业设备，因此，银行在开业之前必须有足够的资本，为银行的正式开业提供物质条件；另一方面，银行资本数量的多少是银行监管当局审批银行开业资格和对银行进行监管的重要指标。各国银行监管当局一般对银行开业规定了资本的最低限额，只有达到或超过这一限额才能获准开业。例如，根据《中华人民共和国商业银行法》的规定，设立全国性商业银行的注册资本最低限额为10亿元人民币，设立城市商业银行的注册资本最低限额为1亿元人民币，设立农村商业银行的注册资本最低限额为5000万元人民币。

2. 资本是商业银行承担经营活动的意外损失、保护存款人利益的基础

商业银行在业务经营过程中，既有获取盈利的可能，又有遭受损失的风险。当其贷款或投资收不回来或面临流动性危机时，银行就要用资本来承担经营损失。

3. 资本是商业银行经营活动正常进行的保证

商业银行为了维护"信用"这个经营的基础，必须按时满足客户提存的需要和偿付到期债务。如果其发放的贷款不能按时收回或证券投资发生损失，且银行又没有足够资金，则会引发挤兑风波，甚至导致银行破产。这时，商业银行必须通过资产变现或重新向外筹措资金来弥补资金短缺。但不论采取哪种方法，都有一定的局限性，都会产生一定的损失。充足的资本金不仅保证银行有较强抵御风险的能力，而且能够保证商业银行业务的正常运行。

4. 充足的资本是商业银行信誉的体现

商业银行资本具有补偿和保护作用，如果银行的资本较多，社会公众就会认为这家银行的实力雄厚，在它那里存款的安全性和办理其他业务的可行性就较大，就更乐于与其发生业务往来。

（三）商业银行的资本充足率

我国《商业银行资本充足率管理办法》规定，资本充足率是指商业银行持有的、符合本办法规定的资本与商业银行风险加权资产之间的比率；一级资本充足率，是指商业银行持有的符合本办法规定的一级资本与风险加权资产之间的比率；核心一级资本充足率，是指商业银行持有的符合本办法规定的核心一级资本与风险加权资产之间的比率。商业银行风险加权资产包括信用风险加权资产、市场风险加权资产和操作风险加权资产。信用风险加权资产等于各类资产的数量与相应的资产风险权数相乘之和；市场风险加权资产等于市场风险资本要求的12.5倍；操作风险加权资产等于操作风险资本要求的12.5倍。商业银行资本充足率的计算应建立在充分计提贷款损失准备等各项损失准备的基础之上。

商业银行计算资本充足率时，应从核心资本中扣除这些项目：商誉；其他无形资产（土地使用权除外）；由经营亏损引起的净递延税资产；贷款损失准备缺口；资产证券化销售利得；确定受益类的养老金资产净额；直接或间接持有本银行的股票等。

我国《商业银行资本充足率管理办法》规定，各家商业银行的资本充足率不得低于8%；一级资本充足率不得低于6%；核心一级资本充足率不得低于5%。

【资料】

巴塞尔协议Ⅲ

《巴塞尔协议》是国际清算银行（BIS）的巴塞尔银行业条例和监督委员会的常设委员会——"巴塞尔委员会"，于1988年7月在瑞士的巴塞尔通过的"关于统一国际银行的资本计算和资本标准的协议"的简称。该协议第一次建立了一套完整的国际通用的、以加权方式衡量表内与表外风险的资本充足率标准，有效地扼制了与债务危机有关的国际风险。

巴塞尔协议Ⅲ的主要内容：

（一）提高资本充足率要求。巴塞尔协议Ⅲ对于核心一级资本充足率、一级资本充足率的最低要求有所提高，引入了资本留存资本，提升银行吸收经济衰退时期损失的能力，建立与信贷过快增长挂钩的反周期超额资本区间，对大型银行提出附加资本要求，降低"大而不能倒"带来的道德风险。

（二）严格资本扣除限制。对于少数股权、商誉、递延税资产、对金融机构普通股的非并表投资、债务工具和其他投资性资产的未实现收益、拨备额与预期亏损之差、固定收益养老基金资产和负债等计入资本的要求有所改变。

（三）扩大风险资产覆盖范围。提高"再资产证券化风险暴露"的资本要求、增加压力状态下的风险价值、提高交易业务的资本要求、提高场外衍生品交易（OTC derivatives）和证券融资业务（SFTs）的交易对手信用风险（CCR）的资本要求等。

（四）引入杠杆率。为弥补资本充足率要求下无法反映表内外总资产的扩张情况的不足，减少对资产通过加权系数转换后计算资本要求所带来的漏洞，推出了杠杆率，并逐步将其纳入第一支柱。

（五）加强流动性管理，降低银行体系的流动性风险，引入了流动性监管指标，包括流动性覆盖率和净稳定资产比率。同时，巴塞尔委员会提出了其他辅助监测工具，包括合同期限错配、融资集中度、可用的无变现障碍资产和与市场有关的监测工具等。

资料来源：智库百科 http：//wiki.mbalib.com/wiki/％E5％B7％B4％E5％A1％9E％E5％B0％94％E5％8D％8F％E8％AE％AEIII。

第二节 商业银行负债业务

银行负债是银行在经营活动中尚未偿还的经济义务，是组织资金来源的业务。商业银行作为信用中介，负债是最基本的业务，也是从事资产业务的重要基础。

一、商业银行负债业务的经营原则

商业银行的负债业务是一项基础性工作，既要满足业务发展的需要，尽可能以较低成本筹措所需资金，又要符合国家法律法规，考虑到商业银行经营所面临的客观环境。因此，负债业务的经营必须遵循一定的原则。

（一）依法筹资原则

依法筹资原则又称合法性原则，是指商业银行在筹资过程中，不论采取何种筹资方式和渠道，都必须严格遵守该国的有关法律、法规，不得进行违法、违规的筹资活动。其主要包括两个方面的含义：一是商业银行的筹资范围和渠道必须合法，不得超越范围吸收资金；二是商业银行筹资必须遵守该国的利率政策，不得违反利率规定吸收资金。在我国，《中华人民共和国商业银行法》明确规定："商业银行依法开展业务，不受任何单位和个人的干涉""商业银行开展业务，应当遵守法律、行政法规的有关规定，不得损害国家利益、社会公共利益""商业银行应当按照中国人民银行规定的存款利率的上下限，确定存款利率，并予以公告。"

（二）成本可控原则

成本可控原则又称效益性原则，是指商业银行在筹资活动中，要采取各种方法和手段降低筹资成本，为取得合理的利差创造条件，努力提高盈利水平。利润最大化是商业银行的最终目标，而利润来自于收益与成本之间的差额，故在收益率变动不大的情况下，商业银行必须控制和降低筹资成本，以相应地提高盈利水平。根据资金来源的不同，商业银行筹资成本由低到高的顺序一般为：活期存款→向中央银行借款→定期存款→同业拆入→金融债券→资本金。

（三）稳定性原则

稳定性原则是指商业银行应力求资金来源保持稳定，提高存款的稳定率，增加可用资金的规模和比例。一般情况下，负债的偿还期越长，其稳定性越高；负债的偿还期缩短，其稳定性也递减。短期负债的稳定性一般较差，但是通常能够形成一个相对稳定的余额，这个余额具有长期负债的性质。从稳定性原则分析，商业银行资金来源的稳定程度由低到高大致为：活期存款→同业拆入→向中央银行借款→定期存款→金融债券→资本金。

（四）对称性原则

对称性原则是指商业银行在筹集资金时，应根据资金运用的要求，选择恰当的筹资方式，以保持资金来源与资金运用的规模对称和结构对称。规模对称是资金筹集和资金运用数量的对应关系，即对效益好的资金需求，应该争取筹措资金给予满足，供给规模越大，带来的收益就越多，但同时也要考虑自身的承受能力。结构对称主要是指资金占用时间的期限结构对应关系，一般要求短期性资金来源应与短期性资金运用相对应，中长期资金来源应与中长期的资金运用相对应。

二、商业银行负债的构成

商业银行的负债主要由存款、借入款及结算性负债三方面内容构成。虽然各国金融体制存在差异，金融市场发达程度也不同，但不管哪一个国家，无论哪一家商业银行，存款始终是其主要的负债和经常性的资金来源；借入款的比重随着金融市场的发展不断上升；结算性负债一直是商业银行资金来源的有益补充。

（一）存款

存款是商业银行以信用的形式，将社会上的闲置资金集中起来的一种信用活动。吸收存款是商业银行作为特殊企业与一般企业的重要区别。商业银行的存款可以从以下不同的角度进行划分：

按存款人身份不同，划分为单位存款和居民储蓄存款，其中，单位存款包括企事业存款、财政存款、机关团体存款和同业存款等；

按存款稳定性不同，划分为活期存款、定期存款和定活两便存款；

按存款来源不同，划分为原始存款和派生存款。

（二）借入款

根据借款期限的长短（是否超过一年）不同，可以将借入款划分为短期借款和长期借款。

1. 短期借款

短期借款是指商业银行主动通过金融市场或向中央银行借入的期限在一年以内的款项，主要包括同业借款、向中央银行借款等形式。

同业借款是指金融机构之间的短期资金融通，主要用于支持日常性的资金周转，是商业银行解决短期资金余缺的重要渠道。主要包括同业拆借、转贴现与转抵押三种形式。其中，同业拆借根据同业拆借方向的不同，可以划分为同业拆入和拆放同业："同业拆入"属于银行负债类科目，用来核算银行向其他银行借入的短期和临时性资金；"拆放同业"属于银行资产类科目，用来核算银行拆借给其他银行的短期资金。

向中央银行借款主要是指当某家商业银行资金出现短缺时，可暂时从中央银行借入以缓解资金压力的行为，这是中央银行作为一个国家"银行的银行"职能的体现，充分发挥着"最后贷款人"的角色。向中央银行借款包括再贴现和再贷款两种形式。

2. 长期借款

长期借款主要是指商业银行通过向社会发行期限在一年以上的金融债券所筹集的款项。

(三) 结算性负债

结算性负债是指商业银行在结算业务活动中形成的负债，主要指联行汇差占用。联行汇差占用是指银行之间进行资金汇划时，总会有一定的合理时间间隔，从而形成汇划资金差额的临时占用。这种由联行汇差形成的结算性负债，是商业银行正常的短期负债。但随着商业银行联行系统的升级和资金汇划速度的加快，联行汇差占用所占的比重将越来越小。

三、商业银行的负债成本

存款是商业银行负债中最重要的组成部分。存款成本主要包括利息成本、营业成本、资金成本、可用资金成本和相关成本。它们不仅反映了商业银行组织资金的能力和效率，也为合理确定贷款的价格提供了科学依据。

1. 利息成本

利息成本是指商业银行按照约定的利率，以货币的形式向存款人或闲置货币资金的持有者支付的报酬，包括存款利息、向中央银行借款的利息、同业拆入的利息与发行金融债券的利息等，是商业银行负债成本的重要组成部分。利息成本是存款工具成本中比重最大、最为重要的部分。影响商业银行利息成本支出的主要因素有存款利息率、存款结构和存款平均余额。因此，商业银行要把提高低息存款的比重作为降低成本的重要措施，力求在尽量小的利息成本的条件下增加存款业务的规模。存款平均余额的增长尽管会带来利息支出的增长，但是也会导致贷款或其他资产业务的扩大，从而使商业银行通过资产负债利差总额的扩大来取得更高的经营效益。

存款计息一般有两种方式。一种是按照不变利率计息，即在存款人存款时规定利率，以后不再调整。若以不变利率计息，当市场利率下降时，商业银行要遭受利息损失，而当市场利率上升时，存款人就要遭受利息损失。因此，商业银行在确定利率时要对市场利率的走向进行预测，进而制定出对自己有利的利息率。另一种是按照可变利率计息。这种存款的利率与市场利率挂钩，即在存款发生时不规定具体的利率，而是约定在存款期限内每隔一定时间按某一基准利率加上一定数额进行调整。这一基准利率包括国库券利率、伦敦银行同业拆借利率（LIBOR）等。若以可变利率计息，对存款人和商业银行都有降低风险的功效，但由于利率不确定，又会给商业银行的成本计量带来困难。我国目前的存款一般是按照不变利率来计息的。

2. 营业成本

营业成本也称非利息成本、服务成本，是指商业银行在吸收存款上除利息以外的其他一切开支。这其中包括商业银行的广告宣传费用、外勤和柜台工作人员的工资与奖金、存款所需设备和房屋的折旧费摊销、相关管理人员的办公费用以及其他为存户提供服务所需的开支等。营业成本又可进一步划分为变动成本、固定成本和混合成本等。变动成本是指商业银行所支出的营业成本中，与具体业务量有关，为储户提供了实际收益的成本，它实际上代表了商业银行对存款人支付的除利息以外的报酬。如为活期存款存户提供的转账服务，商业银行营业大厅内为存款人查询信息所设立的电子计算机自动化服务，商业银行的代收代付服务等。固定成本是指商业银行所支出的营业成本中，与具体业务量无关，储户无法受益的成本，如广告费用、外勤费用、管理费用等。混合成本则是兼有变动成本和固定成本特征的营业成本。营业成本具有两个特点。一是活期存款的费用高于定期存款。与定期存款相比，活期存款流动性强、存取频繁，要为客户提供更多的支付服务，所以，其成本费用要高些。二是每笔存款业务量金额越大，相对而言营业费用率就越低。所以，商业银行要把存款业务经营的重点放在发展、巩固存款大户上。

在一个成熟的金融市场上,商业银行所提供的存款利率并没有多大差别,但是营业成本却有着很大差异。商业银行的规模越大,所在地区经济越发达,商业银行的经营效率越高,商业银行的营业成本就越低;反之,商业银行的营业成本就越高。因此,营业成本成为商业银行成本控制的重点。近年来,西方商业银行在面临巨大的竞争压力的情况下,越来越重视利息之外或非利息报酬形式的服务,尽可能地将服务成本和利息成本区分开来,以便更好地进行财务核算和更加灵活地开展竞争。

3. 资金成本

资金成本是商业银行为筹集一定的资金所发生的一切费用,即利息成本与营业成本之和。它反映了商业银行为获得存款而付出的代价。

资金成本率＝(利息成本＋营业成本)/筹集的资金总额×100%

4. 可用资金成本

可用资金成本是指商业银行可用资金所应负担的全部成本。

可用资金成本率＝(利息成本＋营业成本)/可运用的资金总额×100%

因为商业银行筹集的资金是不能全部运用出去的,为了满足法定准备金率的要求和解决流动性的需要,必须留有一定的库存现金,余下的才是可用资金。这里的可用资金是指银行存款扣除应缴存的法定存款准备金和必要的储备金之后的可实际用于贷款和投资的那部分资金。可用资金成本率是确定银行盈利性资产价格的基础,也是银行信贷中资金成本分析的重点。

5. 相关成本

相关成本是指与商业银行增加存款有关而未包括在上述成本之中的成本。相关成本主要包括两类,即风险成本和连锁反应成本。风险成本是指因存款增加而引起的商业银行经营风险增加所付出的成本。如利率敏感性存款的增加会加大商业银行的利率风险,商业银行存款总量的增长会加大商业银行的资本风险等。风险成本只是一种潜在的使商业银行扩大成本支出的因素,如果上述风险不变为现实的话,商业银行就不必为此进行成本支出了。连锁反应成本是指商业银行为新吸收的存款增加服务和利息而引起的对原有存款增加的支出。如商业银行为了招揽更多的存款,往往以增加利息和提供更多服务的方式来吸引顾客,但在对新存款客户支付更多利息和提供更多服务的同时,会使原有客户产生"攀比"心理,他们往往会要求商业银行向他们提供同等的优惠措施,这显然会增加商业银行的成本支出。当然,连锁反应成本也仅仅是一种可能性的成本,商业银行不一定必须为吸收存款而支付连锁反应成本。

四、商业银行存款的组织与管理

(一) 商业银行存款的来源

存款人在社会生产过程中的生产、分配、交换、消费等环节中,将暂时闲置的货币资金存入商业银行而形成银行的各项存款,是存款人可以随时或按约定期限提取款项的一种信用业务。商业银行的存款来源有以下几个方面:

1. 产业界暂时闲置的货币资金

产业界暂时闲置的货币资金主要包括:企业在生产经营过程中由于收支存在的时间差而暂时闲置的货币资金、企业计提的固定资产折旧费在尚未更新固定资产之前暂时闲置的资金,形成的单位存款。此外,还有诸如某些专用基金、应付工资、应付税费、未分配利润和结算中的现金等也属于此类存款的资金来源。

2. 其他闲置资金

除了上述在生产和流通中出现的暂时闲置资金外,还有尚未进入产业的游离资金或闲置资金,如数量过少不够企业经营的资金,投资对象尚未明确的资金,社会各种尚未使用的保障基金的资金,保险公司尚未理赔的保险金,居民个人结余的暂时闲置资金等。

3. 派生存款

商业银行向客户发放的贷款转入客户结算账户或活期存款账户,形成银行的派生存款,成为商业银行存款来源之一。

4. 同业存款

为了便于银行同业间的相互清算及保证资产的流动性,商业银行相互之间将一定数量的资金存放在对方账户上所形成的存款。

(二) 商业银行存款种类及其规定

1. 商业银行个人存款

(1) 传统的存款种类　个人存款,也称储蓄存款,在商业银行存款业务中占有较大比重,是商业银行重要的资金来源。目前,我国传统的储蓄存款业务主要有活期储蓄、定期储蓄、定活两便及通知存款等。

① 活期储蓄存款。活期储蓄存款是不确定存期,根据个人客户需要和意愿,随时存入或提取的一种存款。个人活期储蓄存款有多种形式,如活期存折储蓄存款、借记卡等银行卡存款。这些存款品种的核心是活期存款,随时可以存取,按活期利率计息,只是按客户的需要通过不同的载体进行交易。

② 定期储蓄存款。定期储蓄是相对活期储蓄而言的,客户在存款时约定存期,一次或按期分次存入本金,整笔或分期、分次支取本金或利息的一种储蓄方式。当客户存储定期储蓄时,由银行开出定期存单或定期存折,存款到期后,银行根据存款凭证支付本金与利息。

定期储蓄存款的品种主要包括:整存整取、零存整取、整存零取及存本取息。

a. 整存整取定期储蓄。整存整取定期储蓄是指约定存期,整笔存入且到期一次支取本息的一种储蓄,是定期储蓄的基本形式。该种储蓄以 50 元起存,多存不限,存期分为三个月、半年、一年、两年、三年、五年,不同档次执行不同利率,存期越长,利率越高。它适合于较长期不用的款项,较大的生活节余款及个人积累款的存储。

b. 零存整取定期储蓄。零存整取定期储蓄是指逐月存入,固定存额,约定存期,积零成整,到期一次支取本息的一种定期储蓄存款。该种储蓄一般以 50 元起存,每月存储金额固定,存期分为一年、三年与五年,存款金额和存期由储户自定。该储种存期固定,零星存入,一次支取,利率较高,适用于收入稳定,为将来筹措结婚、装修及购房等费用的客户存储。

c. 整存零取定期储蓄。整存零取定期储蓄是指约定存期,一次存入本金,分期陆续平均支取本金,到期支取利息的一种储蓄。其特点是一次存入大额本金,以后定期平均支付本金,便于有计划地安排生活,适用于一次性收入,以后逐期平均消费或支出的客户。该种储蓄一般以 1000 元起存,存期分一年、三年与五年。支取期分为一个月、三个月与半年,由储户与储蓄机构协商确定。未按约定期次要求部分提前支取时,可提前 1~2 期次。提取后须在以后月份内停取 1~2 期次,其余支取日期按原定不变。

d. 存本取息定期储蓄。存本取息定期储蓄是指一次存入本金,约定期限,分次支取利息,到期一次支取本金的一种储蓄方式。其特点是存款金额大,稳定性高,适用于有一笔较大款项，在一定时间不需要使用，但又要一部分生活费用等零星支出的客户。该种储蓄一般以 5000 元起存，存期分一年、三年及五年，可以一个月或几个月取息一次，由储户与储蓄机构协商确定。

③ 定活两便储蓄。定活两便储蓄是存款时不确定存期，可随时到银行提取，利率随存期长短而变化，兼有定期和活期两种性质的一种储蓄方式。该种储蓄一般以 50 元起存。存款的利率按相应期限的定期存款利率 6 折计算。

④ 个人通知存款。个人通知存款是存款人在存入款项时不约定存期，支取时需提前通知金融机构，约定支取日期和金额方能支取存款的一种储蓄方式。存款人需一次性存入，可一次或分次支取。按存款人提前通知的期限长短不同，可分为一天通知存款和七天通知存款两种。不论实际存期多长，一天通知存款必须提前一天通知约定支取，七天通知存款必须提前七天通知约定支取。

个人通知存款主要有以下特点。

a. 该存款的最低起存金额和最低支取金额均为人民币 5 万元。

b. 通知存款为记名式存款。个人通知存款采用记名存单形式，存单须注明"通知存款"字样。

c. 存款人提前通知开户网点约定支取方式。通知存款存入时，存款人自由选择通知存款品种，但存单或存款凭证上不注明存期和利率，银行按支取日挂牌公告的相应利率和实际存期计息，利随本清。

d. 通知存款如已办理通知手续不支取或在通知期内取消通知的，通知期限内不计息。

e. 通知存款部分支取，留存部分高于最低起存金额的，需重新填制存款单证，从原开户日起计算存期；留存部分低于最低起存金额的，予以清户，按清户日挂牌公告的活期存款率计息，或根据存款人意愿转为其他存款。

(2) 存款种类的创新　除运用上述传统的银行储蓄存款的种类吸收存款外，各家商业银行纷纷创新借记卡银行结算账户的功能，以便吸收更多的存款。除前面介绍的吉林银行智能存款外，在此介绍两种典型的创新产品。

① 招商银行"一卡通"。"一卡通"是招商银行（以下简称"招行"）向社会大众提供的、以真实姓名开户的个人存款基本账户，它集定活期、多储种、多币种、多功能于一卡，是国内银行卡中独具特色的银行卡品牌。招行从 1995 年 7 月发行"一卡通"以来，凭借高科技优势，不断改进其功能，不断完善综合服务体系，创造了个人存款理财的新概念。

"一卡通"集定活期、多储种、多币种、多功能于一卡，具有"安全、快捷、方便、灵活"的特点。"一卡通"一卡多户，具有人民币、美元、港币、日元、欧元等币种的活期、定期等各类储蓄账户，具有通存通兑、自动转存、自助转账、办理同一"一卡通"内的人民币或同外币同一钞汇类型账户间的定活互转、直接进行消费结算的功能。

② 光大银行"阳光定存宝"。"阳光定存宝"是指光大银行按照客户的要求，根据客户的资金使用的情况，设计最优存款组合方案，智能安排阳光卡卡内资金的存期结构（活期与定期存款的自动互转），既能保证资金的流动性和灵活性，又能提高合理收益的先进理财服务。

"阳光定存宝"特点：约定转存，无须月月跑银行；自动转入，既享收益又有便利；自动转出，取款消费两不误。

"阳光定存宝"是按照预先约定，将资金从活期转入定期账户，账户内储种为人民币定期整存整取存款，存期分为 1 天、7 天、3 个月、6 个月、1 年、2 年、3 年、5 年（任选其一),并按相应期限存款利率计息,到期后自动将本息转入卡内活期主账户。活期主账户保留余额最低为1000元。如存期为一天或七天时,起存金额为50000元,且以500元的整倍数递增。如存期为三个月、六个月、一年、两年、三年或五年时,起存金额为500元,且以500元的整倍数递增。

【资料】

个人存款实名制实名证件

为了保证个人存款账户的真实性,维护存款人的合法权益,中华人民共和国国务院2000年颁布了《中华人民共和国个人存款账户实名制规定》。个人在金融机构开立存款账户时,应当出示本人有效身份证件,使用实名。代理他人在金融机构开立个人存款账户的,代理人应当出示被代理人和代理人的身份证件。下列身份证为实名证件。

(1) 居住在中国境内的中国公民,为居民身份证或者临时居民身份证;

(2) 居住在境内的16周岁以下的中国公民,为户口簿;

(3) 中国人民解放军军人,为军人身份证件;

(4) 中国香港、澳门地区居民,为港澳居民往来的内地通行证;中国台湾地区居民,为台湾居民往来大陆通行证或者其他有效旅行证件;

(5) 外国居民,为护照。

2. 商业银行单位存款

(1) 单位活期存款 单位活期存款是指存款人(各类企事业单位等)存入银行后随时可以支取的存款。其存款利率按照中国人民银行规定的利率执行,按结息日挂牌公告的活期存款利率计息,遇利率调整时则分段计息。这种存款的特点是不固定期限,客户存取方便,随时可以支取。单位活期存款包括四类账户,分别为基本存款账户、一般存款账户、临时存款账户和专用存款账户。

① 基本存款账户。基本存款账户是指存款人(企事业等独立核算的单位)因办理日常转账结算和现金收付需要而开立的账户。基本存款账户是单位存款人的主办账户,存款人日常经营活动的资金收付及其工资、奖金等现金的支取,只能通过该账户办理。

② 一般存款账户。一般存款账户是指存款人有借款或其他结算需要,在基本存款账户开户银行以外的银行营业机构开立的结算账户。通过本账户可办理转账结算和现金缴存,但不能办理现金支取。

③ 临时存款账户。临时存款账户是指存款人因临时经营活动需要,并在规定时间内使用而开立的账户。如果存款人是临时机构、有异地临时经营活动需要或要注册验资,可到银行开立临时存款账户。通过本账户,存款人可以办理转账结算及国家现金管理规定的现金收付。

④ 专用存款账户。专用存款账户是指存款人因特定用途需要开立的账户。如果存款人有特定用途的资金,如基本建设资金、更新改造资金、需要专项管理和使用的资金等,就可以到银行开立专用存款账户。

(2) 单位定期存款 单位定期存款是指存款人(各类企事业单位等)与银行双方在存款时事先约定期限和利率,到期后方能支取的存款。单位定期存款期限分为三个月、六个月、一年、两年、三年、五年共6个档次,在存款时也可与银行约定是否办理到期自动转存业务,没有约定时则视为到期办理自动转存。在存期内,按存入日挂牌公告的定期存款利率计付利息,遇利率调整,不分段计息。起存金额为人民币1万元,多存不限。支取定期存款只能以转账方式将存款转入存款人的基本存款账户或一般存款账户，不能将定期存款用于结算，或从定期存款账户中提取现金。单位定期存款可以全部或部分提前支取，但只能提前支取一次，提前支取部分按照活期存款利率计息。

（3）单位通知存款　单位通知存款是一种比单位活期存款收益高，而又比单位定期存款支取更为灵活的大额存款方式，是指存款人（各类企事业单位等）在存入款项时不约定存期，支取时需提前通知银行，约定支取存款日期和金额方能支取的存款。

单位通知存款为记名式存款，采取记名存款凭证形式，存单或存款凭证须注明"通知存款"字样。按存款人提前通知的期限长短的不同，可分为一天通知存款和七天通知存款两种。不论实际存期多长，一天通知存款必须提前一天通知约定支取；七天通知存款必须提前七天通知约定支取。单位通知存款起存金额为人民币 50 万元，必须一次存入，但可一次或分次支取，每次最低支取额为 10 万元以上，支取存款利随本清，支取的存款本息只能转入存款单位的其他存款户，不得支取现金。

（4）单位协定存款　单位协定存款是指存款人（各类企事业单位等）与银行商定结算账户需保留的基本留存额度，超出部分转入协定存款账户的存款。办理协定存款须由存款人与银行签订《协定存款合同》，约定合同期限，该期限最长不得超过一年，到期时，双方均未提出终止或修改的，则视为自动延期。合同期满，如不延期，存款人将协定存款账户的本息结清后，全部转入基本存款账户或一般存款账户。

存款人一旦与银行签订《协定存款合同》，银行就会在其基本存款账户或一般存款账户上开立协定存款账户，这个账户具有结算和协定存款双重功能。存款人可以约定在结算户需保留的基本存款额度，超过部分的资金由银行将其自动转入协定存款账户，并按协定存款利率单独计算利息。协定存款账户按季结息，其中基本存款额度以内的存款，按结息日中国人民银行公布的活期存款利率计息，超过部分按结息日中国人民银行公布的协定存款利率计息，遇利率调整则不分段计息。

（三）商业银行存款的管理

1. 影响商业银行存款规模的因素

影响商业银行存款水平的因素是多方面的，一般从整体上可以分为外部因素和内部因素两大类。外部因素也称为宏观因素，内部因素也称为微观因素。两种因素综合影响着商业银行的存款规模。

（1）外部因素

① 社会经济发展水平和经济周期的变动。这是影响商业银行存款水平的最为宏观的因素。从社会资本的角度看，商业银行存款来自于社会生产过程中生产、分配、交换、消费各个环节暂时闲置的货币资本，而这种闲置的货币资本只有在生产力不断发展，商品流通活跃，社会经济效益提高的情况下才会产生。因此，社会经济的发展水平决定了货币信用关系的发展程度，极大地影响了商业银行的存款规模。在经济发达、货币信用关系深化的国家和地区，企业和个人收入水平高，金融意识强，这些国家和地区的商业银行，自然要比经济欠发达国家和地区的商业银行更容易扩大存款规模。

另外，在不同的经济周期，商业银行吸收存款的难易程度也有很大的差别。在经济高涨时期，社会有效需求猛增，社会货币资金充裕，商业银行存款规模大幅度上涨；在经济萧条时期，社会有效需求不足，资金匮乏，商业银行存款规模相应减少。

② 中央银行的货币政策。中央银行的货币政策是影响商业银行存款规模的直接因素。中央银行影响商业银行的筹资规模与筹资能力是通过运用货币政策工具直接或间接地对市场

货币供应量施加影响来实现的。当中央银行实施紧缩的货币政策时，会提高法定存款准备金率、再贷款利率和再贴现率，或是在金融市场上卖出有价证券，回笼资金。这样，商业银行吸收的存款中用于贷款的部分所创造的派生存款量就会减少，企业向商业银行借贷资金的成本就会上升，市场利率上升，市场上货币流通量就会减少。相反，中央银行若实行宽松的货币政策，商业银行的存款规模就会扩大。

③ 国家的金融法律和法规。金融法律和法规的制定，可以从宏观的角度保证社会经济关系和信用关系的稳定和有序发展。但从微观的角度来看，金融法律和法规的制定，特别是有关金融监管的法律和法规的制定，对商业银行的金融创新活动则是一种阻碍，影响商业银行的经营范围、经营规模、经营手段等，进而影响商业银行的负债规模。

④ 金融市场的竞争状况。一般来说，在一定时期内，商业银行和其他金融机构之间的竞争愈加激烈，则本行的存款份额就会相对减少，而且其他金融工具供应增加，为客户提供了更多的投资渠道，商业银行存款也会相对减少。商业银行要想争取更大的份额，需要有自身的营销策略，具体表现为产品策略、服务策略、公关策略和网点设置策略等。

⑤ 居民货币收入水平和消费支出结构。一般情况下，储蓄和消费都是收入的函数，收入增加则储蓄和消费也随之增加。我国十几年来储蓄存款的高速增长，很大程度上是因为居民收入的大量增加。而消费支出结构决定了居民手持现金的数量及闲置待用的时间。如果人们的消费支出结构中吃、穿、用占很大比重，则意味着人们即期消费增加，作为积累性货币的储蓄下降；反之，则说明人们将更多的收入用于住、行等大笔资金消费支出，这就需要一定的积累，居民储蓄就会相应增加。

⑥ 居民的收入预期和消费信用发展。收入预期是指人们对未来收入状况的预期和判断。收入预期趋低时，人们会压低即期消费提高储蓄，而人们的收入预期又受到经济环境和社会保障制度的影响，经济环境越好，社会保障制度越健全，人们出于预防动机的储蓄行为就会减少；反之，人们会降低收入预期，选择更多的储蓄以备不测之需。居民储蓄还与消费信用发展程度密切相关。如果消费信用较为发达，人们可随时通过商业银行等机构获得支付能力，就有助于促进即期消费，增加当期储蓄。

⑦ 人们的消费习惯和偏好。由于生活环境、文化背景、社会制度等方面的差异，人们的消费习惯和偏好也会有所不同，这必然会反映在对待存款态度的差异上。如果商业银行设置的各种存款能够得到不同收入层次、不同年龄层次、不同文化层次和不同习惯偏好层次的众多存款人的喜爱，商业银行存款就会增加，就能占有较大的市场份额。

⑧ 支付结算制度的发达程度。活期存款大多是企业和个人用于日常支付的周转金，支取频繁、流动性强。如果商业银行支票流通量大，支付结算领域广泛，大量资金就会通过商业银行的账户转移完成支付，使现金支付减少、商业银行体系的存款增加。反之，企业和个人就要保留较多的现金以备购买和支付，商业银行存款就会因此减少。

(2) 内部因素　真正能影响某家商业银行存款规模的是商业银行的内部因素，影响商业银行存款数量的内部因素主要有以下几个。

① 商业银行的服务质量。商业银行只有不断提高员工素质，开拓金融服务领域，为客户提供优质、高效、全面的服务，才会吸引广大储户到商业银行来存款。商业银行员工的素质，特别是柜台、窗口岗位的员工素质，代表了这家商业银行的形象。如果工作人员态度端正、认真负责、知识全面、经验丰富、服务周到，会给客户留下美好的印象，进而为商业银行吸收更多的存款、不断扩大负债规模创造条件。开拓金融服务领域的具体做法有不断推出适合各类人群的新的存款种类、提供更加便利的金融服务等，特别是对那些在几家商业银行

间徘徊选择的存款大户,更需要从存款品种、结算、代理、咨询、信贷等方面开展全方位的服务。

② 商业银行的信誉和实力。客户选择商业银行的首要标准是看其信誉如何,尤其是持有较大数目资金的客户,更注重商业银行的资产规模及偿债能力。因而,商业银行信誉越好,越能吸引客户。这是因为,信誉卓著、资金雄厚的商业银行破产的可能性比较小,能够给存款人的资金带来最大的保险度。客户一般可以从商业银行的历史资料和定期发布的财务数据中,对商业银行的信誉和实力进行考察,有时也可以通过信用评级机构来获得相关资料。

③ 商业银行的负债价格。商业银行的负债价格包括利率水平、开办管理各种账户的服务费用、优惠条件及补贴等,其中利率水平是负债价格中所占比重最大的一个因素。利率是商业银行对存款资金的使用价格,商业银行提高利率水平,意味着存款人一定数量的存款在相同的时间内可以获得更高的收益水平。所以,在利率市场化的国家,商业银行如果有在短时间内大量筹集资金的需要,那么,就可以适当地提高其存款利率来吸引储户到本银行存款。

④ 商业银行对客户的贷款支持。客户在商业银行的存款额与能否从该商业银行获得贷款之间有一定的联系。如果商业银行能在客户急需资金时提供贷款,对存款人的吸引力就大。因为在一般情况下,作为客户获得贷款的必要条件之一,客户必须在其存款账户上保留一定的存款余额。

⑤ 商业银行与社会各界的关系。商业银行与社会各界的关系主要包括业务关系和人事关系。业务关系是指商业银行与企业界、个人及同业之间的业务联系;人事关系是指商业银行与其他组织或个人发生的联系,具有一定的感情色彩。商业银行与社会各界的联系越密切,对增加存款就越有利。

2. 存款市场的营销策略

(1) 合理调整存款利率和服务收费　由于提高存款利率水平受到诸多方面的限制,因此西方商业银行一般不会采取提高利率的方法吸引更多的存款,而是通过降低服务收费来变相吸引存款。如对活期存款,虽然银行对活期存款支付的利息很低甚至不支付利息,银行对客户开立活期存款账户却收取很少的手续费或免收手续费,而这笔费用并不能抵补银行办理这种账户的全部费用,两者之间的差额构成了活期存款账户客户的隐蔽收益,相当于银行向储户支付的利息补贴。服务收费越低或免收,隐蔽收益则越高。银行为争取存款,常对存款余额较大的账户免收或仅象征性地收取微量手续费。

(2) 提升服务质量,创新服务种类　经济的快速发展,要求金融机构以全面、优质、高效的服务作为支撑。随着公众对金融服务的要求越来越高,商业银行为吸收更多的存款,必须使其金融服务得以完善和多样化,如美国的商业银行为多吸收存款,通过各种账户和存款工具的创新,提高了存款数量。

(3) 合理增加银行的网点设置　客户一般愿意选择就近的商业银行营业网点办理业务,因此,银行营业网点的地理位置十分重要。这就要求银行在成本预算的约束下,广设网点,特别是在人口密集的地区设置分支机构,便利客户,从而扩大银行的存款规模。

(4) 提高银行资信水平　银行的资产规模和信用评级是衡量银行实力的两个可信度指标。出于安全性需求,通常情况下,客户总是愿意选择资产规模大、信誉等级高的大银行作为开户银行。因此商业银行就需要战略性地不断提高资产质量,降低不良贷款率,改善财务状况,提升业绩,从而获得公众的认可。

(5) 塑造良好的企业形象　良好的企业形象是一种无形资产，对商业银行业务的发展起着极为重要的作用。塑造良好的银行形象，需要加大广告、促销、宣传力度，创造品牌优势，形成自身的特色，从而增强客户对商业银行的信任度。

五、商业银行借入款项的组织与管理

（一）短期借款的经营管理

1. 短期借款的种类及其规定

（1）同业借款　同业借款是同业拆借和转贴现、转抵押的统称。同业拆借是指金融机构（中央银行除外）之间为调剂资金头寸、支持日常性的资金周转而进行的短期借贷，是同业借款的主要形式。由于同业拆借一般是通过商业银行在中央银行的活期存款账户进行的，实际上是超额准备金的调剂，因此，又被称为"中央银行基金"，在美国则被称为"联邦基金"。在日常经营中，商业银行有时会出现暂时的资金闲置，有时又会发生临时性的资金不足。发生临时性资金不足的商业银行通过同业拆借获得资金，而出现暂时资金闲置的商业银行则通过同业拆借使资金得以运用。在西方发达国家，由于中央银行对商业银行的存款准备金不支付利息，同时，商业银行对一部分活期存款也不支付利息，这就更加刺激了商业银行将暂时闲置的资金投放到同业拆借市场以获取盈利。目前，同业拆借市场不仅从最初的只对储备金头寸余缺进行调剂的市场，逐步发展为商业银行弥补流动性不足和充分有效地运用资金的市场，成为协调流动性和盈利性关系的有效机制，而且同业拆借市场也是中央银行政策传递的渠道，用来控制货币和信贷的增长，实现经济的稳定增长。

（2）向中央银行借款　商业银行向中央银行借款主要有再贴现和再贷款两条途径。再贴现是指商业银行将其从工商企业那里以贴现方式买进的未到期的商业票据再向中央银行进行贴现，也称间接借款。再贴现是中央银行三大传统的货币政策工具之一，中央银行通过调整再贴现利率、票据的质量、期限及种类等，可以影响商业银行的筹资成本，起到影响基础利率的作用。再贴现利率一般略低于再贷款利率。在市场经济发达的国家，由于商业票据和贴现业务广泛流行，再贴现就成为商业银行向中央银行借款的主要途径，而在商业票据不普及的国家，则主要采取再贷款的形式。再贷款是指商业银行向中央银行的直接借款。再贷款又分为两种，一种是信用贷款，即如果一家商业银行的信誉较好，在以往向中央银行的借款中没有拖欠不还的不良记录，那么，这家商业银行就可以仅以自己的信用为保证，不需要提供任何抵押品就可以从中央银行那里取得一定量的借款；另外一种是抵押贷款，即商业银行将其持有的各种有价证券和票据，或其从企业客户取得的抵押品再次抵押给中央银行而取得的借款。

（3）回购协议　回购协议是指商业银行出售自己持有的流动性强、安全性高即高质量、低风险的有价证券或贷款等金融资产来获得即时可用资金的融资方式，但在出售资产的同时与资产的购买方签订一份协议，约定在一定期限后按约定价格购回所卖资产。回购协议的实质是以有价证券等金融资产为抵押的一种短期融资。回购协议可以是隔夜交易，也可以期限长达几个月，大部分回购协议的期限是几天。但近年来出现一种持续合同，通过回购协议出售证券等金融资产筹集的资金可以无限期使用，直到卖方或买方取消交易为止。其中，双方协定的期限为1天的称为隔夜回购，超过1天的称为定期回购，未规定期限的称为开放式回购。我国规定回购协议的期限最长不得超过3个月。由于回购协议有高品质的资产作担保，所以回购协议的利率很低，通常接近国库券利率。回购协议的交易方式一般有两种：一种是证券等金融资产的卖出与购回采用相同的价格，回购协议到期时以约定的收益率在本金之外支付费用；另一种是购回证券等金融资产的价格高于卖出时的价格，其差额就是合理的收益率。

（4）出售大额可转让定期存单　大额可转让定期存单是商业银行和其他存款机构为了增强在货币市场上的竞争力，扩大资金的吸收能力，防止存款流失和满足市场投资者对短期投资工具的需求而发行的一种可以在市场上转让流通的定期存款凭证。与传统的定期存款相比，大额可转让定期存单具有如下五个特点：①面额较大，传统的定期存款一般起存金额不限，开户的对象不限，而大额可转让定期存单的目标客户是大公司、养老基金会和政府，所以，这类存单的面额通常较大，最高可至 1000 万美元，一般以 10 万~100 万美元居多；②不记名，可自由转让流通，大额可转让定期存单是不记名的，到期之前，可以在二级市场上自由转让流通，存在较活跃的二级市场，大额可转让定期存单的流动性仅次于国库券，一些美国大商业银行发行的大额可转让定期存单的流动性几乎可与国库券媲美；③期限较短，通常不超过 1 年，大额可转让定期存单的期限较传统的定期存款要短，通常为 3 个月、6 个月、9 个月和 1 年，二级市场上的存单期限一般不超过 6 个月，因此，存单具有较高的流动性；④不能提前支取，传统的定期存款可以提前支取，但是大额可转让定期存单是绝对不能提前支取的，如果持有者急需资金，只能将其在二级市场上出售；⑤利率既可以是固定的，又可以是浮动的。另外，存款从活期存款账户转向大额可转让定期存单账户，存单有固定的到期日，到期之前不会被提取，可增加存款的稳定性。但是，大额可转让定期存单对利率十分敏感，这意味着大量利用大额可转让定期存单管理的商业银行必须关注利率风险，并采取一定的风险管理措施减少利率变动对商业银行净收益的不利影响。

（5）发行商业票据　商业票据是信誉好的大公司发行的短期无担保债务工具。面值一般为 10 万美元，期限有三四天至九个月不等。在限制混业经营的国家，商业银行可能不能够直接出售自己的商业票据，但商业银行可以利用它们的持股公司或成立单独的子公司来发行商业票据，并将所得资金用于发放贷款和进行投资。多数商业银行不是通过证券交易商来出售新的商业票据，而是直接向投资者发行，商业银行需要承担印刷、发行成本，还要考虑商业银行的清偿能力。因此，通常情况下，只有当商业银行落实了一个高收益资产项目的金额、期限和利率后，利用其他货币市场融资方式又难以筹措到相应的资金时，才会考虑这种成本较高的筹资方式。

（6）欧洲短期信贷市场借款　目前，最具规模、影响最大的国际金融市场是欧洲货币市场。欧洲货币市场是指集中于伦敦和其他国际金融中心的境外美元与其他境外货币的国际借贷市场，也称离岸金融市场。欧洲货币市场按其业务可分为欧洲短期信贷市场、欧洲中长期信贷市场和欧洲债券市场。其中的欧洲短期信贷市场形成最早、规模最大，其余两个市场都是在欧洲短期信贷市场发展的基础上衍生形成的。

2. 短期借款的经营策略

（1）选择恰当的借款时机　首先，商业银行应根据自身在一定时期的资产结构及其变动趋势，来确定是否利用和在多大程度上利用短期借入负债。如果某一时期商业银行资产的平均期限较短，有相当能力应付流动性风险，并且当时的市场利率较高，就没有必要利用和扩大短期借入负债；如果情况相反，则必须注重短期借入负债的运用。其次，商业银行应根据一定时期金融市场的资金供求状况与利率变动来选择借款时机，在市场利率较低时适当多借入一些资金；反之，则少借或不借。再次，商业银行要根据中央银行货币政策的变化来控制自己对短期借入负债的利用程度。当中央银行实行紧缩的货币政策时，不但再贷款和再贴现的成本会提高，其他短期借入负债的成本也会相应提高，此时，商业银行需适当控制借款；

反之，则可考虑多借入一些款项。

（2）控制适度的借款规模　　如果利用短期借入负债的成本超过因扩大资产规模而获取的利润，就不应该继续增加借款规模，而应通过调整资产结构的办法来保持流动性或通过进一步挖掘存款潜力的办法来扩大资金来源。商业银行要权衡短期借入负债的成本与收益，结合商业银行自身资产结构的变化趋势和存款增长规律，测算出一个适度的借款规模。

（3）确定合理的借款结构　　商业银行短期借入负债的渠道很多。在短期借入负债的管理中，商业银行应合理安排各种借款在借款总额中的比重。从成本结构来看，商业银行一般情况下应尽可能多地利用一些低息借款，不利用或少利用高息借款，以降低短期借入负债的成本。但在资产预期收益较高、低息借款又难以取得时，商业银行也可以适当借入一些高息负债。从国内外资金市场借款成本的比较看，如果从国际金融市场借款较国内便宜，商业银行就可适当增加从国际金融市场借款的比重；反之，则应减少它的比重，增加国内借款的比重。从中央银行的货币政策来看，如果中央银行提高再贷款利率和再贴现率，此时，商业银行应减少向中央银行借款的比重；反之，则可适当增加向中央银行借款的比重。

3. 短期借款的管理要点

① 主动把握、控制短期借入负债的金额和期限，有计划地将各种短期借入负债的到期时间和金额分散化，以减轻流动性需要过于集中的压力。

② 尽量使短期借入负债的到期时间和金额与存款量的波动规律相协调。当存款量波动处于低谷时，在自身承受能力允许的范围内，商业银行可以适当增加短期借入负债的金额，满足资金的流动性需求；当存款量波动处于高峰时，则可以减少短期借入负债的金额，从而减少资金的融资成本。

③ 通过多头拆借的办法，分散短期借入负债的借款对象和金额，力争形成一部分可以长期占用的借款余额。

④ 准确统计短期借入负债的到期时间和金额，以便做到事先筹集还款资金，满足短期借入负债的流动性需要，保证到期短期借入负债的偿还与衔接。

（二）长期借入负债的经营管理

长期借入负债是指期限在一年以上的借入款项。商业银行长期借入负债一般采用发行金融债券的形式。

1. 金融债券的主要种类

金融债券主要分为资本性金融债券、一般性金融债券和国际金融债券。

（1）资本性金融债券　　资本性金融债券是指商业银行为补充资本而发行的期限较长、融资量较为稳定的债券。资本性金融债券是商业银行介于存款负债与股本之间的债务，它对商业银行收益与资产分配的要求权优于普通股和优先股，但次于商业银行的存款客户与其他债权人。《巴塞尔协议》将资本性金融债券划分在附属资本中。资本性金融债券主要包括资本票据、资本债券与次级债券等。资本票据是指那些期限较短、有大小不同面额的商业银行证券。该票据的期限一般为5~7年，可以在市场上出售，也可以向商业银行的客户出售。资本债券与次级债券则是期限较长、发行额度较大的债务证券。

（2）一般性金融债券　　一般性金融债券是指商业银行为满足其长期贷款与投资需要而发行的金融债券，是商业银行发行金融债券的主要部分。一般性金融债券依据不同的标准可作进一步的划分：

① 按是否有担保，一般性金融债券可分为担保债券和信用债券；

② 按利率是否浮动，一般性金融债券可分为固定利率债券和浮动利率债券，我国商业

银行发行的一般性金融债券以固定利率债券为主,而今后浮动利率债券的发行将成为趋势;

③ 按付息方式,一般性金融债券可分为付息债券和一次性还本付息债券。

(3) 国际金融债券　国际金融债券是指商业银行在国际金融市场上发行的以外币为面值的金融债券。从市场和货币的角度划分,国际金融债券主要有外国金融债券、欧洲金融债券和环球金融债券。外国金融债券是指商业银行在外国发行的以发行地所在国货币为面值的金融债券。欧洲金融债券是指商业银行在外国发行的以第三国货币为面值的金融债券。欧洲金融债券以美元为面值的较多。欧洲金融债券有以下三个特点:第一,欧洲金融债券的发行人、发行地点和计价货币分别属于不同的国家;第二,欧洲金融债券实际上是一种无国籍债券,它的发行不受任何国家的管辖,是一种完全自由的债券,欧洲金融债券可以同时在几个国家发行,多数国家对发行期限和数量没有限制,也不需要发行前的注册和信息披露手续,欧洲金融债券的出售通常是通过国际辛迪加承包后再进行分售;第三,欧洲金融债券市场有容量大、发行灵活、发行成本低、品种多、流动性高和利息不纳税等优点,是商业银行在国际资本市场上融资的一个重要途径。环球金融债券是指商业银行为筹措资金而在几个国家同时发行的债券,债券以一种或几种货币计价,各债券的筹资条件和利息基本相同。

2. 金融债券的经营策略

(1) 商业银行发行金融债券要遵守金融管理当局的管理规定　金融债券的发行机构、发行数量、运用范围,都要按照法律的要求来实行。金融债券在发行前还要有评级机构的信用评估,以评价金融债券发行人的偿债能力。

(2) 做好金融债券发行和资金使用的衔接工作,提高资金的使用效率与效益　首先,要使金融债券发行数量与项目用款量基本相等,不能发生边发行边闲置的现象;同时要搞好项目的可行性研究,进行收益成本比较,力求使项目效益高于金融债券成本,不能"高进低出"。我国国内金融债券发行实行"高进高出",即金融债券利率高于同期存款利率,而与之相对应的特种贷款利率也高于一般贷款利率。

(3) 注重利率变化和货币选择　如预期利率有上升趋势,应采取固定利率的计息方式;反之,则采取浮动利率的计息方式。在利率有下降趋势的情况下,应考虑缩短固定利率金融债券的偿还年限或在发行合同中列入提前偿还条款,这样,可以以较高的利率偿旧债,以较低的利率发行新债。国际金融债券的发行,原则上采用汇率具有下浮趋势的软货币作为票面货币。但在金融市场上,供求双方对未来市场利率与汇率的变化趋势都有各自的预测,债券的发行是否成功,取决于双方力量的对比。汇率趋势看涨的硬货币金融债券比较好销售,支付的利率也较低;而以软货币计价的金融债券则销售困难,要打开销路势必要提高利率,这又要增加筹资成本。因此,发行金融债券的商业银行必须将利率和汇率因素综合起来考虑,在一定条件下并不排斥选用硬货币。

(4) 掌握好发行时机　一般来说,市场资金供给大于需求、利率较低的时候是金融债券发行的最佳时机。发行国内金融债券由于利率相对稳定,时机的选择主要取决于资金供给的充裕程度。由于国内金融债券的发行对象主要是个人,所以,可选择第一季度末和6月初居民无较大或集中消费的时期、每年7月国债还本付息时间或年终分配时抓紧推销金融债券。

(5) 研究投资者心理,并不断创新,满足投资者的需求　金融债券作为一种投资工具,能否顺利推销取决于投资者的购买心理。因此,商业银行必须研究和了解投资者对购买金融债券的收益性、安全性、流动性和方便性的心理要求,并针对这些要求设计和创新金融债券品种,使金融债券具有广泛的市场购买力。

【资料】

中国银监会：商业银行月末存款偏离度不得超过3%

中国银监会于2014年9月12日发布《关于加强商业银行存款偏离度管理有关事项的通知》（以下简称《通知》），要求商业银行不得设立时点性存款规模考评指标，合理控制月末存款偏离率，设置商业银行存款偏离度不得超过3%。

银监会有关负责人表示，商业银行存款"冲时点"问题由来已久，今年上半年表现十分明显。存款月末冲高、月初回落，月末存款偏离度较高，季末尤为突出。一些商业银行在业务开展中，通过高息揽储、非法返利、延迟支付、以贷转存、以贷开票、理财产品、同业业务等手段吸存倒存。

《通知》督促商业银行完善绩效考评体系，加强对分支机构绩效考评管理，合理分解考评任务，从根源上约束存款"冲时点"行为。不得设立时点性存款规模考评指标；不得设定单纯以存款市场份额或排名为要求的考评指标；分支机构不得自行制定存款考评办法或提高考评标准及相关要求。

《通知》督促商业银行加强存款稳定性管理，合理控制月末存款偏离率。根据历史数据及测算情况，设置商业银行存款偏离度不得超过3%。同时，为防止商业银行在季末通过冲高月日均存款、规避存款偏离率约束，附加限制季末月日均存款的可计入金额。

《通知》要求各级监管机构建立存款波动情况统计监测制度，对存在存款异动较大、违规吸存、虚假增存等问题的银行，按严重程度相应采取限制准入、降低评级、限制业务、提高稳定存款比例等监管纠正与处罚措施。

资料来源：东方网 http://news.eastday.com/eastday/13news/auto/news/finance/u7ai2527808_K4.html.

练习题

一、名词解释
1. 商业银行资本　2. 核心资本　3. 附属资本　4. 利息成本　5. 营业成本
6. 资金成本　7. 可用资金成本　8. 同业借款　9. 回购协议　10. 大额可转让定期存单

二、单选题
1. 按照《巴塞尔协议》的要求，商业银行的资本充足率至少要达到（　　）。
   A. 4%　　　　　B. 6%　　　　　C. 8%　　　　　D. 10%
2. （　　）是指银行在财务困难时可用来吸收损失的最低所需资本。
   A. 会计资本　　B. 经济资本　　C. 监管资本　　D. 实收资本
3. 根据我国有关规定，设立全国性商业银行的注册资本最低限额是（　　）人民币。
   A. 20亿元　　　B. 10亿元　　　C. 5亿元　　　D. 1亿元
4. 下列不属于巴塞尔《新资本协议》三大支柱的是（　　）。
   A. 最低资本要求　B. 监管审核　　C. 市场约束　　D. 公司治理结构
5. 商业银行的被动负债是（　　）。
   A. 发行债券　　B. 吸收存款　　C. 同业拆借　　D. 再贷款
6. 零存整取定期储蓄存款的起存金额是（　　）元。

A. 50　　　　　　B. 5　　　　　　C. 1000　　　　　D. 5000

7. 在银行存储时间长，支取频率小，构成银行最稳定的资金来源的存款是（　　）。
   A. 储蓄存款　　　B. 定期存款　　　C. 支票　　　　　D. 活期存款

8. 银行组织资金来源的业务是（　　）。
   A. 负债业务　　　B. 资产业务　　　C. 中间业务　　　D. 表外业务

9. 商业银行主动通过金融市场融通资金采取的形式是（　　）。
   A. 存款　　　　　B. 非存款负债　　C. 货币市场存单　D. 协定账户

10. 下列不属于一般性金融债券的是（　　）。
    A. 信用债券　　　B. 普通金融债券　C. 资本性债券　　D. 担保债券

11. 我国同业拆借资金可用于（　　）。
    A. 弥补信贷缺口　B. 长期贷款　　　C. 投资　　　　　D. 临时资金周转

三、多项选择题

1. 下列各项中属于商业银行核心一级资本的是（　　）。
   A. 实收资本　　　B. 资本公积和盈余公积　C. 未分配利润　D. 一般风险准备
   E. 少数股权

2. 我国商业银行二级资本包括（　　）。
   A. 二级资本工具及其溢价　　　　B. 超额贷款损失准备
   C. 其他一级资本工具　　　　　　D. 一般风险准备
   E. 少数股权

3. 资本充足性的含义是（　　）。
   A. 资本多多益善　B. 资本适度　　　C. 资本越多越好　D. 资本构成合理
   E. 最适度的资本可准确无误地计算出

4. 商业银行负债业务的经营必须遵循（　　）原则。
   A. 依法筹资　　　B. 成本可控　　　C. 稳定性　　　　D. 安全性
   E. 对称性

5. 存款成本主要包括（　　）。
   A. 利息成本　　　B. 营业成本　　　C. 资金成本　　　D. 可用资金成本
   E. 相关成本

6. 银监会规定商业银行计算一级核心资本充足率时，应从资本中扣除（　　）、确定受益类的养老金资产净额以及直接或间接持有本银行的股票等。
   A. 商誉　　　　　　　　　　　　B. 其他无形资产（土地使用权除外）
   C. 由经营亏损引起的净递延税资产　D. 贷款损失准备缺口
   E. 资产证券化销售利得

7. 中央银行向商业银行提供货币的主要形式有（　　）。
   A. 贴现　　　　　B. 再贴现　　　　C. 再贷款　　　　D. 贷款
   E. 转贴现

四、判断题

1. 商业银行资本金的多少标志着资金实力是否雄厚，反映自身承担风险能力的大小。（　　）

2. 商业银行长期次级债务的债权人与银行一般存款人具有相同的本息要求权。（　　）

3. 银行资本充足就意味着银行没有倒闭的风险。（　　）

4. 一般风险准备是为了已经确认的损失,或者为了某项特别资产明显下降而设立的准备金,属于银行的二级资本。(   )

5. 商业银行的核心一级资本充足率应不低于8%。(   )

6. 商业银行二级资本的本息清偿顺序先于存款负债而后于股权资本。(   )

7. 中央银行若实行宽松的货币政策,商业银行的存款规模就会扩大。(   )

8. 资金成本率=(利息成本+营业成本)/筹集的资金总额×100%。(   )

五、思考题

1. 商业银行的资本具有哪些功能?
2. 简述我国商业银行资本的构成?
3. 影响商业银行存款的因素有哪些?
4. 商业银行经营存款应采取哪些策略?

第三章 贷款管理的基本制度和基本规定

【学习目的与要求】

了解商业银行的贷款原则；

掌握贷款业务基本要素的构成与内容；

掌握贷款业务的操作规程；

了解贷款业务的各种管理制度。

【案例导入】

农业银行出台2017年信贷政策指引

中国经济网北京4月19日讯（记者 姚进）

日前，中国农业银行出台《2017年信贷政策指引》（以下简称《指引》）。根据《指引》，农业银行将围绕深化供给侧结构性改革和经济增长新动能，坚持服务国家战略、支持实体经济，重点支持"三农"、重大工程建设项目、先进制造业、战略性新兴产业、现代服务业、消费升级产业及"互联网+"等新业态，把握国家区域空间布局和发展战略，积极推进"三大战略""四大板块""自贸区扩围"加快实施，综合运用多种融资方式，有效支持政府主导项目，适应金融脱媒与利率市场化趋势，积极发展"信贷+"和投贷联动业务，贯彻绿色发展理念，大力发展绿色金融。

根据《指引》，农业银行将重点支持农业现代化与新型城镇化建设；积极介入国家发改委工程包、专项建设基金项目和行内重大项目库内建设项目，围绕"中国制造2025"五大工程和十大重点领域，积极支持高端装备制造业，支持新一代信息技术、新能源汽车、生物技术、新材料等新兴产业，大力支持养老、旅游、教育、医疗等民生领域项目，积极支持消费升级"六大领域"和国务院"十大扩消费行动"相关行业融资需求；择优支持云计算、人工智能、网络零售等新业态，合理安排房地产信贷投放总量和结构；稳步推进传统产业转型升级和落后产能有序退出。

资料来源：2017年04月19日 16：44 中国经济网.

第一节 贷款原则和政策

贷款是指经国务院银行业监督管理机构批准的商业银行，以社会公众为服务对象，以还本付息为条件，出借的货币资金。贷款业务是指经国务院银行业监督管理机构批准的商业银行所从事的以还本付息为条件出借货币资金使用权的营业活动。商业银行发放贷款必须坚持贷款原则。

一、贷款原则

商业银行的贷款原则,是银行借贷行为的总体性准则,也是银行和借款人必须共同遵守的行为准则,主要包括以下内容:

(一)遵循安全性、流动性和效益性原则

安全性、流动性和效益性是我国商业银行经营的总原则,贷款业务当然必须贯彻、遵循这一原则。从广义上讲,这也是企业及其他借款人使用贷款资金时应当遵守的基本原则。

(二)依法合规原则

依法合规原则是指商业银行贷款的发放和使用应当符合国家的法律、行政法规和中国人民银行、银监会发布的行政规章。

(三)审慎经营原则

贷款业务的期限、规模及所承担的风险水平与其风险管理能力相匹配,从而将贷款业务所涉及的风险控制在可以承受的范围内。

(四)平等自愿原则

平等原则是指借款人和贷款人在借贷行为中都平等享有民事权利和承担民事义务,不允许只享有权利而不承担义务,或者只承担义务而不享有权利的现象存在。

自愿原则是指借款人有权自主决定自己是否向银行借款、借款的金额、期限和用途;贷款人有权自主决定贷与不贷、贷款的金额、期限和利率等。

(五)公平诚信原则

公平原则要求借款人和贷款人在享有权利和承担义务上对等,承担责任上要合理;要求贷款人对借款人一视同仁,不得因借款人"身份"不同而在贷款条件、金额、利率及期限等方面有所优惠或歧视。

诚信原则要求借贷双方进行借贷活动时必须诚实、善意、讲信誉和守合同,不得隐瞒真实情况,不得规避法律和合同,不得逃避应该承担的义务。借款人不得为取得贷款而采取欺骗的手段,隐瞒或谎报自己的财务、经营及盈利状况,或隐瞒贷款用途,贷款后必须按时足额归还贷款的本金和利息。贷款人应及时按照合同约定向借款人发放贷款。

商业银行上述贷款原则出自《中华人民共和国商业银行法》、银监会颁布的《流动资金贷款管理暂行办法》《固定资产贷款管理暂行办法》以及《个人贷款管理暂行办法》。商业银行发放贷款坚持上述原则有利于保障贷款资金安全,有效防范信用风险。

二、贷款政策

贷款政策是指导贷款决策的指导方针和措施的总称。中央银行、各商业银行都可以制定贷款政策,所以既有全局性政策,又有结合各行实际的政策。中央银行制定的贷款政策一般称之为信贷政策,商业银行制定的政策一般称之为贷款政策,有的银行也称之为信贷政策。贷款政策与原则不同,原则具有一般性,全局统一,相对稳定;而政策则相对具体,差异性、时效性明显,随着经济发展和形势变化作相应调整。正确贯彻贷款政策,可以规范、约束银行的贷款行为,进一步落实贷款原则,实现对经济的正确调节。

(一)中央银行的信贷政策

中央银行的信贷政策,是中央银行根据国家宏观经济政策、产业政策、区域经济发展政策和投资政策,并衔接财政政策、利用外资政策等制定的指导金融机构贷款投向的政策。

我国现处市场经济的初级阶段，间接融资居于主导地位，经济运行中的问题，有总量问题，但突出的是经济结构性问题。加之区域经济发展不平衡，金融市场不够发达，利率没有完全市场化，单纯依靠财政政策调整经济结构受财力限制较大，信贷政策发挥作用是经济发展的内在要求，在相当长时期内将会存在。

信贷政策不同于货币政策主要着眼于调控总量，促进社会总供求大体平衡，从而保持币值稳定，信贷政策主要着眼于解决经济结构问题，通过引导信贷投向，调整信贷结构，促进产业结构调整和区域经济协调发展。从调控手段看，货币政策调控工具更市场化一些；而信贷政策的有效贯彻实施，不仅要依靠经济手段和法律手段，必要时还须借助行政手段和调控措施。1998年以前，中国人民银行对各金融机构的信贷总量和信贷结构实施贷款规模管理，信贷政策主要是通过人民银行向各金融机构分配贷款规模来实现的。信贷政策的贯彻实施依托于金融监管，带有明显的行政干预色彩。近年来，随着社会主义市场经济的不断发展，信贷政策正在从过去主要依托行政干预逐步向市场化的调控方式转变。

中国目前的信贷政策大致包含四方面内容：一是与货币信贷总量扩张有关，政策措施影响货币乘数和货币流动性，比如，规定汽车和住房消费信贷的首付款比例、证券质押贷款比例等；二是配合国家产业政策，通过贷款贴息等多种手段，引导信贷资金向国家政策需要鼓励和扶持的地区及行业流动，以扶持这些地区和行业的经济发展；三是限制性的信贷政策，通过"窗口指导"或引导商业银行通过调整授信额度、调整信贷风险评级和风险溢价等方式，限制信贷资金向某些产业、行业及地区过度投放，体现"扶优限劣"原则；四是制定信贷法律法规，引导、规范和促进金融创新，防范信贷风险。

（二）商业银行贷款政策

商业银行贷款政策指商业银行为实现其经营目标，根据中央银行制定的宏观信贷政策而制定的贷款业务开展的各项方针和措施的总称。贷款政策是指导贷款决策行为的具体行为准则。商业银行制定贷款政策的目的：一是保证其业务经营活动的协调一致，贷款政策是指导每一项贷款决策的总方针，理想的贷款政策可以支持商业银行做出正确的贷款决策，对商业银行的经营做出贡献；二是保证商业银行贷款的质量，正确的信贷政策能够使商业银行的信贷管理保持理想的水平，避免风险过大，并能够恰当地选择业务机会。

1. 贷款政策的影响因素

商业银行在制定贷款政策时，一般要考虑以下因素：

① 有关法律、法规和国家的财政、货币政策；
② 银行的资本金状况；
③ 银行负债结构；
④ 银行服务地区的经济条件和经济周期；
⑤ 银行信贷人员的素质。

2. 贷款政策的主要内容

贷款政策的基本内容主要包括四个方面：贷款规模政策、贷款结构政策、贷款利率政策、贷款担保政策。

（1）贷款规模政策　贷款规模政策也称贷款投量政策。主要是指确定一定时期商业银行的贷款的增量。商业银行要考虑国家宏观经济政策的要求、当时经济发展的客观需要，又要考虑自身的实际能力，既不能过高地估计自己的发展能力，导致业务发展失控，增加贷款风险，也不能过低地估计增加的发展能力，束缚住自己的手脚，丧失业务发展的机会。通常银行根据负债资金来源情况及其稳定性状况以及中央银行规定的准备金比率、资本金状况、银行自身流动性准备比率、银行经营环境情况和银行经营管理水平等因素,来确定计划的贷款规模,既符合银行稳健经营的原则,又最大限度地满足客户的贷款需求。

(2) 贷款结构政策(投向政策)　贷款结构政策也称投向政策,是指确定一定时期商业银行贷款的使用方向和分布结构。确定贷款支持和限制的对象。商业银行贷款业务发展战略还应当明确确定银行贷款发放范围(包括客户、区域、行业)。贷款结构对商业银行信贷资产的安全性、流动性、盈利性具有十分重要的影响,因此,银行贷款政策必须对银行贷款结构做出明确的规定。

① 贷款客户结构。不同客户对银行的盈利贡献大相径庭,所以,银行必须首先发现和找到自己的客户群体,解决好客户定位和市场定位问题,对银行贷款客户结构做出调整。商业银行在追逐大企业客户的同时,应该充分重视中小企业客户,大力发展中小企业客户群,优化贷款客户结构,增强核心竞争力和抵御风险能力。

② 贷款区域结构。贷款区域结构是指银行控制贷款业务的地域范围。商业银行受所在地区经济发展的制约,贷款往往集中在某一个区域。银行贷款的地区与银行的规模有关。大银行因其分支机构众多,在贷款政策中一般不对贷款地区做出限制;中小银行则往往将其贷款业务限制在银行所在城市和地区,或该银行的传统服务地区。

③ 贷款行业结构。银行管理部门通常在考虑了诸如贷款的风险、保持流动性、银行所要服务的客户类型、银行工作人员的能力等因素后,在农业、工业、商业、交通运输业、服务业等领域中分配贷款总额。

3. 贷款利率政策(定价政策)

在市场经济条件下,贷款的定价是一个复杂的过程,银行贷款政策应当进行明确的规定。对于贷款业务量较大的银行来说,通常是由贷款委员会或信贷管理部门根据贷款的类别、期限,并结合其他各种需要考虑的因素,确定每类贷款的价格。有些银行的信贷管理部门还将其制作成统一的价格表,供信贷员在发放常规贷款时使用或参考。有些银行不制定统一的价格表,对于同一类贷款也根据不同情况制定不同的价格。即使使用统一价格表的银行,对于金额较大、期限较长或存款余额较多的客户,也可根据其特殊情况,实行上浮或下浮。

4. 贷款担保政策

贷款的担保政策中,应根据有关法律确定贷款的担保政策。贷款担保政策一般应包括以下内容:

① 明确担保的方式,如《中华人民共和国担保法》规定的担保方式有:保证人担保、抵押担保、质押担保、留置以及定金;

② 规定抵押品的鉴定、评估方法和程序;

③ 确定贷款与抵押品价值的比率、贷款与质押品价值的比率;

④ 确定担保人的资格和还款能力的评估方法与程序等。

在贷款政策中明确上述担保政策,是为了在贷款中能够完善贷款的还款保障,确保贷款的安全性。

第二节　信贷业务的基本要素

一、商业银行信贷业务双方当事人

贷款当事人包括贷款人与借款人。

贷款人是指在中国境内依法设立的经营贷款业务的商业银行。

借款人是指从经营贷款业务的商业银行取得贷款的法人、其他经济组织、个体工商户和自然人。

(一) 借款人的权利、义务和限制

1. 借款人

借款人应当是经工商行政管理机关（或主管机关）核准登记的企（事）业法人、其他经济组织、个体工商户或具有中华人民共和国国籍的具有完全民事行为能力的自然人。

2. 借款人申请贷款应当具备的基本条件

借款人为法人或其他组织的，应具备以下基本条件：

① 依法办理工商登记的法人已经向工商行政管理部门登记并连续办理了年检手续，事业法人依照《事业单位登记管理暂行条例》的规定已经向事业单位登记管理机关办理了登记或备案；

② 有合法稳定的收入或收入来源，具备按期还本付息能力；

③ 已开立基本存款账户或一般存款账户；

④ 借款人生产经营合法、合规，借款用途明确、合法；

⑤ 借款人信用状况良好，无重大不良信用记录；

⑥ 贷款人要求的其他条件。

借款人为自然人的，应具备以下基本条件：

① 具有合法身份证件或境内有效居住证明；

② 具有完全民事行为能力；

③ 信用良好，有稳定的收入或资产，具备按期还本付息的能力。

3. 借款人的权利

① 可以自主向主办银行或者其他银行的经办机构申请贷款并依条件取得贷款；

② 有权按合同约定提取和使用全部贷款；

③ 有权拒绝借款合同以外的附加条件；

④ 有权向商业银行的上级和中国人民银行反映、举报有关情况；

⑤ 在征得商业银行同意后，有权向第三人转让债务。

4. 借款人的义务

① 应当如实提供商业银行要求的资料（法律规定不能提供者除外），应当向商业银行如实提供所有开户行、账号及存贷款余额情况，配合商业银行的调查、审查和检查；

② 应当接受商业银行对其使用信贷资金情况和有关生产经营、财务活动的监督；

③ 应当按借款合同约定用途使用贷款；

④ 应当按借款合同约定及时清偿贷款本息；

⑤ 将债务全部或部分转让给第三人的，应当取得商业银行的同意；

⑥ 有危及商业银行债权安全情况时，应当及时通知商业银行，同时采取保全措施。

5. 对借款人的限制

① 不得在一家商业银行同一辖区内的两个或两个以上同级分支机构取得贷款；

② 不得向商业银行提供虚假的或者隐瞒重要事实的资产负债表、损益表等；

③ 不得用贷款从事股本权益性投资，国家另有规定的除外；

④ 不得用贷款在有价证券、期货等方面从事投机经营；

⑤ 除依法取得经营房地产资格的借款人以外，不得用贷款经营房地产业务；依法取得

经营房地产资格的借款人，不得用贷款从事房地产投机；

⑥ 不得套取贷款用于借贷牟取非法收入；

⑦ 不得违反国家外汇管理规定使用外币贷款；

⑧ 不得采取欺诈手段骗取贷款。

（二）贷款人的权利、义务与限制

1. 贷款人

商业银行必须经国务院银行业监督管理机构批准经营贷款业务，持有国务院银行业监督管理机构颁发的金融许可证，并经工商行政管理部门核准登记。

2. 商业银行的权利

根据贷款条件和贷款程序自主审查和决定贷款，除国务院批准的特定贷款外，有权拒绝任何单位和个人强令其发放贷款或者提供担保。

① 要求借款人提供与借款有关的资料；

② 根据借款人的条件，决定贷与不贷、贷款金额、期限和利率等；

③ 了解借款人的生产经营活动和财务活动；

④ 依合同约定从借款人账户上划收贷款本金和利息；

⑤ 借款人未能履行借款合同规定义务的，商业银行有权依合同约定要求借款人提前归还贷款或停止支付借款人尚未使用的贷款；

⑥ 在贷款将受或已受损失时，可依据合同规定，采取使贷款免受损失的措施。

3. 商业银行的义务

① 应当公布所经营的贷款的种类、期限和利率，并向借款人提供咨询；

② 应当公开贷款审查的资信内容和发放贷款的条件；

③ 商业银行应当审议借款人的借款申请，并及时答复贷与不贷，短期贷款答复时间不得超过 1 个月，中期、长期贷款答复时间不得超过 6 个月，国家另有规定者除外；

④ 应当对借款人的债务、财务、生产、经营情况保密，但对依法查询者除外。

4. 对商业银行的限制

① 贷款的发放必须严格执行《中华人民共和国商业银行法》关于资产负债比例管理的有关规定，不得向关系人发放信用贷款、向关系人发放担保贷款的条件不得优于其他借款人同类贷款条件。

② 借款人有下列情形之一的，不得对其发放贷款。

a. 不具备规定的资格和条件；

b. 生产、经营或投资国家明文禁止的产品、项目；

c. 违反国家外汇管理规定；

d. 建设项目按国家规定应当报有关部门批准而未取得批准文件；

e. 生产经营或投资项目未取得环境保护部门许可；

f. 在实行承包、租赁、联营、合并（兼并）、合作、分立、产权有偿转让、股份制改造等体制变更过程中，未清偿原有贷款债务、落实原有贷款债务或提供相应担保；

g. 有其他严重违法经营行为。

③ 未经中国人民银行批准，不得对自然人发放外币币种的贷款；

④ 自营贷款和特定贷款，除按中国人民银行规定计收利息之外，不得收取其他任何费用；委托贷款，除按中国人民银行规定计收手续费之外，不得收取其他任何费用；

⑤ 不得给委托人垫付资金，国家另有规定的除外；

⑥ 严格控制信用贷款，积极推广担保贷款。

二、贷款种类

（一）按贷款期限划分

按照贷款使用期限，可以将贷款划分为短期贷款、中期贷款和长期贷款。

短期贷款是指期限在1年以内（含1年）的贷款；中期贷款是指期限在1年以上5年以下（含5年）的贷款；长期贷款是指期限在5年以上的贷款。在我国，短期贷款主要分为三个月、六个月、九个月与一年等类型，主要是流动资金贷款，是商业银行根据社会生产流通领域的短期资金需要发放的贷款。中期贷款和长期贷款一般合称为中长期贷款，主要是商业银行针对借款人在购建固定资产时资金不足或者满足基本建设和更新改造的资金需要而发放的贷款。

（二）按贷款用途划分

贷款的用途非常复杂，它涉及再生产的各个环节、各种产业、各个部门、各个企业，与多种生产要素相关，贷款用途本身也可以按不同的标准进行划分。

按照我国习惯的做法，通常有两种分类方法：

（1）按照贷款对象的部门来分类，分为工业贷款、商业贷款、农业贷款、科技贷款和消费贷款。

（2）按照贷款具体用途来划分，分为流动资金贷款和固定资金贷款。

（三）按贷款担保程度划分

按照贷款发放时有无担保和担保的方式，可以将贷款划分为信用贷款、担保贷款和票据贴现贷款。

1. 信用贷款

信用贷款是指以借款人的信誉发放的贷款。这种贷款最大的特点就是不需要担保，仅凭借款人的信誉就可以取得贷款，因而，风险较大，但是手续简单，利率较高。目前，我国商业银行发放的贷款正逐步从信用贷款向担保贷款转变，信用贷款仅向信誉显著的借款人发放，信用卡透支就属于信用贷款的特例。

2. 担保贷款

担保贷款是指当借款方不按合同约定偿还贷款本息时，由借款方或保证人以其所有的财产承担或连带承担偿还贷款本息义务，贷款方有权依法或按合同约定处置对方的财产，以保证贷款本息收回而发放的贷款。根据担保方式不同，担保贷款可以分为保证贷款、抵押贷款和质押贷款。

（1）保证贷款　保证贷款是指按《中华人民共和国担保法》规定的保证方式，以第三人承诺在借款人不能偿还贷款时，按约定承担一般保证责任或连带责任而发放的贷款。办理保证贷款，应当对保证人保证资格、资信状况及其还款记录进行审查，并签订保证合同。

（2）抵押贷款　抵押贷款是指按《中华人民共和国担保法》和《中华人民共和国物权法》规定的抵押方式，以借款人或第三人的财产作为抵押物发放的贷款。办理抵押贷款，应对抵押物的权属、有效性和变现能力以及所设定抵押物的合法性进行审查，签订抵押合同并办理抵押物登记手续。

（3）质押贷款　质押贷款是指按《中华人民共和国担保法》和《中华人民共和国物权法》规定的质押方式，以借款人或第三人的动产或权利作为质物发放的贷款。办理质押贷款,应对质物的权属和价值以及所设定质物的合法性进行审查,与出质人签订质押合同,并办理相关的登记或移交手续。

3. 票据贴现贷款

票据贴现贷款是指贷款人以购买借款人的合格但尚未到期的商业票据的方式发放的贷款。票据贴现是贷款的一种特殊方式,它是银行应客户的要求,以现款或活期存款买进客户持有的未到期的商业票据的方式发放的贷款。票据贴现实行利息预扣,票据到期后,银行可向票据载明的付款人收取票款。

(四)按贷款质量划分

按照贷款的质量或风险程度划分,银行贷款可以分为正常贷款、关注贷款、次级贷款、可疑贷款和损失贷款。其中,次级贷款、可疑贷款和损失贷款称为不良贷款。

1. 正常贷款

正常贷款是指借款人能够履行借款合同,有充分把握按时足额偿还本息的贷款。这类贷款的借款人财务状况良好,没有任何理由怀疑贷款的本息偿还会发生任何问题。

2. 关注贷款

关注贷款是指贷款的本息偿还仍然正常,但是发生了一些可能会影响贷款偿还的不利因素。如果这些因素继续存在下去,则有可能影响贷款的偿还,因此,需要对其进行关注或对其进行监控。

3. 次级贷款

次级贷款是指借款人依靠其正常的经营收入已经无法偿还贷款的本息,而不得不通过重新融资或执行担保归还贷款,表明借款人的还款能力出现了明显的问题。

4. 可疑贷款

可疑贷款是指借款人无法足额偿还贷款本息,即使执行抵押或担保,也肯定要造成一部分损失。这类贷款具备了次级贷款的所有特征,但是程度更加严重。

5. 损失贷款

损失贷款是指在采取了所有可能的措施和一切必要的法律程序之后,本息仍然无法收回或只能收回极少部分。

三、贷款的期限和利率

(一)贷款期限

贷款期限是指贷款人将信贷资金从发放到收回的时间,是借款人对信贷资金的实际占有时间。贷款期限要根据借款人的生产经营周期、偿债能力和贷款人的资金供给能力,由借贷双方共同商议后确定,并在借款合同中载明。在确定贷款期限时,主要依据借款人的生产经营周期。不同行业的生产经营周期肯定不同,同一行业的不同企业的生产经营周期也不一样,故贷款期限所依据的生产经营周期,应是该行业各个企业的平均生产经营周期。对建设项目来说,是投资回收期;对工业生产企业来说,是产供销周期;对商业企业来说,是商品采购和销售期。对个人来讲,主要指借款人的年龄或工作年限。

贷款到期不能按期归还的,借款人应当在贷款到期日之前,向贷款人申请贷款展期。短期贷款展期期限累计不得超过原贷款期限;中期贷款展期期限累计不得超过原贷款期限的一半;长期贷款展期期限累计不得超过3年。

(二)贷款利率

贷款利率即借款人使用信贷资金支付的价格。贷款利率可以分为以下几种:

1. 本币贷款利率和外币贷款利率

按信贷资金币种不同，将贷款利率分为本币贷款利率和外币贷款利率。

2. 浮动利率和固定利率

按贷款期限内的利率水平是否变动来划分，利率可分为固定利率与浮动利率。浮动利率是指利率在借贷期限内随市场利率或其他因素变化而做出相应调整，特点是可以灵敏地反映金融市场上信贷资金的供求状况，借贷双方所承担的利率风险较小。固定利率是指在签订借款合同时就设定好的利率，在贷款期限内，不论市场利率如何变动，借款人都按照合同载明的固定利率支付利息。

3. 法定利率、行业公定利率和市场利率

法定利率是指由政府金融管理部门或中央银行确定的利率，它是国家实现宏观调控的一种政策工具。行业公定利率是指由非政府部门的民间金融组织，如银行业协会等确定的利率，该利率对会员银行具有约束力。市场利率是指随市场供求关系的变化而变动的利率。

四、贷款的还款方式

（一）一次性还本付息法

到期还款时一次支付所有贷款本息，利随本清，一般以单利计息，多适用于短期贷款。其计算公式如下：

$$本息和＝本金＋本金×利率×期限$$

（二）等额本金还款法

等额本金还款法又称为等本不等息还款法，是指贷款人将本金分摊到每个月内，同时付清上一交易日至本次还款日之间的利息。这种还款方式相对等额本息而言，总的利息支出较低，但是前期支付的本金和利息较多，还款负担逐月递减。

等额本金还款法的计算公式如下：

$$每季还款额＝贷款本金/贷款期季数＋（本金－已归还本金累计额）×季利率$$

例如：以贷款 20 万元，贷款期为 10 年为例：

每季等额归还本金：200000÷（10×4）＝5000（元）

第一个季度利息：200000×（5.58%÷4）＝2790（元）

则第一个季度还款额为：5000＋2790＝7790（元）

第二个季度利息：（200000－5000×1）×（5.58%÷4）＝2720.25（元）

则第二个季度还款额为 5000＋2720.25＝7720.25（元）

……

第四十个季度利息：（200000－5000×39）×（5.58%÷4）＝69.75（元）

则第四十个季度（最后一期）的还款额为：5000＋69.75＝5069.75（元）

由此可见，随着本金的不断归还，后期未归还的本金的利息也就越来越少，每个季度的还款额也就逐渐减少。

（三）等额本息还款法

即借款人每月按相等的金额偿还贷款本息，其中每月贷款利息按月初剩余贷款本金计算并逐月结清。

$$每月等额还本付息额 = P \times \frac{R \times (1+R)^N}{(1+R)^N - 1}$$

式中 P 为贷款本金，R 为月利率，N 为还款期数。其中还款期数=贷款年限×12。

例如，商业性贷款 20 万元，贷款期为 15 年，则每月等额还本付息额为：月利率为 $5.58\% \div 12 = 0.465\%$，还款期数为 $15 \times 12 = 180$，

$$200000 \times \frac{0.465\% \times (1+0.465\%)^{180}}{(1+0.465\%)^{180} - 1} = 1642.66（元）$$

即借款人每月向银行还款 1642.66 元，15 年后，20 万元的借款本息就全部还清。由于每月的还款额相等，因此，在贷款初期每月的还款中，剔除按月结清的利息后，所还的贷款本金就较少；而在贷款后期因贷款本金不断减少、每月的还款额中贷款利息也不断减少，每月所还的贷款本金就较多。这种还款方式，在个人住房贷款中使用较为普遍。

第三节　贷款业务基本操作流程

一、建立信贷关系

（一）借款人申请

企业客户首次向贷款银行申请贷款时，应先向银行申请建立信贷关系，填写《建立信贷关系申请书》（见示例 3-1）。同时向银行提供以下相关资料：

① 企业法人营业执照（副本及影印件）和年检证明；
② 法定代表人身份证明及其必要的个人信息；
③ 近三年经审计的资产负债表、损益表、业主权益变动表以及销量情况，成立不足三年的客户，提交自成立以来年度的报表；
④ 当年近期的财务报表；
⑤ 本年度及最近月份存借款及对外担保情况；
⑥ 税务部门年检合格的税务登记证明和近 2 年税务部门纳税证明资料复印件；
⑦ 合同或章程（原件及影印件）；
⑧ 董事会成员和主要负责人、财务负责人名单和签字样本等；
⑨ 若为有限责任公司、股份有限公司、合资合作公司或承包经营客户，要求提供董事会或发包人同意申请贷款业务的决议、文件或具有同等法律效力的文件或证明；
⑩ 如贷款申请人为非独立法人，应同时提交上级单位的借款授权书；
⑪ 如贷款申请人为首次申请贷款的三资企业，应同时报送外经贸委管理部门的批准证书、合同、章程及有关批复文件；
⑫ 股东大会关于利润分配的决议；
⑬ 现金流量预测及营运计划；
⑭ 贷款业务由授权委托人办理的，需提供客户法定代表人授权委托书（原件）；
⑮ 其他必要的资料（如海关等部门出具的相关文件等）；
⑯ 对于中长期项目贷款，还须有各类合格、有效的相关核准文件或批准文件，预计资金来源及使用情况、预计的资产负债情况、损益情况、项目建设进度及营运计划；
⑰ 银行开户许可证、预留印鉴卡。

【示例 3-1】

建立信贷关系申请书

企业名称：_____ 企业性质：_____

法人地址：_____ 开户银行：_____

现向××银行_____申请建立信贷关系，并将本单位近期主要经济指标、资产情况及法人代表基本情况分列入下，呈请你行审查：

主要经济指标（万元）	上年度	上　期	营业执照内容摘录：
1. 销售收入（营业额累计）			号码：_____
2. 利润总额（累计）			发照机关：_____
3. 净利润（税后）			发照日期：_____
4. 资产总额（余额）			有效期：_____
（1）固定资产			注册资金：_____
（2）流动资产			法人代表：_____
5. 负债总额			专营业务：_____
（1）长期负债			兼营业务：_____
其中：长期负债			
（2）流动负债			其他：_____
其中：短期负债			联系电话：_____
6. 净资产			主要结算方式：_____
7. 资产负债比率			其他开户银行：_____

法人代表：姓名：_____ **性别：**_____ 年龄：_____ 文化程度：_____

户籍所在地：_____ 工作简历：（包括任职务）_____

企业近期内业绩或失误情况：

企业法人公章印模：	法人代表私章印模或亲笔签名：
盖章日期　　年　　月　　日	盖章、签名日期　　年　　月　　日

调查管理岗意见：
信贷员章：　　年　　月　　日

决策岗意见：
信贷员章：　　年　　月　　日

变更记录：

（二）银行受理审查

银行接到客户提交的《建立信贷关系申请书》及有关资料后，应及时安排贷款调查人员对客户情况进行核实，对照银行贷款条件，判别其是否具备建立信贷关系的条件。

贷款调查人员对上述情况调查了解后，写出书面报告，并签署是否建立信贷关系的意见，提交信贷部门经理、行长逐级审查批准。

（三）签订建立信贷关系契约

审批之后签订《建立信贷关系契约》（见示例3-2），与客户建立借贷关系。

【示例3-2】

建立信贷关系契约

银行：
企业：
经银行企业双方协商，同意签订本契约，并共同遵守。

1. 企业必须遵守银行信贷、结算制度和流动资金管理制度以及现金、工资基金管理制度，按时（月、季、年）向银行报送供、产销计划、财务计划、借款计划、会计、统计报表及有关资料，按规定每年补充议定数额的自由资金，坚持财务制度和成本管理条例，坚持按用途使用贷款，接受银行监督，并为银行检查提供方便。保证做到只在工商银行模拟支行开立结算账户。

2. 银行应认真执行产业政策、金融政策、信贷原则，根据上级行批准的信贷计划、资金来源及企业实际经济情况，决定贷多贷少；并经常检查企业的生产、经营计贷款使用情况，保证国家流动资金和银行贷款的完整无缺；对违反信贷政策即财经纪律的行为实行信贷制裁。

本期月（一式两份）自双方盖章之日起生效，解除信贷关系后自动失效。

企业： （公章）	银行： （公章）
法人代表： （章）	法人代表： （章）
年 月 日	年 月 日

（四）信用等级评定

按照信用等级评估办法，对已经建立信贷关系的客户进行信用等级评定（第五章详细介绍），评级结果可以作为贷款决策的依据。信用等级较高的企业，银行积极贷款支持，信用等级一般，银行一般支持，信用等级差的客户，银行限制甚至信贷退出。

（五）测算综合授信额度

按照授信审批制度，对客户的最高综合授信总额进行测算。测算结果作为银行授信额度的最高限额内部掌握，以控制风险。在授信额度的条件下客户可根据需要向银行提出借款申请。

二、贷款申请与调查

（一）贷款申请

借款人应向银行直接提出书面借款申请，说明借款币种、金额、期限、利率、用途、贷款方式、还款方式和借款人基本经营状况以及偿还能力等，借款申请书见示例3-3。

【示例 3-3】

借款申请书

借款人全称									
法定地址									
基本账户行	本币			基本账户号			本币		
	外币						外币		
借款币种及金额		（大写）				借款期限			
借款用途									
贷款方式	保证			抵（质）押			信用		
还款资金来源						还款方式			
分期用款计划	年	月	日	金额	分期还款计划	年	月	日	金额
		合计					合计		

保证人全称	保证担保	保证人全称						
		基本账户行	本币			外币		
		保证人全称						
		基本账户行	本币			外币		
	抵押担保	主要抵押物名称				现值		
		抵押人全称						
	质押担保	主要质物名称				现值		
		出质人全称						

借款申请人	是否同意进行贷款调查：
（法人公章） 法定代表人或 授权委托人签名： 年　月　日	开户行负责人签名： 年　月　日

（二）贷款调查

银行贷款调查部门负责接受借款申请，并对借款人基本经营状况及项目可行性进行初步调查。贷款调查部门根据贷款受理意见及借款人提供的有关资料，及时对借款的合法性、安全性、盈利性等情况进行调查认定，核实抵押物、质物、保证人情况，核实、认定借款人的信用等级，并测定贷款风险度。

1. 借款合法性的调查

借款合法性的调查认定，应根据商业银行贷款管理的有关规定，重点调查认定以下内容：

① 借款企业、担保企业的法人资格;
② 借款人、担保人为自然人的资格;
③ 保证人的资格;
④ 借款人、担保人及授权委托人的真实性和有效性;
⑤ 担保的真实性、合法性、有效性;
⑥ 抵押、质押的合法性;
⑦ 借款用途的合法性;
⑧ 购销合同的真实性。

2. 借款安全性的调查

借款安全性主要调查认定以下内容:
① 借款人开户情况;
② 借款企业经营管理情况;
③ 财务报表的真实性;
④ 贷款担保的有效性;
⑤ 借款人原应付贷款利息和到期贷款的清偿情况;
⑥ 借款人原有贷款情况;
⑦ 公司对外股本权益性投资情况;
⑧ 保证人承担责任情况;
⑨ 抵押的财产情况;
⑩ 抵押登记情况;
⑪ 借款人实行抵押担保后,是否还另需保证担保;
⑫ 信用贷款条件的认定;
⑬ 中长期贷款条件的认定;
⑭ 外币贷款条件的认定。

3. 借款盈利性的调查

借款盈利性的调查认定内容主要包括:
① 调查认定借款人以往三年的经营效益情况;
② 调查借款人市场营销情况及拟实现的经济效益和社会效益;
③ 调查借款给银行收入、结算、结售汇、存款等方面带来的效益,分析、预测销售收入归行情况;
④ 调查外币借款人的创汇能力。

4. 测算贷款风险度

贷款调查部门在对借款合法性、安全性、盈利性等情况进行调查认定的基础上,认定借款人、保证人信用等级,并测算贷款风险度。

贷款风险度就是将影响贷款安全的各个因素通过量化的方式表示贷款的风险程度。银行将影响贷款安全的因素设为企业信用等级、贷款方式以及贷款期限。不同的信用等级、贷款方式、贷款期限影响贷款安全的程度不同,各银行根据经验设定不同的风险权重系数(某商业银行相应权重系数见表3-1,表3-2,表3-3)。将这些系数相乘即得出贷款风险度。具体公式如下

单笔贷款风险度＝信用等级系数×担保方式系数×贷款期限系数

单笔贷款风险额＝贷款金额×该笔贷款风险度

$$综合贷款风险度 = \frac{\sum 单笔贷款风险额}{\sum 单笔贷款金额}$$

贷款风险度作为衡量贷款风险程度大小的一把客观的"尺子",可以应用于贷款审、贷、查全过程。它既可以用来决定一笔贷款贷与不贷,也可以用来检查某一家银行或某一个信贷员所管辖的全部贷款的质量高低,还可以用来检查某一个借款企业、企业集团或行业贷款风险程度的大小。

贷款风险度通常大于 0 小于 1,贷款风险度越大,说明贷款本息按期收回的可能性越小;反之,贷款风险度越小,说明贷款本息按期收回的可能性越大。一般认为大于 0.6 即为高风险贷款。

表 3-1 ××行客户信用等级变换系数

信用等级	系数/%	信用等级	系数/%	信用等级	系数/%	信用等级	系数/%
AAA	40	AA+	45	A+	65	BBB	80
		AA	50	A	70	BB	90
		AA−	55	A−	75	B	100

表 3-2 ××行贷款方式基础系数

贷款方式	系数/%	贷款方式	系数/%
(一)信用贷款	100	4. 国债、人民银行票据质押	0
(二)保证贷款		5. 政策性银行、商业银行承兑、债券质押	10
1. 商业银行及政策性银行担保	10	6. 其他银行票据、承兑、债券质押	40
2. 其他银行担保	20	7. 非银行金融机构债券质押	50
3. 非银行金融机构担保		8. 中央政府投资的公用企业债质押	50
(1) 保险公司保证保险担保	10	9. 商业承兑汇票质押	100
(2) 专业担保公司担保	20	10. 股抵押票、股权抵押	70
(3) 其他非银行金融机构担保	60	11. 其他权利及动产质押	80
4. AAA 企业级担保	50	12. 封金及保证金质押	0
5. 其他企业单位及个人担保	100	(四)抵押贷款	
(三)质押贷款		1. 房地产抵押	50
1 人民币定期存单质押	0	2. 楼宇抵押	50
2. 黄金质押	20	3. 运输车辆、机器设备抵押	70
3. 外汇定期存单及现汇质押	10	4. 其他财产抵押	100

表 3-3 ××行贷款期限基础系数

贷款期限	系数/%	贷款期限	系数/%
(一)短期贷款		期限在一年(含一年)以内	100
期限在半年(含半年)以内	100	期限在一年以上三年(含三年)以内	120
期限在半年以上	120	期限在三年以上五年(含五年)以内	130
(二)中长期贷款		期限在五年以上	140

三、贷款审查与审批

（一）贷款审查

贷款审核部门根据移交的有关资料，审查核准贷款调查部门提出调查认定意见的准确性、完整性、合理性，复测贷款风险度，并提出贷与不贷的建议。

贷款审核部门主要审查、核准以下内容：

1. 资料的完整性

审查调查部门移交的有关借款人资料、贷款调查认定资料以及项目评估机构撰写的项目评估报告等资料的完整性。

2. 调查认定意见的合理性、准确性

依据有关法规、政策、制度，逐项核准调查岗调查认定意见的合理性、准确性。

3. 复测信用等级、贷款风险度

复测借款人、保证人信用等级和该笔贷款风险度。

4. 审核借款人授信额度

依据商业银行授信额度管理办法，审核借款人授信额度（包括本外币贷款、贴现、信用卡透支、承兑、国内外信用证、对外担保、进出口押汇和担保等）使用情况。根据审查结果，提出贷与不贷以及贷款币种、期限、金额、利率、贷款方式、还款方式等建议。对贷款调查部门、项目评估机构移交资料不全、调查认定意见不完整不准确的，贷款审核部门将有关材料退回贷款调查部门、评估机构。

审核结束后，贷款审核部门填写贷款调查、审查、审（报）批表贷款审查部分，并连同有关资料交本部门登记。登记后，移交贷款审查委员会、贷款决策岗位。

（二）贷款审批

当前商业银行实行行长领导下的贷款审查委员会（小组）制度，贷款审查委员会（小组）对贷款进行终审。贷款审查委员会（小组）依据有关经济、金融法规和信贷管理政策、制度，最终确定贷款风险度，提出贷与不贷以及贷款币种、金额、期限、利率、贷款方式、还款方式等审查意见。

贷款审批由各级行的贷款决策岗位负责，贷款决策岗位由各级行长或行长授权人承担。

贷款实行分级审批制度。依据商业银行贷款授权管理办法，各级行长或行长授权人在授权范围内进行贷款审批。对超出审批权限的贷款提出呈报意见，并填写贷款调查、审查、审（报）批表审（报）批部分，连同有关资料，呈报上级行。

上级行根据贷款审批授权，进行贷款审批，并将审批结果正式通知下级行。

各级贷款决策岗位将贷款审批结果通知本行贷款调查、审查部门、贷款审查委员会（小组）。

贷款调查部门通知借款人借款审批结果。

贷款调查部门应及时答复借款人借款审批结果，短期贷款答复时间不得超过一个月，中期、长期贷款答复时间不得超过六个月。

对提交、上报资料存有疑义的，上级行和本行贷款审查委员会（小组）、决策岗位将有关资料退回，责成有关分（支）行、部门重新进行贷款调查、评估、审查、呈报。

四、签订借款合同

（一）约定签约

银行在实践中，由贷款调查部门与借款人约定签约事宜。

调查部门规范填写借款合同（含附件）有关内容，并由本部门逐项复核。由行长或行长授权人与借款人、担保人正式签订借款合同、抵押合同、质押合同、保证合同。

（二）办理登记和财产保险

抵押人、出质人按合同要求依法向有权部门办理抵押物、质物登记和财产保险，向银行贷款调查部门出具、移交合法的抵押物所有权或使用权证书、抵押（质）物登记凭证、保险单等凭据。

（三）移交质物

出质人还应在合同规定时间内向贷款调查部门移交质物。

外币贷款签订借款合同后，借款人须凭借款合同及有关材料到当地外汇管理部门办理贷款登记及开立贷款户和还本付息账户等手续。

（四）登记归档

贷款调查部门在确认借款合同内容、印章、签名等无误后，登记借款合同登记簿，并将借款合同及有关凭据归档。

五、贷款发放与支付

银行按借款合同规定的生效日期办理贷款发放手续。

（一）通知借款人提出用款计划，并填报借款用款申请书

对最高额贷款和中长期项目贷款，贷款调查部门应通知借款人提出用款计划，并填报借款用款申请书（见示例3-4），根据购销合同和合理工期以及资本金、其他建设资金到位情况，贷款调查部门调查、审核部门审核借款用款计划的可行性。

决策岗位按照贷款审批权限审批、上报。

【示例3-4】

流动资金借款用款申请书

××商业银行股份有限公司_____：

我单位拟对下述供应商品/提供劳务企业向贵行申请使用已审批的流动资金贷款，本次采取____（贷款人受托支付/借款人自助支付）方式进行支付，有关用款明细如下：

单位：万元

供应商品/提供劳务企业（收款人）全称	收款行及收款账号	结算方式（转账/现金）	用款金额	本次用款资金用途	到账后付款期限/天
合计	/	/		/	

请贵行予以审查批准。授权贵行在放款后将资金按上述用款明细从我单位账户直接划款支付给相应收款人（仅限贷款人受托支付方式）。

业务联系人：　　　　　　　　　联系电话：

（二）填写借款借据

经贷款调查部门认定借款合同生效后，贷款调查部门与借款人约定签订借款借据。会计部门审查借据后，办理放款账务。

（三）贷款支付

银行在发放贷款前须确认借款人满足合同约定的提款条件，并按照合同约定，通过银行受托支付或借款人自主支付的方式对贷款资金进行支付，监督贷款资金按约定用途使用。

银行受托支付是指银行根据借款人的提款申请和支付委托，将信贷资金通过借款人账户支付给符合合同约定用途的借款人交易对象。

借款人自主支付是指银行根据借款人的提款申请将贷款资金发放至借款人账户后，由借款人自主支付给符合合同约定用途的借款人交易对象。

对新建立信贷业务关系且信用状况一般的借款人，若支付对象明确且单笔支付金额较大，银行原则上应采用贷款人受托支付方式。

（四）建立、登记贷款登记簿

贷款调查部门、贷款检查部门分别逐户建立、登记贷款登记簿。贷款调查部门将借款借据专门保管。贷款调查部门、贷款审查委员会（小组）将资料原件登记后，移交贷款检查部门。重要资料复印后，留存归档。

六、贷后检查

（一）贷后检查主要内容

贷款检查部门负责对贷款使用情况进行检查。在贷款发放 15 天内，应对贷款使用情况进行第一次跟踪检查，并填写贷后第一次跟踪检查表。

贷后第一次跟踪检查主要检查以下内容：

① 贷款资料的合法性、真实性、完整性；
② 贷款运作规范情况；
③ 贷款是否按合同要求按期发放；
④ 贷款使用主体是否是借款合同规定的借款人；
⑤ 借款人是否按规定用途使用贷款，有无挤占挪用贷款的现象；
⑥ 中长期贷款项目资本金及其他建设资金到位情况；
⑦ 抵押物、质物保管情况。

（二）贷款贷后定期检查

贷后定期检查贷款运行情况，填写贷款贷后检查表。对大额贷款和项目贷款，还应撰写贷后检查报告。贷款贷后定期检查主要检查以下内容：

① 借款人和保证人经济效益以及财务状况；
② 借款人到期贷款和应付利息的清偿情况；
③ 中长期贷款项目配套资金到位情况；
④ 贷款的实际用途；
⑤ 抵押物、质物的保管情况；
⑥ 借款人组织形式、法人代表变更以及债权债务变动情况。

七、贷款风险分类

贷款风险分类是贷后管理工作的重要组成部分。信贷员首先要收集并填写贷款分类的基础信息，如借款人的基本情况、借款人和保证人的财务信息、贷前调查和贷后检查等重要文件和贷款记录；其次，初步分析贷款基本情况，包括贷款用途是否一致、还款来源、还款记录情况及资产转换周期等。评估贷款偿还的可能性，包括财务分析、非财务分析、担保分析及现金流量分析等；同时要组织信贷讨论并提出初分意见；最后上报复审并确定分类结果。在进行贷款分类时，应以评估借款人的还款能力为核心，把借款人的正常营业收入作为贷款的第一还款来源，并以其是否充足作为判断贷款是否正常的主要标志。只有当借款人的第一还款来源不足、失去还款能力或缺乏还款意愿时，才需要考虑担保因素，分析其是否能够足额地保证贷款的偿还。

八、贷款收回

贷款检查部门在短期贷款到期前7天、中长期贷款到期前30天向借款人签发贷款到期通知书，并通知担保人。开户行依据借款合同约定从借款人账户上划收贷款本金和利息。借款人能按期归还贷款本息的，会计部门填写贷款收回凭证收账。贷款调查部门、贷款检查部门凭此登记贷款登记簿，贷款调查部门登记借款合同登记簿，贷款检查部门通知贷款决策岗位。

借款人不能按期还清贷款需要展期还款的，必须在贷款到期前10天向开户行提出展期申请，填写借款展期申请书，并出具保证人、抵押人、出质人同意担保的书面证明。经贷款调查部门调查、审核部门审查、决策岗位批准后，签订展期还款协议书，并报原贷款审批人备案。外币贷款展期须到原国家外汇管理登记部门重新办理登记手续，贷款偿还完毕后，借款人应及时到原国家外汇管理登记部门办理登记注销手续。

借款人要求提前归还贷款的，借款人应与开户行协商，报经行长或行长授权人同意后，贷款检查部门通知办理贷款提前还款手续。

对借款人未申请展期或申请展期未得到批准而不能按期归还的，从到期日次日起，会计部门将贷款转入逾期贷款账户，并按合同约定的罚息利率计收复利。

九、贷款档案管理

信贷档案是确定借贷双方法律关系和权利义务的重要凭证，是贷款管理情况的重要记录。信贷部门应建立、管理信贷档案。信贷档案管理的具体要求为：集中统一管理，采取分段管理（未结清的称为信贷文件，已结清的称为信贷档案），专人负责，按时交接，定期检查的管理模式。

（一）信贷档案内容

信贷档案主要包括：借款人及担保人的资料档案、贷款运作资料。

（二）信贷资料积累

信贷部门要逐步积累以下资料：

① 国家经济、金融方针、政策、发展规划；各种经济、金融法规；有关部门对企业的生产、经营、财务等方面的管理制度等。

② 国家或本地区公布的经济统计资料；重点行业及主要商品购销存情况及市场信息资料；中国人民银行的信贷统计资料等。

在积累资料时，要按下述要求进行规范管理：

① 原始材料账册化。对企业提供、银行形成的数字、文字资料，按户分类编号，按年装订成册。

② 必备资料标准化。必备的信贷资料，要按统一设计的表格填报，做到字迹清晰、数字准确、内容完整、口径一致。要及时将贷款有关数据、资料及借款人经济档案、信息录入电脑数据库，及时上网传输。

③ 移交档案制度化。档案管理人员调动时,档案资料要办理移交手续,并由有关领导监督移交。

第四节 信贷业务的管理制度

一、信贷业务授权与授信制度

（一）信贷业务授权制度

1. 银行授权的概念

银行授权是银行一级法人对其所属业务职能部门、分支机构和关键岗位开展业务权限的具体规定。银行应在法定经营范围内对有关业务职能部门、分支机构、关键业务岗位进行授权。银行业务职能部门、分支机构、关键业务岗位应在授予的权限范围内开展业务活动,严禁越权从事业务活动。

2. 银行授权原则

① 应按照内部有关经营管理权限实行逐级有限授权;

② 根据被授权人的实际情况实行区别授权;

③ 根据情况的变化及时调整授权;

④ 明确规定相应责任,对越权行为予以严肃处理。

3. 银行授权种类

（1）按授权对象分为直接授权和转授权　直接授权是指商业银行总行对总行有关业务职能部门和管辖分行的授权。转授权是指管辖分行在总行授权权限内对本行有关业务职能部门和所辖分支行的授权。商业银行的授权不得超过中国人民银行核准的业务经营权限范围,转授权不得大于原授权。

（2）按授权方式分为分类授权、延伸授权和动态授权　分类授权是根据业务职能部门和分支机构、客户等级、行业、产品风险、客户资产负债率、信贷存量与增量实行差别授权。延伸授权是转授分行在经营权限时,对不同支行、不同业务经营权限的再转授权进行延伸约束与干预,确定再转授权的上限和范围。动态授权是转授权后,在原有年度授权下达执行期间,上级行根据各区域信用业务重大风险预警变动情况,对转授权的行权情况进行管制,一旦行权结果超标,启动授权终止程序,终止行在限期内进行整改,整改达标并稳定后恢复转授权。

（3）按授权内容分为基本授权和特别授权

① 基本授权。基本授权是对法定经营范围内常规业务经营所规定的权限,其授权范围包括:

　a. 营运资金的经营权限;

　b. 同业资金融通权限;

　c. 单笔贷款（贴现）及贷款总额审批权限;

　d. 对单个客户的贷款（贴现）额度审批权限;

　e. 单笔承兑和承兑总额审批权限;

　f. 单笔担保和担保总额审批权限;

　g. 签发单笔信用证和签发信用证总额审批权限;

　h. 现金支付审批权限;

i. 证券买卖权限;

j. 外汇买卖权限;

k. 信用卡业务审批权限;

l. 辖区内资金调度权限;

m. 利率浮动权限;

n. 经济纠纷处理权限;

o. 其他业务权限。

② 特别授权。特别授权是指对银行特殊业务进行的授权,包括业务创新授权、特殊项目融资授权以及对超出基本授权的权限进行授权等。

4. 授权管理

银行授权必须有书面形式的授权书,授权书应包括以下内容:授权人(授权主体)全称和法定代表人姓名;受权人(授权对象)全称和主要负责人姓名;授权范围;授权期限;对限制越权的规定及授权人认为需要规定的其他内容。

为保证授权制度的有效落实,银行应对其内部授权情况进行全面检查。银行授权的有效期为1年。发生以下情况的授权人应及时调整以致撤销授权:受权人发生重大越权行为;授权人失职造成重大经营风险;经营环境发生重大变化;内部机构和管理制度发生重大调整;其他不可预料的情况。如发生下列情况之一,原授权应终止:执行新的授权制度或办法;授权权限被撤销;受权人发生分立、合并或被撤销;授权期限已满。

【资料】

<h3 style="text-align:center">A 银行的授权规则</h3>

授权规则是每家银行构建其审批业务框架和运行模式最重要的制度,也是信贷审批体系中内部控制手段的集中体现。以 A 银行为例,其授权审批有效期限一般为一年,总分行的授权规则如下:

总行授权审批权限范围主要包括:复杂项目、监管类业务、省外异地授信业务、其他分行权限外业务。在 A 银行的现行的审批体系中分行是最主要的授信审批主体,分行授信项目审批笔数约占 A 银行全部审批量的 80%以上;总行的授权范围一般是以超出分行授权范围来界定的。

(一)分行授权审批权限范围(大中型企业信贷,授信 3000 万元以上)

A 银行分行的授信审批部负责大中型企业信贷的审批。总行对分行授信审批部的授权规则通常分为一般授权、单独授权和特别授权。以一般授权来看,其授权主要是通过对客户信用评级、分行基本权限、业务品种三个维度指标的具体限定,以达到控制分行对某一客户的最高授信总量的目的。

(二)分行授权审批权限范围(小企业信贷,授信 500 万~3000 万元)

A 银行小企业信贷主要由分行小企业金融部进行审批,在银行的体系内小企业金融部除了小企业贷款审查外,还负责大额个人经营性贷款及担保公司担保额度的审批,同时也是小企业业务发展的推动和管理部门。

(三)分行授权审批权限范围(个人信贷,授信 500 万元以下)

A 银行的个人信贷主要由分行个人信贷部进行审批,个人信贷部是承担起个人贷款推动、个人贷款审批和个人贷款贷后管理等综合性的职能部门。

资料来源:谢珂,基于 A 银行信贷审批中的内部控制研究 [D].西南财经大学,2013.11.

（二）信贷业务授信制度

1. 授信的概念

授信有广义和狭义之分。广义的授信是指银行从事客户调查、业务受理、分析评价、授信决策与实施、授信后管理与问题授信等各项授信活动。狭义的授信是指银行对其业务职能部门和分支机构所辖服务区及客户所规定的内部控制信用最高限额。具体范围包括贷款、贴现、承兑、信用证和担保等信用形式。授信管理是银行对客户授信额度的管理，银行根据信贷政策和客户条件对法人客户确定授信额度，以控制风险、提高效率的管理制度。各银行应根据国家货币政策、各地区金融风险及客户信用状况，规定对各地区及客户的最高授信额度。银行各级业务职能部门及分支机构必须在规定的授信额度内对各地区及客户进行授信。

2. 授信方式

商业银行授信分为基本授信和特别授信两种方式。

基本授信是指商业银行根据国家信贷政策和每个地区、客户的基本情况所确定的信用额度。

特别授信是指商业银行根据国家政策、市场情况变化及客户特殊需要，对特殊融资项目及超过基本授信额度所给予的授信。

3. 授信原则

商业银行对其业务职能部门和分支机构所辖服务区及其客户授信，应遵循以下原则：

（1）区别授信　应根据不同地区的经济发展水平、经济和金融管理能力、信贷资金占用和使用情况、金融风险状况等因素，实行区别授信。

（2）因地制宜　应根据不同客户的经营管理水平、资产负债比例情况、贷款偿还能力等因素，确定不同的授信额度。

（3）及时调整　应根据各地区的金融风险和客户的信用变化情况，及时调整对各地区和客户的授信额度。

（4）内部掌握　应在确定的授信额度内，根据当地及客户的实际资产需要、还款能力、信贷政策和银行提供贷款的能力，具体确定每笔贷款的额度和实际贷款总额。授信额度不是计划贷款额度，也不是分配的贷款规模，而是商业银行为控制地区和客户风险所实施的内部控制贷款额度。

4. 授信的范围

（1）基本授信的范围

① 全行对各个地区的最高授信额度；

② 全行对单个客户的最高授信额度；

③ 单个分支机构对所辖服务区的最高授信额度；

④ 单个营业部门和分支机构对单个客户的最高授信额度；

⑤ 对单个客户分别以不同方式（贷款、贴现、担保、承兑等）授信的额度。

各商业银行应建立对客户授信的报告、统计、监督制度，各行不同业务部门和分支机构同一地区及同一客户的授信额度之和，不得超过全行对该地区及客户的最高授信额度。

（2）特别授信范围

① 因地区、客户情况的变化需要增加的授信；

② 因国家货物信贷政策和市场的变化，超过基本授信所追加的授信；

③ 特殊项目融资的临时授信。

（三）客户授信额度的核定

客户授信实际上是商业银行在对单一的法人客户的风险和财务状况进行综合评估的基础

上，确定的能够和愿意承担的风险总量，银行对该客户提供的各类信用余额之和不得超过该客户的授信额度。各种信贷产品的授信额度之和不得超过总额度。核定客户授信额度，应遵循以下规定：

① 要依据客户经营情况、合理需求及其承担风险的能力和银行承担风险的能力审慎确定。

② 要按照有关规定测算客户的最高信用额度、各类信用额度。

③ 对不具备授信条件的客户严禁授信。

【资料】

××银行授信额度的核定

总授信额度的最高限额不超过受信人账面总资产的75%或所有者权益的3倍。

单一客户总授信额度不得超过对其实行授信管理行各项贷款总余额的10%。

单一客户总授信额度等于各单项业务授信额度之和。

总授信额度中以抵押、质押为基础的部分不超过客户提供担保物变现总额的70%。

单项授信额度核定如下：

① 短期贷款授信额度不超过客户有效资产乘以上期末资产负债率之积的50%。

② 经长期贷款授信额度不超过项目固定资产投资的70%。

③ 贴现授信、信用卡透支授信、1年期以内进口信用证业务授信视同短期贷款授信管理，纳入短期贷款授信额度之内，信用卡透支授信额度不得超过信用卡透支限额。

④ 承兑授信额度原则上不超过上期商品（材料）购进总额的30%。

⑤ 国内信用证、国内担保业务授信视同承兑授信管理，纳入承兑授信额度之内。

⑥ 对外借款担保、融资租赁担保、补偿贸易项下现汇履约担保、透支担保、1年以上延期付款担保、远期信用证业务授信视同长期贷款管理，纳入长期贷款额度之内。

⑦ 贸易项下履约担保业务授信根据贸易合同和客户履约能力核定。

⑧ 进口押汇、出口押汇、担保提货业务授信根据信用证余额核定。

资料来源：中国农业银行关于印发《中国农业银行客户授信额度管理办法（试行）》的通知节选。

（四）授信的管理

（1）授信书　商业银行授信，应有书面形式的授信书。授信书应包括以下内容：授信人全称；授信的类别及期限；对限制超额授信的规定及授信人认为需要规定的其他内容。商业银行的授信书应报监管部门同级管辖行备案。

（2）授信期限的调整与终止　在授信实施过程中，如发生下列情况，商业银行应调整直至取消授信额度：授信地区发生或潜伏重大金融风险；授信企业发生重大经营困难和风险；市场发生重大变化；货币政策发生重大调整；企业机制发生重大变化（包括分立、合并、终止等）；企业还款信用下降，贷款风险增加；其他应改变授信额度的情况。在授信有效期内，商业银行对授信进行调整或授信终止，应及时报监管部门备案，并同时将新的授信书报监管部门备案。

二、贷款主责任人与经办责任人制度

信贷工作岗位责任制是指商业银行各级贷款管理部门将贷款管理的每一个环节的管理责任落实到部门、岗位、个人，严格划分各级信贷工作人员的职责。其主要目的是为了进一步明确贷款管理责任，特别是风险责任，促进信贷从业人员执行制度、秉公守法、谨慎工作、尽职尽责，保证贷款能够安全、有效运转，杜绝不良贷款或者贷款风险发生。其主要内容包括：

1. 确定银行贷款管理的责任人

银行贷款管理的责任人，顾名思义，是与贷款相关的有关人员，一部分是有直接责任的责任人，另一部分是有关联责任的间接责任人。直接责任人，包括经办人员、审批人员、审查人员、主管领导、领导等；间接责任人，包括单位内部的领导、主管领导、决策人员、调查人员、监测人员、稽核人员、贷款营销人员等。

2. 明确各个岗位责任人的主要责任

银行贷款管理责任人，不能以直接责任人和间接责任人来划分、确定责任权重的大小，也不能以职务的高低来确定责任，而应当以责任人是否完全履行本银行规定的、相关的职责内容，即是否尽职，或者是否正确遵守单位的规章制度办理贷款来确定。

经办人员负责办理所有手续，办理的所有手续必须完整、合规、合法。贷款手续在完整、合规、合法环节出现问题，由经办人员负责。

调查人员负责调查环节的所有工作，提供的所有资料、材料必须真实、完整、详细。资料、材料在真实、完整、详细环节出现问题，由调查人员负责。

审查、审批人员负责审查调查人员、经办人员提供的所有资料、材料，对其真实、完整、合规、合法程序进行审理，并对贷款予以审批。审理环节出现问题，由审查、审批人员负责。

决策人员负责按照程序和规定，进行公正、公平、科学、独立的决策，不受任何外部因素影响和干扰。决策人员不能尽职，决策环节发生的问题，由决策人员负责。

监测人员负责贷款形态及其资料、材料的日常监测、分析、管理，对发生变化情况的，要求有关人员及时进行补充、完善，对发生异常情况的，及时向主管领导报告。对异常情况监督不到位的，或者没有及时向主管领导报告的，发生的问题，由监测人员负责。

稽核人员负责定期检查、纠正贷款办理、管理中发现的各种违规违纪问题，并向领导提交对相关责任人的处理意见。对发生问题的相关责任人进行处理，哪个环节出现问题，由哪个环节的人员负责，并追究其责任。对稽核不到位、不能发现有关问题，在以后检查中被发现问题的，由当时的稽核人员负责。

营销人员负责向借款人宣传、介绍单位的信贷政策、规定、程序以及与合同内容相关的注意事项，不承担其他责任、义务，不参与贷款的具体管理工作（单位对其职责另有安排的除外）。营销人员提供虚假情况、不实信息，或者隐匿有关问题、情况，给贷款决策造成误导、失误，责令退回营销所得奖金，并视问题严重程度，给予行政、纪律等方面的处理。

三、贷款"三查"制度与审贷分离制度

1. 贷款"三查"制度

贷款"三查"制是指贷前调查、贷时审查和贷后检查。贷前调查是指贷款发放前银行对贷款申请人基本情况的调查，并对其是否符合贷款条件和可发放的贷款额度做出初步判断；调查的重点主要包括申请人资信状况、经营情况、申请贷款用途的合规性和合法性、贷款担保情况等。贷时审查是指审查人员对调查人员提供的资料进行核实、评定，复测贷款风险度，提出审核意见，按规定履行审批手续。贷后检查是指贷款发放后，贷款人对借款人执行借款合同情况及借款人的经营情况进行追踪调查和检查；如果发现借款人未按规定用途使用

贷款等造成贷款风险加大的情形，可提前收回贷款或采取相关保全措施。通过实施贷款"三查"，有利于贷款人较为全面地了解和掌握借款人经营状况以及贷款的风险情况，及时发现风险隐患；采取相应风险防范和控制措施，保障银行信贷资金安全。同时，贷款"三查"制度执行情况，也是在贷款出现风险后，对相关责任人员进行责任追究或免责的重要依据。

2. 审贷分离制度

审贷分离制即把贷款"三查"岗位与人员分开，各司其职，各负其责，贷款调查评估人员负责贷款调查评估，承担调查失误和评估失准的责任；贷款审查人员负责贷款风险的审查，承担审查失误的责任；贷款发放人员负责贷款的检查和清收，承担检查失误、清收不力的责任。

四、信贷业务报备制度与责任追究制度

（一）信贷业务报备制度

1. 信贷业务报备制度的含义

信贷业务报备制度是指银行在实行授权授信管理基础上，为便于了解管辖内分支机构信贷业务的操作情况，确保贷款手续和审批程序的合法合规性，实施纵向监督，防范信贷风险，分支机构权限内的信贷事项，需在信贷业务审批后、发放前向上级行进行报告备案的信贷管理制度。实施报备制度的信贷业务主要包括下级行权限内审批的信贷业务、低风险信贷业务等。本级行审批权限内的信贷业务，在本行贷款审查委员会审议通过，有权审批人签字后执行前，必须及时向上一级行履行报备程序。上一级行信贷管理部门必须对报备业务进行审查，提出审查结果，经审查主责任人签字后，由信贷管理部门存档。信贷业务报备适用于银行办理的企（事）业法人、其他经济组织、个人独资企业等法人客户本外币贷款、承兑、国内外信用证、对外担保等。

2. 报备方式

本级行的报备业务在经过行长或行长授权的主管行长、信贷管理部门负责人签字后，由信贷管理部门以文件形式，通过电子邮件或其他方式上报上一级行相关信贷管理部门。报备业务受理日自收文之日起。

3. 报备内容

本级行信贷管理部门要根据报备业务类别分别填制银行短期信用业务报备表和银行项目贷款报备表，主要内容包括贷款企业基本情况、财务状况、授信情况、中长期贷款项目情况、贷款金额及用途、担保情况等，有关责任人签署意见后上报上一级行。对重要信贷报备事项可附简要说明。

4. 报备审查

上一级行信贷管理部门接到项目报备文件后，要由专人负责报备业务的受理、登记、归类，并及时组织贷款审查人员对报备项目进行审查。审查重点为：产业、行业政策，借款人是否有不良记录，法人代表简历，贷款用途和方式，担保情况等。

5. 报备反馈

上一级行信贷管理部门要在信贷报备业务受理日起五个工作日内将审查意见反馈下一级行。在规定时间内，上一级行未对报备的信贷业务给予答复的，下级行即可视为同意，并按信贷运作程序实施；经审查对报备业务及资料有疑义的，上一级行信贷管理部门要及时向下级行提出质询和有关要求，下级行在完善有关资料，落实相关要求后方可进入发放程序；对明确不能实施的信贷业务，上一级行信贷管理部门提出审查意见报主管行长同意后，以信贷

管理部门文件答复下一级行。

各级商业银行信贷管理部门要及时对报备业务进行汇总和分析，从中掌握信贷业务发放情况和规律，每半年撰写一次信贷业务报备工作总结，供决策部门参考。

（二）责任追究制度

在实行审贷分离的基础上，对违规、违纪、违法行为造成的贷款损失或难以收回的贷款，根据办理信贷业务各个环节责任人所承担责任的比例，实施赔偿的制度。授信后的信贷业务发生风险要按照确定的责任人进行责任追究。

1. 责任追究范围

认定贷款违规违纪责任人和贷款风险责任人后，应对相关责任人落实责任，进行追究，有下列行为之一的，应确定为违规违纪贷款，追究其完全责任。

① 未经批准发放跨区、跨片贷款。

② 发放顶名、冒名贷款。

③ 发放虚假保证贷款或自批自贷。

④ 向关系人发放信用贷款或发放担保贷款条件优于其他贷款人同类贷款条件。

⑤ 发放虚假贷款，用于本单位直接或变相购车、基建解决费用等。

⑥ 编造假名发放的贷款。

⑦ 借款人、保证人未亲自办理借款手续发放的贷款。

⑧ 滥用职权或徇私情发放贷款。

⑨ 擅自、独断发放的违章贷款。

⑩ 抵（质）押物不足值、丢失及撤走抵（质）押物的贷款。

⑪ 发放炒股票、期货交易的贷款。

⑫ 擅自提高或降低贷款利率或擅自减息、缓息的贷款。

⑬ 发放假有价单证质押贷款。

2. 贷款违规的责任处理

① 在对贷款违规违纪责任人和贷款风险责任人进行责任追究的同时，应给予处罚。

② 贷款责任的追究与处罚实行终身制。贷款违规违纪责任，责任人由银行的人事、稽核、信贷部门联合认定、追究，并对相关责任人按所承担的责任给予处罚，视情节轻重给予次要责任人及参与审批、检查的其他责任人纪律处分，涉嫌犯罪的，移交司法机关追究刑事责任。

③ 风险贷款按贷款损失的情况，对各级相关风险责任人按其所承担的责任给予处罚；调查人员应当承担调查失误和评估失准的责任。调查人员不得参与或默许客户编制虚假报表以骗取信用等级和授信，不得擅自向客户透露授信评价指标和评价方法，不得擅自对外提供客户财务数据；审查和审批人员应当承担审查、审批失误的责任，并对本人签署的意见负责；贷后管理人员应当承担检查失误、收贷不力的责任；放款操作人员应当对操作性风险负责；高级管理层应当对重大贷款损失承担相应的责任。

五、贷款回避制度与离职审计制度

1. 贷款回避制度

贷款回避制度是指商业银行不得向其关系人发放信用贷款，或以优于其他借款人的条件向关系人发放担保贷款。关系人是指金融机构的董事（理事）、监事、管理人员、信贷人员及其近亲属以及上述人员投资或担任高级管理职务的公司、企业和其他经济组织。

2. 离职审计制度

离职审计制度是信贷管理人员在调离或退休离开原工作岗位时，应当对其在任职期间和权限内所发生的信贷业务风险情况进行审计。建立离职审计制度是信贷风险控制的重要内容，有利于防止信贷从业人员在任职期间的短期行为和违法违规行为，有利于银行业的稳定发展，维护银行的长远利益。

离职审计制度不是简单地对交接记录进行审查，而是对离职人员在岗期间的各项信贷工作进行全面审查和评价。审计的主要内容有：一是审查其是否贯彻执行了党和国家的有关方针政策和银行的信贷政策，是否严格遵守了有关信贷规章制度，是否很好地履行了自己的工作职责；二是准确评价离岗信贷工作人员的工作成绩和工作水平；三是找出问题，明确责任，建立终身风险问责制度。对风险当事人的责任追求，将一直保留到风险消除为止，即使是当事人离任或离任审计后新发现的风险，银行一样保留依法追究责任的权利。

练习题

一、名词解释

1. 贷款原则　2. 贷款政策　3. 授权　4. 授信　5. 审慎经营原则　6. 受托支付
7. 信用贷款　8. 票据贴现

二、单选题

1. 以下关于借款人的权利表述错误的是（　　）。
   A. 可以自主向主办银行或者其他银行的经办机构申请贷款并依条件取得贷款
   B. 有权按合同约定提取和使用全部贷款
   C. 有权拒绝借款合同以外的附加条件
   D. 有权向商业银行的上级和中国人民银行反映、举报有关情况
   E. 不须征得商业银行同意，有权向第三人转让债务

2. 商业银行各级机构应建立由行长或副行长（经理、主任）和有关部门负责人参加的（　　），负责贷款的审查。
   A. 贷款管理部　　B. 贷款审查委员会　　C. 贷款审查部　　D. 贷款检查部

3. 商业银行应当审议借款人的借款申请，并及时答复贷与不贷。短期贷款答复时间不得超过（　　）。
   A. 1个月　　　　B. 3个月　　　　C. 4个月　　　　D. 6个月

4. （　　）负责调查环节的所有工作，客户提供的所有资料、材料必须真实、完整、详细。资料、材料在真实、完整、详细环节出现问题，由（　　）负责。
   A. 调查人员　　B. 稽核人员　　C. 审批人员　　D. 审查人员

5. 某农产品收购企业8月初开始收购，经过简单加工后次年3月底销售完毕，货款最迟4月结完，则对该企业应当发放（　　）贷款，贷款期限（　　）较为适当。
   A. 短期流动资金贷款，1年　　　　B. 短期流动资金贷款，9个月
   C. 中期流动资金贷款，2年　　　　D. 短期流动资金贷款，6个月

6. （　　）是贷款价格的主体，也是贷款价格的主要内容。
   A. 贷款金额　　B. 贷款利率　　C. 贷款期限　　D. 还款方式

7. 根据贷款方式、借款人信用等级、借款人的风险限额等确定可否贷款、贷款结构和附加条件属于（　　）的内容。

A. 贷前调查　　　　B. 贷款项目评估　　　C. 贷款审查　　　　D. 贷款审批
8. 对借款人合同的真实性进行的调查是对贷款的（　　）调查。
　　A. 合法性　　　　B. 流动性　　　　　　C. 安全性　　　　　D. 效益性
9. 中期贷款系指贷款期限在（　　）的贷款。
　　A. 6 个月以上 1 年以下　　　　　　　B. 1 年以上 3 年以下
　　C. 1 年以上 5 年以下　　　　　　　　D. 10 年以下

三、多项选择题
1. 贷款的直接责任人，主要包括贷款（　　）。
　　A. 经办人员　　　B. 稽核人员　　　　C. 审批人员　　　　D. 审查人员
　　E. 主管领导
2. 贷款"三查"制是指（　　）。
　　A. 贷时检查　　　B. 贷前调查　　　　C. 贷后检查　　　　D. 贷时审查
　　E. 贷款审批
3. 贷款分级审批制是指商业银行根据各级分支机构（　　），确定各级分支机构的贷款审批权限。
　　A. 业务量大小　　B. 管理水平　　　　C. 贷款风险度　　　D. 贷款人员数量
　　E. 银行的规模
4. 贷款管理责任制包括（　　）。
　　A. 行长负责制　　B. 部门负责　　　　C. 审贷分离制　　　D. 分级审批制
　　E. 离职审计制度
5. 商业银行开展贷款业务要遵循（　　）。
　　A. 效益性原则　　B. 依法合规原则　　C. 竞争协作原则　　D. 平等诚信原则
　　E. 审慎经营原则
6. 信贷政策是中央银行根据（　　）制定的指导商业银行贷款投向的政策。
　　A. 国家宏观经济政策　　　　　　　　B. 产业政策
　　C. 区域经济发展政策　　　　　　　　D. 投资政策
　　E. 财政政策
7. 信贷档案管理具体要求（　　）。
　　A. 专人负责　　　B. 分段管理　　　　C. 按时交接　　　　D. 定期检查
　　E. 集中统一管理

四、判断题
1. 贷款人是指从经营贷款业务的商业银行取得贷款的法人、其他经济组织、个体工商户和自然人。（　　）
2. 贷款调查评估人员负责贷款调查评估，承担审查失误的责任。（　　）
3. 借款人可以在一家商业银行同一辖区内的两个或两个以上同级分支机构取得贷款。（　　）
4. 贷款支付方式可分为受托支付和自主支付。（　　）
5. 商业银行行长不可以授权副行长或贷款管理部门负责审批贷款。（　　）
6. 展期贷款只有贷款期限的延长，贷款利率不变。（　　）
7. 企业法人和事业法人只有经过工商行政管理部门办理工商登记，并办理了年检手续才能够申请办理贷款业务。（　　）

8. 贷款逾期后，对应收未收的利息、罚息，要按照复利计收。（   ）
9. 商业银行可以根据银行信贷行业投向政策，对不同行业分别授予不同的权限。
（   ）

五、问答题

1. 什么是贷款原则？商业银行贷款原则有哪些？
2. 商业银行贷款有哪些种类？
3. 信贷政策与贷款政策的主要内容有哪些？
4. 商业银行在制定贷款政策时要考虑哪些因素？
5. 商业银行贷款业务有哪些操作流程？

第四章 贷款定价

【学习目的与要求】

掌握贷款定价的含义及其影响因素；
了解贷款定价的原则；
掌握贷款价格的构成要素；
掌握贷款定价的方法。

【案例导入】

广州银行构建科学高效的定价管理体系

为了提高商业银行利率市场化应对能力，提升客户关系定价水平，广州银行选择用友金融完成客户关系定价系统（RPM）建设。项目建设内容包含存贷款定价咨询及贷款定价实施，即通过咨询建立科学的存贷款定价战略、定价方法模型和价格测算，定制合理的价格管理体系、制度和流程，并在咨询方案的基础上开发存贷款定价系统工具。

定价系统上线之前，广州银行贷款定价体系比较粗放，贷款指导价是依靠 FTP 系统曲线加点，价格管理上也存在一些业内常见问题，例如无法准确判断贷款的成本价、客户经理缺乏优惠测算工具、没有针对价格设计审批权限范围、对不同贡献的客户缺乏差异化定价等。客户关系定价系统建设项目完善其对公贷款、个人贷款、美元贷款（含贸易融资）等业务定价，既提供标准化产品的批量定价，也提供基于客户关系逐笔定价；既包含新客户首次定价，也包括续贷重定价。并且实现了"目标价格、优惠价格、成本价格、最低价格"四个价格的利率分级审批体系。项目咨询团队对定价范围内的行方全部存量业务和产品进行深度分析，结合行方的经营特点和地区竞争形势，提供后续的差异化政策方案。

贷款定价模型以银行战略规划为指导，贯彻成本效益原则，覆盖资金成本、运营成本、预期损失、资本成本、税率成本要素，综合考虑客户的多项因素：客户规模、行业特点、市场地位、盈利能力、风险状况，建立全行的客户关系定价模型。

资料来源：齐鲁晚报，济南，2016 年 11 月 2 日讯。

第一节 影响贷款定价的因素及定价原则

贷款是商业银行重要的盈利资产，贷款收益的高低与贷款价格有着直接的关系。合理进行贷款定价是商业银行贷款管理的重要内容。

一、贷款定价的含义

贷款定价是指通过全面核算贷款能够给商业银行带来的各种收益、商业银行提供相应服务所承担的成本、贷款应达到的目标收益等因素,对每笔贷款确定有市场竞争力、能够满足银行盈利性、安全性要求的综合价格的过程。

随着我国利率市场化改革的推进,商业银行贷款定价的自主权逐步扩大,贷款利率成为信贷市场竞争的关键因素,贷款定价过高会在同业竞争中处于劣势甚至失去市场,贷款定价太低可能使竞争到的贷款业务无利可图甚至出现亏损。建立科学合理的贷款定价机制,是商业银行应对利率市场化的必然选择。

二、贷款定价的影响因素

按照价格理论,影响贷款定价的主要因素是信贷资金的供求状况。然而,由于信贷资金是一种特殊的商品,所以其价格的决定因素更复杂。在贷款定价时,银行考虑的因素主要有以下几种。

1. 借贷资本的供求状况

资金的供求状况是影响贷款定价的一个基本因素。贷款利率的高低是由资金供给方(商业银行)和资金需求方(借款人)共同决定的。信贷资金供大于求时,贷款价格应适当降低;信贷资金供不应求时,贷款价格就应适当提高。

2. 资金成本

银行的资金成本可分为资金平均成本和资金边际成本。资金平均成本是指组织每一单位的资金所支付的利息和费用。它主要用来衡量银行过去的经营状况。资金边际成本是指银行每增加一个单位的可用于投资、贷款的资金所需花费的利息和费用。由于每项资金来源有不同的边际成本,因此其边际成本随着市场利率、管理费用及法定准备金率的变化而变化。各项独立的资金来源的边际成本加权计算在一起,就可以得出新增资金的全部加权边际成本。在银行资金来源的结构、各种资金来源的利率及费用成本都不变的前提下,可以根据资金的平均成本定价;但在资金来源结构不稳定或市场利率经常变化的条件下,以边际成本作为新增贷款的定价基础是较为适用的。

3. 借款人的信用风险

借款人的信用越好,信用风险越小,贷款价格就越低。如果借款人的信用状况不好,过去的偿债记录不良,就会面临较高的贷款价格和较严格的约束条件。借款人的信用是确定贷款利率水平的基本因素。

4. 贷款的期限和利率

不同期限贷款的定价标准是不同的。显而易见,与短期贷款相比,中长期贷款所包含的不确定因素更多。贷款的期限越长,各种变动(如市场利率的变动、银行筹资成本和资金结构的变动及借款人财务状况的变化等)出现的可能性就越大,银行承担的风险也越高。因此,中长期贷款的利率通常高于短期贷款的利率。

5. 业务费用

银行向客户提供贷款,需要在贷前和贷款过程中做大量的工作,如进行信用调查与审查,对担保品进行鉴定与估价,对贷款所需材料与文件进行整理、归档与保管。所有这些工作,都需要花费一定的费用。这些费用构成了影响贷款定价的一个因素。在实践中,许多银行为了操作方便,通常将各种贷款的收费种类及其标准做出具体规定,在确定某一笔贷款的收费时，只需按规定计算即可。

6. 中央银行利率和准备金制度

中央银行基础利率影响银行的筹资成本，进而对贷款价格产生影响。中央银行对商业银行的准备金率的高低也是影响贷款资金成本的重要因素。准备金率提高，商业银行可贷资金减少，影响其盈利性，商业银行应采取提高贷款利率的政策；反之，下调贷款利率。

7. 目标收益率

贷款是商业银行的主要资金运用项目，贷款收益率目标是否能够实现，直接影响到银行总体盈利状况。因此，在贷款定价时，必须考虑能否在总体上实现银行的贷款收益率目标。当然，贷款收益率目标本身应当制定得合理，过高的收益率目标会使银行贷款价格失去竞争力。

三、贷款定价的原则

1. 利润最大化原则

商业银行主要靠负债经营，即主要靠存款来经营，其自有资本占经营资金的比重较低。而存款是要提取的，银行必须保证客户能随时足额地取款，如银行无力应对提款，就会发生挤兑风波；也就是说必须保证贷款能及时足额收回，保证本金安全，否则出现不良资产，就会影响银行的清偿能力，造成资金损失，严重时甚至可能因无力应付提款而宣告破产。

银行吸收存款是为了贷款，贷款的目的是为了盈利。贷款业务是商业银行利润的主要来源，贷款必须保持较高的利息收入，才能使商业银行获取较多的收益。但在贷款规模一定的情况下，贷款利息收入的大小取决于贷款的利率和期限。利率越高、贷款期限越长，利润也就越大。

2. 以经营成本作为下限原则

银行贷款的目的是获取利息收入实现盈利，银行在制定贷款价格时，必须保证利息收入能弥补相关成本，即资本、资金成本和贷款费用，否则银行将发生亏损。贷款定价最基本的要求是使贷款收益能弥补贷款的各项成本。贷款成本除了资金成本和各项管理费用外，还包括因贷款风险而带来的各项风险费用，如为弥补风险损失而计提的贷款损失准备金、为管理不良贷款和追偿风险贷款而花费的各项费用等。对于一个经营正常的企业来说，成本应该是贷款的下限。

3. 风险等级定价原则

在贷款业务中，银行出售的是资金的使用权，而出售资金使用权所取得的利息收入能否实现，取决于客户在未来时期内能否按时还本付息。所以，银行在贷款定价决策中必须考虑客户的违约风险，否则将做出错误的定价决策。由于不存在风险相同的两个借款人，所以从理论上说，根据贷款风险管理中的贷款收益与贷款所承担的风险相匹配原则，银行应为不同风险等级的借款人制定不同的贷款价格，高风险高利率，低风险低利率，从而保证银行所承担的风险得到相应的补偿。

4. 扩大市场份额原则

商业银行追求利润最大化的目标必须建立在市场份额不断扩大的基础上。在市场份额的扩张过程中，贷款的价格是影响市场份额的一个重要因素。贷款定价过高会使部分客户难以接受而妨碍贷款市场份额的增长。任何一家银行的资金报价不能随心所欲，与市场利率水平的差距必须保持在一定幅度范围之内，贷款利率只有贴近市场，才能有效地提高贷款产品的市场竞争力，有效地扩大信贷的市场份额。因此，银行在贷款定价时，必须充分考虑同业、同类贷款的价格水平,不能为了追求盈利而盲目实行高价政策,除非银行在某些方面有着特别的优势。

第二节 贷款定价原理及方法

一、贷款定价的基本原理

长期以来,古典利率理论、流动性偏好利率理论及可贷资金利率理论一直是商业银行贷款定价的基本依据。人们普遍接受的观点是:贷款定价的原理与一般产品的定价原理并没有什么不同,即在借贷市场上,贷款利率的高低是由资金供给方和资金需求方共同决定的,供给曲线与需求曲线的交点就决定了均衡利率和均衡贷款量。如图 4-1 所示。

图 4-1 中,纵轴 I 代表利率,横轴 Q 代表贷款量,S 代表贷款供给曲线,D 代表贷款需求曲线,曲线 S 和曲线 D 的交点 E 为均衡点,在这一点决定了均衡利率 I 和贷款量 q。

然而 20 世纪 60 年代以来的研究表明,借贷市场上的利率并不是一个使借贷供求相等的均衡利率,而是一个比均衡利率更低的利率。换言之,并非只要借款人支付一个足够高的利率,便可以获得所需要的贷款,而是在一个特定的利率水平之上,有些企业和个人即使愿意支付更高的利率,银行也不愿意给予贷款,这种现象被经济学家们称为"信贷配给"。

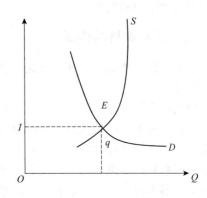

图 4-1 借贷资金供求关系曲线

20 世纪 80 年代以来,斯蒂格利茨(J. E. Stigtlitz)和威斯(A. Wiess)对信贷配给现象的解释则为贷款价格提供了更好的理论依据。他们认为,信贷配给实际上是银行在信息不对称的情况下采取的一种理性选择。银行的收益不仅取决于利率,还取决于贷款归还的可能性。由于存在着信息成本,银行既不可能在贷款之前对借款人有充分了解,也不可能在贷款之后对借款人进行完全的监督。假设银行采取高利率的方法,则可能对银行收益产生两个方面的消极影响。第一,逆向选择。利率提高之后,那些收益率较低而安全性较高的项目将因为投资收益无法弥补借款成本而退出借款申请者行列,而剩下愿意支付高利率的借款,往往是风险高的项目。他们之所以愿意支付高利率,就是因为他们知道归还贷款的可能性较小。第二,逆向激励。由于高利率使得一些收益率较低的项目变得无利可图,在有限责任条件下,那些获得贷款的人将倾向于选择高风险高收益的项目,从而使道德风险问题变得更为严重。因此对银行来说,并不是利率越高越好,而是有一个限度,超越这个限度之后,由于贷款风险的上升,银行的预期收益反而会减少,也就是说银行的预期收益是一条向后弯曲的曲线。如图 4-2 所示。

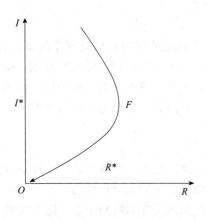

图 4-2 银行的预期收益曲线

图 4-2 中纵轴 I 代表利率，横轴 R 代表银行的预期收益，预期收益曲线上的点 F 决定了利率水平 I^* 和预期收益 R^*，I^* 是银行将选择的实际利率水平。虽然这一利率水平往往不能使贷款的供给满足市场需求，但它却是银行预期收益最大的利率，所以它实际上也是另一种意义上的均衡利率。

这一理论向我们提示：在一个竞争的借贷市场上，除了供求关系以外，贷款的风险程度也是影响贷款定价的最根本因素。贷款定价不仅要能反映出其资金成本，还要反映出贷款人所承担的风险，即一笔适合于某项贷款的风险溢价应该成为该项贷款利率的一部分。在实际工作中，针对信用风险较高的客户，单纯的提高贷款利率的方式有时并不能达到风险补偿的目的，反而会适得其反。这是因为较高的贷款利率有时会促使客户采取一些成功可能性较小的高风险经营策略以试图偿还较高的贷款成本，而这些高风险的商业策略可能会导致违约，从而大大降低银行的实际收益。因此，对于某些风险较高的客户，银行根本不予贷款，即使客户愿意承受很高的利率。

二、贷款价格的构成

一般来讲，贷款价格的构成包括贷款利率、贷款承诺费、补偿余额和隐含价格。

1. 贷款利率

贷款利率是一定时期内客户向银行支付的贷款利息与贷款本金之比。它是贷款价格的主要部分。商业银行的贷款利率一般取决于资金的供求状况、同业竞争状况和国家的利率政策及法规。贷款利率按时间划分为年利率、月利率和日利率；按贷款的优惠程度可以分为低于一般利率水平的优惠利率、一般利率和高于一般利率的惩罚利率；按确定利率的方式可以分为在贷款期不再变动的固定利率和根据市场利率变化而定期调整的浮动利率。

2. 贷款承诺费

贷款承诺费是指银行对已承诺贷给顾客而顾客又没有使用的那部分资金收取的费用。也就是说，银行已经与客户签订了贷款意向协议，并为此做好了资金准备，但客户并没有使用这笔资金，承诺费就是对这笔已做出承诺但没有贷出的款项所收取的费用。银行收取贷款承诺费的理由在于：银行为了保持承诺贷款的额度，必须保持一定的高流动性资产，为了补偿因放弃收益高的贷款或投资而产生的利益损失。借款人支付了承诺费的贷款承诺是正式承诺，当借款人需要使用贷款时，银行必须及时予以满足，否则，银行要承担相应责任。贷款承诺是银行同意在未来特定时间内向借款人提供融资的书面承诺，常见于中长期贷款，贷款承诺具有法律效力。

3. 补偿余额

补偿余额是借款人应银行要求，保持在银行的一定数量的活期存款和低利率定期存款。它通常作为银行同意贷款的一个条件而写入贷款协议中。由于存款是银行业务的基础，是贷款的必要条件，因此，补偿余额的存在使得银行发放贷款成为获得存款的一种手段。从另一方面讲，补偿余额也是银行变相提高贷款利率的一种方法，因此，它成为贷款价格的一个组成部分。

4. 隐含价格

隐含价格是贷款价格中的一些非货币性内容。银行在决定给客户贷款后，为了保证客户能偿还贷款，常常在贷款协议中加上一些附加条款。附加条款可以是禁止性的，如规定融资限额及各种禁止事项；也可以是义务性的，如规定借款人必须遵守的特别条款。附加条款不能直接给银行带来收益，但它可防止借款人行为可能给银行利益造成的一些损失，因而可视为贷款价格的一部分。

三、贷款定价的方法

1. 目标收益率定价法

目标收益率定价法是根据银行贷款的目标收益率来确定贷款价格的方法。简单的目标收益率定价法的公式如下：

税前产权资本目标收益率＝（贷款收益－贷款费用）/应摊产权资本

其中：

贷款收益＝贷款利息收益

贷款费用＝借款者使用的非股本资金的成本＋贷款管理成本

应摊产权资本＝银行全部产权资本对贷款的比率×未清偿贷款余额

例如，某银行以9％的年利率对一公司客户发放一笔100万元的贷款。借款人使用的贷款资金成本率为6％，贷款管理成本为1万元，银行全部产权资本对贷款的比率为10％，假定借款人所使用的贷款资金净额等于未归还的贷款余额（即100万元）。运用上述的贷款定价公式，可得：

（9％×1000000－6％×1000000－10000）÷（10％×1000000）×100％＝20％

即该笔贷款的税前预期收益率为20％。将该收益率与银行的目标收益率进行比较，若贷款收益率低于目标收益率，该笔贷款就需要重新定价。

2. 成本加成定价法

这是一种从银行经营成本的角度衡量贷款利率水平的方法，是较为传统的定价模式。该模式力图在分析银行发放贷款的各种成本基础上，对每一笔贷款确定有利可图的利率，银行以最低利率为底线，根据市场竞争情况和相对于客户的谈判地位确定贷款利率，以保证每一笔贷款都能获取目标收益。该模式认为，任何一笔贷款利率应包括以下四部分，才能获得收益，即贷款的最低利率由资金成本、贷款管理成本、风险补偿水平和目标收益率决定。

(1) 资金成本　银行为筹集贷款资金所发生的成本。

(2) 贷款管理成本　又称"非资金操作成本"，是指与贷款业务有关的人事费用、业务费用、折旧费用。如借款人进行信用调查、信用分析所发生的费用；抵押品的鉴别、估价、保管费用；贷款资料文件的工本费；信贷人员工资、福利和津贴；设备的折旧费用等。

(3) 风险补偿费　即对每笔贷款可能发生的违约风险做出必要补偿。由于每笔贷款的对象、期限、种类、保障程度不同，贷款的风险程度各不相同，因此贷款价格中反映风险补偿水平不同。一般来讲，贷款定价中考虑风险的因素有两个，一是违约风险补偿费，指贷款人不能按期还本付息的可能性，可通过信用评级和历史数据得出（见表4-1）；二是期限风险补偿费，贷款期限越长，借款人信用恶化的可能性越大，利率风险就越大。所以贷款期限越长，所要求的期限风险补偿就越高。

表 4-1　某银行信用等级与风险补偿

借款人信用等级	AAA	AA	A	BBB	BB	B级及以下
风险补偿费率	0.25％	0.5％	0.75％	1.25％	2％	不能授信

(4) 目标收益率　目标收益率是银行为股东提供一定资本收益率所必须具备的利润水

平。根据以上分析,可得出在"成本加成模式"下贷款利率的计算公式:

贷款利率＝资金成本率＋贷款管理成本率＋风险补偿费率＋目标收益率

"成本加成模式"属于"内向型"贷款定价模式,它是从银行自身的角度出发对贷款进行定价。采用这种定价模式有利于商业银行补偿成本,确保股东所要求的资本收益率的实现。

假设有一公司向银行申请300万元贷款,银行为取得这笔资金,要在资本市场上以3%的利率卖出可转让定期存单,发放这笔贷款的非资金成本即贷款费用成本估计为贷款余额的2%,银行贷款部门估计贷款违约风险的风险成本约为2%,如果银行发放贷款要获得1%的利润率,最终这笔贷款应如何定价?

贷款利率＝资金成本率＋贷款费用率＋风险成本率＋目标收益率

即　　　贷款利率＝3%＋2%＋2%＋1%＝8%

3. 基准利率定价法(价格领导模型)

基准利率定价法是以各种基础利率为标准,根据借款人的资信、借款金额、期限及担保等条件,在基准利率基础上加点或乘以一个系数来确定。这是一种"外向型"定价模式,它以市场一般价格水平为基础确定贷款价格,属于"市场领导型"模式,也称价格领导模型。它既考虑了市场风险又兼顾了贷款本身的违约风险,从而具有较高的合理性,制定的价格更贴近市场,更具有竞争力。其计算公式为:

贷款利率＝基准利率＋风险溢价(点数)

或　　　　贷款利率＝基准利率×风险溢价(乘数)

风险溢价主要考虑客户违约风险和期限风险。该模式以对资信最好的客户发放短期贷款的最低利率作为基准利率,它是为其他借款人确定贷款利率的基础。但随着金融市场的变化,选择何种利率作为基准利率是此模式定价的关键。

在这种定价方式中,各种基础利率是银行的资金成本指数。这些基础利率主要有同业拆借利率、国库券利率及大额定期存单利率等。那些资金实力雄厚、资信卓越的大公司,尤其是一些跨国公司,在向银行借款时,通常可以在多家银行报出的基础利率中选择条件最优惠的贷款。但小公司就不易获得这样的待遇。小公司在确定贷款的基础利率等贷款条件时,通常处于被动接受的地位。

目前,我国境内外资银行外汇贷款定价,一般以国际市场同业拆借利率为基础,结合银行成本、贷款风险、客户综合效益和市场竞争等因素,加一定利差的方法。

4. 保留补偿余额的定价法

保留补偿余额的定价法是将借款人在银行保留的补偿余额看作是其贷款价格的一个组成部分,在考虑了借款人在银行补偿余额的多少后,决定对其贷款的利率高低的一种定价方法。一般而言,在这种方法下,借款人补偿余额越高,贷款的利率就越低。

商业银行贷款定价的基本方法理论上讲有以上四种简单的方法,但实际上不同时期不同的商业银行会根据自身的情况以及企业营收状况制定自己的贷款定价方法和策略。

【案例】

某城市商业银行贷款定价实例

银监会发布《银行开展小企业贷款业务指导意见》以来,某城市商业银行进一步创新小企业贷款的体制和机制,完善风险管控机制,提高贷款利率定价技术,取得了小企业贷款的良好成效。

一、小企业贷款定价的原则

大原则：小企业贷款具有旺盛的生命力和成长性，但小企业生命周期较短（3~7年），贷款风险大，在对小企业贷款时要考虑企业的成熟能力和风险覆盖两个相悖的因素，使收益能够恰好覆盖风险和损失。

贷款定价＝FC（资金成本）＋OC（运行成本）＋RC（风险成本）＋CC（资本成本）＋P（盈利回报）。

盈利回报的确定应与当地市场投资回报率和行业投资回报率基本一致。

二、贷款利率风向定价主要考虑六个方面的因素

1. 主营业务收入毛利率

通常毛利率在15%以上的企业，贷款利率可上浮40%以上；毛利率在15%以下的企业，贷款利率可上浮20%左右。

2. 资金成本

2006年一季度日均存款余额123464万元，计付利息405万元，则存款日均成本为1.313%。

3. 操作成本

操作成本即管理费用百元存款分摊率，该行2006年一季度费用总额为678万元，存款费用率为2.197%。

4. 法定贷款呆账准备金率（目前暂按贷款余额的1%计入）

5. 税负成本

目前按利息收入的5.6%缴纳营业税及附加；

贷款利率按5.85%上浮50%为8.775%，其中税负为利息收入的5.6%，折算为0.49%。

6. 资金成本

对股东最低回报率可以作为资本成本考虑因素，目前可暂定为7%，该行4009万元实收资本，则年回报率为280万元，另加20%的税负56万元，合计336万元，摊入存款成本为0.33%。

三、贷款利率风险定价需要涵盖的三个层面

第一个层面：涵盖存款成本、操作成本、税负成本、法定贷款呆账准备金率，按存款平均成本计算贷款风险价格为5%（1.313%＋2.197%＋0.49%＋1%＝5%）。按一年期存款利率2.25%计算贷款风险定价为5.937%（2.25%＋2.197%＋0.49%＋1%＝5.937%）。

第二个层面：涵盖资本回报率和预期损失因素，通常预期损失按1%估值，资本回报按0.33%考虑，则风险定价基本价格为6.33%~7.267%。

第三个层面：涵盖目标利润。目标利润目前可设定为2%，则风险定价基本价格为8.33%~9.267%。

四、贷款利率风险定价通过三个层次进行传导

董事会根据年度经营目标，结合国家信贷政策、当地市场利率状况、该行风险定价覆盖的成本、风险和收益，按季提出贷款风险定价指导意见。

由经营层传导给职能部门和分行基层营业单位。

职能部门和分行再根据借款企业主营业务收入毛利率高低和信贷资金供求状况确定贷款利率，低于风险定价下线的企业原则上不予授信。

练习题

一、名词解释
1. 贷款定价 2. 贷款承诺 3. 补偿余额 4. 隐含价格 5. 目标收益率
6. 贷款费用 7. 基准利率定价法 8. 目标收益率定价法

二、单选题
1. (　　) 是指贷款定价中的一些非货币性内容。
   A. 贷款利率　　B. 补偿余额　　C. 隐含价格　　D. 贷款承诺费
2. 贷款承诺费是指银行对 (　　) 的那部分资金收取的费用。
   A. 已承诺贷给客户，客户已经使用　　B. 未承诺贷给客户，客户已经使用
   C. 已承诺贷给客户，客户没有使用　　D. 未承诺贷给客户，客户没有使用
3. 关于贷款承诺，以下表述不正确的是 (　　)。
   A. 贷款承诺常见于中长期贷款
   B. 银行对外出具贷款承诺，一般没有权限限制
   C. 贷款承诺具有法律效力，银行受承诺书的限制
   D. 贷款承诺是银行同意在未来特定时间内向借款人提供融资的书面承诺
4. 商业银行缴纳的存款准备金的收入属于 (　　)。
   A. 贷款利息收入　　　　　　　　B. 客户存款的投资收入
   C. 结算手续费收入　　　　　　　D. 其他服务费收入

三、多项选择题
1. 关于贷款利率的说法，正确的是 (　　)。
   A. 贷款利率应符合中国人民银行关于贷款利率的有关规定
   B. 贷款利率应符合银行内部信贷业务利率的相关规定
   C. 贷款利率水平应与借款人及信贷业务的风险状况相匹配
   D. 贷款利率的确定还应考虑所在地同类信贷业务的市场价格水平
   E. 贷款利率体现收益覆盖风险的原则
2. 贷款价格的构成包括 (　　)。
   A. 贷款利率　　B. 贷款承诺费　　C. 贷款本金　　D. 补偿余额
   E. 隐含价格
3. (　　) 是指应银行要求，借款人在银行保持一定数量的活期存款和低利率定期存款。
   A. 隐含价格　　B. 贷款承诺费　　C. 贷款利率　　D. 补偿余额
   E. 手续费和管理费
4. 贷款定价的方法包括 (　　)。
   A. 目标收益率定价法　　　　　　B. 成本加成定价法
   C. 基准利率定价法　　　　　　　D. 客户盈利性分析定价法
   E. 保留补偿余额的定价法
5. 商业银行为客户提供服务发生的总成本主要包括 (　　)。
   A. 资金成本　　B. 贷款费用成本　　C. 贷款违约成本　　D. 客户存款的利息支出
   E. 账本管理成本

6. 贷款定价的原则包括（　　）。
   A. 利润最大化　　　　　　　　B. 以经营成本作为下限
   C. 风险等级定价　　　　　　　D. 扩大市场份额的原则
   E. 市场渗透定价

7. 商业银行从某客户取得的总收入包括（　　）。
   A. 贷款的利息收入　　　　　　B. 客户存款的投资收入
   C. 结算手续费收入　　　　　　D. 其他服务费收入
   E. 股权投资收入

四、判断题

1. 隐含价格是指贷款定价中的一些货币性内容。（　　）
2. "客户盈利分析模型"是一种"客户导向型"定价模式，从银行与客户的全部往来关系中寻找最优的贷款价格。（　　）
3. 虽然贷款有不同的期限，但是不同期限贷款的定价标准是相同的。（　　）
4. 银行资金的边际成本随着市场利率、管理费用及法定准备金率的变化而变化。（　　）
5. 一般而言，借款人补偿余额越高，贷款的利率就越高。（　　）

五、思考题

1. 简述贷款定价的基本原理？
2. 贷款定价的原则有哪些？
3. 影响贷款定价的因素有哪些？
4. 贷款价格的构成有哪些？
5. 商业银行贷款定价的基本方法有哪些？

第五章

客户信用分析

【学习目的与要求】

　　了解信用分析的概念及其内容；
　　掌握财务比率指标的计算方法；
　　了解非财务分析的内容；
　　掌握企业信用等级评估的含义及其内容。

【案例导入】

中国银行客户信用等级评定级别及其风险简介

　　《中国银行股份有限公司国内机构公司客户信用评级管理办法》（2010 年版）（以下简称《办法》）规定，中国银行对向其申请或正在使用其授信的企、事业法人客户、具有独立融资权的非法人企业客户按本办法进行信用等级评定，并核定债务承受额。

　　中行将客户信用等级划分为 A、B、C、D 四大类，AAA、AA、A、BBB+、BBB、BBB−、BB+、BB−、B+、B−、CCC、CC、C、D 十五个信用级别。D 级为违约级别，其余为非违约级别。AAA 至 A 级，客户信用很好，整体业务稳固发展，经营状况和财务状况良好，资产负债结构合理，经营过程中现金流量较为充足，偿债能力强。BBB+ 至 B− 级客户信用较好，现金周转和资产负债状况可为债务偿还提供保证，授信有一定的风险。CCC 至 C 级，客户信用较差，整体经营状况和财务状况不佳，授信风险较大，应采取措施改善债务人的偿债能力和偿债意愿，以确保银行资金安全。D 级，信用度为极差，截至评级是客户已经发生违约。

　　《办法》规定中行对一般企业的评级采用一般统计模型；对事业单位、新组建企业的评级使用打分卡模型。客户评级流程包括发起评级、评级认定、评级推翻和评级更新。原则上存量客户信用评级每年二季度进行一次，新客户的信用评级"随报随评"。评级有效期 18 个月。

　　资料来源：根据《中国银行股份有限公司国内机构公司客户信用评级管理办法》整理。

第一节　企业信用分析

一、信用分析的定义

　　企业信用分析是指银行在对企业授信过程中，对企业生产经营活动、管理及控制水平、盈利及偿债能力、外部经营环境、总体风险等进行的分析与评价。信用分析可以使商业银行对借款人偿还债务的能力与意愿进行调查分析，借以了解借款人履约还款的可靠性，从而制定出正确的贷款政策，提高贷款决策的科学性，有针对性地加强贷款管理，防范信用风险。企业信用分析内容包括财务分析与非财务因素分析。财务分析主要有财务报表分析与财务比率分析；非财务因素分析主要是对企业所属的行业因素、经营因素、管理因素、自然社会因素、还款意愿因素等进行的分析与评价。

二、信用分析的目的

信用分析就是对借款人的偿债意愿和偿债能力进行分析。信用分析的目的并非是只向没有风险的借款人提供贷款，而是通过信用分析预测贷款可能遭受损失的程度，即评价借款人未来偿还贷款的意愿和能力，从而采取有效措施，防范和控制信用风险。对商业银行而言，信用分析目的一是可以帮助信贷人员在贷款发放前充分了解借款人的偿债意愿和偿债能力，从而保证损失最小化，实现利润最大化；二是商业银行制定信贷政策和贷款决策的依据。对借款人的贷与不贷、贷多贷少及期限长短的决策都应该建立在科学、详细地信用分析的基础上。

三、信用分析的内容

商业银行对借款人进行信用分析，重点是考虑其偿债意愿和偿债能力，从而判断贷款按期足额偿还的可能性。由于借款人所具有的道德水准、资本实力、经营水平、担保及环境条件等各不相同，使得不同借款人的偿债能力和贷款风险也不尽相同。国外有些商业银行对借款人的信用分析主要集中在6个方面，即所谓的"6C"原则：品德（Character）、能力（Capacity）、资本（Capital）、担保（Collateral）、环境条件（Condition）和事业的连续性（Continuity）；也有些商业银行将信用分析的内容归纳为"5W"因素，即借款人（Who）、借款用途（Why）、还款期限（When）、担保物（What）及如何还款（How）；还有的银行将这些内容归纳为"5P"因素，即个人因素（Personal）、目的因素（Purpose）、偿还因素（Payment）、保障因素（Protection）和前景因素（Perspective）。

（一）客户品质分析

1. 客户品质的基础分析

（1）客户历史沿革　了解客户发展历史可以避免信贷人员被眼前景象所迷惑，从而能够从整体上对客户目前状况及未来发展进行分析和判断。在客户的历史沿革中，主要关注以下内容：

① 成立动机。任何客户的设立都有一个经营上的动机。从客户的成立动机出发，信贷人员可以初步判断其发展道路和下一步计划，进而可以分析其融资的动机和发展的方向。

客户的组建动机：基于人力资源、技术资源、客户资源、行业利润率、产品分工、产销分工、产业链经营等。

② 经营范围。客户经营范围受国家工商行政管理部门或行业主管部门控制，信贷人员对于客户经营范围及变化需要关注以下三点内容：是否超出了注册登记的范围、主营业务的演变、诸多业务之间是否存在关联性。对主营业务不突出的客户应警觉。

③ 名称变更。客户的名称往往使用时间越久知名度越高，一般不会轻易变更。客户名称也可以从一个侧面看出客户的发展过程。信贷人员对于客户在其发展过程中改变名称，一定要究其原因，尤其是对于频繁改变名称的客户，更要引起警觉。

客户变更名称必定有内在原因：经济性质改变、经营范围改变、管理体制改变、控股股东改变、客户分立、客户原有名称不中听、客户经营不善、信用不佳,试图通过改变名称来改变其社会形象等。

④ 以往重组情况。客户重组包括重整、改组和合并三种基本方式,客户在发展过程中发生重组情形是一种常见的现象,有正常原因也有非正常原因,需要认真对待并切实调查清楚。

(2) 法人治理结构　客户法人治理结构的不完善,有可能对其正常的生产经营带来难以预期的负面影响,信贷人员对此应给予关注。

(3) 股东背景　股东背景特别是控股股东的背景在很大程度上决定着客户的经济性质、经营方向、管理方式及社会形象等。对于客户的股东背景需要关注:家庭背景、外资背景、政府背景、上市背景。

(4) 高管人员的素质　高级管理层尤其是主要负责人的素质和行业管理经验是信贷人员考察高管人员的重点。高管人员评价的内容:教育程度、商业经验、修养品德、经营作风、进取精神。

(5) 信誉状况　在分析影响借款人还款能力的非财务因素时,还应分析借款人信誉这一重要的非财务因素。可通过"人民银行信贷登记咨询系统"查询,看客户过去有无拖欠银行贷款或与银行不配合等事项。

2. 客户经营管理状况分析

信贷人员可以从客户的生产流程入手,通过供、产、销三个方面分析客户的经营状况,也可以从客户经营业绩指标的情况进行分析。

(1) 供应阶段分析　供应阶段的核心是进货,包括进什么货,从哪里进货,以什么条件进货,信贷人员应重点分析以下方面:货品质量、货品价格、进货渠道、付款条件等。

(2) 生产阶段分析　生产阶段的核心是技术,这包括生产什么,怎样生产,以什么条件生产,信贷人员应重点调查以下方面:技术水平、设备状况、环保情况。

(3) 销售阶段分析　销售阶段的核心是市场,这包括销售给谁,怎样销售,以什么条件销售,信贷人员应重点调查以下方面:目标客户、销售渠道、收款条件。

(4) 产品竞争力和经营业绩分析　一个企业的产品(包括服务)特征主要表现在其产品的竞争力方面。竞争力强的产品会获得市场和购买者较多的认同,顺利实现销售,并取得较好盈利,实现快速发展。当企业的产品定价不再具有竞争力或质量出现不稳定状况时,其经营上的问题也就可能产生了。一个企业要保持其产品的竞争力,必须不断地进行产品创新。

经营业绩指标的内容是与行业比较的销售增长率,高于行业的增长率说明客户经营业绩较好;反之,则说明客户经营业绩较差。

(二) 客户财务分析(第二节详细介绍)

(三) 客户非财务分析(第三节详细介绍)

第二节　企业财务因素分析

一、企业财务分析概述

财务分析是判断潜在借款人信用状况最为通用的技术。银行通过解读和阐释企业的财务资料,对企业的既往业绩、目前状况以及未来前景做出评价和预测。银行进行财务分析的原始资料主要是借款企业的财务报告,包括财务报表(资产负债表、利润表、现金流量表)及有关附表和财务报表附注。在确保财务报告的质量和可靠性的基础上，财务报表能够全面反映企业的财务状况、经营成果和现金流量情况，但是单纯从财务报表上的数据还不能直接或全面说明企业的财务状况，特别是不能说明企业经营状况的好坏和经营成果的高低，只有将企业的财务指标与有关的数据进行比较，才能说明企业财务状况所处的地位，因此要进行财务报表分析。

企业的财务报告一般包括资产负债表、损益表、现金流量表、所有者权益变动表、附注五部分。资产负债表反映的是企业在某一特定日期的财务状况；利润表反映的是企业在一定会计期间的经营成果；现金流量表反映的是一定期间内企业现金（及其等价物）的流入和流出情况；所有者权益变动表反映的是构成所有者权益的各组成部分当期的增减变动情况；附注则是对前述四类报表中列示项目的文字描述或明细资料，以及对未能在这些报表中列示项目的说明。

财务报表分析的一般程序为：
① 明确分析目的，制定分析工作计划；
② 收集有关的信息资料；
③ 根据分析目的，运用科学的分析方法，深入比较、研究所收集的资料；
④ 做出分析结果，撰写分析报告。

二、企业财务报表分析

（一）资产负债表分析

资产负债表是反映企业在特定时点上财务状况的报表。资产负债表包括两大类，资产类与负债及所有者权益类。资产是由于企业过去的经济活动所形成的，目前所拥有或掌握的以货币计量，并能在今后为企业带来经济效益的经济资源。负债是企业由于过去经济活动所形成的，目前承担的能以货币计量，并将以资产、劳务或新的负债偿还的一种经济义务。所有者权益亦称产权或资本，是企业所有者对企业净资产所拥有的权益，在数量上它等于企业资产减去负债后的余额。

1. 资产项目分析

（1）货币资金　货币资金是企业以现金、银行存款和其他货币资金形式持有的货币。其目的是满足企业正常经营支付的需要。是偿还银行短期贷款的最直接资金来源。作为债权人为保证信贷资金按期收回，就必须全面了解企业在各家银行开户的情况以及货币资金到期的流向。

（2）各项应收账款　各项应收账款包括应收账款、应收票据、预付账款及其他应收款等。在所有资产中，应收账款的流动性仅次于货币资金，故是偿付短期债务的主要来源。但鉴于不是所有应收账款都能按时收回，因此对此项目要做正确的分析和估价。其分析内容主要包括：

① 客户情况。是集中在几个大户，还是分散到许多企业；是老客户多，还是新客户多。一般来讲，应收账款过于集中的风险大于分散的风险，集中在稳定的老客户风险要小于新客户的风险。

② 账龄情况。应收账款入账的时间长短。应收账款被拖欠的时间越长，发生坏账的可能性就越大。对过期太久的欠款，要求企业冲销"坏账准备"。

（3）存货　存货是企业为销售或耗用而储存的各种流动资产。包括商品、产成品、半成品、在产品以及各类原材料、燃料、包装物、低值易耗品等。对存货的分析主要是存货的有效期、流动性、价格的稳定性、规模的合理性以及是否被投保。

(4) 固定资产　一般情况下，银行不需以企业固定资产的销售作为偿还短期贷款的资金来源，但对中长期贷款和抵押贷款是分析的重点。主要分析企业是否计提折旧，如果企业没计提固定资产折旧，说明企业经营有困难，不愿加大成本；是否被投保；是否是通用的固定资产（通用的资产更容易出售）、固定资产使用年限等。

(5) 长期投资　目前我国企业的长期投资有两种形式：一是购买其他公司或企业的股票和长期债券。银行主要分析所购有价证券的行情、信用等级和被投资公司或企业的经营情况、盈利状况等，以确定对借款人偿债能力的影响程度；二是联营投资，银行除了要分析联营公司的经营管理、财务状况和产品市场竞争能力外，还要注意可能影响借款人偿债能力的财务关系和契约关系。

2. 负债和所有者权益项目分析

(1) 短期借款和一年内到期的长期借款　这两部分是企业必须在会计年度内归还的借款。贷款银行应着重分析借款企业在所有银行借款的数额和期限、还款安排、抵押财产等，以便了解企业对该银行偿债的各种影响。

(2) 各项应付款项　各项应付款项主要包括应付账款、应付票据、其他应付款及未交税金等。对这些应付款项应主要分析付款的时间及该企业付款的安排。因为各项应付款及上述短期借款都是企业的流动负债，需用该年度的流动资产或流动负债清偿。

(3) 或有负债　或有负债是指将来可能需要承担的潜在的债务。这是由于企业资产项目中应收账款、应收票据等被抵押、贴现或背书转让，并且附带有追索权；或企业担保的债务，一些待决诉讼事项可能引起的赔偿，这些情况在一定时间内都有支付的可能，即形成了潜在的债务，一旦发生，企业则需偿付。因而银行要充分估计这些或有负债以保证银行贷款的按期收回。

(4) 所有者权益　所有者权益包括实收资本、资本公积、盈余公积和未分配利润四部分。其是企业实力的体现，是银行进行贷款决策时考虑的重要因素。根据我国银行贷款制度的规定，借款企业向银行贷款，必须具有一定比例的自有资金。对所有者权益的分析主要看其额度是否符合制度规定要求，有无虚假、抽逃部分，有些经营不善的企业往往少计一些应计的负债，从而夸大净值的数额。

(二) 损益表分析

损益表是反映企业在一定会计期间内的经营成果及其分配情况，是评价企业经营管理水平，分析企业未来盈利能力的重要资料和信息来源。在对借款企业的利润表进行分析时，应重点考虑以下几个方面。

1. 产品销售收入

该项目反映企业销售产品的销售收入和提供劳务业务的收入。对其审查应着重于企业有无隐瞒销售收入，变盈利为微利，甚至亏损；反之，虚构销售收入，变亏损为盈利。信贷人员应将企业一个时期开出的增值税发票（或销售发票）数据与该项目数据进行核对，本期销售收入是否有虚构因素，如果数据相差甚大，应进一步查明原因。

2. 产品销售成本

该项目反映企业销售产品和提供劳务等主要经营业务的实际成本。银行应审查其内容是否真实，前后期计算方法是否一致，特别要注意本期销售成本同上期或前几期相比，是否存在着突增、突减的情况。发生突增的现象，很可能是企业虚增成本开支，降低利润，以达到拖欠税款、贷款的目的；突减成本，是为了虚增利润，使信贷人员误认为该企业经营状况良好，可以发放贷款。所以，信贷人员要调阅企业销售成本明细账，逐项审查，发现问题及时反映并采取相应措施。

3. 管理费用、财务费用

管理费用是指企业行政管理部门为管理和组织生产所发生的费用。财务费用是指企业为筹集资金而发生的各项费用。这两项费用均属于期间费用，主要审查其总量变化情况，与前期相比，差异不大，可不做深入分析；如差异很大，则要进一步查明各项目有无虚假情况，并逐项审阅明细账。

4. 投资收益

投资收益是企业对外投资所得的收益。对该项目的审查主要看收益是否入账，有无隐瞒不报的现象。

5. 营业外收入、营业外支出

这两项是指企业发生的与企业生产经营无直接关系的各项收支。营业外收入大于营业外支出，则可以增加利润，反之，就会减少利润。银行主要审查其有无虚增减现象。在对损益表的分析中还要注意对表中的各项目与以前各时期对比、与同类企业对比、与企业的计划对比，从而考察企业的经营状况是否令人满意。另外，商业银行还应对借款企业财务状况变动表进行分析，这有助于银行了解企业在一定时期内营运资本的变动和企业的流动性状况。

（三）现金流量表分析

借款人的现金流量主要分为三类：一是经营活动产生的现金流量，二是投资活动产生的现金流量，三是筹资活动产生的现金流量。其中，经营活动是指企业投资、筹资活动以外的所有交易和事项；投资活动是指企业长期资产的购建和不包括现金等价物范围内的投资及其处置活动；筹资活动是指导致企业资本及债务规模和构成发生变化的活动。

1. 经营活动产生的现金流量分析

审查其当期销售商品、提供劳务收到的现金、购买商品、接受劳务支付的现金是否全额入账。如果经营活动现金流量的稳定性和持久性较好，可由经营活动现金流量规模判断融资策略，经营活动现金流量一般情况应占较大比例，说明借款人从生产经营中获得现金能力较大；经营活动现金流量所占比例小，说明借款人资金主要依靠增加资本或对外借款。

通过现金流入与现金支出对比，可以判断现金适应能力。正常情况是当期经营活动产生的现金流入，首先应满足生产经营的基本支出，如购买原材料与商品，支付经营费用、工资、福利费，缴纳税金等，然后才用于偿付债务或扩大投资。现金流入远远大于现金支出反映借款人成长和支付能力较强；现金流入远远小于现金支出，说明经营活动现金适应能力差，财务面临困难。

通过收入与利润对比，可了解收入与利润的质量。销售所获现金流入与当期销售收入之比高，说明回款及时，借款人经营质量高；反之，企业经营质量差，坏账发生的可能性大，必须关注其资产质量。经营活动现金流入与净利润之比高，说明借款人经营质量高；反之，说明借款人经营质量较低。

2. 投资活动产生的现金流量分析

审查其是否按计划、规定用途购建固定资产，收到的投资返利是否按规定入账。

若现金流入大于现金支出，如果是变现了大量的固定资产，这些资产是闲置或多余的，这种变现对借款人的经营和理财就是有利的，否则说明借款人经营或偿债可能出现了困难，不得不靠处理固定资产来维持经营和偿还债务。

若现金支出大于现金流入，如果是企业实施了投资扩张的政策，可能是借款人获得新的投资、获利和发展机会的体现，但要与投资效益结合起来考察。投资活动现金净流出较大，反映借款人实施了投资与经营扩张政策,说明借款人可能面临新的投资和发展机遇;投资活动现金净流入较大,反映借款人实施了投资与经营收缩政策。

3. 筹资活动产生的现金流量

审查其筹措的资金对企业资本及债务规模和构成产生的影响,筹资成本是否适中。一般情况下,如果企业筹资活动的现金流入明显地大于现金支出,说明借款人吸收资本或举债的规模加大。如果经营活动的现金净流出也较为明显,则说明吸收资本或举债的资金部分补充了经营活动的现金支出。

三、企业财务比率分析

财务比率分析包括短期偿债能力分析、长期偿债能力分析、营运能力分析和盈利能力分析。

(一)短期偿债能力分析

短期偿债能力,指企业支付一年以内到期债务的能力,主要有流动比率和速动比率两个指标。

1. 流动比率

流动比率是衡量公司短期偿债能力最通用的指标。计算公式如下:

$$流动比率=\frac{流动资产}{流动负债}$$

流动比率越高,借款人可变现的资产就相对较多,短期偿债能力越强,表明公司有充足的营运资金;反之,说明公司的短期偿债能力不强,营运资金不充足。一般认为,流动比率在2:1左右比较合适。实际上,对流动比率的分析应结合不同的行业特点和流动资产结构等因素,有的行业流动比率较高,有的行业流动比率较低。因此,评价流动比率的高低要与同行业平均水平及企业历史水平进行比较。

2. 速动比率

速动比率又称为酸性比率,它比流动比率更能说明资产的变现能力。计算公式为:

$$速动比率=\frac{速动资产}{流动负债}$$

其中速动资产=流动资产-存货,通常认为正常的速动比率为1,但不同行业的速动比率会有很大差别,并没有统一标准。例如,零售商品通常仅采用现金销售而没有赊销的应收账款,因此,可以保持一个低于1的速动比率,这不会影响其短期偿债能力;相反,一些应收账款较多的企业,速动比率可能要大于1。

(二)长期偿债能力分析

长期偿债能力是指企业支付一年以上到期债务的能力。主要的财务指标有资产负债率、产权比率、有形净值债务率、利息保障倍数。

1. 资产负债率

资产负债率是负债总额与资产总额之比,其计算公式是:

$$资产负债率=\frac{负债总额}{资产总额}\times100\%$$

资产负债率体现借款人偿还长期债务的能力,反映了借款人总资产中有多大比例是通过负债获得的,也反映了对债权人权益的保障程度。该指标对债权人来说越低越好。一般来说,要结合企业所在行业的平均水平及企业历史经营状况来衡量其是否合理。

2. 产权比率

产权比率是负债总额与所有者权益总额之比。对于股份公司来讲,所有者权益即为股东权益,因此这个比率亦称债务股权比率。其计算公式为:

$$产权比率 = \frac{负债总额}{所有者权益总额} \times 100\%$$

产权比率与资产负债率有着共同的含义,两个指标可以相互补充。与资产负债率一样,对债权人银行来说,该比值越低,代表其长期偿债能力越强。对这一指标的评价应结合行业状况和企业的历史经营状况。

3. 有形净值债务率

有形净值债务率是指负债总额与有形净资产之比,其计算公式是:

$$有形净值债务率 = \frac{负债总额}{有形净资产} \times 100\%$$

公式中,有形净资产=所有者权益-无形资产净值,该指标表明有形净资产对债权人权益的保障程度,该比率越低越好。

4. 利息保障倍数

利息保障倍数指标是指企业经营业务收益与利息费用的比率,用以衡量偿付借款利息的能力,计算公式如下:

$$利息保障倍数 = \frac{税前利润}{利息费用}$$

公式中,税前利润=利润总额+利息费用,该指标反映借款人偿付利息的能力,该比率越高,就说明支付利息费用的能力越强;反之,说明借款人支付利息费用的能力越弱。

(三) 营运能力分析

营运能力是指通过资产周转速度有关指标反映出的借款人资产利用效率和管理、运用资产的能力。营运能力与偿债能力有关,在正常经营情况下,营运能力越强,各项资产周转速度越快,表明企业用较少资金就能获得更好的经济效果。考察企业营运能力的重要指标有:应收账款周转率、存货周转率、总资产周转率、流动资产周转率、固定资产周转率。

1. 应收账款周转率

由于应收账款是指未取得现金的销售收入,所以这一比率可以判断企业应收账款金额是否合理以及收款效率高低。它是应收账款每年的周转次数。

$$应收账款周转率 = \frac{销售收入}{应收账款平均余额}$$

$$应收账款周转次数 = \frac{360}{应收账款周转率}$$

如果用一年的天数即360天除以应收账款周转率,便求出应收账款每周转一次需多少天,即应收账款转为现金平均所需要的时间。应收账款周转率越高,周转天数越短,说明应收账款回收速度越快,企业短期偿债能力越强。

2. 存货周转率

其计算公式为:

$$存货周转率 = \frac{销售成本}{平均存货}$$

$$存货周转天数 = \frac{360}{存货周转率}$$

存货的目的在于销售并实现利润,因而公司的存货与销货之间,必须保持合理的比率。

存货周转率正是衡量公司销货能力强弱和存货是否过多或短缺的指标。其比率越高,说明存货周转速度越快,公司控制存货的能力越强,营运资金投资于存货上的金额越小;反之,则表明存货过多,不仅使资金积压,影响资产的流动性,还增加仓储费用与产品损耗。

3. 总资产周转率

总资产周转率是指销售收入与平均资产总额之比,其公式为:

$$总资产周转率 = \frac{销售收入}{平均资产总额}$$

其中,平均资产总额=(期初资产总额+期末资产总额)/2,总资产周转率高,说明资产周转速度越快,资产利用效果越好。总资产周转率的高低最终会影响借款人的盈利能力。

4. 流动资产周转率

流动资产周转率是指销售收入与平均流动资产之比,其公式为:

$$流动资产周转率 = \frac{销售收入}{流动资产平均余额}$$

其中,流动资产平均余额=(期初流动资产余额+期末流动资产余额)/2,流动资产周转率反映的是流动资产的周转速度。流动资产周转率高,则会相对节约流动资金,等于相对扩大资产投入,增强企业盈利能力和偿债能力;反之,则需要增补流动资产参与周转,降低企业的盈利能力和偿债能力。

5. 固定资产周转率

固定资产周转率是指销售收入与平均固定资产净值之比,其公式为:

$$固定资产周转率 = \frac{销售收入}{固定资产平均余额}$$

其中,固定资产平均余额=(期初固定资产余额+期末固定资产余额)/2,固定资产周转率高,就表明借款人对固定资产的利用较为充分。

(四)盈利能力分析

盈利能力的分析就是通过一定的方法,判断借款人获得利润的能力,它包括借款人在一定会计期间内从事生产经营活动盈利能力的分析和借款人在较长时期内稳定地获得利润能力的分析。这是对借款人盈利水平、盈利稳定性和持久性分析的一项重要内容。

1. 资产收益率

资产收益率是税后净利润与平均资产总额之比,其计算公式是:

$$资产收益率 = \frac{净利润}{平均资产总额} \times 100\%$$

其中,平均资产总额=(期初资产总额+期末资产总额)/2,该指标表明借款人资产利用的综合效果。该指标越高,资产的利用效率越高,说明借款人在增收节支和节约资金使用等方面取得了良好的效果;反之则利用效果不好。

2. 资本收益率

资本收益率是企业净利润与实收资本之比,其计算公式为:

$$资本收益率 = \frac{净利润}{实收资本} \times 100\%$$

资本收益率反映了企业运用投资者投入资本获得收益的能力。该项指标越高,表明企业盈利能力越强。

3. 销售利润率

销售利润率是利润总额与销售收入的比率,其计算公式是:

$$销售利润率 = \frac{净利润}{销售收入} \times 100\%$$

该比率用以反映和衡量借款人销售收入的收益水平。该比率越大，说明其经营成果越好。

4. 营业利润率

营业利润率是营业利润总额与年销售收入之比，其计算公式是：

$$营业利润率 = \frac{营业利润}{销售收入} \times 100\%$$

营业利润率反映营业利润占产品销售收入净额的比重。营业利润率越高，表明借款人营业活动的盈利水平越高。

第三节　企业非财务因素分析

一、企业非财务因素分析的作用

（一）有助于全面、动态地判断借款人的偿债能力

财务分析和现金流量分析主要是对借款人的历史偿债能力进行定量分析，而且是建立在对借款人持续、稳定经营的假设之下。但事实上，借款人的经营、财务状况受其行业、经营风险和管理水平等因素的影响，是处于不断变化之中的。对影响借款人偿债能力的各种非财务因素进行综合分析，评价其对现金流量和财务指标的影响方向和程度，有助于增强定量分析预测的可靠性，可以对借款人的偿债能力做出更加全面、客观地预测和评估。

（二）有助于判断贷款偿还的可能性

在实际工作中，有些不良贷款并不是借款人没有偿债能力，而是偿债意愿太差，有钱不还。因此，通过对借款人的偿债意愿的分析，可以判断贷款偿还的可能性。

（三）有利于促进银行的信贷管理工作

非财务因素作为贷款风险产生的主要预警信号，能否及时发现、运用好，对银行信贷管理来说十分重要，它可以使银行未雨绸缪，确保贷款安全或减少贷款损失。同时，实行非财务因素分析，客观上要求银行在日常信贷管理中建立完善的信贷管理信息系统，重视对非财务因素的收集、监测、分析和利用，保证银行能充分获取与掌握影响贷款偿还的各种信息，加强信贷管理，提高风险管理水平。

二、非财务分析的内容

（一）行业风险分析

每个企业都处在某一特定行业中，每一行业都有其固有的风险。掌握了某一行业的特征、表象和风险程度，知道借款人的表现在同一行业中处于什么样的水平，就可以从行业的基本状况和发展趋势来判断借款人的基本风险。行业风险分析中考察的因素主要包括如下几个方面。

1. 成本结构

企业的固定成本在总成本中所占比重越高，企业产销量相同幅度的增长所导致的企业利润的增长幅度也就越高；同样，企业产销量相同幅度的下降所导致的企业利润的下降幅度也就越高。因此，一般来说，企业所在行业的经营杠杆越高，企业的风险也就越大。通过对成本结构的分析，可对借款人所在行业的风险有一个基本的判断。如表 5-1 所示。

表 5-1　成本结构与借款人的贷款风险关系

行业特征	低风险	中风险	中高风险	高风险
成本结构	低经营杠杆 低固定成本 高变动成本	固定成本与变动成本平衡	固定成本略高于变动成本	高经营杠杆 高固定成本 低变动成本

2. 成熟期

新兴行业的增长率高，但一般没有明确、稳定的还款来源，贷款风险相对较高；成熟行业的增长率较低，但很稳定，贷款风险一般要小于新兴行业贷款；衰退行业的销售增长额呈下降趋势，这类行业中的企业把生存放在第一位，从而贷款风险一般比较大。判断借款人行业所处的成长期，主要依据行业的销售增长率以及进入或退出该行业的企业比率。这些信息主要来源于新闻界或借款人提供的资料。在银行的信贷政策中，往往对某些行业有所侧重或限制，银行同样会对行业的发展和风险有所研究。不同行业成熟期的风险程度，如表 5-2 所示。

表 5-2　不同行业的成熟期与借款人的贷款风险关系

行业特征	低风险	中风险	中高风险	高风险
成熟期	成熟行业：销售和利润仍在以合理比率增长	正在成熟行业：摆脱了成长的主要问题和弱的竞争者。高度成熟行业：处于衰退的边缘	新兴行业：仍迅速成长，弱的竞争者开始退出。衰退行业：销售和利润下降	新兴行业：以爆炸性比率成长

3. 周期性

如果一个行业是周期性的，则该行业的经营能在一定程度上反映经济的趋势，随着经济的繁荣而繁荣、萧条而萧条；如果一个行业是反周期性的，该行业的经营在萧条时期反而会比繁荣时期更好。受经济周期影响而波动幅度较大的行业，贷款的风险程度一般会较高。当了解了借款人的行业周期性，就可以评价其历史上在行业繁荣和萧条中的表现，结合目前的行业周期，分析判断借款人的贷款风险。如表 5-3 所示。

表 5-3　行业周期与借款人的贷款风险关系

行业特征	低风险	中风险	中高风险	高风险
周期性	不受经济周期的影响	销售的增长或下降较为温和，能反映经济的繁荣和萧条	销售受繁荣和萧条的轻度影响	高度周期性或反周期性

4. 盈利性

利润是企业长期生存的基础，如果一个行业中的大部分企业亏损，则这个行业继续存在下去的可能性就值得怀疑。当然行业的盈利性是与其行业周期性密切相关的。一个从扩张到衰退期间均持续高盈利的行业，其贷款风险应该是最低的。如表 5-4 所示。

表 5-4 行业盈利性与借款人的贷款风险关系

行业特征	低风险	中风险	中高风险	高风险
盈利性	从扩张到衰退期间持续盈利	在衰退期持续盈利，但低于平均水平	在扩张期盈利，在衰退期略有亏损	在扩张期和衰退期都不盈利

5. 对其他行业的依赖性

如果借款人所在的行业受其他行业的影响较大，说明借款人所在行业对其他行业的依赖性较大，这样，就必须分析其所依赖的行业的发展情况。以汽车制造业为例来说，如果这一行业呈现出萧条的迹象，那么钢铁、玻璃和轮胎等行业的生产和销售就有下降的可能。

借款人所在行业对其他一个或两个行业的依赖性越大，贷款的潜在风险就越大；行业的供应链或顾客群越多元化，贷款的风险越小，如表 5-5 所示。

表 5-5 对其他行业的依赖性与借款人的贷款风险关系

行业特征	低风险	中风险	中高风险	高风险
对其他行业的依赖性	顾客和供应商高度多元化	顾客或供应商局限于几个行业；在销售额 10% 以内	顾客或供应商局限于少数行业；达到销售额的 20%～30%	高度依赖于其他一两个行业或顾客群

6. 产品的替代性

替代产品是指那些与某一行业的产品有相同功能或能满足相同需求的产品。如果一个行业的产品与替代产品在价格上差距较大，消费者可能会转向替代产品，对此行业贷款的潜在风险相应较大。如当水果的价格明显低于蔬菜价格时，人们会去买更多的水果。如表 5-6 所示。

表 5-6 产品的替代性与借款人的贷款风险关系

行业特征	低风险	中风险	中高风险	高风险
产品的替代性	没有替代产品或类似产品	有少数替代产品，或者转换成本高	有数种替代产品，或转换成本较低	有许多替代产品，没有转换成本

7. 法律政策

法律政策的变化可以对一个行业有潜在的好处，也可以使一个行业的盈利或生存受到威胁。同样，宏观政策如金融货币政策、税收政策、产业指导政策等，也会对借款人所在行业产生不同的影响，不利的影响将使贷款的风险程度更大。

8. 经济、技术环境

如通货膨胀、地区经济形势、国际金融形势、重大技术突破和进步等经济技术环境因素都会对借款人所处的行业产生影响。如东南亚金融危机直接影响我国的进出口企业；世界石油价格的下降可能会使化工行业死而复生；而技术的变革，对借款人行业的产品或生产成本等的影响更是明显。

（二）经营风险分析

1. 借款人总体特征

借款人总体特征分析是指通过分析借款人的总体特征和经营策略来判断其经营风险的大

小。其主要包括以下内容：

（1）规模　一般情况下，规模越大，市场份额越大，企业经营也就越稳定，风险也就越小；反之，风险越大。

（2）所处的发展阶段　与同行业的成熟期企业进行比较分析。

（3）产品的多样化程度　重点要分析产品的品种、客户、用途和盈利水平。

（4）经营策略　主要了解和分析企业的经营目标是什么，是否合理，为达到目标所采取的策略是否可行，管理层应付风险的能力如何等。

2. 借款人产品市场

（1）产品分析　主要分析产品在社会生活中的重要性及其特性，从而判断风险的高低。

（2）市场分析　主要分析市场竞争程度，对市场价格和需求的控制能力，客户的分散或集中程度，营销方法等。

3. 借款人的供、产、销环节

在分析借款人采购环节中的风险时，重点是分析原材料价格风险、购货渠道风险和购买量风险。对借款人生产环节中风险的分析，重点在于分析生产的连续性、生产技术更新敏感性以及抵御灾难的能力、环境考虑和劳资关系。对借款人销售环节中风险的分析，要考虑销售范围、促销能力及销售的灵活性等。

（三）管理风险分析

管理风险重点分析借款企业的组织形式、管理层素质与经验及管理能力、管理层的稳定性、经营思想和作风、员工素质、法律纠纷等。

1. 借款人的组织形式

借款人的组织形式是否适当，内部组织构架是否健全，是否建立了科学的决策程序、人事管理政策、质量管理与成本控制措施等，都在很大程度上影响着企业的正常运作和经营成果，并最终反映在其还款能力上。另外，借款人如果发生增资扩股、股权拆分、并购重组、联营等组织形式的变化，均可能对借款人的盈利能力、现金流量等产生有利或不利的影响。

2. 管理层的素质和经验

对借款人管理层素质和经验的分析主要分析管理层人员的文化程度、专业知识、年龄结构、开拓精神、团结精神等。其中管理层的管理经验及熟悉程度是考察的重点。一个好的借款人其高级管理人员应具有较强的技术、营销、财务和管理方面的综合能力，有较强的处理行业风险、控制风险的经验和能力，能适应市场和环境的变化，预测和把握企业未来的发展方向和发展前景。

3. 管理层的稳定性和经营思想

借款人主要管理人员的离任、死亡和更换均会对借款人持续、正常的经营管理产生一定的影响。同样，董事会和高级行政人员在经营思想上的不统一，存在过分保守或过分冒险的经营思想或作风以及过分以利润为中心，经营行为短期化或制定短期化的利润分配政策，过度分配股息等，均会影响借款人的稳定性和持续的还款能力。

4. 其他因素

如借款人的内控制度是否健全、财务管理能力的强弱、员工素质的高低、有无法律纠纷以及关联企业的经营管理状况好坏等均会对借款人的经营管理产生影响。

（四）偿还意愿分析

还款意愿的高低，可以从借款人的还款记录，包括对其他银行、供应商等债权人的还款记录情况进行判断。同时，要对还款意愿问题进行深入的分析。一般来说，还款意愿差主要是管理层的品质存在问题。诚实守信、遵纪守法是经商之道，但有的企业在经营中偷税、漏税，采用隐瞒事实等不正当的手段套取银行贷款，不与银行进行积极配合，有意拖欠银行贷款等。这主要是因为借款人管理层的法律意识较为淡薄，道德品质上存在缺陷；但有的也可能是借款人在经营资金方面确实暗含危机，或是银行缺乏有效的贷款监督，收贷不力，还款意愿差只不过是一种假象或结果而已。

【资料】

被动的还款意愿——违约成本

所谓的违约成本，是指借款人需要为其违约行为付出的代价。贷款人一旦将资金发放给借款人，借款人作为一个"理性人"，会衡量还或不还的后果，如果其违约带来的收益大于守约的收益，借款人会选择拒绝偿还借款（策略性违约）。但如果其违约成本大于遵守合同的收益时，作为"理性人"，借款人自然有足够的还款意愿，会做出按期还款的选择。一般来说，借款人的违约成本包括以下六个方面：

1. 额外的负担

如果借款人按期还款，只需要正常还本付息就可以了，一旦借款人违约，借款人需要按照合同支付相应的违约金或罚息，如果贷款人起诉，借款人一旦败诉，还需要承担诉讼费、律师费（需要在合同中对律师费的承担做出约定，并需要满足其他一些条件）等费用，这些额外的负担是借款人违约的成本。

2. 经营会受到影响

借款人一旦违约，贷款人在向借款人追讨的过程中无论采取诉讼还是非诉讼的手段，都会对借款人的经营产生影响，这也是借款人违约所产生的成本。

3. 降低借款人评级或拒绝授信

借款人一旦违约，贷款人可能会降低借款人评级或拒绝授信，这对借款人而言，前期积累起来的良好合作关系毁于一旦，这也是借款人的违约成本。

4. 家庭生活受到影响

一旦借款人违约，贷款人向借款人追讨往往不可避免地会影响到借款人的家庭生活，轻则导致借款人生活质量下降，严重的情况下，会使借款人的整个家庭陷入混乱。

5. 社会声誉及评价受到重大影响

一个人的社会声誉及评价是其重要的无形资产，一旦借款人违约，其欠钱不还的行为必然会导致其社会声誉及评价降低。

6. 征信记录会有负面影响

现在，很多金融机构已经与中国人民银行征信系统对接，借款人的违约行为会计入其征信系统。随着我国信用体系建设的逐步完善，借款人不良的信用记录将会对其生活产生越来越大的影响。

资料来源：孙自通．如何评估借款人还款意愿［J］．首席财务官．2015.6.

三、注意事项

1. 准确判断非财务因素的特性

（1）方向性　非财务因素对贷款偿还的影响具有明显的方向性。有的非财务因素对贷款偿还将产生有利的影响，有的非财务因素则对贷款偿还将产生不利的影响。

（2）时间性　非财务因素对贷款偿还的影响具有时间性，有的是短期受影响，有的是长期受影响。

(3) 潜在性　非财务因素具有潜在性,是潜在的财务因素。非财务因素在一定的时间和条件下将转化为财务因素。

(4) 强度性　非财务因素对贷款偿还的影响有强弱之分,有的非财务因素对偿还贷款的影响是重大的、决定性的,有的非财务因素对贷款偿还的影响是微弱的,可以忽略不计。

2. 抓住分析重点

在进行非财务因素分析时,对获取的各种复杂多样的信息要进行加工整理和分析比较,要找出影响贷款偿还的关键性的本质因素,进而进一步判断这些因素的持续影响是否对贷款的偿还有实质性的影响。

3. 正确处理非财务因素分析与财务分析的关系

目前,不管会计信息是否完整、真实,非财务因素分析都只能是建立在财务分析的基础上。忽视非财务因素对贷款偿还的影响是不恰当的,但过分强调非财务因素分析的作用也不正确。因为,单纯依靠非财务因素分析,并不能真实反映和判断贷款偿还的可能性。但是,财务分析所提供的财务信息只是一种历史数据的记录,如果撇开非财务因素分析,就无法了解影响借款人未来财务状况的因素及其方向和程度,也就不能全面、动态地反映和评估借款人未来的偿债能力和判断其还款可能性。

4. 正确认识非财务因素的主观性特征

由于非财务因素主要是定性因素,这就决定了它必须在客观分析的基础上,进行大量的主观性判断,而且要对贷款的风险程度进行客观、全面与动态的反映,对非财务因素进行主观性分析在所难免。因此,只要信贷人员具有较高的素质和能力,拥有较丰富的专业知识和经验,能充分掌握非财务因素,并在对所有因素综合考察分析的基础上突出主要因素和因素的主要方面及其特性,就能够保证对风险程度主观真实、客观地判断。

第四节　企业信用等级评估

一、企业信用等级评估定义

企业信用评估是在充分利用企业信用数据及其他部门的重要信用信息的基础上,根据企业的登记信息、年检情况、经营状况、荣誉信息、资信等级和守法情况,采用企业信用评价的技术标准和数学模型,区分不同行业、不同企业类型,按照评价指标的标准值和指标权重,对企业进行信用等级评价。

二、企业信用等级评估方法

(一) 动态分析与静态分析相结合

评级的准确性依赖于评级资料的真实性和全面性、评级体系的完整性和科学性,并需考察众多的政治经济因素,而这些因素是不断变化的,需要将其及时地反映在企业的信用状况中。评级要全方位地考察历史数据,并结合企业的发展规划、企业所处环境的变化动态地分析企业信用状况。

(二) 定量分析与定性分析相结合

评级以定量分析方法为基础,但不局限于定量分析方法,需要与定性分析相结合。定量分析主要采用数据模型的方法,考察企业的内部因素,如偿债能力、财务效益、发展能力等就是以定量分析为主,依靠企业财务数据,根据其所属的行业,用一套较为有针对性的指标来计算;定性分析主要采用打分法,重点考察企业的外部因素,如组织形式、发展战略、发展前景等存在诸多差异,简单用定量指标很难做出公正、科学的评价,特别是有些非财务因素无法量化计算,必须进行定性判断,也即客观评价方法与主观评价方法相结合。

(三) 微观分析与宏观分析相结合

评级时,既要从微观上考察企业的生产经营状况、偿债能力、财务状况、经济效益、资金营运能力等,又要从宏观角度,研究企业的发展前景、行业发展状况,以及在国民经济中的地位、作用、社会效益等。

三、企业信用等级指标体系

(一) 信用评级机构对企业进行信用评级应主要考察的内容

(1) 企业素质 包括法人代表素质、员工素质、管理素质、发展潜力等。

(2) 经营能力 包括销售收入增长率、流动资产周转次数、应收账款周转率、存货周转率等。

(3) 获利能力 包括资本金利润率、成本费用利润率、销售利润率、总资产利润率等。

(4) 偿债能力 包括资产负债率、流动比率、速动比率、现金流等。

(5) 履约情况 包括贷款到期偿还率、贷款利息偿还率等。

(6) 发展前景 包括宏观经济形势、行业产业政策对企业的影响,行业特征、市场需求对企业的影响,企业成长性和抗风险能力等。

(二) 企业信用等级评定常用标识及含义

各银行对企业信用等级评定结果所用的符号有所不同,一般来讲,借款企业信用等级分三等九级,即:AAA、AA、A、BBB、BB、B、CCC、CC、C。具体含义如下:

(1) AAA级 短期债务的支付能力和长期债务的偿还能力具有最大保障;经营处于良性循环状态,不确定因素对经营与发展的影响最小。

(2) AA级 短期债务的支付能力和长期债务的偿还能力很强;经营处于良性循环状态,不确定因素对经营与发展的影响很小。

(3) A级 短期债务的支付能力和长期债务的偿还能力较强;企业经营处于良性循环状态,未来经营与发展易受企业内、外部不确定因素的影响,盈利能力和偿债能力会产生波动。

(4) BBB级 短期债务的支付能力和长期债务的偿还能力一般,目前对本息的保障尚属适当;企业经营处于良性循环状态,未来经营与发展受企业内、外部不确定因素的影响,盈利能力和偿债能力会有较大波动,约定的条件可能不足以保障本息的安全。

(5) BB级 短期债务的支付能力和长期债务的偿还能力较弱;企业经营与发展状况不佳,支付能力不稳定,有一定风险。

(6) B级 短期债务的支付能力和长期债务的偿还能力较差;受内、外部不确定因素的影响,企业经营较困难,支付能力具有较大的不确定性,风险较大。

(7) CCC级 短期债务的支付能力和长期债务的偿还能力很差;受内、外部不确定因素的影响,企业经营困难,支付能力很差,风险很大。

(8) CC级 短期债务的支付能力和长期债务的偿还能力严重不足;经营状况差,促使企业经营及发展走向良性循环状态的内、外部因素很少,风险极大。

(9) C级 短期债务支付困难,长期债务的偿还能力极差;企业经营状况一直不好,基本处于恶性循环状态,促使企业经营及发展走向良性循环状态的内、外部因素极少,企业濒临破产。

每一个信用等级可用"+""-"符号进行微调,表示略高或略低于本等级,但不包括AAA+。以下是某银行工业企业信用等级评分体系(见表5-7)。

表 5-7　某银行工业企业信用等级评分表

序号	指标名称	计算公式	满分	标准值	评分说明
一、企业素质			10		
01	领导素质	(1)学历;(2)专业技术职称;(3)团结开拓及工作业绩;(4)专业本职年限、信用记录、品德素质、决策能力;(5)环保意识	3	好	好,3;较好,2;一般,1
02	职工素质	(1)学历;(2)专业技术;(3)年龄结构;(4)培训情况;(5)职工精神风貌;(6)职工职业道德	3	好	好,3;较好,2;一般,1
03	管理素质	(1)管理体系;(2)管理制度;(3)管理手段;(4)管理措施;(5)管理成效;(6)经营策略及风险控制;(7)工艺操作规程;(8)岗位责任制与安全生产	2	好	好,2;较好,1.5;一般,0.5
04	技术素质	(1)专业技术力量;(2)工艺技术水平和设备先进程度;(3)新产品开发能力;(4)科技队伍;(5)技术创新	2	好	好,2;较好,1.5;一般,0.5
二、经济实力			17		
05	净资产与贷款比率	$\dfrac{\text{净资产}}{\text{年末贷款余额}} \times 100\%$	4	≥100%	每升1%扣0.1分,小于等于60%不计分
06	资产负债率	$\dfrac{\text{总负债}}{\text{总资产}} \times 100\%$	5	≤60%	每升1%扣0.2分,大于等于85%不计分
07	固定资产净值率	$\dfrac{\text{固定资产净值}}{\text{固定资产原值}} \times 100\%$	4	≥70%	每升1%扣0.2分,小于等于60%不计分
08	资本固定化比率	$\dfrac{\text{资产总额}-\text{流动资产总额}}{\text{所有者权益}} \times 100\%$	4	≤70%	每升1%扣0.2分,大于等于90%不计分
三、偿债能力			26		
09	流动比率	$\dfrac{\text{流动资产}}{\text{流动负债}} \times 100\%$	4	≥140%	每降1%扣0.1分,小于等于100%不计分

续表

序号	指标名称	计算公式	满分	标准值	评分说明
10	速动比率	$\dfrac{流动资产-存货}{流动负债} \times 100\%$	4	≤70%	每降 1% 扣 0.2 分，小于等于 50% 不计分
11	非筹资性现金净流入与流动负债比率	$\dfrac{非筹资性现金净流入}{流动负债平均余额} \times 100\%$	4	≥14%	每降 1% 扣 0.4 分，小于等于 4% 不计分
12	贷款偿还率	$\left(1-\dfrac{期末逾期贷款余额}{期末贷款余额}\right) \times 100\%$	4	100%	每降 1% 扣 0.1 分，小于等于 60% 不计分
13	利息偿付率	$\dfrac{已付贷款利息}{应付贷款利息} \times 100\%$	3	100%	每降 1% 扣 0.2 分，小于等于 85% 不计分
14	利息保障倍数	$\dfrac{本期利润总额+本期利息支出}{本期利息支出} \times 100\%$	3	≥3 倍	每少 1 倍扣 1 分
15	贷款质量分类	年末正常类贷款，年末关注类贷款，年末次级类贷款	4	100%	全部为正常贷款满分，每降 1% 扣 0.1 分，小于等于 60% 不计分
四、经营能力			18		
16	销售收入增长率	$\dfrac{本年销售收入-上年销售收入}{上年销售收入} \times 100\%$	4	≥10%	每降 1% 扣 0.4 分
17	主营业务现金率	$\dfrac{主营业务活动现金流入}{主营业务收入} \times 100\%$	3	≥80%	每降 1% 扣 0.1 分，小于等于 50% 不计分
18	存货周转率	$\dfrac{销售成本}{平均存货余额} \times 100\%$	3	≥400%	每降 1% 扣 0.01 分，小于等于 100% 不计分
19	应收账款周转率	$\dfrac{销售收入净额}{平均应收账款余额} \times 100\%$	3	≥500%	每降 1% 扣 0.01 分，小于等于 200% 不计分
20	应付账款清偿率	$\left(1-\dfrac{应付账款期末余额}{应付账款期初余额+应付账款本期贷方发生额}\right) \times 100\%$	3	≥80%	每降 1% 扣 0.2 分，小于等于 65% 不计分

续表

序号	指标名称	计算公式	满分	标准值	评分说明
21	合同履约率	$\left(1-\dfrac{未履行销售合同份数}{应履行销售合同份数}\right)\times 100\%$	2	100%	每降1%扣0.05分,小于等于60%不计分
五、经营效益			21		
22	利润增长率	$\dfrac{本期利润总额-上期利润总额}{上期利润总额}\times 100\%$	5	≥5%	每降1%扣1分,负增长不计分
23	销售利润率	$\dfrac{销售利润}{产品销售收入}\times 100\%$	4	≥10%	每降1%扣0.3分,负增长不计分
24	净资产收益率	$\dfrac{税后利润}{\dfrac{期初净资产余额+期末净资产余额}{2}}\times 100\%$	4	≥6%	每降1%扣0.8分,小于等于1%不计分
25	资产报酬率	$\dfrac{利润总额+利息支出}{年平均资产总额}\times 100\%$	4	≥4%	每降1%扣1分,负增长不计分
26	资本保值增值率	$\dfrac{期末所有者权益}{期初所有者权益}\times 100\%$	4	≥100%	每降1%扣0.2分,小于等于80%不计分
六、发展前景			10		
27	行业产业政策	发展产业、扶持产业、维持产业、淘汰产业、环境污染与治理	2	好	好,2;较好,1;一般,0.5分
28	市场分析	品牌、价格、市场占有率、促销手段、新产品开发、金融、货币、信贷、外汇政策	4	好	好,4;较好,3;一般,2分
29	产品发展和更新	老产品寿命周期、新产品开发、技术创新产品技术含量	2	好	好,2;较好,1;一般,0.5分
30	经营效益预测(未来一年)		2		
	销售收入增长率	$\left(\dfrac{未来一年销售收入}{本年销售收入}-1\right)\times 100\%$		≥10%	每降1%扣1分,负增长不计分
	利润增长率	$\left(\dfrac{未来一年利润总额}{本年利润总额}-1\right)\times 100\%$		≥8%	每降1%扣1分,负增长不计分

四、企业信用评估流程

企业信用评估流程是指在对企业进行信用等级评定时所遵循的操作步骤,以信用评估公司为例,具体包括资料收集、实地调查、分析评估和信用等级确定审批等。

（一）资料收集

被评企业向评估公司提出评级申请，双方经过初步了解，在相互信任的基础上达成委托，并签订《信用评级协议》，委托关系正式确立。在签订《信用评级协议》后由评估公司进行评级，评估公司委派评级组进行评级，评级组向被评企业发出《信用评级资料清单》，被评企业按《信用评级资料清单》上的有关内容要求准备资料。在被评企业提供的资料及公开信息的基础上，评级组进行前期研究，并向企业要求提供补充的资料，制定评级方案，并提交评估公司审核确定评级方案。

（二）实地调查

在评级方案确定后，评级组对被评企业进行实地调研。评级组成员与企业的主管领导和有关部门管理人员座谈，了解企业基本状况、竞争情况、财务状况、管理状况、发展状况等。现场勘察，考察企业的生产、经营现场及项目建设现场，了解企业的生产经营环境及项目进展情况等。

（三）分析评估

评级组根据被评企业提供的资料、实地调研情况及其他相关资料，依据《信用评级评价办法》，对基础数据进行测算、分析，通过定量、定性分析，评定信用等级，撰写信用评级报告，并报送评级中心，经评级中心审核后通知资信评估部总经理。

（四）信用等级确定审批

评估公司资信评估部将信用评级报告报送评级审定委员会，评级审定委员会根据评估公司提供的信用评级报告及相关资料对企业的信用等级进行整体评价，并最终确定企业的信用等级；对重大评级项目，评级中心需将有关资料报送评级专家委员会，由评级专家委员会和评级审定委员会共同对企业的信用等级进行整体评价，并最终确定企业的信用等级。

第五节　个人信用评估

一、个人信用评估定义

个人信用评估主要是银行通过对借款人还款意愿和还款能力的分析，为贷款审查和审批提供决策依据，进一步提高信贷资产质量，优化信贷结构，提高银行效益。个人信用分析与企业信用分析是完全相同的，一是分析借款人的还款意愿；二是分析借款人的还款能力。从分析内容来看，由于个人贷款金额小，客户数量非常大，除住房、汽车等部分抵押贷款外，大多数是信用贷款，加上还款来源依赖于个人收入，而个人收入从长期看是较为稳定的，因此，个人信用分析更侧重于借款人的品德，因为个人消费贷款能否按期偿还更多地依赖于借款人的还款意愿。

二、个人信用调查

（一）个人信用调查的内容

个人信用调查是开展各类个人消费信贷业务的重点环节，因为借款人个人信用情况决定其能否偿还贷款，影响商业银行决定是否给予借款人贷款、贷款多少等。个人信用调查内容主要有：

（1）行业　一般来说，行业背景较好的单位，其工作人员收入较高，还款来源相对充足。对一些发展快、前景好、高科技、有垄断性的行业员工，如国家公务员、金融、电信、保险、较好的上市公司员工等，可考虑给予一定额度的信用贷款；其他申请者一般要提供抵押或质押物，才能发放贷款。

(2) 职务　　了解借款人在单位的职务，并将其提供的收入证明与其他单位承担类似职务人员的收入相比较，可借以判断其收入的真实性。

(3) 职业　　在社会发展的不同时期，不同职业的收入高低也不同，可从职业判别借款人的收入情况，考察其还款能力。

(4) 财产　　在对贷款申请者进行调查时，可通过对申请人住房、私车等财产判断其收入状况。

(5) 收入（纳税证明）　　可通过借款人填写的收入状况表和所在单位出具的收入证明判断借款人的收入情况，还可通过税务机关提供的纳税证明验证。

(6) 历史记录　　通过借款人的历史借款记录、信用卡使用情况、社会情况记录等方面，判断借款人的信用是否良好。

(二) 个人信用评级的要素

取得个人的信用调查资料后，应对申请者进行信用评分，以全面评估其资信等级。评分的主要要素及掌握的原则如下：

(1) 年龄　　个人授信的对象年龄为18～60岁，一般年龄越大，评分相对较高，但有一个上限。

(2) 学历　　学历较高者一般评分较高，因其就业机会一般较多；在同一行业中学历越高者，收入越高。

(3) 性别　　通常认为女性的风险较小，评分较高。

(4) 婚姻　　已婚者生活相对稳定，比单身的风险要小，评分较高。

(5) 行业　　行业发展稳定和前景较好的单位评分要高些。

(6) 职业　　风险低的职业评分高，反之低些。

(7) 就业稳定性　　在目前单位工作时间越长，评分相对越高。

(8) 财产情况　　对有一定的金融资产、不动产、保险保障资产实力的人，评分高些。

(9) 身体状况　　身体好坏评分不同，有较多疾病者得分要低些。

(10) 收入来源　　选择能掌握其收入来源的客户，月收入越高得分越高。

(11) 家庭开支　　要了解借款人的家庭情况，掌握其月开支情况，对借款人偿还贷款的月供一般不能超过其月收入的一半，月还款所占收入比例越低，评分越高。

(12) 保险保障因素　　有购买保险的借款人评分要高于未买保险者。

根据上述内容制定一个详细的个人信用等级评估指标体系，科学地评估个人的信用状况，从而决定贷或不贷、贷多贷少、具体担保条件等。

三、个人信用等级评估指标体系

(一) 个人信用等级评估指标

进行个人信用等级评估的关键在于评估指标的选取及其权重的设定。根据个人信用等级评估的重点，个人信用评估指标主要包括信誉指标和价值指标这两大类指标。

1. 信誉指标

信誉指标包括个人自然情况、就业情况及个人公共记录。其中个人自然情况包括年龄、性别、学历、所学专业、婚姻状况、健康状况、户籍情况等方面；就业情况包括就业单位、单位所在地经济发展情况、行业发展前景、职务、职称、工资收入、工作年限等方面；个人公共记录包括政府、法庭和银行记录等方面。

2. 价值指标

价值指标包括个人账户信息，个人资产信息、个人收入信息等内容。

（二）个人信用等级评估方法

根据个人信用等级评估指标内在的依存和逻辑关系，通常将其划分层次，选择四大类指标来全面评价个人信用等级，从而构成完整的指标体系。然后根据客户的具体情况，分别计算指标的实际值，最后加权计算每类指标的实际得分。

第一大类指标（自然状况）包括年龄，婚姻状况，健康状况，文化程度，职称，户口等。

第二大类指标（职业）包括单位类别，单位发展状况，岗位性质，在本岗位工作年限等。

第三大类指标（收入及财产）包括收入及资产，个人月均收入，家庭月均收入，易变现资产，其他资产，家庭负债率等。

第四大类指标（与银行关系）包括本行账户，结算情况，中间业务往来，存贷比例，借款情况，不良记录。

个人的信用等级按分数依次划分为六个等级：AAA、AA、A、BBB、BB、B。

个人信用等级评估采用百分制，按评分标准最高为100分，最低为0分。

信用等级的得分区间：

90分（含90分）以上为AAA级；80分（含80分）以上为AA级；70分（含70分）以上为A级；60分（含60分）以上为BBB级；50分（含50分）以上为BB级；50分以下为B级。

第六节　征信系统

一、征信系统概述

（一）征信系统的建设背景

根据党中央、国务院部署，人民银行从信贷征信起步，从20世纪90年代初贷款证制度开始推动全国集中统一的企业和个人征信系统（以下简称"征信系统"）建设。1992年，原人民银行深圳分行推出贷款证制度，1997年到2002年建成银行信贷登记咨询系统（企业征信系统前身）。根据党中央、国务院关于加快社会信用体系建设、加快建设征信系统的重要战略部署，人民银行组织商业银行于2004~2006年建成征信系统并实现全国联网运行。2006年，经中编办批准，人民银行设立中国人民银行征信中心（以下简称"征信中心"），作为直属事业单位专门负责征信系统的建设、运行和维护。2013年3月15日施行的《征信业管理条例》，明确了征信系统是由国家设立的金融信用信息基础数据库的定位。

（二）征信系统特点

1. 信息规模最大

征信系统已经建设成为世界规模最大，收录人数最多，收集信贷信息最全，覆盖范围和使用最广的信用信息基础数据库，基本上为国内每一个有信用活动的企业和个人建立了信用档案。征信系统收集的信息以银行信贷信息为核心，还包括企业和个人基本信息以及反映其信用状况的非金融负债信息、法院信息和政府部门公共信息等；既有正面信息，也有负面信息。截至2015年4月底,征信系统已经收录了8.64亿自然人(其中有信贷记录的自然人为3.61亿人)、2068万户企业及其他组织(其中有中征码的企业及其他组织为1023万户);2015年前四个月个人征信系统机构用户日均查询161.2万次、企业征信系统机构用户日均查询24.5万次。

2. 接入机构广覆盖

立足社会融资规模口径,征信系统接入了所有商业银行、信托公司、财务公司、租赁公司、资产管理公司和部分小额贷款公司等,部分保险公司信用保险业务开始接入,基本覆盖各类放贷机构。近年来,征信中心一直在积极推动小微金融机构全面接入征信系统并为其提供征信服务。2014年建成小微机构互联网接入系统,有效提高了接入效率、降低了接入成本,小微机构接入数量快速增长。

3. 服务网络覆盖全国

征信中心与报数机构的密切合作,征信系统数据质量保持在较高水平,实现信贷信息次日更新,信用报告查询秒级响应。人民银行分支机构2100多个信用报告现场查询点基本覆盖到全国基层县市,征信系统30多万个信息查询端口遍布全国各地的金融机构网点,信用信息服务网络覆盖全国。

4. 非银行信息采集实现新突破

为了全面反映企业和个人信用状况,人民银行从2005年开始积极推动工商、环保、质检、税务、法院等公共信息纳入征信系统,共采集了16个部门的17类非银行信息,包括行政处罚与奖励信息、公积金缴存信息、社保缴存和发放信息、法院判决和执行信息、缴税和欠税信息、环保处罚信息、企业资质信息等。

(三)征信产品与服务

1. 形成以信用报告为核心的多元化征信产品服务体系

征信产品不断创新、丰富,逐步形成以信用报告为核心的多元化征信产品服务体系。企业和个人信用报告主要用于信贷审批和贷后管理,也广泛用于政府依法履职、资格审查等方面,已经成反映企业和个人信用行为的"经济身份证"。

基于征信系统的海量数据创新开发的增值产品,为金融机构加强风险管理提供信息支持。对所有金融机构提供关联企业查询和对公重要信息提示服务;为人民银行等宏观经济部门提供信贷汇总数据服务等。

2. 开展多种信用报告查询渠道建设

目前,征信中心已经为个人提供了多种便捷的信用报告查询服务渠道:一是现场查询网点遍布全国人民银行分支机构,截至2015年4月底,现场查询3671.9万次;二是在全国实现通过互联网提供本人信用报告查询服务,截至2015年4月底,通过互联网查询平台,公众累计申请信用报告查询1269.4万次。此外,还积极开拓个人信用报告自助查询等其他服务渠道建设,满足社会公众的多样化需求。

3. 信息主体权益保护全面展开

征信中心认真按照《征信业管理条例》要求,在保障系统安全稳定运行的基础上,全面保护信息主体合法权益和信息安全。依法开展信息采集,合规提供查询服务。承诺并践行每年两次向社会公众提供免费查询信用报告服务。通过开设400-810-8866客服电话提供信用报告咨询,组织金融机构积极开展信用报告异议处理服务,提高异议处理效率,切实维护信息主体的知情权、异议权和更正权。

(四)征信系统作用

征信系统已经建设成为我国重要的金融基础设施,立足金融,服务社会,取得显著

成效:

第一,为金融机构提高风险管理水平、促进信贷市场发展提供了重要支持。征信系统已经在金融机构信用风险管理中广泛应用,有效解决了信息不对称问题,提高了信贷审批效率,提升了社会公众融资的便利性,为社会公众创造了更多的融资机会,推动了经济金融发展。

第二,为政府部门、金融监管机构依法履职提供信息支持,为促进行业、地方信用体系建设和执法管理创造了条件。政府部门在行政管理、评先评优、金融监管中依法查询信用报告,查询量不断增长。征信信息还服务于公共部门从事民事活动,包括集中采购、项目招投标、招商引资等。

第三,提高了社会信用意识和公众遵纪守法意识,在全社会形成"守信激励、失信惩戒"的激励约束机制。征信系统的应用,使拥有良好信用记录的个人和企业在融资、商业交易等方面获得了公平、便利的发展环境,使拥有不良记录的个人和企业在享受金融服务等方面受到限制或付出更高的成本而受到约束,充分发挥了"守信激励、失信惩戒"的机制作用。政府部门关于企业和个人的遵纪守法信息和行政处罚信息纳入征信系统后,不但有利于促进行业信用管理,还将影响到银行对有违法记录的企业和个人的贷款,促使公众重视在非银行领域的信用记录,自觉遵守有关法律法规。

第四,征信系统的建成提升了我国的信用信息指数。由于征信系统的建成运行,世界银行在其发布的《2007全球营商环境报告》中指出,我国的信用信息指数由3升到4;由于2013年《征信业管理条例》的出台,《2014全球营商环境报告》指出,我国的信用信息指数由4升到5。这一国际化指数的不断上升,反映了我国信用体系日益健全、授信决策更为便利以及我国信用信息环境不断改善。

二、征信报告的查询

(一)征信报告查询渠道

在信用分析中,个人客户、企业客户、担保人企业客户的法定代表人及出资人等的征信记录常常是重要的参考依据。征信记录的查询主要通过查询企业或个人的信用报告实现的。征信报告的查询渠道有四个:

(1)可以通过互联网查询系统查询;
(2)通过商业银行及其网银查询;
(3)通过当地人民银行征信管理部门查询;
(4)通过北京人民银行征信中心查询。

部分城市还布放了自助查询机,使自主查询征信报告更为便捷。

信贷机构可要求被查询人亲自提供其征信报告,也可在获得被查询人书面授权(征信报告查询授权书见示例5-1)的情况下,通过商业银行或征信管理部门获取其征信报告。而商业银行作为征信系统的用户,在获得授权的情况下,可直接通过征信系统查看征信报告。信贷机构应当按照被查询人授权的用途使用其征信报告,未经其同意,不得向第三方提供。

【示例5-1】

授权书

××(信贷机构名称):

因向贵行/公司申请贷款,本人作为该企业法定代表人/主要股东特授权贵行/公司通过中国人民银行个人信用信息基础数据库和上海资信有限公司个人联合征信系统等依法成立的个人信用数据库查询本人征信报告,并将本人的身份识别、职业和居住地址等个人基本信息,本人在个人贷款、各类信用卡和对外担保等信用活动中形成的个人信贷交易记录,以及其他相关信用信息分别报送中国人民银行征信服务中心和上海资信有限公司。

授权人:

年　月　日

(二) 查询征信报告所需提交的资料

1. 个人征信报告

根据《金融信用信息基础数据库本人信用报告查询业务规程》(银征信中心 [2013] 97 号) 规定,个人可以亲自查询个人征信报告,也可委托代理人进行征信查询。通过互联网查询及每年前两次到柜台查询实行免费,每年第三次及之后其柜台查询每次收费 10 元人民币。

(1) 本人查询征信报告

个人向查询点查询征信报告的,应提供本人有效身份证件原件供查验,同时填写《个人征信报告本人查询申请表》,并留有效身份证件复印件备查。

(2) 委托他人查询征信报告

委托他人代理向查询点查询个人征信报告的,代理人应提供委托人和代理人的有效身份证件原件、授权委托公证证明供查验,同时填写《个人征信报告本人查询申请表》,并留委托人和代理人的有效身份证件复印件、授权委托公证证明原件备查。

2. 企业征信报告

根据《金融信用信息基础数据库企业信用报告查询业务规程》(银征信中心 [2013] 97 号) 规定:企业法定代表人可以亲自或委托经办人代理查询企业征信报告,也可授权金融机构查询。

(1) 法定代表人查询企业征信报告

法定代表人向查询点查询企业征信报告的,应提供本人有效身份证件原件、企业的有效注册登记证件(工商营业执照或事业单位法人登记证等)原件,同时填写《企业征信报告查询申请表》,并留有效身份证件复印件、有效注册登记证件复印件。

(2) 委托经办人代理查询企业征信报告

委托经办人代理向查询点查询企业征信报告的,经办人应提供法定代表人和经办人的有效身份证件原件、企业的有效注册登记证件(工商营业执照或事业单位法人登记证等)原件、《企业法定代表人授权委托证明书》原件供查验,同时填写《企业征信报告查询申请表》,并留法定代表人和经办人有效身份证件复印件、有效注册登记证件复印件、《企业法定代表人授权委托证明书》原件备查。可以自备填写完整《企业征信报告查询申请表》《企业法定代表人授权委托证明书》。

三、解读征信报告

(一) 个人征信报告

个人征信报告记录了个人与银行等机构之间发生的信贷交易的历史信息,只要个人在银行等机构办理过信用卡、贷款、为他人贷款担保等信贷业务,他在这些机构登记过的基本信息和账户信息就会通过它们的数据报送而进入个人征信系统,从而形成征信报告,个人征信报告所含信息见表 5-8。

表 5-8 个人征信报告所含信息

公安部身份信息核查结果	实时来自公安部公民信息共享平台的信息
个人基本信息	个人本人的一些基本信息包括身份信息、婚姻信息、居住信息、职业信息等内容
银行信贷交易信息	个人在各商业银行或者其他授信机构办理的贷款或信用卡账户的明细和汇总信息
非银行信用信息	从其他部门采集的、可以反映个人收入、缴欠费或其他资产状况的信息
本人声明	本人对征信报告中某些无法核实的异议所做的说明
异议标注	征信中心异议处理人员针对征信报告中异议信息所做的标注或因技术原因无法及时对异议事项进行更正时所做的特别说明
查询历史信息	何机构或何人在何时以何种理由查询过该人的征信报告

征信系统中的个人信息既有正面的、积极的信息，也有负面的信息。正面信息是拥有贷款或信用卡且正常还款的信息。负面信息主要来自个人在与银行发生借贷关系后，未按合同要求时间还本付息，拖欠和借款不还等。负面信息记录要保持 5 年以后才能消除。

对于个人而言，为避免不良记录，在日常生活中需要注意的主要有以下几个方面。

（1）信用卡透支消费　信用卡消费方便快捷，但是如果持卡人在透支消费后没有按照规定及时还款，则会在信用记录上留下"污点"。

（2）还房贷　可能有人记得每个月按时还房贷，却粗心地忽略了贷款利率上升而带来的无形之中"月供"的增加，仍然按照以前的金额还款，则能会形成欠息逾期，形成不良记录。

（3）信用卡年费　在当下一人多卡的时代，一个人同时拥有若干张信用卡是普遍现象，但是众多的信用卡可能会有一张被遗忘在某个角落，忘了交年费，这样也可能给自己的信用记录抹黑。要及时注销不用的信用卡，避免不必要的麻烦。

个人认为信息错误、遗漏的，可以向征信机构或信息提供者提出异议，异议受理部门应当在规定时限内处理；个人认为合法权益受到侵害的，可以向征信业监督管理部门投诉，征信业监督管理部门应当及时核查处理并限期答复。个人对违反《征信业管理条例》规定，侵犯自己合法权益的行为，还可以依法直接向人民法院提起诉讼。

（二）企业征信报告

企业征信报告全面记录了企业的各类经济活动，是反映企业的信用状况的文书，见表 5-9。

表 5-9 企业征信报告所含信息

基本信息	企业的身份信息、主要出资人信息和高管人员信息等
借贷信息	企业在金融机构的当前负债和已还清债务信息，是征信报告的核心部分
公共信息	企业在社会管理方面的信息，如欠税信息、行政处罚信息、法院判决和执行信息等
声明信息	企业项下的报数机构说明、征信中心标注和信息主体声明等

若企业认为征信报告中的信息存在错误、遗漏，可以向征信中心或商业银行等数据提供机构提出异议。

练习题

一、名词解释

1. 企业信用分析 2. 财务分析 3. 企业信用评估 4. 征信 5. 征信系统
6. 营运能力 7. 货币资金

二、单选题

1. 考察企业长期偿债能力的指标是（　　）。
   A. 流动比率　　　B. 酸性比率　　　C. 现金比率　　　D. 资产负债率
2. 测量一个企业仅靠变现其短期流动资产来满足其偿还短期负债能力的指标是（　　）。
   A. 杠杆比率　　　B. 流动比率　　　C. 盈利能力比率　　D. 现金比率
3. 速动资产是从流动资产中扣除（　　）的部分。
   A. 净资产　　　　B. 净利润　　　　C. 存货　　　　　D. 现金
4. 反映企业的总资产中有多大比例是通过借债来筹集的指标是（　　）。
   A. 流动比率　　　B. 酸性比率　　　C. 现金比率　　　D. 资产负债率
5. 某企业2014年销售收入为8000万元，其中现销收入为1600万元，销售折扣400万元，年初应收账款为1000万元，年末应收账款为2000万元，则该企业当年的应收账款周转率为（　　）。
   A. 3　　　　　　B. 5　　　　　　C. 2　　　　　　D. 4
6. 下面说法正确的是：某电力生产企业2015年末资产负债表主要科目情况如下。

某电力生产企业2015年末资产负债表　　　　　　　　单位：万元

现金	1000	短期借款	60000
应收账款	3000	应付账款	5000
存货	6000	长期借款	50000
固定资产	130000		
在建工程	20000	实收资本	45000
资产合计	160000	负债及权益合计	160000

   A. 营运资金不合理，长期借款过多
   B. 资产负债结构不合理，所有者权益不足
   C. 资产结构不合理，长期资产比重过高
   D. 资金结构不合理，资金使用和筹措期限错配
7. 下列不属于速动资产的是（　　）。
   A. 存货　　　　　B. 应收票据　　　C. 短期投资　　　D. 货币资金
8. 某公司年末流动负债为2000万元，流动比率为2，速动比率为0.8，全年销货成本为30000万元，年初存货为1600万元，不考虑预付账款和待摊费用等因素，本年度的存货周转率为（　　）次。
   A. 18.75　　　　　B. 15　　　　　　C. 20　　　　　　D. 12.5
9. 征信系统由（　　）负责系统的日常运行和管理。

A. 民政部　　　　B. 公安局　　　　C. 中国人民银行　　D. 统计局

三、多项选择题

1. 短期偿债能力比率主要包括（　　）。
   A. 流动比率　　B. 存贷周转率　　C. 现金比率　　D. 速动比率
   E. 应收账款周转率
2. 营运能力比率包括（　　）。
   A. 应收账款周转率　B. 负债资本率　C. 资产负债率　D. 存货周转率
   E. 净利润率
3. 商业银行要按照人民银行的统一要求，将其对客户开办信贷业务中产生的信息如（　　）等情况，通过计算机通讯网络，传输到征信系统。
   A. 贷款　　　　B. 银行承兑汇票　　C. 保函　　　　D. 担保
   E. 信用卡
4. 企业信用分析中非财务因素分析主要是对企业所属的（　　）等进行的分析与评价。
   A. 行业因素　　B. 经营管理因素　C. 自然社会因素　D. 还款意愿因素
   E. 财务因素
5. 从销售收入中扣除（　　）之后，即可得到赊销收入净额。
   A. 应收账款余额　B. 现销收入　　C. 销售退回　　D. 销售折扣
   E. 销售折让
6. 效率比率包括的指标有（　　）。
   A. 总资产周转率　B. 固定资产周转率　C. 应收账款回收期　D. 存货持有天数
   E. 销售利润率
7. 个人信用评级的要素：包括（　　）、职业、就业稳定性、财产情况、身体状况、收入来源、家庭开支、保险保障等因素。
   A. 年龄　　　　B. 学历　　　　C. 性别　　　　D. 婚姻
   E. 行业
8. 个人或企业可以通过（　　）查询其征信报告。
   A. 互联网查询系统　　　　　　B. 商业银行及其网银
   C. 当地人民银行征信管理部门　D. 北京人民银行征信中心
   E. 公安局

四、判断题

1. 现金等价物是指企业持有的期限短，流动性强，易于转换为已知金额现金，价值变动很小的投资。（　　）
2. 客户信用评级是商业银行对客户偿债能力和偿债意愿的计量和评价，反映客户违约风险的大小。（　　）
3. 在计算公司经营活动现金流时，由于提取折旧、摊销、应付费用、预提费用等没有引起现金流变化，因此，计算时可不必考虑。（　　）
4. 征信系统全面收集企业和个人的信息。其中，以银行信贷信息为核心，还包括社保、公积金、环保、欠税、民事裁决与执行等公共信息。（　　）
5. 通过现金流量表可以概括反映经营活动、投资活动和筹资活动对企业现金流入流出的影响，对于评价企业实现的利润、财务状况及财务管理，要比传统的利润表更为有效。（　　）

6. 信贷人员在对客户的经营业绩进行分析时,要重点关注资产负债利率指标。(   )

五、计算题

某公司 2012 年度的资产负债表和利润表分析。

资产负债表

2012 年 12 月 31 日   单位:万元

项目	年初数	年末数	项目	年初数	年末数
流动资产合计	264	295	流动负债合计	120	118
应收账款	100	109	长期负债合计	90	140
其他流动资产	54	61	负债合计	210	258
存货	110	125	股东权益合计	230	332
长期资产合计	176	295			
资产合计	440	590	负债及股东权益总计	440	590

利润表

2012 年   单位:万元

项目	金额
一、销售收入	2360
销售成本	1652
销售税金	236
销售费用	64
管理费用	297
财务费用(利息费用)	10
二、营业利润	128
投资收益	7
营业外收支净额	-8
三、利润总额	127
所得税(25%)	31.75
四、净利润	95.25

要求:计算公司的短期偿债能力、长期偿债能力、资金周转能力和盈利能力。

六、问答题

1. 什么是企业信用分析?
2. 资产负债表、利润表、现金流量表有哪些作用?
3. 现金流量表的现金流量由哪些构成?
4. 试述企业信用评估流程。
5. 企业信用等级是如何划分的?
6. 征信系统有哪些作用?

第六章

贷款项目评估

【学习目的与要求】

　　了解项目评估的含义与意义；
　　掌握项目评估的内容和方法；
　　掌握项目投资估算和筹资评估的内容和方法；
　　掌握项目效益评估的指标的计算方法；
　　掌握项目贷款风险性评估的内容和方法；
　　掌握项目贷款审查的方法和审查重点。

【案例导入】

××水电站贷款项目评估报告

　　一、项目基本情况及借款情况介绍（略）
　　二、客户评估（略）
　　三、项目建设条件评估（略）
　　四、项目水能资源与产品市场评估（略）
　　五、项目投资估算与资金来源评估

　　本项目主要建设内容为安装两台单机容量2.2万千瓦水电机组及附属设施，配套建设一座110千伏变电站及9千米并网线路。《可研》计划总投资17926.23万元。

　　经评估，确定本项目总投资为16993万元，其中：固定资产投资16922.44万元（建设投资16365.81万元，建设期利息556.63万元），流动资金70.56万元（其中：铺底流动资金21.17万元，占30%）。

　　公司向我行申请借款13000万元，由于嘉能公司以经营利润偿还深发展成都分行贷款1225万元，我们视同其作为资本金投入，因此本次评估将借款额度调整为11700万元。

　　本项目投资结构合理，项目资本金比例（31.14%）符合国家政策及我行制度要求，各项资金落实有保障。

　　六、财务效益评估

　　总成本费用包括发电总成本、管理费用和财务费用。投产后，项目计算期内总成本费用为30824.75万元，其中：固定成本为28418.55万元，可变成本2406.2万元；年均固定成本1235.59万元，年均可变成本104.62万元。

　　投产后，达产年实际上网电量17938万千瓦时，经营累计可实现各项销售收入89582.37万元，年均销售收入3894.89万元。经营期内，项目每年平均缴纳增值税

658.44万元、营业税金及附加59.27万元。

经计算,发电当年开始盈利,累计利润总额57394.5万元,累计净利润44835.73万元;年度平均利润总额2495.41万元,年度平均净利润1949.38万元。项目投资财务内部收益率(所得税后)为14.96%;项目投资财务净现值(所得税后)为13176.85万元。项目投资回收期(所得税后)为7.5年。

项目资本金财务内部收益率(所得税后)为20.5%;总投资收益率为15.66%;项目资本金净利润率为36.83%;从动态指标看,项目财务内部收益率高于行业基准收益率,财务净现值大于零;从静态指标来看,项目总投资收益率净利润率均高于行业基准收益率,项目具有较强的盈利能力。项目贷款的偿还期为7.38年,建设期内不偿还贷款本金。

根据本项目财务计划现金流量表分析,项目投产后到项目计算期末,项目累计净现金积累达48962.1万元,是项目总投资额的2.88倍;从其经营活动现金流看,项目投产即可创造2762.45万元净现金流,以后每年平均为3946.36万元;从其全部现金流看,项目自身有较强的创现能力,项目达产后,有足够的净现金流量和累计盈余资金维持项目的正常运行。本项目的财务质量和可持续性较好,具有较强的财务生存能力。

评估认为:通过对项目经济效益的测算,本项目经济效益较好,现金流能够满足还贷要求。

七、不确定性分析(略)

八、贷款风险与效益评估

该工程按50年一遇洪水设计,水文资料及地质状况已经专家充分论证。目前,工程已经投保。因此,项目运行风险不大。

经评估,本项目经济效益良好,第一还款来源充足,贷款偿还能力较强。从第二还款来源看,本项目由××电力集团有限责任公司提供保证担保,在项目建成后,同时以电站的收费权作质押担保。通过人民银行征信系统查询,××电力集团公司净资产24394万元,且目前对外无保证。公司无欠息和不良贷款记录。被我行评为AA+级信用企业,信誉状况良好。

公司承诺在我行贷款发放前,将基本账户迁至我行营业部,开设水电站的电费结算账户,并将收费权质押。

经测算,本项目11700万元贷款发放后,我行可获得利息收入总计4383万元。

九、评估结论及相关建议

本项目为国家鼓励类项目,符合国家能源政策、行业发展趋势和地方发展规划。项目建设地水能资源丰富,适宜进行小型水电站的综合开发建设。不存在建设风险,上网电价已明确,并网协议已签订。项目的经济效益明显,抗风险能力较强,第一还款来源充足,第二还款来源有保证。风险基本可控。

本项目贷款对象、贷款条件、资本金比例、贷款方式、贷款用途符合规定。

建议同意向本项目发放贷款11700万元,期限8年,贷款采取保证担保和电费收费权质押担保,贷款利率执行5年以上基准利率7.20%。

资料来源:http://www.docin.com/p-1680581149.html。

第一节 贷款项目评估概述

一、银行贷款项目评估的意义

(一) 贷款项目评估的概念

银行贷款项目评估也称固定资产贷款项目评估（简称"项目评估"），是指贷款银行以项目可行性研究报告为基础，根据国家现行的方针政策、财税制度以及银行信贷政策的有关规定，结合项目生产经营的信息材料，从技术、经济等方面对项目进行科学审查与评价的一种方法。贷款项目评估是以银行的立场为出发点，以提高银行的信贷经营效益为目的，根据项目的具体情况，剔除项目可行性研究报告中可能存在的将影响评估结果的各种非客观因素，重新对项目的可行性进行分析和判断，为银行贷款决策提供依据。

就涉及领域而言，项目的可行性研究和贷款项目评估是相同的，但有区别。它们的区别主要体现在以下几个方面：

1. 发起的主体不同

项目的可行性研究属于项目论证工作，使项目业主或发起人为了确定投资方案而进行的工作，一般由设计或咨询机构完成，贷款项目评估是贷款银行为了筛选贷款对象而展开的工作。

2. 发生的时间不同

按照项目管理的程序，项目的可行性研究在先，项目评估在后，项目评估是在项目可行性研究的基础上进行的。项目评估处于比可行性研究更高级的阶段，项目评估比可行性研究更具有权威性。

3. 研究的范围与侧重点不同

项目的可行性研究必须对项目实施后可能面临的问题进行全面的研究，并做出在技术上、财务上是否可行的结论；贷款项目评估是在审查可行性研究报告并对项目进行全面调查的基础上进行的，它可以针对发现或关心的问题，有所侧重地进行研究，不必面面俱到。

4. 进行项目评估和可行性研究的目的不同

项目可行性报告是项目业主进行投资决策、报批项目和申请贷款的必备材料，因此，项目业主进行的项目可行性研究除了判断项目的可行性外，主要是用于项目报批和贷款申请。项目的可行性研究一般是由项目业主委托有资格的机构承担。

项目评估报告是项目审批部门或贷款的决策部门进行最终决策的依据，因此项目评估是为项目审批和贷款决策服务的，评估工作一般由决策部门承担，也可由决策部门委托有资格的机构承担。《项目融资业务指引》明确规定，贷款人可以根据需要委托或者要求借款人委托具备相关资质的独立中介机构为项目提供法律、税务、保险、技术、环保和监理等方面的专业意见和服务。

(二) 贷款项目评估的意义

1. 项目评估是银行对中长期贷款防范风险的依据

贷款项目评估是银行依据"安全性、效益性、流动性"的经营原则，根据国家有关产业政策和国际国内经济发展需要，对项目经济效益和银行贷款效益做出客观科学评估的过程。根据银行规定，贷款项目评估是贷款的先决条件，贷款项目评估的结论是贷款审查和贷款决策的重要依据，未经评估的项目，银行不予贷款。评估否决的项目，银行不能贷款。贷款项目评估是贷款风险管理的首要环节和贷后管理的重要依据，评估结论是测算项目贷款风险度的依据，评估中对贷款风险的重要揭示是进一步落实贷款条件和贷后跟踪管理的重要内容，对防范风险有重要意义。

2. 项目评估是银行制止重复建设，提高贷款质量的重要手段

银行对贷款项目进行独立评估，可以避免某些项目前期工作不充分，市场调研评估和论证工作不够的问题。特别是大中型项目集中到商业银行总行进行评估，可以从全局角度进行综合平衡，避免出现重复建设、重复投资、恶性竞争，影响项目效益，进而危及银行信贷资产质量的不良状况。

二、项目评估的原则

（一）评估的客观公正性原则

坚持评估客观公正性原则，首先要求项目评估人员避免各种先入为主的观念，克服主观随意性和片面性。克服主观性和片面性，是坚持客观性原则的基本前提，也是项目评估公正性的必要保证。其次要求项目评估人员深入调查研究，全面系统地掌握可靠的信息资料。这是坚持客观性原则的基本要点，也是项目评估科学性的基本保证。

（二）分析的系统性原则

系统性原则就是在评估中考虑任何问题，都要有系统观念。用系统观念对拟建项目进行评审和估价，就是要求从投资项目内部要素的内在联系、内部要素与外部条件的广泛联系入手，进行全面的、动态的分析论证，来判断项目的生命力。因此，系统性原则要求项目评估人员克服孤立地、静止地分析问题的僵化思想，在全面、系统、动态的分析构成中科学地对拟建项目进行评审和估价。

（三）评估的效益性原则

效益性原则，就是在项目评估中要以投资的好坏为鉴别项目优劣取舍的标准。项目评估涉及项目技术、经济的各个方面，通过评估要判断项目在技术上是否可行，在经济上是否合理。一个好的项目，技术上可行是它的前提条件，经济上合理才是它的最终目标。有些项目技术上可行，甚至比较先进，但经济上并不合理，对这类项目，不能因技术上先进而加以接受，否则就违背了评估的效益性原则。

（四）评估方法规范性原则

方法规范性原则，就是评估工作中所采用的定性和定量分析方法，必须符合客观实际，体现事物的内在联系。项目评估的规范化方法体系，构成了项目评估学科的稳定结构和基本内容，如项目的财务经济效益的指标体系，每个指标的内涵、考核范围和计算方法，评价参数的使用，不确定性分析的方法和指标计算。如果项目评估人员在这些规范方法之外，使用自认为可行的方法，就脱离了公认的标准，也就无法判断其结论的正确性。因此，规范化原则要求项目评估人员要学习和掌握好项目评估的规范化方法。

（五）评估指标的统一性原则

指标统一性原则，是指在项目评估中所使用的国家参数、效益指标的标准化，也就是衡量项目经济效益使用统一的标准和尺度。同一项目用不同的指标进行评价，其结果大不一样。不同项目，标准不一，方案也不具可比性。使用统一指标，可以减轻评价难度。在项目评估中，要实现指标统一性原则，首先国家制定统一的评价参数，如基准收益率、折现率、投资回收期等，其次在运用参数和各种指标时，要特别注意针对性，不同行业和门类，应使用相应的评价参数和评价指标。

(六)评估价值尺度的合理性原则

价值尺度的合理性原则,就是在评估投资效益时,使用合乎于项目评估目标的价值尺度,计算项目的成本和收益。价值尺度是计算项目成本和收益时使用的计量价格。使用不同的计量价格,将会给项目成本和收益带来不同的价值判断。价格是项目评估中经济效益的核心问题,贯彻合理使用价值尺度的原则,要求进行项目评估、经济评估和社会评估时,分析使用与之相适应的计量价格。因此,项目财务评估的合理价值尺度应该是财务税收制度所要求的现行价格,即现实经济生活中通行的价格。经济效益评估应该使用反映资源合理配置和有效利用的影子价格,以反映项目使用资源和利用资源的真正社会经济价值。项目的社会评估,其核心内容是考虑新增国民收入的合理分配问题。项目新增国民收入在不同时期和不同空间,对社会目标的贡献是不同的,它们具有不同的社会价值。因此,需要使用社会价格来评价项目在一定量新增国民收入的前提下,对实现公平分配目标所做出的贡献。

(七)评估资金的时间价值原则

货币的时间价值的主要内容是:等额货币在不同时间具有不同的价值,其差别为货币的时间价值,其表现形式就是利息。利息是一种货币的时间价值,是一定数额的货币经过一段时间后所增加的价值。在项目评估中贯彻资金时间价值的原则,首先是为有关评价指标规定量的取舍标准,即评价基础,它在项目寿命期内将具有"资金的时间价值"特征。其次是采用动态分析方法,即贯彻"资金时间价值"原理的现值法,利用预测的现金流量表,对项目的成本和效益进行贴现,通过贴现后的成本和收益相比较,计算有关动态分析指标,这样就见资金的时间价值观念直接包含在项目指标和评价方法之中。

三、项目评估的内容

项目评估是银行实现全面风险管理的重要组成内容。按照授信业务监管要求,银行固定资产贷款业务是遵循"先评级、后评估、再授信"的原则而实施的。贷款项目的评估主要包括以下几个方面:

(一)项目建设的必要性评估

(1)项目所属行业当前整体状况分析,国内外情况对比,发展趋势预测;项目所生产产品的生命周期分析。

(2)贷款项目是否符合国家产业政策,是否符合国家总体布局和地区经济结构的需要。

(3)项目产品市场情况分析和项目产品的竞争力分析。包括:国内外市场的供求现状及未来情况预测,生产同类产品的厂家竞争情况及项目的竞争能力分析,项目产品销售渠道分析。

结合上述的三方面情况和项目单位的实际情况,分析该项目是否符合企业发展需要,对项目业主单位建设该项目的必要性做出总的评价。

(二)项目建设配套条件评估

项目建设配套条件评估,要考虑以下情况:厂址选择是否合理,所需土地征用落实情况;资源条件能否满足项目需要,原辅材料、燃料供应是否有保障,是否经济合理;配套水、电、汽、交通、运输条件能否满足项目需要;相关及配套项目是否同步建设;环保指标是否达到有关部门的要求,环境影响报告书是否已经由权威部门批准;项目所需资金落实情况。

(三)项目技术评估

项目所采用的技术是否先进、适用、合理、协调,是否与项目其他条件相配套。

项目设备选择是否合理。所采用的设备能否与生产工艺、资源条件及项目单位的工人技术水平和管理者的管理水平相协调；引进设备的必要性，引进设备今后对国外配件、维修材料、辅料的依赖程度和解决途径；引进设备与国内设备是否相协调。

（四）借款人及项目股东情况

《项目融资业务指引》规定，借款人通常为建设经营该项目或为该项目融资而专门组建的企事业法人，包括主要从事该项目建设、经营或融资的既有企事业法人。借款人的主体资格；项目股东的经济实力、风险承受能力、整体经营情况及行业经验；项目与股东主营业务的相关性及协同效应；项目对项目股东的重要程度及股东支持项目的意愿和能力；项目经营主体在相关领域的经营管理能力。

（五）项目财务评估

项目财务评估包括项目投资估算与资金筹措评估、项目基础财务数据评估、项目的盈利能力和清偿能力评估以及不确定性评估四个方面：

（1）项目投资估算与资金筹措评估　项目投资（含建设投资和流动资金）估算是否合理，是否存在高估、低估和漏估问题；项目总投资和资金构成的合理性、项目资本金比例是否符合国家规定；各项投资来源的落实情况即项目资本金的到位情况等；如果资金来源包括多家银行，是否采用银团贷款的方式。

（2）项目基础财务数据评估　基础数据的取值是否有理有据，所采用的财税制度是否符合国家现行规定。

（3）项目的盈利能力和清偿能力评估　采用规范的方法，计算反映项目盈利能力和清偿能力的相关指标，分析项目的还款资金来源，了解项目的盈利能力和清偿能力。

（4）不确定性评估　了解项目将面临的风险及抗风险的能力。

（六）项目担保及风险分担

项目担保主要包括：所提供的担保是否合法、有效、足额可靠，是否以项目设定抵押，担保法律文件是否完善，项目是否投保必要的商业保险。

风险分担包括：项目风险是否在借款人、出资人、项目承包人、施工方等各参与方之间得到合理分配，完工担保是否落实；项目政策性风险、筹资风险、完工风险、产品市场风险、超支风险、原材料风险、营运风险、汇率风险、环保风险和其他相关风险是否得到有效控制等。

（七）项目融资方案

贷款人应当按照国家关于固定资产投资项目资本金制度的有关规定，综合考虑项目风险水平和自身风险承受能力等因素，合理确定贷款条件、金额和发放程序；应当根据项目预测现金流和投资回收期等，合理确定贷款期限和还款计划；应当与借款人约定专门的项目收入账户，并要求所有项目收入进入约定账户，按照事先约定的条件和方式对外支付。项目融资方案主要为：综合判断包括贷款金额、期限、还款计划、项目收入账户等在内的融资安排是否合理可行。

（八）银行效益评估

银行效益评估，是指在合理预测项目贷款收益的基础上，就项目贷款对银行相关效益大小进行评估。效益评估的主要内容包括：可以量化的收益和成本以及难以量化的收益和成本。

对项目贷款可以量化的银行收益及成本进行具体测算，应区别分年度数和总额进行计算，具备条件的分行可采取净现值法进行测算。可以量化的银行收益主要包括贷款转移收入、存款转移收入和中间业务净收入。可以量化的成本主要包括项目贷款应分摊的管理成本以及该项目贷款的经济资本成本。

对于项目贷款难以量化计算的银行收益和成本部分，可简化财务计算内容，但至少应对收益和成本项目进行逐项说明。如项目贷款收益包括有利于密切银行与借款人所属集团公司或其他关联企业的业务合作关系，有助于银行取得其他优质贷款项目，有利于提高银行的知名度和业务竞争能力等。项目贷款成本包括暂难以量化的各项投入和支出。

四、项目评估的程序

（一）项目评估业务的组织形式

项目评估是商业银行固定资产贷款贷前调查的重要环节。为贯彻重心上移和集中管理的要求，多家银行由银行总行、一级分行、二级分行内设的独立机构进行项目评估。总行授信审批部（授信部）是全行项目评估工作的管理部门，负责组织实施总行权限内的项目评估，制定项目评估操作管理相关的规章制度，并对分行项目评估工作进行指导、监督和检查。各级分行根据自身实际情况设立评估评价中心，实行"统一规则、集中管理、专职评估、平行作业"的管理体制，根据业务权限，统一负责评估评级工作。

项目评估涉及知识面较广，而银行的员工主要由金融与财务方面的人员组成，如果仅依靠银行自身力量，将难以对直接影响项目的财务评估质量的技术和工艺等方面的问题进行评估。到目前为止，国内银行对项目的评估基本上采用以银行工作人员为主的评估模式，很少邀请与项目有关的技术及管理专家参加评估工作，这种模式一定程度上影响了项目评估的质量。因此，应邀请有关专家和银行工作人员一起组成评估小组，这将有利于提高银行项目评估的质量。

（二）项目评估的程序

固定资产贷款项目评估应具备发起条件——政府批文和项目可行性研究报告或项目建议书、项目申请报告。在具备项目评估发起条件后，经办行客户经理先填制《项目（预）评估联系单》《项目评估材料清单》并收集与清单相对应的项目评估申请材料，提交经营主责任人审核签字同意后，按照项目评估权限，在信贷业务系统发起项目评估业务，将上述资料一并扫描挂入系统，报有权评估机构组织评估，有权评估机构受理贷款项目评估，具体程序如下：

1. 受理评估工作任务

信贷经营部门将需要评估的项目以项目评估联系单的形式向评估部门提出项目评估需求，评估部门受理评估工作任务后，对项目评估发起类型的适当性和评估资料的齐全性进行审查。对于具备评估受理条件的，直接进入评估流程，对于暂不具备评估受理条件的，退回经营部门补充资料。

2. 成立评估小组，制订工作计划

对于具备评估受理条件，直接进入评估流程的项目，评估部门根据项目特点及其复杂程度成立评估小组，确定评估组长，评估组长负责制订评估工作计划和方案，确定评估小组组员分工。

3. 熟悉基础材料，做好评估准备

评估准备的内容包括：审核项目审批要件的合法合规性，阅读项目可行性研究报告，了解项目基本概况；了解借款人和投资方基本情况，阅读客户基本资料及财务报表；列出调查清单，明确调查重点。

4. 调查研究，收集资料

评估小组根据调查清单和调查重点，采取现场调查和非现场调查，或专家咨询等方式，有针对性地搜集资料。评估组长要组织评估小组组员对调查搜集的资料查证核实，加工整理，汇总归类，使之可靠、真实、准确和完整，并对调查搜集的资料进行讨论，形成对项目的初步判断，确定重要评估参数。对于确因重要资料不齐全影响基本判断的，评估小组可进行再调查，待资料齐全后再次讨论。

5. 评估分析，综合判断

评估小组根据计划安排和分工，按照项目评估办法及相关规定，从项目建设必要性、技术先进合理性、财务效益、银行收益及潜在风险等方面进行系统的分析论证，全面反映客户和项目状况，揭示风险因素，并提出风险缓释措施。

6. 编写项目评估报告

评估小组在评估分析、综合判断的基础上，依据调查搜集到的信息资料，撰写项目评估报告。评估小组对报告内容的完整性和风险揭示的充分性，分析方法使用的准确性和评估结果的合理性负责。

7. 审核项目评估报告

评估报告在完成初稿后，审核人负责审阅项目评估报告，并对评估方法的适当性、评估报告的完整性、专业技术方面的表述与财务计算数据的准确性等进行审核把关。

【资料】

国开行与渣打银行共推"一带一路"项目授信贷款 100 亿元

2018 年 1 月 31 日，国家开发银行与渣打集团在北京签署《国家开发银行与渣打银行 100 亿人民币"一带一路"项目授信贷款备忘录》。根据备忘录，双方将在"一带一路"倡议下加强合作，推动人民币国际化，共同支持"一带一路"领域项目合作。双方同意，未来五年内上述领域合作金额为 100 亿元等值人民币。

通过本次合作，双方将探索中英金融机构在"一带一路"项目合作、实现互利共赢的新模式。2017 年 5 月，国开行设立 2500 亿元等值人民币专项贷款支持"一带一路"项目建设，其中包括 500 亿元等值人民币的金融合作专项贷款。截至 2017 年底，国开行在"一带一路"沿线国家累计发放贷款 1858 亿美元。

"一带一路"沿线国家也是渣打银行开展业务的重点区域，该行在"一带一路"沿线上的 45 个市场设有营业机构。2017 年 12 月中英经济财金对话期间，渣打银行宣布将在 2020 年底前为"一带一路"项目提供总值至少 200 亿美元的融资支持。

资料来源：中国证券网 http://news.cnstock.com/news,jg-201802-4183675.htm.

第二节 项目非财务分析

对项目进行分析主要分为两项：非财务分析和财务分析。非财务分析就是要对项目评估的内容进行逐项分析，以深入了解项目的内容，进而对项目的风险进行全面了解，以降低银行贷款的风险。

项目的非财务分析主要包括：项目背景分析、项目借款人分析、市场需求预测和竞争力分析、生产规模分析、原辅料供给分析、技术工艺流程分析、项目建设和生产条件分析、环境影响分析、项目组织和人力资源分析。

一、项目背景分析

对项目的背景进行分析有利于银行了解整个项目的背景，具体可以从宏观和微观两个层面进行分析。

（一）宏观背景

从宏观角度看，对项目的背景分析主要分析以下两个方面：

（1）项目建设是否符合国民经济平衡发展的需要 尤其是大型投资项目，要从宏观上分析，看其是否具备平衡国民经济的功能。

（2）项目建设是否符合国家的产业政策、技术政策和地区、部门发展规划 分析评估项目产品方案和建设规模，原料来源和产品销售方向，建设地点和进度要求等是否符合宏观意图。

（二）微观背景

分析项目的微观背景主要从项目发起人和项目本身着手。首先应分析项目发起人单位，然后分析项目提出的理由，并对项目的投资环境进行分析。

（1）项目企业分析 对项目单位概况的分析主要分析企业的基础、企业的历史、规模、组织、技术水平、企业管理水平、企业财务状况、企业经营状况、企业信用度。

（2）投资的理由 对提出项目的理由及投资意向进行分析评估。评估投资该项目能给地方、部门和企业带来的益处，从中查明项目发起的理由是否充分，包括能否更充分地利用资源、降低能源消耗、增加加工产品的附加价值，能否扩大规模、填补空白、提高产品的竞争力，能否增加出口或是可替代出口，能否扩大就业并利用社会协作条件、优惠政策和现有的基础设施等。

（3）投资环境评估 投资环境是一个多层次、由多种因素构成的动态系统，它们之间既相互联系又相互制约。一个良好的项目投资环境，会为项目的顺利实施提供一个好的环境，有利于项目的成功。

对拟建项目的环境评估主要包括以下几个方面：工业建设的优惠政策和措施等条件；资源、市场、社会协作条件；可供利用的基础设施；建设用地条件；自然条件；劳动力来源；其他推动或吸引投资者提出建设意向的背景材料等。

（三）项目审批进程的审查

项目进程的审查是考虑项目建设是否严格遵守国土资源、环境保护、安全生产、城市规划等法律法规，是否取得有权审批部门出具的合规性批复。审查的内容主要有：适用流程是否恰当、审批手续是否完整、审批权限是否是否越权、项目实施是否存在重大变动等。

二、项目借款人分析

借款人分析包括新建项目借款人分析和既有借款人分析。新建项目的借款人分析，侧重于对借款人的经济地位、法定代表人和领导班子整体素质、借款人的生产经营和资产负债状况等进行调查分析。对既有借款人分析除分析上述内容外，还要对其偿债能力、信用状况、发展前景等进行综合分析。

三、市场需求预测和竞争力分析

1. 宏观经济环境分析

宏观经济环境是决定项目产品市场需求的基础条件。通过宏观经济环境分析，可以对项目产品市场需求情况做出基本判断。宏观经济分析主要是通过对一系列经济指标的计算、分析和对比来进行的。主要指标包括：国内生产总值与经济增长率、失业率、通货膨胀率、利率、汇率、财政收支、国际收支和固定资产投资规模。

2. 行业市场前景分析

对项目市场需求的分析，重要内容就是对项目产品的市场前景进行分析，通过了解项目产品所处的生命周期，分析其与经济周期之间的关系，结合项目产品的需求、供给、综合平衡等因素，来对项目产品的市场前景做出判断和预测。

市场前景分析的主要内容包括：行业生命周期分析、行业与经济周期的关系、行业热点演变的一般规律、产品市场前景预测分析。

3. 市场需求预测分析

市场需求预测是在对需求量调查的基础上，最后对需求现状进行分析与评估。对当前市场需求状况进行预测分析，包括估计总的市场潜在需求量（简称"潜量"）、区域市场潜量、行业的实际销售额和企业的市场占有率。

（1）估计潜在的市场需求总量 潜在的市场需求量是指在一定时期内，在一定行业营销水平和一定的市场环境条件下，一个行业中所有企业可能达到的最大营销量之和。总市场潜量可表示为：

$$Q = npq$$

式中，Q 为总市场潜量；n 为给定的条件下特定产品或市场中的购买者的数量；p 为单位产品的价格；q 为购买者的平均购买量。

（2）估计区域市场潜在需求量 除了要估计潜在的市场需求总量外，还要选择准备进入的最佳的市场区域。因此，还要对特定区域市场的潜在区域市场需求量进行估计，以便于银行评价该项目的发展潜力。

（3）评估行业销售额和企业的市场占有率 银行不但要评估潜在的市场需求总量和潜在的区域市场需求总量，还要估计企业的实际销售额。

4. 项目经营管理分析

评价项目经营管理能力，重点分析目标市场、营销策略和治理机制等层面。主要包括目标市场分析、目标市场选择策略分析、目标市场策略合理性分析、营销策略分析和治理机制分析。

5. 产品/服务市场竞争力分析

项目产品在可预期的未来期间内具有良好的市场前景，是决定投资者是否进行醒目建设的前提，要确保项目达到预期目标，需要项目所提供的产品/服务具有市场竞争力。

四、生产规模分析

项目的生产规模分析是指对拟建项目生产规模的大小所做的审查、评价和分析。银行对项目的生产规模进行分析，可以了解项目是否实现了规模经济，进而了解该项目的经济效益状况，为项目的贷款决策提供依据。

（一）项目规模的主要制约因素

（1）国民经济发展规划、战略布局和有关政策。

（2）项目所处行业的技术经济特点。

（3）生产技术和设备、设施状况。

（4）资金和基本投入物。

(5) 其他生产建设条件。

(二) 项目规模评估的内容

当可行性研究报告中对生产规模提出了几种不同方案，并从中选择了最优方案时，银行评估人员应对提出的最优方案进行审查、计算和分析，考核其选择是否正确；对于未提出最优方案的项目，应从几种不同的可行性方案中选出最优方案。

当可行性研究报告中提出一个可行性方案时，银行评估人员应向企业了解是否有其他方案，并根据项目产品的市场需求调查和预测、投入物和生产条件的分析，再经过规模经济的分析，肯定原来的方案或提出更好的方案。

(三) 项目规模评估的方法

对项目拟建规模评估主要是对各种不同规模方案进行评选分析，其主要方法有两类：

(1) 效益成本评比法　主要是将各方案的经济效益或成本进行比较，选取经济效益最高或成本最低的方案。这类评比的具体方法有：盈亏平衡点比较法、净现值比较法和最低成本分析法。

(2) 多因素评比法　主要是将各类方案的各种因素进行综合考虑比较，从中选择大部分(或主要)因素比较好的方案。此外，还可以采用决策树分析法、数学规划等方法来进行不同生产规模的多方案评选。

五、原辅料供给分析

应着重对几种主要的或关键性的原辅料的供给条件进行分析评价。

原辅料供给分析主要包括下列内容：分析和评价原辅料的质量是否符合生产工艺的要求；分析和评价原辅料的供应数量能否满足项目的要求；分析和评价原辅料的价格、运费及其变动趋势对项目产品成本的影响；分析和评价原辅料的存储设施条件。

总之，银行分析评估原辅料的供应条件的目的是分析项目的主要投入物是否符合项目的要求，来源是否稳定可靠，价格是否经济合理，这样可以分析评估项目的生产是否具有连续性和稳定性，进一步为项目贷款提供决策依据。

六、技术及工艺流程分析

(一) 产品技术方案分析

产品技术方案分析一方面要分析产品方案和市场需求状况，另一方面要分析拟建项目的主要产品和副产品所采用的质量标准是否合乎标准。分析产品的质量标准，应综合考虑市场需求、原料品种、工艺技术水平、经济效益等因素，并将选定的标准与国家标准、国际常用标准进行对比。

(二) 工艺技术方案评估

银行在进行工艺技术方案的分析评估时，必须考虑：工艺技术的先进性和成熟性、原材料适应性、工艺技术方案是否能保证产品质量、产业基础和生产技术水平的协调性、工艺技术的经济合理性、技术来源的可靠性和经济性、工艺技术实施的可行性以及工艺技术实施对生态环境的影响。

(三) 设备评估

银行对项目的设备选择进行分析评估，就是要分析项目的设备选择是否符合项目的顺利发展要求，是否能给项目带来很好的收益。对设备进行评估，就是要对投资项目设备的适应性和先进性进行评估，研究项目所需要设备的型号、规格、数量和来源等是否满足项目的生产能力、技术装备水平及能耗和物耗指标的要求。设备的选择要综合考虑技术上是否先进、适用和灵活可靠,经济上是否合理,力求统筹兼顾。

(四) 工程设计方案的评估

银行对工程设计方案进行分析和评估,就是要分析工程设计方案是否经济合理,是否符合项目的总体发展。对工程设计方案的分析评估可以从以下两个方面进行分析:总平面布置方案分析、主要工程设计方案分析。

七、项目建设和生产条件分析

银行对项目环境条件进行分析就是对拟建项目的人、财、物等资源以及相关协作配套项目和环境保护工作等方面进行审查和分析,并且在此基础上对厂址选择、总体方案、项目工程进度安排的合理性及是否符合国家有关规定和要求等做出定性结论和提出建议。

(一) 项目建设条件分析及其内容

建设条件分析主要是审查拟建项目是否具备建设条件及其可靠性。拟建项目的建设条件包括项目自身的内部条件和客观存在的外部条件。

内部条件是指拟建项目的人力、物力、财力等资源条件。外部条件是指建筑施工条件、相关项目的协作配套条件以及国家规定的环境保护条件。对于上述条件,不同行业项目的建设根据其特点而有不同的要求。因此,在评估时没有必要一一做出详细评估,而是要抓住对建设项目起主导作用的条件进行评估。

1. 财力资源分析

财力资源分析主要分析项目资金筹资方案能否足额及时供应资金,并与建设工程进度相适应。对于各种渠道来源的资金,要求逐项落实,特别是多家筹资共同兴建的项目,必须对参与投资的各家逐一落实,以共同签订的协议为准进行方案的比较选择。

2. 厂址选择条件分析

厂址选择条件分析是指围绕项目是否符合有关厂址选择的条件所做出的综合分析。厂址选择条件既是建设条件又是生产条件,从某种意义上讲,厂址选择条件是项目建设和生产条件的核心内容。厂址选择问题是投资决策的重要一环,必须从国民经济和社会发展的全局出发,运用系统观点和方法来分析评价,最终达到资源的合理配置。

3. 相关项目分析

相关项目是指由拟建项目引起的,并与建设、生产、流通、耗费有联系的原材料、燃料、动力运输和环境保护等协作配套项目。

4. 交通运输条件分析

交通运输条件如何,关系到项目和生产物资能否顺利集聚、供应,以及产品能否顺利分销。因此,交通运输条件是项目建设和生产的关键环节。

运输条件包括厂内、厂外的运输方式和设备;装、卸、运、储环节的能力;各类物资运输量和运输距离。运输条件分析就是要分析运输方式的选择是否合理,运输设备是否安全可靠,运输环节是否连续协调,以及运输距离是否经济合理等。

5. 环境保护方案分析

对工业项目而言,必须要进行环境保护方案分析。在对环境保护方案进行分析时应抓住以下几个环节:审查环境影响报告、审查治理方案、审查建设总投资与总设计、分析环境保护的经济性。

(二) 项目生产条件分析

项目生产条件分析主要是指项目建成投产后的生产经营过程中对所需要的物资条件和供

应条件进行的分析。

不同行业、不同性质、不同类型的建设项目的生产特点是不同的。因此，建成投产后，生产经营过程中所需生产条件也不完全相同。在分析时，要抓住不同类型项目最本质、起主导作用的需求功能，有重点地审核关键性的指标和有关问题。

项目生产条件分析的内容主要包括：资源条件分析、原材料供应条件分析、燃料及动力供应条件分析、交通运输和通信条件分析、外部协作配套条件和同步建设分析。

八、环境影响分析

环境影响分析是指审查分析项目在生产建设过程中是否会排放污染物和造成新的污染源，对环境造成什么影响，采取了那些相应的措施，这些措施是否达到《中华人民共和国环境保护法》的要求和符合哪些环境保护标准。

项目环境分析的内容主要有以下几个方面：

（1）审查分析项目是否对其可能对环境产生的不良影响进行了全面的分析并采取相应的措施。

（2）审查分析项目污染治理技术是否科学可靠。

（3）审查分析治理后是否达到环保部门的规定。

（4）审查分析环保资金落实情况。

九、项目组织与人力资源分析

高效、精简的运作组织和合理的人员配备，特别是关键岗位人员的良好素质是保证项目成功实施和运作的重要条件。组织和管理评估就是围绕项目的组织机构设置，对组织机构所做出的企业组织是否合理和有效进行综合分析评价。人力资源分析是指对企业的人力资源选择、来源、招聘与培训等总体规划进行详细论证与考察。因此银行对项目的组织和人力资源进行分析是十分有必要的。

（一）项目组织机构分析

项目的组织机构概括起来可以分为三大部分：项目的实施机构、项目的经营机构和项目的协作机构。

1. 项目实施机构的分析

项目的实施机构在我国通常称为项目的建设单位，由它负责项目方案的准备、挑选、报请上级机关审批，以及项目的建设过程（包括设计、施工、设备购置安装等），虽然建设单位不一定具体承担建设工作，但对整个建设过程负责。

对项目实施机构的分析主要包括：机构的设置、项目实施机构的人员配备和培训、项目新技术推广使用机构的设置、项目实施的监督系统的建立。

项目实施机构的分析重点是防止机构的扩大化，提高机构实施项目的能力和应变能力，并且使所有机构的活动形成有机的反馈系统，增强项目的生命力和在项目的基础上不断发展的趋势。

2. 项目经营机构的分析

项目经营机构负责提供项目实施的成果，如生产产品、提供服务等。按照项目建设程序来看，经营机构的活动范围在项目后期，即项目投产以后或投入使用以后的经营。从项目的角度出发，项目经营机构的重要性次于项目实施机构，但由于项目投产以后的经营情况，关系到项目的偿债能力，以及项目的预期收益能否实现等问题，在项目的机构分析中仍需要给予充分的重视。项目经营机构的规模应该取决于项目的设计能力，即项目的年产量或提供服务的能力及范围。如果有可能的话，项目经营机构与实施机构应合为一体，以保证项目实施的连续和目标的一致。依照项目的经营程序，如供、产、销等环节，审查项目经营机构的设置是否齐备，能否满足项目的要求，如果在机构和制度方面存在着缺陷，应及时改善。项目经营机构除了按照既定的目标提供服务以外，还应具有根据市场变化而不断改变经营方针、内容和方式的能力，使项目不断发展。

3. 项目协作机构的分析

与项目有关的协作机构大致可以分为三个层次，一是国家计划部门和主管部门；二是地方政府机构；三是业务往来单位。由于项目的规模不同，即大、中、小型项目，有的与三个层次都存在联系，有的则只与后两个层次存在联系。

(二) 人力资源分析

银行对人力资源进行分析，就是要分析项目的人力资源选择结构是否合理，是否符合项目的发展，对项目人力资源的供求和流动情况进行分析评估。

人力资源分析的主要内容包括：人力资源的选择分析、人力资源的供求预测与流动分析。

【资料】

项目可行性研究报告

项目可行性研究报告的编制是确定建设项目之前具有决定性意义的工作，是在投资决策上的合理性，技术上的先进性和适应性以及建设条件的可能性和可行性，从而为投资决策提供科学依据。

大中型投资项目通常需要报请地区或者国家发改委立项备案。受投资项目所在细分行业、资金规模、建设地区、投资方式等不同影响，项目可行性研究报告（立项报告为简版可行性研究报告）均有不同侧重。为了保证项目顺利通过发改委批准完成立项备案，可行性研究报告的编制应当请有经验的专业咨询机构协助完成，或者委托有资质的设计单位完成。

项目可行性研究报告是根据《中华人民共和国行政许可法》和《国务院对确需保留的行政审批项目设定行政许可的决定》而编写，是大型基础设施项目立项的基础文件，国家发改委根据可行性研究报告进行核准、备案或批复，决定某个项目是否实施。

商业银行在贷款前进行风险评估时，需要项目方出具详细的可行性研究报告，对于国内银行，该报告由甲级资格单位出具，通常不需要再组织专家评审，部分银行的贷款可行性研究报告不需要资格，但要求融资方案合理，分析正确，信息全面。

资料来源：https://baike.baidu.com/item/%E9%A1%B9%E7%9B%AE%E5%8F%AF%E8%A1%8C%E6%80%A7%E7%A0%94%E7%A9%B6%E6%8A%A5%E5%91%8A/4559452?fr=aladdin.

第三节　项目财务效益分析

项目财务分析是贷款项目分析的核心内容，是在吸收对项目其他方面评估成果的基础上，根据现行的财税金融制度，确定项目评估的基础财务数据，分析计算项目直接发生的财务费用和效益，编制财务报表，计算财务指标，考核项目的盈利能力、清偿能力、抗风险能力等财务状况,据以判断项目财务的可能性,为项目贷款的决策提供依据。

一、财务预测的审查

财务预测的审查是对项目可研报告财务评价的基础数据的审查,是项目财务分析的基础性工作,其主要内容包括:

(一) 项目的总投资、建设投资、流动资金估算的审查

这部分主要审查各部分投资的计算口径是否正确、计算依据是否合规、合理;建设资金及流动资金分年使用计划是否合理。

(1) 项目总投资 项目总投资由建设投资、流动资金、投资方向调节税和建设期利息四部分组成。其中建设投资按用途可分为工程费用、工程其他费用及预备费。

(2) 建设投资估算的审查 主要审查建设投资估算所采用的单价、定额、费率、工程量、估算方法是否合规、合理。

(3) 流动资金估算的审查 主要审查流动资金估算的合理性,根据项目的实际情况估算流动资金需用量。

对于贷款项目一般应采用分项详细估算法来估算项目流动资金(尤其是工业项目)。

分项详细估算法估算流动资金可以通过"流动资金估算表"进行。采用分项详细估算法估算流动资金要先计算各个生产经营环节的流动资金需用额,然后把各个环节的流动资金需用额相加就可以得出项目总的流动资金需用额,流动资金总需用额减去流动负债就是项目所需的流动资金,即:

$$项目所需流动资金 = 项目流动资金总需用额 - 流动负债$$

$$项目流动资金总需用额 = 存货 + 应收账款 + 现金$$

$$流动负债 = 应付账款$$

$$流动资金本年增加额 = 本年流动资金 - 上年流动资金$$

(4) 建设资金和流动资金分年使用计划 应根据项目的建设进度、资金来源渠道和资金到位情况安排全部建设资金分年使用计划和建设资金中各种渠道的资金的分年使用计划;应根据项目的达产率安排流动资金分年使用计划。

(二) 固定资产、无形资产、递延资产原值确定的审查及其折旧和摊销办法的审查

主要审查这三类资产的原值的确定方法和固定资产折旧及无形资产、递延资产摊销方法是否符合国家财政部的规定。

(1) 固定资产原值的确定原则 购入的固定资产按照购买价加上支付的运输费、保险费、包装费、安装成本和缴纳的税金确定;企业构建固定资产所缴纳的投资方向调节税、耕地占用税、进口设备的增值税和关税应计入固定资产原值;与构建固定资产有关的建设期支付的贷款利息和发生的汇兑损失,也应计入相应的固定资产价值。

(2) 无形资产、递延资产原值的确定 无形资产原值的确定方法与固定资产相同,递延资产按实际发生值计算,与递延资产有关的建设期间发生的利息和汇兑损失应计入递延资产价值。

(3) 固定资产折旧方法与无形资产、递延资产摊销方法 一般根据财政部公布的折旧年限和残值率,采用平均年限法计算折旧。

平均年限法的固定资产折旧计算公式如下:

$$固定资产年折旧率 = (1 - 预计的净残值率) \times 100\% / 折旧年限$$

固定资产年折旧额＝固定资产原值×年折旧率

预计净残值率一般取 3%～5%。

（三）成本的审查

主要审查可研报告中成本的计算是否合规、合理，因此除了审查项目是否按企业财务通则和企业会计准则的有关规定核算项目生产经营成本外，还要重点审查成本计算中原辅材料、包装物、燃料动力的单耗、单价的取值是否有理、有据。外购的投入物按照买价加应由企业负担的运杂费、装卸保险费、途中合理损耗、入库前加工整理和挑选费用以及缴纳的税金等计算成本；自制的投入物按照制造过程中发生的实际支出计算成本。现行的增值税实行的是价外税，评估中计算产品成本时，外购投入物所支付的进项税要单列。

（四）销售收入审查

就工业企业而言，产品销售收入包括销售产成品、自制半成品和工业性劳务等取得的收入。销售收入的审查主要审查产量和单价的取值是否合理。

在项目达产年份一般以项目设计生产能力的产量作为计算项目销售收入的产量（产品有自用的要扣除），投产初期，项目的实际产量往往低于设计生产能力，要根据项目的实际情况估算投产初期各年的达产率，而不能项目一投产就以 100% 的达产率来估算项目的销售收入。评估中产品价格可以在市场调查预测的基础上，参照国内外同样或类似的产品价格来确定，在参照现有的产品市场价格时一定要注意其可比性。

（五）税金的审查

评估中对税金的审查主要审查以下三方面：项目所涉及的税种是否都已计算；计算公式是否正确；所采用的税率是否符合现行规定。

（六）利润的审查

评估中对利润的审查主要针对三个方面：利润的计算公式是否正确；现行的增值税制实行价外税，计算利润时的销售收入、销售税金、销售成本在增值税方面的计算口径是否一致；税后利润的分配顺序是否正确。

尤其注意的是，企业税后利润至少必须先用于法定盈余公积金和公益金，然后才能用于还贷。评估中在测算项目的还贷资金来源时不能把所有的税后利润都用于还贷。

二、项目现金流量分析

现金流量分析是根据项目在计算期（包括建设期和经营期）内各年的现金流入和流出，通过现金流量表计算各项静态和动态评价指标，用以反映项目的获利能力和还款能力。通过现金流量表计算的评价指标有投资回收期（静态、动态）、净现值、净现值率、内部收益率等指标。根据投资计算基础的不同，现金流量表主要分为以下两种：

（1）全部投资现金流量表　该表以全部投资作为计算的基础，从全部投资角度考虑现金流量，即借款不作为现金流入，借款利息和本金的偿还不作为现金流出。全部投资均视为自有资金，用该表可以计算全部投资的内部收益率、净现值、投资回收期等评价指标。

（2）自有资金现金流量表　该表以自有资金为计算基础，借款作为现金流入，借贷款利息和本金的偿还不作为现金流出，可用于计算自有资金的内部收益率、净现值等指标。

全部投资、自有资金的现金流量表由于计算基础不同，各自现金流量表的流入和流出项目也不同，应根据计算基础判断哪些应作为现金流入、哪些应作为现金流出。

由于同一项目不同的现金流量分布可以得出相同的内部收益率，因此不能简单以内部收益率来判断项目能否按时还款,却可以借助净现金流量分析,把各年的还本付息额跟当年的净现金流量进行对比,就可以判断项目在还款期内各年能否按时还款。

三、项目盈利能力分析

项目的盈利能力分析主要通过财务内部收益率、财务净现值、净现值率、投资回收期、投资利润率、投资利税率和资本金利润率等七个评价指标进行,下面分别介绍这七个指标的含义和计算方法。

(一)财务净现值

财务净现值是反映项目在计算期内获利能力的动态评价指标。一个项目的净现值是指项目按照基准收益率或根据项目的实际情况设定的折现率,将各年的净现金流量折现到建设起点(建设期初)的现值之和,其表达式为:

$$FNPV = \sum_{t=1}^{n}(CI-CO)_t(1+i)^{-1}$$

式中,$[(CI-CO)_t]$ 为第 t 年的净现金流入量;n 为计算期;i 为基准收益率或设定折现率;FNPV 为财务净现值。

财务净现值可通过现金流量表中净现金流量的现值求得,其结果不外乎净现值大于、等于或小于零三种情况。财务净现值大于、等于零,表明项目的获利能力超过或等于基准收益率或设定收益率;财务净现值小于零,表明项目的获利能力达不到基准收益率或设定的收益率水平。一般来说,FNPV>0 的项目是可以接受的。

【例 6-1】

某项目的净现金流量如下,如果折现率为 15%,试计算其财务净现值。

年份	0	1	2	3	4
净现金流量	-100	30	40	40	40

解:

财务净现值可通过计算机或专用的计算器进行计算。如果用普通计算器进行计算,要根据给定的折现率通过现值系数表查出各年的折现系数,把各年的折现系数乘以对应年份的净现金流量就是对该年的净现金流量进行贴现;把各年的经贴现了的净现金流量进行相加即为净现值。

经查表,折现率为 15% 的第一至四年的折现系数分别为 0.87、0.756、0.658、0.572,本项目的净现值=-100+30×0.87+40×0.756+40×0.658+40×0.572=5.54

(二)净现值率

净现值率为项目的净现值与总投资现值之比,其计算公式为:

$$FNPVR = FNPV/PVI$$

式中,FNPVR 为净现值率;FNPV 为净现值;PVI 为总投资现值。

净现值率主要用于投资额不等的项目的比较,净现值率越大,表明项目单位投资能获得的净现值就越大,项目的效益就越好。

(三)财务内部收益率

使项目在计算期内各年净现金流量累计净现值等于零时的折现率就是财务内部收益率,财务内部收益率是反映项目获利能力的动态指标,其计算表达式为:

$$\sum_{t=1}^{n}(CI-CO)_t(1+FIRR)^{-1}=0$$

式中，CI 为现金流入量；CO 为现金流出量；n 为计算期；FIRR 为财务内部收益率。

根据计算基础不同现金流量表可分为四种，相应财务内部收益率可以分为全部投资内部收益率、自有资金内部收益率。在贷款项目评估中，一般计算全部投资内部收益率即可。

财务内部收益率可通过财务现金流量表现值计算，用试差法求得。一般来说，试算用的两个相邻折现率之差最好不要超过 2%，最大不要超过 5%。线性插值计算公式为：

$$FIRR = i_1 + (i_2 - i_1) | NPV_1 | / (| NPV_1 | + | NPV_2 |)$$

式中，i_1 为试算低的折现率；i_2 为试算高的折现率；$|NPV_1|$ 为低折现率的净现值（正值）的绝对值；$|NPV_2|$ 为高折现率的净现值（负值）的绝对值。

将求出的 FIRR 与期望收益率或基准收益率或行业收益率进行比较，若大于所选定的判别标准，则项目就可以接受。

【例 6-2】

某项目的净现金流量同案例 6-1，试计算其财务内部收益率。

解：

财务内部收益率可通过计算机或专用的计算器进行计算。如果用普通计算器进行计算，则必须先找出内部收益率大体范围。就本例而言，经测算，当折现率为 20% 时，净现值为 -4.78；当折现率为 15% 时，净现值为 5.54。由此可以判断本例内部收益率在 15% 和 20% 之间，因此可用 15% 和 20% 作为折现率分别对净现金流量进行折现：

年份	0	1	2	3	4
净现金流量	-100	30	40	40	40
净现值（$i=15\%$）$=5.54$	-100	26.09	30.25	26.32	22.88
净现值（$i=20\%$）$=-4.78$	-100	25	27.78	23.15	19.29

将上面的计算结果代入财务内部收益率计算公式，求得内部收益率如下：

内部收益率 $=15\%+(20\%-15\%)\times|5.54|/(|5.54|+|-4.78|)=17.68\%$

（四）投资回收期

投资回收期亦称返本年限，是指用项目净收益抵偿项目全部投资所需时间，它是项目在财务投资回收能力的主要评价指标。投资回收期（以年表示）一般从开始建设年份算起，其计算表达式为：

$$\sum_{t=1}^{pt}(CI-CO)_t=0$$

式中，pt 为投资回收期。投资回收期可根据财务现金流量表计算求得，详细计算公式为：投资回收期（pt）＝[累计净现金流量开始出现正值年份数]－1＋[上年累计净现金流量绝对值/当年净现金流量]

其中，"当年净现金流量"的"当年"指"累计净现金流量开始出现正值年份"。

在财务评价中，将求出的投资回收期与行业基准投资回收期比较，当项目投资回收期小于或等于基准投资回收期时，表明该项目能在规定的时间内收回投资。

【例 6-3】

某项目的净现金流量同案例 6-1，试计算其投资回收期。

解：

根据上表中的净现金流量可以求得累计净现金流量如下：

年份	0	1	2	3	4
净现金流量	－100	30	40	40	40
累计净现金流量	－100	－70	－30	10	50

不难看出，投资回收期在 2～3 年之间，代入投资回收期公式可以求得：

$$投资回收期 = 3 - 1 + 30/40 = 2.75（年）$$

（五）投资利润率

投资利润率是指项目达到设计能力后的一个正常年份的年利润总额与项目总投资的比率，它是考察项目单位投资盈利能力的静态指标。对生产期内各年利润额变化大的项目，应以生产期各年的平均年利润来计算，计算公式为：

$$投资利润率 = 年利润总额或年平均利润总额/项目总投资 \times 100\%$$

在项目评估中，将项目投资利润率与行业平均利润率或其他基准利润率比较，以判断项目的投资利润率是否达到本行业的平均水平或所希望达到的水平。

（六）投资利税率

投资利税率是项目达到设计生产能力后的一个正常生产年份的利税总额或项目生产期内平均利税总额与项目总投资的比率。计算公式为：

$$投资利税率 = 年利税总额或年平均利税总额/项目总投资 \times 100\%$$

$$年利税总额 = 年销售收入（不含销项税）－年总成本费用（不含进项税）$$

或：　　$$年利税总额 = 年利润总额 + 年销售税金及附加（不含增值税）$$

在项目评估中，可将投资利税率与行业平均利税率对比，以判别项目单位投资对国家积累的贡献水平是否达到本行业的平均水平。

（七）资本金利润率

资本金利润率是在项目达产后的正常生产年份的利润总额或项目生产期内平均利润总额与资本金的比率，它反映项目资本金的盈利能力。其计算公式为：

$$资本金利润率 = 年利润总额或年平均利润总额/资本金 \times 100\%$$

四、项目清偿能力分析

项目清偿能力分析主要通过计算一些反映项目还款能力的指标，分析判断项目还款期间的财务状况及还款能力，分析项目按时偿还贷款的可能性。清偿能力的分析可以通过以下指标进行：

（一）资产负债率

资产负债率是反映项目各年负债水平、财务风险及偿债能力的指标。该指标可以直观地反映项目今后的负债水平，通过对这个指标的分析，对项目今后的还款能力可以有个大体上的了解，判断项目的负债水平是否超出所允许的程度。在分析中资产负债率指标必须结合其他指标使用，只有对企业的生产经营情况进行全面的分析，才能正确判断借款人的还款能力，而不能简单根据资产负债率进行判断。

（二）贷款偿还期

项目归还贷款所需的时间就是贷款偿还期，贷款偿还期一般用于计算项目偿还固定资产贷款所需的时间，对银行来说，计算贷款偿还期的主要任务是了解项目偿还贷款所需的时间，分析在还款方式和还款条件既定的情况下，项目能否在银行要求的时间内归还贷款。分析项目的还款能力时，除了进行还款指标计算外，还必须把项目的还款资金来源分析作为评估的重点。项目有哪些还款资金来源，各种来源的可能性如何？项目本身的利润是否已按规定提取了公积金和公益金后再拿来还款？项目的还款资金除了项目本身所产生的资金外，还允许项目业主以其综合效益还贷。

（三）流动比率和速动比率的分析

流动比率和速动比率的分析方法与信用分析方法相同，不再赘述。

五、贷款风险性评估

贷款风险性评估是指对避免贷款风险的保证措施进行调查分析，它包括贷款风险度评估、贷款信用担保评估、贷款抵押物价值评估。

（一）贷款风险度测算与评估

贷款风险度测算与评估是从债权人的角度出发，从贷款方式的选择和贷款对象的选择两个方面，综合考虑对信贷资产风险度的影响。贷款风险度是贷款方式对信贷资产安全的影响系数（即贷款方式基础系数）与贷款对象对信贷资产安全的影响系数（即企业信用等级系数）以及贷款期限三者的乘积。计算公式为：

$$贷款风险度 = 企业信用等级变换系数 \times 贷款方式基础系数 \times 贷款期限系数$$

贷款风险度数值越小，表明贷款的风险性越小。

（二）贷款信用担保评估与审查

贷款信用担保评估与审查内容包括：

（1）信用担保企业的担保资格审查　主要对企业性质、经营实力、财务状况、企业法人营业执照等进行评审，确认信用担保资格，测算担保能力。担保能力的计算公式为：

$$担保能力 = \frac{企业负债总数 + 担保总额}{企业资产总额} \times 100\%$$

企业担保能力数值越小，表明担保企业的担保能力越强。

（2）担保企业信用情况评估　对担保企业近两年的贷款按期偿还、贷款按期承付及经济合同如期履行情况进行综合评估。

（三）贷款抵押评估与审查

贷款抵押评估与审查内容包括：

① 调查分析抵押对象（借款人或第三方保证人）是否具有法人资格。

② 评估审查贷款抵押物是否符合国家有关文件的规定要求，选择易于保管、转让、变卖（兑现）及适销适用、质量完好的资产作为抵押物。

③ 评估抵押物价值。根据国家有关规定，考虑抵押资产价值、净值、新旧程度等因素，采用清算价格计算抵押物价值。

④ 进行抵押率分析。抵押率的计算公式为：

$$抵押率 = \frac{贷款本息总额}{抵押物价值额} \times 100\%$$

六、项目不确定性分析

项目评估所采用的数据，大多数来自预测和估算，随着项目的实施和时间的推移，项目原料市场和产品市场供求关系、技术水平、经济环境、政策法律等影响项目效益的不确定性因素都可能发生变化。为了分析不确定因素对经济评价指标的影响程度，了解项目可能承担的风险，需要进行不确定性分析，以确定项目在经济、财务上的可靠性程度。在评估实务中，不确定性分析方法应用较多的是盈亏平衡分析和敏感性分析。

（一）盈亏平衡分析

盈亏平衡分析是通过盈亏平衡点（BEP）分析项目成本与收益平衡关系的一种方法，在盈亏平衡点上，企业的销售收入总额与产品销售总成本（含销售税金）相等，企业处于不盈不亏状态。盈亏平衡点通常根据正常生产年份产品产量或销售量、固定成本、变动成本、产品价格、销售税金及附加等数据计算，用产量、销售收入、生产能力利用率及销售单价来表示。

（1）用实际产量表示的盈亏平衡点，其计算公式为：

盈亏平衡点产量＝年固定成本／（产品单价－单位产品可变成本－单位产品销售税金）

（2）用销售收入表示的盈亏平衡点，其计算公式为：

盈亏平衡点销售收入＝产品单价×年固定成本／（产品单价－单位产品可变成本－单位产品销售税金）

（3）用生产能力利用率表示的盈亏平衡点，其计算公式为：

盈亏平衡点生产能力利用率＝年固定成本／（年销售收入－年变动成本－年销售税金）×100％

（4）达产年份以销售单价表示的盈亏平衡点，其计算公式为：

盈亏平衡点销售单价＝达产年份单位产品固定成本＋单位产品变动成本＋单位产品销售税及附加

一般情况下，无论以何种形式表示，盈亏平衡点是越低越好，因为盈亏平衡点越低表明项目抗风险能力越强。用盈亏平衡点来分析项目的抗风险能力时必须结合项目的背景材料和实际情况，才能对项目的抗风险能力做出正确判断。

计算盈亏平衡点时，要注意销售单价、销售收入、变动成本、销售税金在增值税计算口径上的一致性。

通常以画盈亏平衡图来直观地反映项目的盈亏平衡情况。横坐标代表盈亏平衡点的表示方式（产量、单价、生产能力利用率等）的变化，纵坐标表示年销售收入或年总成本。

（二）敏感性分析

通过分析项目主要因素发生变化时对项目经济评价指标的影响程度，从中找出对项目效益影响最大的、最敏感的因素，并进一步分析其可能产生的影响。在项目计算期内可能发生变化的因素有产品产量、产品价格、产品成本或主要投入物的价格、固定资产投资、建设工期以及汇率等。

敏感性分析通常是分析上述单因素变化或多因素变化对项目内部收益率产生的影响，银行则可以分析敏感因素的变化对贷款偿还期的影响。项目对某种因素的敏感程度可以表示为该因素按一定比例变化时评价指标的变化（列表表示），也可以表示为评价指标达到某个临界点时允许某个因素变化的最大极限。

进行敏感性分析时，各敏感因素及其变化幅度的确定要在经过深入调查分析的基础上进行，特别是变化幅度，不能简单机械地确定。

为了直观地表示敏感因素对评价指标的影响程度，可以绘制敏感性分析图，纵坐标表示评价指标值及其变化，横坐标表示敏感性因素的变化幅度。

七、财务评价的基本报表

对项目进行财务分析,必须利用现代会计的一系列报表,在这些财务报表所提供的数据基础上进行财务分析。

(一) 基本财务报表

① 现金流量表:现金流量表(全部投资);现金流量表(自有资金)。
② 损益表。
③ 资金来源与运用表。
④ 资产负债表。
⑤ 借款还本付息表。

(二) 辅助报表

在评估中,为编制基本财务报表,还必须编制一些辅助报表,辅助报表可以根据计算需要编制,一般有以下这些:

① 固定资产投资估算表;
② 流动资金估算表;
③ 投资计划与资金筹措表;
④ 固定资产折旧费计算表;
⑤ 无形及递延资产摊销估算表;
⑥ 总成本费用估算表;
⑦ 产品销售(营业)收入和销售税金及附加估算表;
⑧ 投入物成本计算表(用于计算生产中投入物成本和进项税)。

八、项目银行、社会效益评估

(一) 项目银行效益评估

项目银行效益评估包括流动性评估和相关效益评估。

1. 流动性评估

(1) 存贷比率

$$存贷比率 = \frac{企业存款}{固定资产贷款 + 流动资金贷款} \times 100\%$$

企业存款是指借款企业在贷款银行的企业存款,它包括结算户存款和其他存款。结算户存款一般按销售收入的一定比例测算;其他存款按企业正常年份的折旧和未分配利润两项的滞留额(企业计划以后年份使用部分)估算。存贷比率越大,表明以贷引存效果越好。

(2) 银企资金相向流动现值比

$$银企资金相向流动现值比 = \frac{回流银行资金现值}{流出银行资金现值} \times 100\%$$

式中:回流银行资金现值为项目寿命期内固定资产贷款回收、流动资金贷款回收、企业存款、贷款利息回收的现值和;流出银行资金现值为项目寿命期内固定资产贷款、流动资金贷款、企业存款支用、存款利息支出的现值和。

该比值大于1,表明从项目投资的起始时点看,其流动性呈现"正反馈"效果;
该比值为0.8~1,表明流动性效果一般;
该比值小于0.8,表明流动性效果较差。

2. 银行相关效益评估

银行贷款相关效益反映银行从贷款项目中获得的间接好处,评估内容主要包括:调查分析项目建设是否有利于银行掌握行业的动态经济信息;是否有利于密切银行与地方政府和主管部门的关系;是否有利于扩大其他业务发展和机构网点建设;是否有利于提高银行社会知名度和业务竞争能力。

(二) 项目社会效益评估

项目社会效益评估是分析计算项目建成投产以后,给国民经济发展带来的间接经济效益和辅助经济效益。评估项目社会效益方法有定性分析和定量分析。

1. 定性效益评估

主要分析项目建成投产后,对环境保护和生态平衡的影响,对提高地区和部门科学技术水平的影响,产品质量提高对产品用户的影响,对提高人民物质文化生活及社会福利的影响,对城市整体改造的影响,对提高资源综合利用率的影响,对项目建设地区的产业结构与经济发展的影响。

2. 定量效益评估

主要分析计算投资就业效果指标。

就业效果为单位投资创造的新就业机会(只计算项目直接就业率),其计算公式为:

$$就业效果 = \frac{新增就业人数}{新增总投资}$$

在劳动力充足条件下,企业应尽可能以一定数量的资金创造更多的就业机会。

练习题

一、名词解释

1. 贷款项目评估 2. 净现值 3. 财务内部收益率 4. 敏感性分析 5. 盈亏平衡分析
6. 投资利润率 7. 投资回收期

二、单项选择题

1. 在贷款项目评估中,效益成本评比法不包括(   )。

   A. 盈亏平衡点比较法 B. 最低成本分析法 C. 净现值比较法 D. 决策树分析法

2. 以下不属于项目生产条件评估的是(   )。

   A. 资源条件评估   B. 原材料供应条件评估
   C. 燃料和动力条件评估   D. 交通运输条件评估

3. 商业银行需要审查建设项目的资本金是否已足额到位,这符合银行贷款发放的(   )要求。

   A. 资本金足额   B. 进度放款   C. 适宜相容   D. 计划、比例放款

4. 银行对项目环境条件分析时,(   )不属于项目建设条件中的交通运输条件分析的内容。

   A. 厂址条件选择   B. 厂内、厂外的运输方式和设备
   C. 装、卸、运、储环节的能力 D. 各类物质的运输量和运输距离

5. 商业银行在贷款项目评估中,为编制基本财务报表,还必须编织一些辅助报表,辅助报表不包括(   )。

   A. 流动负债估算表   B. 总成本费用估算表

C. 投资计划与资金筹措表　　　　　　　D. 无形及递延资产摊销估算表

6. 水力发电站规模主要根据水源流量和落差来确定，这里的水源流量和落差属于（　　）项目规模制约因素。

A. 行业技术经济特点　　B. 环境　　C. 设备设施状况　　D. 其他生产建设条件

7. 财务内部收益率是反映项目（　　）能力的（　　）指标。

A. 获利；静态　　　B. 获利；动态　　　C. 偿债；静态　　　D. 偿债；动态

三、多项选择题

1. 贷款项目生产条件分析的内容主要包括（　　）。

A. 资源条件分析　　　　　　　　　B. 原材料供应条件分析
C. 燃料及动力供应条件分析　　　　D. 交通运输和通信条件分析
E. 外部协作配套条件和同步建设分析

2. 在贷款项目评估中，贷款人为有效降低和分散融资项目在建设期和经营期的各类风险，可以采取的措施包括（　　）。

A. 要求借款人使用金融衍生工具对冲相关风险
B. 要求借款人或者通过借款人要求项目相关方提供完工担保和履约保函
C. 要求发起人提供资金缺口担保
D. 要求借款人或者通过借款人要求项目相关方投保商业保险
E. 要求借款人签订长期供销合同

3. 银行对贷款项目的工程设计方案评估的内容主要包括（　　）。

A. 总平面布置方案分析
B. 产业基础和生产技术水平的协调性
C. 拟建项目的主要产品和副产品所采用的质量标准是否符合要求
D 选择的设备具有较高的经济性
E. 主要工程设计方案的分析

4. 项目的盈利能力分析主要包括（　　）。

A. 投资回收期　　B. 资本金利润率　　C. 投资利润率　　D. 资产负债率
E. 财务内部收益率

5. 项目评估中贷款风险性评估是指对项目避免贷款风险的保证措施进行调查分析，包括（　　）。

A. 贷款抵押物价值评估　　　　B. 贷款信用担保评估
C. 贷款风险度评估　　　　　　D. 贷款偿债能力评估
E. 贷款的社会效益评估

6. 需要在项目达产后才能使用的盈利能力指标有（　　）。

A. 财务内部收益率　　　　　　B. 投资利润率
C. 净现值率　　　　　　　　　D. 投资利税率
E. 资本金利润率

四、判断题

1. 财务净现值小于零，表明项目的获利能力超过基准收益率或设定收益率。一般来说，该项目可以接受。（　　）

2. 贷款项目评估是以贷款人出具的资料为基础，从技术、经济等方面对项目进行科学审查与评价的一种理论和方法。（　　）

3. 通过敏感性分析，可以找出项目的敏感因素，并确定这些因素变化后，对评价指标的影响程度，使决策者能了解项目建设中可能遇到的风险，从而提高投资决策的准确性。（　　）

4. 对借款人资金筹措评估，主要是审查各项借款人资金是否通过合法合规途径取得；对于银行贷款，主要审查是否有备金融机构的贷款承诺或贷款意向。（　　）

5. 固定资产投资由工程费用、工程建设其他费用和预备费用、固定资产投资方向调节税构成。（　　）

6. 到目前为止，国内银行对项目的评估基本上采用以银行工作人员为主的评估模式，很少邀请与项目有关的技术及管理专家参加评估工作，这种模式一定程度上影响了项目评估的质量。（　　）

五、问答题

1. 贷款项目评估有什么意义？
2. 贷款项目评估要遵循什么原则？
3. 如何对项目偿债能力进行评估？
4. 项目效益评估指标如何计算？
5. 如何对项目贷款风险性进行评估？

第七章

贷款担保

【学习目的与要求】

了解贷款担保的概念及担保的分类；

了解贷款担保的原则和作用；

掌握贷款保证人资格与条件、贷款保证的风险度；

掌握贷款抵押物的范围、抵押的风险及防范；

掌握贷款质押物的范围、质押的风险及防范。

【案例导入】

银行运用担保物权成功收回不良资产

2010年6月，借款人某商贸公司与某银行签订《固定资产借款合同》，贷款金额为人民币3亿元，期限10年，分10期归还，到期日为2020年6月。借款人将贷款主要用于某"现代金融服务业集聚区"项目的开发建设，该项目位于某市开发区，地上建筑面积10万平方米，地下建筑面积3万平方米，土地使用权性质为工业。借款人以项目在建工程（工业厂房）及土地使用权提供抵押担保，与某银行签订了《抵押合同》，并办妥了抵押登记手续。2015年12月，项目建设完工并取得产权证，在某商贸公司配合下，某银行将在建工程抵押变更为现房抵押。

2016年1月，鉴于商办用房的市场紧俏行情，某商贸公司便向社会融资（实质为民间借贷），将项目工业厂房按照商办用房标准进行大规模改建和二次装修，后被部分民间借贷债权人诉至法院。鉴于贷款面临巨大风险，2016年2月，某银行向法院递交了实现担保物权申请。5月，法院作出民事裁定书，支持某银行对某商贸公司的抵押物实现担保物权申请。6月，某银行向法院申请强制执行。7月，在法院主持下，某银行与某商贸公司和第三方签订协议，由第三方向某银行支付收购抵押物款项，某银行收回全部贷款本息及诉讼费用。

资料来源：金融论坛，2016年10月24日。

第一节 贷款担保概述

一、贷款担保的作用

（一）担保的概念及特点

1. 担保的概念

《中华人民共和国担保法》（以下简称担保法）上的担保是债权担保，通常认为是督促债务人履行债务、保障债权实现的一种法律手段。具体地说，债权担保是指债权人与债务人或与第三人根据法律规定或相互间的约定，以债务人或第三人的特定财产或以第三人的一般财产（包括信誉）担保债务履行、债权清偿的法律制度。这种债权担保是为保障债权清偿而设立的特殊的担保制度，不同于一般担保，它是以债务人或第三人的特定财产和第三人的一般财产为特定债权所作的担保，前者为物的担保，后者为人的担保。债权担保依照法律规定或当事人约定而产生。

2. 担保的特点

担保有以下特点：

（1）担保具有从属性　所谓担保的从属性是指担保从属于主债，即担保的成立、变更和终止均依附于主债。如果没有主债务，担保不可能发生；如果主合同债权转移给第三人，担保权也转移给第三人，主债务变更的，一经担保人同意，即对担保人发生效力；主合同的效力影响担保的效力。

（2）担保具有自愿性　所谓自愿性是指担保在大多数情况下依据担保人、债权人、债务人三方的自愿合意成立，只有少数情况下依据法律规定而成立。债的关系成立后，担保是否设立、形式如何、担保人是否愿意提供担保等，都由担保人、债权人、债务人平等协商，自愿决定，订立担保合同。如果担保人被欺骗、强迫提供担保，担保合同无效。

（3）担保责任的承担具有或然性　所谓或然性是指担保合同成立后，担保人最终是否承担担保责任具有不确定性。只有主合同债务人不履行、不完全履行或不适当履行义务时，债权人在担保有效期内主动请求担保人履行担保义务的，担保人才承担担保责任。如果主合同债务人已经履行、正在履行或有不履行的合法抗辩理由，或者债权人不主动行使担保请求权或不是在担保期间提出请求权的，担保人就不负担保责任。

（4）担保具有财产权性　所谓财产权性是指担保权本质上是一种财产权，反映的是财产权关系。担保的财产权性可分为物权性和债权性两种。保证和定金是一种债权，抵押、质押和留置是一种担保物权，所以，财产性是债权担保的共性。

（5）担保具有变价性　所谓变价性是指作为一种价值权的担保权，是通过对担保物的变价受偿，而并不要求其实体用意来实现债权。

（二）贷款担保的概念

贷款担保是指为提高贷款偿还的可能性，降低银行资金损失的风险，银行在发放贷款时要求借款人提供担保，以保障贷款债权实现的法律行为。银行与借款人及其他第三人签订担保协议后，当借款人财务状况恶化、违反借款合同或无法偿还本息时，银行可以通过执行担保来收回贷款本息。担保为银行提供了一个可以影响或控制的第二还款来源，从而增加了贷款最终偿还的可能性。因此，在发放贷款时，银行要求借款人为贷款提供相应的担保，这样银行资金更具安全性。

（三）贷款担保的作用

在我国市场经济建立和培育过程中，银行开展担保贷款业务具有重要的意义。担保的作用主要表现为：

1. 协调和稳定商品流转秩序，使国民经济健康运行

随着社会的进步和科学技术的发展，我国经济市场化、商品化、货币化的程度已迅速提高。与此相适应，市场机制和竞争机制在商品经济发展中的作用也越来越大。这一方面改善了社会资源分配，提高了社会经济运行效率；另一方面也造成了部分经济失衡状态的加剧恶化。在市场经济条件下，一项特定债务得不到清偿，不仅会影响某一企业或某一银行生产和

经营活动的正常运行,还会影响其他债权债务关系的维持,导致整个国民经济的紊乱。为避免这种情况发生,客观上要求建立一种债权债务关系的履行机制和保障制度。贷款担保就是这样一种机制,它是对借款企业和贷款银行之间特定债权债务关系的担保。它避免了因借款企业不能归还贷款本金利息而对银行和其他经济活动产生的影响,从而促进商品流转秩序的协调稳定和国民经济的健康运行。

2. 降低银行贷款风险,提高信贷资金使用效率

在商品经济条件下,来自自然和社会破坏经济关系的因素很多,并且许多是人们无法预测和解决的。在具体的经济活动中,经常有一些借款企业因各种原因无法维持正常的生产和经营活动,从而使银行信贷资产遭受损失。

银行为避免借款企业无力还本付息可能造成的危害,除了在发放贷款时,通过认真征信、预测和分析以防避风险外,另一种有效途径,就是建立风险经营管理机制,通过转移风险,共同承担和约束风险来减少和消除损失。贷款担保是信贷资产风险管理的一种方法,它可以减少银行对借款企业违约的担心,使贷款的偿还有了双重保证,把借款企业不还贷的风险转移给了第三者。银行贷款的顺利收回有利于银行扩大贷款投放,充分发挥信贷资金的利用效果。所以,开办担保贷款有利于降低银行贷款风险,提高银行信贷资金使用效益。

3. 促进借款企业加强管理,改善经营管理状况

在担保贷款中,担保企业作为第三者要以其信誉或财产对借款企业的还贷能力予以担保,因此,当借款企业不能按期偿还贷款本息时,担保企业就必须代为清偿。担保企业为了保证自身财产的安全,必然关心借款企业的经营状况和履约能力的变化。为防止借款企业因经营不善而失去还贷能力,担保企业不仅会督促借款企业按期还本付息,而且积极帮助借款企业提高管理、改善经营、克服经营中出现的困难。所以,担保企业的行为有利于促进借款企业加强管理、改善经营管理状况。

4. 巩固和发展信用关系

首先,信用关系的健康存在和发展要求有良好的信用制度和偿债还贷秩序。但在我国现实经济生活中,债务或借款拖欠、赖账等现象经常存在,这些行为严重地干扰了经济秩序,破坏了信用制度的发展。银行开展担保贷款业务,就能通过担保形式的约束建立银行与借款企业之间、借款企业与担保企业之间以及担保企业和银行之间规范正常的信用关系,当某一方违约时,可通过法律手段进行调整,从而维护金融秩序的稳定。

其次,利用担保贷款有利于银行信用的实现。在商品经济条件下,社会资金的循环和周转要求各种形态的资金按比例地分布于再生产的相应环节,以保证社会再生产的顺利进行。然而,由于商品经济发展的不平衡性,总是存在着资金余缺的矛盾,银行信用作为一种中介信用是调剂这种资金余缺的重要手段。但是,银行并不总能得到充分的信用保证或履约保证,在此情况下,银行贷款便不能实现。由第三者对借款企业的还贷能力进行担保,弥补了借款企业信用能力的不足,方便了银行信用的实现。

二、贷款担保的分类

贷款担保可分为人的担保和财产担保两种。人的担保主要指由作为第三人的自然人或法人向银行提供的,许诺借款人按期偿还贷款的保证。如果债务人未按期还款,担保人将承担还款的责任。财产担保又分为不动产、动产和权利财产(例如股票、债券、保险单等)担保。这类担保主要是将债务人或第三人的特定财产抵押给银行。

贷款担保的形式有多种,一笔贷款可以有几种担保,担保具体的形式主要有如下三种:

（1）保证　保证是指保证人和债权人约定，当债务人不履行债务时，保证人按照约定履行债务或者承担责任的行为。

（2）抵押　抵押是债权人在担保财产中合法利益的保障。通过担保取得抵押权的债权人在债务人未按时偿还债务时可出售或转让抵押品，但债务人一旦按期偿还债务，债权人即失去此权利。抵押的一个重要特征是债务人仍保持对抵押财产的占有权，而债权人（抵押权利人）则取得所有权或部分所有权，或者当债务人未按期偿还债务时获得对抵押财产所有权的权利。

（3）质押　质押是将为债务提供的动产担保品存放在债权人处的行为。质押不同于抵押之处在于，债权人（贷款人）取得对担保品的占有权，而借款人保留对该财产的所有权。

三、贷款的担保原则

担保法规定，担保活动应当遵循平等、自愿、公平、诚信的原则。贷款担保必须遵循这些原则。

1. 平等原则

平等原则是担保法确立的首要核心原则，是指在担保活动中一切当事人法律地位平等，任何一方不得把自己的意志强加给对方。平等在担保活动中主要体现为：当事人在担保活动中地位平等；担保活动的参与者受平等的法律保护。

2. 自愿原则

自愿原则是指民事主体在从事担保活动时，能充分根据自己内心的意愿，设立、变更和终止担保法律关系。自愿在担保活动中主要体现为：担保活动的当事人享有自主的决策权；法律对违背自愿要求的担保合同不予保护。

3. 公平原则

公平原则是指当事人应根据公认的公平观念进行担保活动；司法机关应以公平、正义的标准处理担保纠纷。公平在担保活动中主要体现为：各个担保主体之间的权利与义务应互相对等；担保主体在取得自身权力和利益的同时，应承担相应的义务和责任。

4. 诚实信用原则

诚实信用原则要求担保活动的当事人在履行权利和义务时，应当遵守诚实信用的道德准则。诚实信用在担保活动中主要体现为：担保主体在担保活动中应以诚实信用为准则，处理好与当事人之间的利益关系和与社会的利益关系；在担保活动中依据诚实信用原则，讲究信用，恪守诺言；贯彻诚实信用原则以弥补法律规定的不足。

【资料】

村镇银行创新担保方式解决抵押难题

我国村镇银行定位之一是"支农支小"，但不少地方存在农村客户担保方式单一、抵押物缺失等问题。因此，村镇银行亟须扩大担保抵押范围，设计新的担保抵押模式。《每日经济新闻》记者注意到，村镇银行目前多采取信用村、联保以及道义担保等方式解决抵押难题。

"一方面我们推行以担保为主的信贷模式，对于20万元以上的大额贷款，不需抵押，只需由合适的保证人提供信用保证即可获得贷款；一方面对于20万元以下的小额贷款，力推道义担保方式放款，即由借款人的亲人，朋友，同事等与其有感情，对其有影响的人为其提供保证担保。"湖北大冶泰隆村镇银行人士坦言。

四川仪陇惠民村镇银行负责人介绍称,"我们行大力推广不动产抵押及动产质押贷款、担保贷款,积极开办仓单、仓储、股权、收费权、应收账款质押贷款。目前担保、质押、联保贷款占我们行全部贷款的40%。"

资料来源:网易财经,2017年3月20日;http://money.163.com/17/0320/00/CFUB183U002580S6.html。

第二节 贷款保证担保

一、贷款保证的定义

保证是指保证人和债权人约定,当债务人不履行债务时,保证人必须按照约定履行债务或者承担责任的行为。保证就是债权债务关系当事人以外的第三人担保债务人履行债务的一种担保制度。在成立保证担保的情况下,如果债务人不履行债务,由保证人代为履行或承担连带责任,以满足债权人的清偿要求。

保证贷款是商业银行按照国家《担保法》及《物权法》规定的保证方式,以第三人承诺在借款人不能偿还贷款本息时,由其承担一般责任保证或者连带责任保证而发放的贷款。一般责任保证是指当事人在保证合同中约定,当债务人到期不能履行债务时,由保证人承担一般保证的责任,即在主合同纠纷未经审判或者仲裁,并未就债务人财产依法强制执行前,保证人可以免除责任。连带保证责任,是指当事人在保证合同中约定,保证人与债务人连带负担债务履行的保证。在连带保证责任中,债务人到期不能按约定偿还债务,债权人有权要求借款人偿还债务,也有权要求保证人偿还债务。由于连带责任保证更能保证债权人的利益,因此,商业银行发放保证贷款基本上都采用连带责任保证方式。

二、保证人资格与能力

《担保法》对保证人的资格作了明确的规定,只有那些具有代主债务人履行债务能力的法人、其他组织或者公民才能做保证人。法律禁止担保的不能作为保证人。

《担保法》规定以下几种人不得作为保证人:

国家机关不得作为保证人,但经国务院批准为使用外国政府或国际经济组织贷款进行转贷的除外;

学校、幼儿园、医院等以公益为目的的事业单位、社会团体不得为保证人;

企事业法人的分支机构、职能部门不得为保证人。企业法人的分支机构有法人书面授权的,可以在授权范围内提供保证;

股份公司、有限责任公司不宜充当本公司股东或其他个人的保证人,主管部门和行政性公司不得为保证人。

《担保法》还规定,任何单位和个人不得强令银行的金融机构或企业为他人提供担保;银行等金融或者企业对强令其为他人提供保证的行为,有权拒绝。

保证人的保证能力即保证人代主债务人清偿债务的能力。《担保法》规定"具有代为清偿能力的法人、其他经济组织或者公民,可以作为保证人。"这是对保证人保证能力的原则性规定。然而,保证资格是提供保证的前提,具有保证资格和保证能力,才可担任保证人。

保证人是企业法人或非法人组织的,必须拥有合法资格,持有营业执照、经营状态良好、自身资金周转正常,为他人提供担保的额度在本身保证能力范围内,且自身没有影响经营的诉讼案件。保证人是事业单位或社会团体的,必须领取"事业单位法人证书"或"社会团体法人登记证书"。保证人是自然人的,必须具有完全民事行为能力,有经济来源,即具有足够代偿贷款本息的能力,诚信度高,个人信用无不良记录,并且愿意为借款人担保。

三、担保范围及担保期间

1. 保证担保的范围

担保范围分为法定范围和约定范围。按照《担保法》规定的贷款担保的法定范围为:

(1)主债权　即由借款合同、银行承兑协议、出具保函协议书等各种信贷主合同所确定的独立存在的债权。

(2)利息　由主债权所派生的利息。

(3)违约金　指由法律规定或合同约定的债务人不履行或不完全履行债务时,应付给银行的金额。

(4)损害赔偿金　是指债务人因不履行或不完全履行债务时给银行造成损失时,应向银行支付的补偿费。

(5)实现债权的费用　是指债务人在债务履行期届满而不履行或不完全履行债务,银行为实现债权而支付的合理费用。一般包括诉讼费、鉴定评估费、公证费、拍卖费、变卖费、执行费等费用。

(6)质物保管费用　是指在质押期间,因保管质物所发生的费用。

2. 贷款担保期间

保证期间是根据当事人约定或者法律规定,债权人应当向债务人或者保证人主张权利的期间,债权人在此期间没有主张权利的,则保证人不再承担保证责任。根据《担保法》的规定,一般保证的债权人在保证期间为对债务人提起诉讼或申请仲裁,或者连带责任保证的债权人在保证期间未要求保证人承担保证责任的保证人免除保证责任。因此,保证期间既是重要的法律概念,也是重要的法律事实,能够引起保证法律关系的产生、变更或消灭。保证期间是不变期间,不因任何事由发生中断、中止、延长的法律后果。保证期间有三类:

(1)约定期间　是指债权人与保证人在保证合同中约定保证人承担保证责任的时限。一般约定保证期间为主债务履行期届满之日起两年。

(2)法定期间　根据《担保法》的规定,保证人与债权人未约定保证期间的,保证期间为主债务履行期届满之日起6个月。

(3)连续保证期间　指的是连续发生的债权在一定的最高限额内提供保证的期间。

法律规定保证期间的目的在于促使债权人既是向债务人或保证人行使权力,避免可能因债务人财物状况恶化而影响到债权的实现,同时也可以避免保证人长期处于可能承担责任的不利状态。

四、保证贷款操作要点

(一)提交保证担保资料

办理保证贷款借款人除按规定提供相关资料外,保证人需向贷款银行提交下列资料:

(1)保证人同意承担保证责任担保的合法有效证明文件;

(2)保证人企业法人营业执照或事业单位法人证书,法定代表人身份有效证明或法定代表人授权委托书;

(3)保证人经审计的近3年的财务报告和近期的财务报表;

(4) 保证人信用报告和年度信用等级证明;
(5) 债权人需要保证人提供的其他资料。

(二) 审查保证人的主体资格

经商业银行认可的具有较强代为清偿能力的、达到或者相当于银行规定的 AA 级以上企业信用,经国家工商行政管理机关(或其主管机关)核准登记并办理年检手续;无重大债权债务纠纷的以下单位和个人可以接受为保证人:

(1) 金融机构;
(2) 从事符合国家法律、法规的生产经营活动的企业法人;
(3) 从事经营活动的事业法人;
(4) 其他经济组织;
(5) 自然人;
(6) 担保公司。

法人、其他组织作为保证人主体资格主要审查:营业执照、企业章程、协议文件、验资报告、股东名册、董事会名册;法定代表人身份证明;资产负债率低于 70%;信用等级 AA 级以上企业;合法经营、无不良信用记录、提供真实材料等。

专业担保公司作为保证人主体资格审查主要审查(除上述条件外):注册资金是否足额到位;是否已建立完善的风险控制机制和风险补偿机制;信贷管理和法规部门对其合作资格进行认定;是否签了合作协议,开立担保基金账户,实行专项储存管理。

自然人作为保证人主体资格审查主要审查:年龄是否在 18~60 周岁,具有完全民事行为能力、身体健康;有固定住所、有效身份证、有稳定经济来源;有财产、品德良好、无违约行为和不良信用记录、愿意接受银行监督。

(三) 评价保证人的代偿能力

对符合主体资格要求的保证人应进行代偿能力评价。对保证人代偿能力的评价,包括代偿能力现实状况评价和代偿能力变动趋势分析。并按照规定程序审定保证人的信用等级,测算信用风险限额。

保证人保证限额,是指根据客户信用评级办法测算出的保证人信用风险限额减去保证人对商业银行的负债(包括或有负债)得出的数值。其中:

保证人信用风险限额 = 偿债能力基数 × 限额乘数

偿债能力基数 = 保证人净资产 × 权重 + 销售收入 × 权重

具体行业权重、销售收入与净资产的最大比及行业客户限额见表 7-1、表 7-2、表 7-3。

表 7-1 偿债能力基数计算权重表

行　　业	房地产	批发零售	制造业	其他
销售收入权重	0%	70%	50%	50%
净资产权重	100%	30%	50%	50%
(销售收入/净资产)最大比例	0	4.92	2.41	2.34

表 7-2 销售收入和净资产最大比例表

销售收入和净资产最大比例	房地产业	批发零售业	制造业	其他
	0	4.92	2.41	2.34

表 7-3 不同行业客户限额乘数取值

信用级别	房地产业	批发零售业	制造业	其他
AAA	0.85	1.13	1.2	1.2
AA+	0.7	0.8	1.1	1.1
AA	0.65	0.75	0.85	0.85
AA-	0.5	0.6	0.8	0.8

我国有的银行规定,对工商企业作为保证人的企业信用等级必须是 AA 级及以上,其对外保证最高限额在净资产的 4 倍以内,还要对商业银行的负债(包括或有负债)。还有的银行规定,保证人的或有负债总额一般不大于其资产总额属于比较适合的情况。

(四) 审查保证人及法人代表印鉴真伪

认真审查保证人及法人代表印鉴真伪,确保在保证合同上签字的人须是有权签字人或经授权的签字人,严防假冒或伪造的签字以及使用伪造印鉴。

(五) 验证保证人的生产经营能力、经济效益

通过分析保证人近 3 年及近期的财务状况、信用状况及未来发展趋势,分析保证人的生产经营能力、盈利能力。主要分析保证人的资产的规模和质量、保证人的偿债能力、保证人的盈利能力、业务经营状况、信用记录及履约情况等。

(六) 注重保证贷款的贷后管理

保证贷款发放以后,除加强得借款人管理外,还要加强对保证人管理,督促保证人履行保证合同规定的各项义务。同时注意以下几个方面:

① 借款人发生贷款债务转移的,除应经得债权人书面同意外,还应取得保证书面同意,或另觅保证人,借款人、债权人和保证人应重新签订相应合同;

② 借款人因各种原因不能按期偿还贷款本息而要求银行展期时,应取得保证人书面同意。贷款展期经银行批准后,借款人、贷款人、和保证人应重新签订合同;

③ 保证人在保证期间,被宣告撤销、破产、关停或因其他原因不能履行保证责任时,贷款银行有权要求借款人更换经贷款人同意的保证人或提供其他担保方式;

④ 债务人不能按期归还贷款本息,贷款行除向借款人发出催收通知书外,还应书面通知负有连带责任保证的保证人,要求其履行保证责任。如保证人不履行其担保责任,贷款银行可以诉诸法院,主张债权。

五、贷款保证风险及其防范

(一) 贷款保证存在的主要风险因素

(1) 保证人不具备担保资格 国家机关、以公益为目的的事业单位或企事业法人的职能部门都不具备担保资格。

(2) 保证人不具备担保能力 如果保证人没有能够代为清偿借款人的财产,或者有财务但不具有处分权,或者有处分权但无法变现清偿,这样的担保形同虚设。

(3) 虚假担保人 借款人以不同名称的公司向同一家银行的多个基层单位借款,而且相互提供担保,借款和担保人公司的法定代表人往往也是同一人兼任的。这样的贷款具有较大的风险性。

(4) 公司互保 两公司之间相互为对方在银行的贷款进行担保(也称互相保证)。这种行为在法律上并没有被禁止,但银行也必须小心对待。因为互保企业,只要其中一方出问题被其他银行追诉,另一方可能由于承担保证责任而出现问题。

(5) 保证手续不完备,保证合同产生法律风险 办理一笔保证贷款通常需要保证人出具保证函,与贷款银行签订保证合同。这些法律性文件都必须有法定代表人签字并加盖公章才能生效,银行方面需要核对签字与印章。此外,还存在保证合同条款约定不明确,不符合法律法规的要求等一系列问题。这些都将使保证合同产生重大隐患,甚至导致合同无效。

(6) 超过诉讼时效,贷款丧失胜诉权 《民法通则》规定:诉讼时效期间从知道或者应当知道权利被侵害时起计算。因此,就一笔保证贷款而言,如果逾期时间超过2年,2年期间借款人未曾归还贷款本息,而贷款银行又未采取其他措施使诉讼时效中断,那么该笔贷款诉讼时效期间已超过,将丧失胜诉权。同样,就保证责任而言,如果保证合同对保证期间有约定,应依约定;如果保证合同未约定或约定不明,则保证责任自主债务履行期届满之日起6个月,在上述规定的时期内债权人未要求保证人承担保证责任,保证人免除保证责任。

(二) 贷款保证的风险防范

1. 有效核保

为了防范保证贷款的风险,商业银行所要做的就是核实保证。核实保证简称为"核保",是指去核实保证人提供的保证是否是在自愿原则的基础上达成的。强制提供的保证,保证合同无效。商业银行接受企业法人为保证人的,要注意验证核实以下几点:

① 企业法人出具的保证是否符合该法人章程规定的宗旨或经营范围,对已规定对外不能担保的,商业银行不能接受为保证人;

② 股份有限公司或有限责任公司的企业法人提供的保证,需要取得董事会决议同意或股东大会同意。未经上述机构同意的,商业银行不应接受为保证人。

2. 签订有效的保证合同

商业银行经过对保证人的调查核保,认为保证人具备保证的主体资格,同意贷款后,在签订借款合同的同时,还要签订保证合同,作为主合同的从合同。

根据《担保法》规定,书面保证合同可以单独订立,包括当事人之间的具有担保性质的信函、传真等,也可以是主合同中的担保条款。

保证人与商业银行可以就单个主合同分别订立保证合同,也可以协商在最高贷款限额内就一定期间连续发生的贷款订立一个保证合同,后者大大简化了保证手续。最高贷款限额包括贷款余额和最高贷款累计额,在签订保证合同时须加以明确,以免因理解不同发生纠纷。

保证合同的内容,应包括被保证的主债权(贷款)种类、数额,贷款期限,保证的方式,保证担保的范围,保证的期限,双方认为需要约定的其他事项。尤其是从合同之间的当事人名称,借款与保证金额,有效日期等,一定要衔接一致。

3. 保证在保证期间主张债权

保证贷款到期借款人不能偿还贷款本金和利息,贷款银行一定要尽快向保证人主张债权,应采取措施使诉讼时效中断,保证贷款诉讼时效在有效期内,实现胜诉权。

4. 加强与融资性担保公司合作

(1) 融资性担保公司及其管理 融资性担保是指担保人与银行业金融机构等债权人约定,当被担保人不能履行对债权人负有的融资性债务时,由担保公司承担合同约定的担保责任的行为。融资性担保公司是指依法设立,经营融资性担保业务的有限责任公司和股份有限公司。

融资性担保公司由省、自治区、直辖市人民政府实施属地管理。省、自治区、直辖市人民政府确定的监管部门具体负责辖区融资性担保公司的准入、推出、日常监管和风险处置，并向国务院建立的融资性担保业务监管联席会议报告工作。监管部门根据当地实际情况规定融资性担保公司注册资本的最低限额，但不得低于人民币500万元。注册资本为实缴货币资本。

融资性担保公司经监管部门批准，可以经营融资性担保业务包括：担保贷款、票据承兑担保、贸易融资担保、项目融资担保、信用证担保、其他融资性担保业务。融资性担保公司经监管部门批准可以兼营业包括：诉讼保全担保、投标担保、预付款担保、工程履约担保、尾付款如约偿付担保等履约担保业务、与担保业务有关的融资咨询、财务顾问等中介服务、以自有资金进行投资、监管部门规定的其他业务。

监管部门规定担保公司不得从事下列业务：吸收存款、发放贷款、受托发放贷款、受托投资以及其他业务。

（2）银行担业务合作的风险防范　加强银行与担保公司的合作是银行业金融机构促进社会发展，缓解小微企业和"三农"贷款难、担保难的一项重要举措。有利于银行业金融机构拓展业务领域，控制业务风险。

银行与融资性担保平等合作，互利共赢，应根据《关于促进银行业金融机构与融资性担保公司业务合作的通知》《融资性担保公司管理办法》中规定合作的要求，防范风险。

第一，银行应当将融资性担保机构持有经营许可证作为合作的一个必要条件，并根据担保机构公司治理、风险管控、依法合理经营的情况以及资本、信用、经营业绩等实际情况确定合作的深度和广度。

第二，银行应控制融资性担保公司融资担保的最高限额。融资性担保公司对单个被保证人提供的融资性担保责任余额不得超过其净资产的10%，对单个被保证人及其关联方提供的融资性担保责任余额不得超过净资产的15%。对融资性担保公司责任总余额按不超过其净资产的10倍掌握。银行之间要加强信息沟通和共享。

第三，银行与融资性担保公司合作时应对股东背景复杂、关联交易较多的融资性担保机构予以重点关注，防范融资性担保机构因资金不足、关联交易、挪用或占用客户担保保证金等问题可能给银行贷款造成的风险。

第四，银行要切实强化内部员工约束，防范其利用工作之便或间接参与融资性担保机构的违法违规活动，加大对违规违法和禁止行为的查处力度。

【资料】

民生银行"联保贷"业务

"联保贷"业务，是民生银行开发的标准化融资产品，是指民生银行为三户（含）以上相互熟悉、自愿组成联保体的企业提供的短期融资业务，授信担保方式为联保体成员为其他成员授信提供连带责任保证。

原则上一个联保小组须由3~5个小企业组成；受同一自然人（含配偶）或法人实际控制的多个小企业，只能有一个小企业参加联保小组，也不得分别参加多个联保小组；一个小组内，小企业实际控制自然人之间具有亲属关系的小企业不得超过1个。

- "联保贷"业务申办条件：

① 成立三年以上或主要股东（含实际控制人）在本行业从业五年以上；

② 主营业务清晰，无不良信用记录，具备代偿债务的能力；

③ 实际控制人无不良嗜好、无恶性不良信用记录；

④ 原则上在民生银行信用评级为 B4 级（含）以上；

⑤ 联保申请人之间不得为关联企业。

- "联保贷"业务融资额度：

① 联保体单户额度原则上最高不超过联保体整体额度的 40%，且不得超过其流动资金贷款需求测算值；

② 联保体最高单户额度不超过最低单户额度的 100%；

③ 联保体为三户的，总授信额度不超过 2000 万元。

- "联保贷"业务担保方式：

① 按照约定缴存足额保证；

② 联保体成员应向该联保体中其他任一成员的联保授信提供连带责任保证；

③ 企业实际控制人及其配偶（如有）应至少为其自身在民生银行授信提供连带责任保证；

④ 提供民生银行认可的其他辅助担保措施（如需）。

资料来源：https://baike.baidu.com/item/%E8%81%94%E4%BF%9D%E8%B4%B7/2367398?fr=aladdin.

第三节 贷款抵押

一、贷款抵押的概念

抵押，是指债务人或者第三人不转移对财产的占有，将该财产作为债权的担保。债务人不履行债务时，债权人有权依照担保法规定以该财产折价或者以拍卖、变卖该财产的价款优先受偿。

贷款抵押是指按《担保法》规定的，以借款人或第三人的财产或权利作抵押而发放的贷款。提供抵押财产或权利的债务人或第三人称为抵押人；所提供的抵押财产或权利称为抵押物；债权人商业银行则称为抵押权人。设定抵押之后，在债务人到期不履行债务时或者发生当事人约定的实现抵押权的情形，抵押权人有权依照法律规定以抵押物变卖、拍卖所得价款优先受偿。

二、抵押物的范围

（一）可设定抵押的抵押物范围

债务人在向商业银行提出信贷申请时，信贷人员应要求其提供担保方式意向。如采用抵押担保，根据《物权法》及《担保法》的规定，债务人或者第三人有权处分的下列财产可以抵押：

① 建筑物和其他土地附着物；

② 建设用地使用权；

③ 以招标、拍卖、公开协商等方式取得的荒地等土地承包经营权；

④ 生产设备、原材料、半成品、产品；

⑤ 正在建造的建筑物、船舶、航空器；

⑥ 交通运输工具；

⑦ 法律、行政法规未禁止抵押的其他财产。

抵押人可以将前款所列财产一并抵押。

经当事人书面协议，企业、个体工商户、农业生产经营者可以将现有的以及将有的生产设备、原材料、半成品、产品抵押，债务人不履行到期债务或者发生当事人约定的实现抵押权的情形，债权人有权就实现抵押权时的动产优先受偿。

以建筑物抵押的，该建筑物占用范围内的建设用地使用权一并抵押。以建设用地使用权抵押的，该土地上的建筑物一并抵押。

（二）不得抵押的财产

① 土地所有权；

② 耕地、宅基地、自留地、自留山等集体所有的土地使用权，但法律规定可以抵押的除外；

③ 学校、幼儿园、医院等以公益为目的的事业单位、社会团体的教育设施、医疗卫生设施和其他社会公益设施；

④ 所有权、使用权不明或者有争议的财产；

⑤ 依法被查封、扣押、监管的财产；

⑥ 法律、行政法规规定不得抵押的其他财产。

三、抵押物的估价及抵押登记

（一）抵押物估价

由于抵押物价值的不确定性，为了保证贷款的安全，银行对抵押物的价值都要进行评估。抵押物的估价是评估抵押物的现值。由于我国的法律还未就抵押物估价问题作出具体规定，抵押物的估价一般是根据银行确认的评估机构的评估价值来确定，或者由贷款银行和抵押人依据抵押物的账面净值，结合抵押物的现行市场价格及变动趋势来确定。不同的抵押物，价值的影响因素不同，估价方法也不同。

对于房屋建筑的估价，主要通过房产评估公司估价，也可银行自行评估。评估时主要考虑房屋和建筑物的用途及经济效益、新旧程度和可能继续使用的年限、原来的造价和现在的造价、地理位置等因素。

对于机器设备的估价，主要由银行自行评估。评估时以机器设备的账面净值为评估基础，同时要考虑其有形损耗和无形损耗。

对库存商品、产成品等存货的估价，主要是考虑抵押物的市场价格、预计市场涨落、抵押物销售前景。

对可转让的土地使用权的估价，取决于该土地的用途、土地的供求关系，估价的时间性和地区性，也都会对评估结果产生一定的影响。

（二）抵押物登记

1. 抵押登记的概念和作用

抵押登记是指抵押物登记机关根据当事人的申请，依照法定程序将抵押物上设定的抵押权及抵押权变更、终止等事项记载于抵押物登记簿上的行为，包括设立登记、变更登记和注销登记。抵押物登记以后，抵押物登记部门颁发他项权利证书，以证明抵押人已办理抵押物登记手续。

抵押物登记的作用，一是向社会公示抵押物已设定抵押权的情况；二是确定抵押合同生效的时间和抵押权成立时间；三是限制抵押人在抵押期间对抵押物的处分权。可见抵押登记对于防止抵押人欺骗，避免重复抵押，保障债权人安全，以及保护第三人利益具有十分重要的意义。

2. 抵押登记的类型

抵押物登记分为依法登记和自愿登记两种类型。

（1）依法登记　根据《担保法》的规定，应依法办理登记的抵押物范围有：无地上定着物的土地使用权；城市房地产或乡（镇）企业的厂房建筑物；林木；航空器、船舶、车辆；企业的机器设备和其他财产。

（2）自愿登记　自愿登记的抵押物是指除上述财产以外的其他财产。

法定要求登记的抵押物必须登记，抵押合同自登记之日起生效，未办理登记，抵押合同视为无效，不能享有对抵押权的优先受偿；自愿登记的抵押物，抵押人可以自愿办理登记，抵押合同自签订之日起生效，但未办理抵押登记的不得对抗第三人。因此，银行应该做到法律要求登记的必须办理登记，自愿办理登记的尽可能办理登记。

银行在办理抵押贷款中由于经办人员疏忽或有意对抵押物需要办理而不办理抵押登记，银行将面临严重的后果：首先是银行承担的法律后果，即合同不生效的后果，银行对抵押物不能享有优先受偿权；二是行政法律后果，即银行可能因此而受到政府有关部门的行政处罚。其次，是贷款操作人员承担的责任：一是纪律责任，银行的管理制度规定，对需要办理合法有效的抵质押物登记手续而未办理的，以致造成贷款损失的，要视情节轻重给予纪律处分和经济处罚；二是刑事责任，对银行工作人员违反法律、行政法规规定，向关系人发放抵押贷款而不办理抵押登记，造成较大损失，或向关系人以外的其他人发放抵押贷款而不办理抵押登记，造成重大损失，可以构成"违法向关系人发放贷款"或"违法发放贷款罪"，追究其刑事责任。

3. 抵押物登记部门

（1）法定登记部门　无地上定着物的土地使用权抵押登记部门为核发土地使用证书的土地管理部门。

城市房地产或乡（镇）村企业厂房等建筑抵押登记部门为颁发房产证的房产管理部门和核发房产之下的土地使用证书的土地管理部门。

林木抵押登记部门为县级以上林业主管部门。

船舶、航空器、车辆抵押登记部门为运输工具管理部门。

企业的设备和其他财产抵押登记部门为财产所在的工商行政管理部门。

矿业权抵押登记部门为审批发放探矿、采矿许可的地质矿产主管部门。

海域使用权抵押登记部门为原批准用海人民政府的海洋行政主管部门。

（2）自愿登记部门　自愿登记的其他财产抵押登记部门为抵押人所在地的公证部门。

抵押财产必须到对应的法定登记部门办理抵押登记，非法定登记部门办理的抵押登记无效。上述财产设定抵押登记后，如果发生主合同变更、抵押权消灭、抵押财产权属变更等情况，当事人应持相关材料到登记部门办理变更或注销登记。

四、抵押贷款操作要点

（一）抵押贷款提交的资料

办理抵押贷款借款人除按规定提供相关资料外，抵押人需向贷款银行提交下列资料：

① 抵押人同意抵押担保的合法有效证明文件；

② 抵押物清单；

③ 抵押物产权证明；

④ 抵押物投保单；
⑤ 债权人需要抵押人提供的其他资料。

（二）抵押贷款审查的重点

1. 确认并选择抵押品

确认抵押人提供的抵押品属于《担保法》《物权法》规定的抵押物的范围，将法律明文禁止抵押的抵押物从抵押品清单中剔除，保证抵押品的合法性。选择抵押品是要将易估价、易变现、稳定性强的通用设备选定为抵押品，而企业自制设备等通用性不强、变现性差的固定资产也必须从抵押物中剔除。

2. 验证抵押物产权证明及保险单

认真查验抵押物的权属证明，确保抵押物的有效性。信贷人员在核查抵押物的权属时一定要认真仔细地进行实物与权属的实地认证，同时特别要注意：用合伙企业财产抵押时，必须经全体合伙人同意并共同时出具抵押声明。

以财产进行抵押的，为保证抵押权人的债权安全，抵押人应将抵押财产投保财产险，并将贷款人作为第一受益人。银行查验保单看是否抵押财产已全部投保，未保部分应投保。

3. 抵押物的估价和抵押额度的确定

按前述抵押物估价方法进行抵押物估价，注意防止抵押物价值高估。抵押物估价之后，根据抵押物的情况确定抵押率，进而可以确定抵押贷款的最高限额。

（1）抵押率的确定　抵押率是抵押贷款本金利息之和与抵押物估价价值之比。也可理解为抵押权人愿意发放贷款金额与抵押物价值之比。抵押率与贷款风险呈正向变化，抵押率越高，风险越大，抵押率越低，风险越小。因此，在确定抵押贷款额度时，确定抵押率非常关键。确定抵押率的依据主要有两个。一是抵押物的适用性，抵押物适用性强，变现能力强，抵押率可适当提高，反之，抵押率应适当降低。二是抵押物价值的变动趋势，一般可从下列方面进行分析：

① 实体性贬值，即由于使用磨损和自然损耗造成的贬值；
② 功能性贬值，即由于技术相对落后造成的贬值；
③ 经济性贬值，即由于外部环境变化引起的贬值或增值。

信贷人员应根据抵押物的评估现值，分析其变现能力，充分考虑抵押物价值的变动趋势，科学地确定抵押率，抵押贷款的抵押率最高不超过70%。

（2）贷款抵押额度的确认　由于抵押物在抵押期间会出现损耗、贬值，在处理抵押物期间会发生费用，以及贷款有利息、逾期有罚息等原因，银行一般不能向借款人提供与抵押物等价的贷款，贷款额度要在抵押物的评估价值与抵押贷款率的范围内加以确定。其计算公式为：

$$抵押贷款额 = 抵押物评估值 \times 抵押率$$

抵押人所担保的债权不得超出其抵押物的价值。财产抵押后，该财产的价值大于所担保债权的余额部分，可以再次抵押，但不得超出其余额部分。

4. 抵押物登记

抵押财产必须到对应的法定登记部门办理抵押登记，非法定登记部门办理的抵押登记无效。为防止抵押物登记无效，信贷部门客户经理必须陪同抵押人前去对应的法定登记部门办理登记，并确保抵押物登记期限超过贷款期限。确因各种原因未能与抵押人一起去到对应的法定登记部门办理登记，也必须到该登记部门核准登记。抵押物登记后，贷款银行应收取并专门保管抵押物登记证明，即他项权利证，以保证贷款到期或约定事项发生时，主张债权。

（三）抵押贷款的贷后管理

由于抵押人对抵押物进行占管，因此，抵押贷款发放后，贷款人除对借款人进行监督管理外，还必须对抵押人及抵押物进行监督和管理。

① 在抵押期间，银行若发现抵押人对抵押物使用不当或保管不善，足以使抵押物价值减少时，有权要求抵押人停止其行为。若抵押物价值减少时，银行有权要求抵押人恢复抵押物的价值，或者提供与减少的价值相等的担保。

② 在抵押期间，抵押人转让已办理抵押登记的抵押物的，应当通知银行并告知受让人转让物已经抵押的情况；抵押人未通知银行或者未告知受让人的，转让行为无效。

③ 借款人因各种原因不能按期偿还贷款本息而要求银行展期时，应取得抵押人的书面同意。贷款展期经银行批准后，借款人、贷款行和抵押人应重新签订相应合同。

④ 抵押贷款到期，若借款人能足额按时归还本息，则抵押自动消失；若借款人不能按时归还贷款本息，贷款银行除向借款人发出催收通知书外，还必须书面通知抵押人，与抵押人协商抵押物的处置问题。

五、贷款抵押风险及其防范

尽管商业银行在信贷工作中，贯彻贷款业务流程，并按照抵押贷款的操作要点进行操作，但在实际工作中因抵押合同无效而导致主合同无效，使债权人的合法权益得不到保护的情形时有发生。为避免抵押合同无效造成贷款风险，银行抵押贷款要做好风险分析工作，并在此基础上加强风险防范。

（一）贷款抵押风险类型

1. 抵押物虚假或严重不实

如当事人持有房屋产权证，事实上并无此房产，或对此房屋的取得存在不合法的程序等。

2. 未办理有关登记手续

我国《担保法》规定了财产或权利抵押时，双方当事人不但要签订抵押合同，而且要办理抵押物登记，否则抵押合同无效。实践中，很有可能发生未办理抵押登记的情况，甚至做了假登记。

3. 将共有财产抵押而未经共有法人同意

共有财产是指两人以上对同一财产享有所有权。对以共有财产抵押的，按照共有财产共同处分的原则，应该经得各共有法人的同意才能设立，否则抵押无效。

4. 资产评估水分大，导致抵押物不足值

借款人往往为了多贷款，利用各种手段尽量争取将抵押物价值抬高，而一些中介评估机构不规范竞争，造成目前资产评估水分大的情况大量存在，使抵押物不足值成为抵押贷款的重要风险点。

5. 未抵押有效证件或抵押的证件不齐

抵押中的财产权利凭证一般都应交由抵押权人控制，如果抵押权人未控制抵押物的有效证件，抵押的财产就有可能失控，就可能造成同一抵押物的多头抵押和重复抵押。

6. 抵押物价值贬损或难以变现

如果抵押人以存货，特别是鲜活物品作抵押，抵押物易受损失，且价值变化大，从而使贷款难以获得有效的保障。对于专用机器设备等抵押物，由于变现能力差，不易流转，也难以实现抵押价值。

(二) 贷款抵押的风险防范

1. 对抵押物进行严格审查

第一，要确保抵押物的真实性，这要求信贷人员认真审查有关权利凭证，对于房地产抵押的，要对房地产进行实地核查；第二，要收取、核验相关的土地使用证、房产证等相关权利凭证；第三，禁止变现性差的专用设备抵押；第四，尽量不接受易损失、价值变化大、鲜活物品等作为抵押物。

2. 对抵押物的价值进行准确评估

这是保证抵押物足值的关键。在实际操作中，银行一般是要求抵押人提供商业评估机构出具的评估报告，并根据评估价值打折扣后确定贷款额。这就要求银行认真审查评估报告的真实性和准确性，防止评估价值中渗有水分。如果怀疑抵押物估值过高，应当要求另选其他评估机构重评，或是大幅降低抵押率，以确保贷款安全有保障。贷款一旦发放后，银行应按照一定的时间频率对抵押物价值进行评估。

3. 做好抵押物登记工作

银行在办理抵押贷款时，对法律规定须登记的合同，必须切实做好登记工作，以确保抵押关系的合法有效。为确保抵押物已经合法登记，银行应当设立法律顾问审查环节，从法律层面进一步确认抵押物登记有效，防范未登记及假登记的风险发生。

4. 抵押合同期限应覆盖贷款合同期限

抵押期限必须大于贷款期限，凡变更贷款主合同的，一定要注意新贷款合同与原贷款抵押合同期限的差异，不能覆盖贷款合同期限的要重新签订抵押合同。

【资料】

抵押率

抵押率又称"垫头"，是抵押贷款本金利息之和与抵押物估价价值之比，不要弄反，比如房子贷款 80 万，房子估价 100 万，则抵押率为 80%。

合理确定抵押率，是抵押贷款管理中的一项重要内容。通常，银行在确定抵押率时，应当考虑以下因素：

(1) 贷款风险 贷款风险与抵押率成正向变化。抵押率越高，风险越大，抵押率越低，风险越小。所以贷款人对风险大的贷款，采用降低抵押率来减少风险；风险小的，抵押率可高些。

(2) 借款人信誉 一般情况下，对那些资产实力匮乏、结构不当，信誉较差的借款人，抵押率应低些。反之，抵押率可高些。

(3) 抵押物的品种 由于抵押物品种不同，它们的占管风险和处分风险也不同。按照风险补偿原则，抵押那些占管风险和处分风险都比较大的抵押物，抵押率应当低一些，反之，则可定得高一些。

(4) 贷款期限 贷款期限越长，抵押期也越长，在抵押期内承受的风险也越大，因此，抵押率应当低一些。而抵押期较短，风险较小，抵押率可高一些。

资料来源：http://www.baike.com/wiki/%E6%8A%B5%E6%8A%BC%E7%8E%87.

第四节 贷款质押

一、贷款质押的概念

质押是贷款担保方式之一。为担保债务的履行,债务人或者第三人将其动产或权利出质给债权人占有的,债务人不履行到期债务或者发生当事人约定的实现质权的情形,债权人有权就该动产优先受偿。为担保债权将动产或权利转移给债权人占有的债务人或者第三人为出质人,债权人为质权人,交付的动产或权利为质物。

以质物作担保所发放的贷款为质押贷款。贷款到期,借款人不能偿还贷款本息,商业银行有权将质物提现、变现、所得价款优先受偿。作为质物的动产或权利必须符合担保法和物权法的有关规定,出质人必须依法享有对质物的所有权或处分权,并向银行书面承诺愿意为借款人提供质押担保。质押担保的范围包括主债权及利息、违约金、损害赔偿金、质物保管费用和实现质权的费用。质押合同自质物交付之日或登记之日起生效。

二、质押的范围

质押分为动产质押和权利质押。

(一) 动产质押的范围

银行可以接受出质的动产必须是出质人生产、销售、经营过程中合法拥有的,能够在市场上合法流通,对外未设定其他担保,不存在所有权、货款、税收等方面纠纷及其他债权债务争议的大宗原材料、产成品、存货等,并且符合以下条件:

① 有通用性,用途广泛;
② 质量合格,并符合国家有关标准;
③ 具有物理、化学性能稳定性,损耗小,不易变质,便于长期保管;
④ 具有流动性,易于变现,市场价格稳定;
⑤ 具有可分割性,规格明确,便于计量。

(二) 权利质押的范围

债务人或者第三人有权处分的下列权利可以出质:

① 汇票、支票、本票、债券、存款单、仓单、提单;
② 可以转让的基金份额、股权;
③ 可以转让的注册商标专用权、专利权、著作权等知识产权中的财产权;
④ 应收账款;
⑤ 法律、行政法规规定可以出质的其他财产权利。

(三) 商业银行不接受的财产质押范围

① 所有权、使用权不明或有争议的财产;
② 法律法规禁止流通的财产或者不可转让的财产;
③ 国家机关的财产;
④ 依法被查封、扣押、监管的财产;
⑤ 珠宝、首饰、字画、文物等难以确定价值的财产;
⑥ 租用的财产;
⑦ 其他依法不得质押的其他财产。

三、质押价值、质押率的确定

（一）质押价值的确定

（1）对于有明确市场价格的质物，如国债、上市公司流通股票、存款单、银行承兑汇票等，其公允价值即为该质押品的市场价格。

（2）对于没有明确市场价格的质物，如上市公司法人股权等，则应当在以下价格中选择较低者为质物的公允价值：

① 公司最近一期经审计的财务报告或税务机关认可的财务报告中所写明的质物的净资产价格；

② 以公司最近的财务报告为基础，测算公司未来现金流入量的现值，所估算的质物的价值；

③ 如果公司正处于重组、并购等股权变动过程中，可以交易双方最新的谈判价格作为确定质物公允价值的参考。

（二）质押率的确定

信贷人员应根据质物的价值和质物价值的变动因素，科学地确定质押率。质押率一般不超过80%，存单存折质押率最高不超过90%。质押率的确定依据主要有：

（1）质物的适用性、变现能力　对变现能力较差的质押财产应适当降低质押率。

（2）质物、质押权利价值的变动趋势　一般可从质物的实体性贬值、功能性贬值及质押权利的经济性贬值或增值三方面进行分析。

四、质押贷款操作的要点

（一）质押贷款提供的相关资料

借款人申请质押贷款，除了提供借款需要的相关材料外，还必须提供与质押有关的资料。

（1）质押财产的产权证明文件。

（2）出质人资格证明：

① 法人：经工商行政管理部门年检合格的企业法人营业执照、事业法人营业执照；

② 非法人：经工商行政管理部门年检合格的营业执照、授权委托书。

（3）股份有限公司、有限责任公司、中外合资企业、具有法人资格的中外合作企业作为出质人的，应查阅该公司或企业的章程，确定有权就担保事宜做出决议的机关是股东会还是董事会。

出质人须提供有权做出决议的机关做出的关于同意提供质押的文件、决议或其他具有同等法律效力的文件或证明（包括但不限于授权委托书、股东会决议、董事会决议）。

（4）财产共有人出具的同意出质的文件。

（5）贷款银行要求的其他相关资料。

（二）主要几种质押贷款的操作要点

1. 存单质押贷款的操作要点

存单质押贷款是指银行以借款人或第三人的未到期银行定期存单作为质押而发放的贷款。借款人到期不能偿还贷款本息，贷款银行可以将质押的定期存单提现，所得款项优先受偿。存单质押贷款风险小，手续最为简便、办理速度最快，成为普遍使用的质押贷款。存单质押贷款操作要点：

（1）审查出质人的身份信息，以及存款的真实性。以第三人存单作质押的，贷款人应认真审查存单的真实性、合法性和有效性，防止发生权利瑕疵的情形。

（2）审核存款金额和期限，确定质押贷款的限额、期限和利率。存单质押贷款金额原则上不超过存单本金的90%；贷款的期限不超过存款的期限；存单质押贷款利率按国家利率管理规定执行，计、结息方式由借贷双方协商确定。

（3）签订质押合同　合同内容包括：出质人、借款人和质权人姓名（名称）、住址或营业场所；被担保的贷款的种类、数额、期限、利率、贷款用途以及贷款合同号；定期存单号码及所载存款的种类、户名、开立机构、数额、期限、利率；质押担保的范围；定期存单确认情况；定期存单的保管责任；质权的实现方式；违约责任；争议的解决方式等。

（4）受出质人委托办理存单确认和登记止付手续　质权人将出质人提交的申请及质押合同提交存款行，存单开户行据此办理存单确认和登记止付手续，并妥善保管有关文件和资料。质押期间，未经贷款人同意，存款行不得受理存款人提出的挂失申请。

（5）妥善管理质押存单及出质人提供的预留印鉴或密码。

（6）贷款到期，借款人按期还清贷款本息后，出质人凭存单保管收据取回质押存单，贷款行及时到存单开户行办理登记注销手续。合同期满，借款人未按期归还贷款本息，或发生了合同约定的违约事件，贷款行凭存单及保留的预留印鉴或密码兑现存款，收回债权。

2. 汇票、本票、支票、债券、仓单、提单等操作要点

① 审核权利凭证的真实性、必要记载事项是否齐全。审查权利凭证本身是否是真实的凭证，严防克隆票、假票等质押贷款。审查出质人对上述权利凭证是否享有权利，持票人不享有票据权利，以该票据质押的，质押无效。

② 审查质押权利凭证背书的连续性及有关事项。

③ 审查质押权利的实现期限，超过票据权利时效的票据不能质押。

④ 以汇票、本票、支票、债券出质的，应在权利凭证上背书，记载"质押"字样。

⑤ 以仓单、提单出质的，应做质押背书并通知货物保管人或承运人，防止出质人通过类似挂失的方式提走货物。

3. 基金股份、股权质押操作要点

① 以基金份额、股权出质的，质押率一般不超过60%。

② 当事人应当订立书面质押合同。

③ 以基金份额、证券登记结算机构登记的股权出质的，质权自证券登记结算机构办理出质登记时设立。

④ 以其他股权出质的，质权自工商行政管理部门办理出质登记时设立。

⑤ 基金份额、股权出质后，不得转让，但经出质人与质权人协商同意的除外。出质人转让基金份额、股权所得的价款，应当向质权人提前清偿债务或者提存。

4. 知识产权质押贷款操作要点

① 以注册商标专用权、专利权、著作权等知识产权中的财产权出质的，应当订立书面合同。质权自有关主管部门办理出质登记时设立。

② 知识产权中的财产权出质后，出质人不得转让或者许可他人使用，但经出质人与质权人协商同意的除外。出质人转让或者许可他人使用出质的知识产权中的财产权所得的价款，应当向质权人提前清偿债务或者提存。

③ 以专利权出质的，出质人必须是合法专利权人、权力合法存续。

④ 以著作权中的财产权出质的，出质人必须是合法著作权人、不是职务作品、并且在

有效期内。

⑤以商标权出质的，出质权人必须是商标权的合法所有人、权属明确、在有效期内。

⑥以收益权出质的，出质人必须对收益享有处分权、已经取得了收费批文，并在银行开立了专用账户。

5. 应收账款质押贷款的操作要点

①以应收账款出质的，当事人应当订立书面合同。质权自信贷征信机构办理出质登记时设立。

②应收账款出质后，不得转让，但经出质人与质权人协商同意的除外。出质人转让应收账款所得的价款，应当向质权人提前清偿债务或者提存。

五、贷款质押风险及其防范

质物具有价值稳定性好、银行可控制性强、易于直接变现用于抵债的特点，因此它是银行最愿意受理的担保贷款方式。但是在实践中，质押也存在风险，应该注意加强防范。

（一）贷款质押风险

目前银行办理的质押贷款在业务中主要有如下风险：

1. 虚假质押风险

虚假质押风险是贷款质押的最主要风险因素。例如，不法企业用变造或伪造的票据、定期存单到银行骗取贷款。

2. 质物价值风险

质物价值风险是指由于质物的鉴别技术较高，银行评估价值远远高于实际价值，一旦借款人不能偿还贷款本息，贷款人的债权得不到保障。例如，不法分子制造假黄金质押贷款。

3. 操作风险

对于质押贷款业务，银行内部如果管理不当，制度不健全也容易出问题。主要是对质物的保管不当，例如质物没有登记、交换、保管手续，造成丢失；对用于质押的存款没有办理存单确认和登记止付手续等。

【案例】

陕西百亿假黄金质押骗贷

2016年5月初，陕西潼关信合因一笔约2000万元的黄金质押贷款逾期而联系借款人张青民杳无音信后，陕西潼关信合决定处置质押黄金，在处置过程中发现黄金掺假并报案，一起横跨豫陕两省的假黄金骗贷案浮出水面。

随着陕西金融机构随后的自身盘查以及公安机关的侦查，潼关信合发现更多的质押用假黄金，涉案金额超过110亿元。这些掺假黄金外观上和真黄金无二，很难鉴别，制假手法十分专业。

西安市长安信合也发现了质押用假黄金，涉案嫌疑人中亦出现张青民的身影。张青民、张淑民、王学文、徐建波等5人涉嫌先后从长安信合用假黄金骗贷约28亿元，其中张青民涉嫌借用约70人身份证，骗贷金额超过14亿元，质押1932块黄金估值超过20亿元，质押率为70%～80%，贷款期限均为六个月。

据悉，办案机关发现疑点指向河南省灵宝市的一家金矿企业——博源矿业。博源矿业于2007年4月19日注册成立，注册资本9000万元，公司成立之初，35岁的张淑民当选为董事长。张淑民是张青民的兄长，也是博源矿业的实际控制人。

几年前，该团伙就开始选用钨和黄金制成假金砖造假。涉嫌抵押给金融机构的假黄金，钨的含量占62%左右，黄金约占38%。金砖外表是标准金，里面则裹包着钨块。由于钨的密度与黄金接近，能骗过普通检测仪器，如不用打钻和熔炼的检测方法，很难发现。

该制假团伙组织严密，分工明确，从材料选购、加工、运输，以及办理质押贷款业务，都有专人负责。该团伙中的一位高层人员，在黄金价格上涨的最初几年凭借"炒金模式"和利用假黄金质押贷款投资的方式赚取上亿元，再次入场后，因金价持续走低难以抽身，只能用假黄金持续从银行质押骗贷，用于还清利息，最后难以为继，彻底崩盘。该团伙王学文、徐建波案发后归案，张淑民、张青民兄弟俩已逃至海外。这起横跨豫陕两省的巨额假黄金质押骗贷该案件给银行、信用社带来了百亿元的损失，值得银行和监管部门深刻反思。

资料来源：2017年2月20日，《财经》：《百亿假黄金骗贷记》及腾讯网络资料整理。

（二）贷款质押风险防范

1. 防范虚假质押风险

第一，银行查证质押票证时，有密押的应通过联行核对；无密押的应派人到出证单位或其托管部门做书面的正规查询。第二，对动产或权利凭证质押，银行要亲自与出质人一起到其托管部门办理登记，将出质人手中的全部有效凭证质押在银行保管。第三，动产质押要切实核查质押动产在品种、数量、质量等方面是否与质押权证相符，同时要认真审查质押贷款当事人行为的合法性；第四，接受共有财产质押，必须经所有共有人书面同意；对调查不清，认定不准所有权及使用权的财产或权利，不能盲目接受其质押。

2. 防范质物的价值风险

对于鉴别技术较高的质物，应要求质物经过有行业资格且资信良好的评估公司或专业质量检测、物价管理部门做价值认定，再确定一个有利于银行的质押率；选择价值相对稳定的动产或权利作为质物，谨慎地接受股票、权证等价值变化较大的质物。

3. 防范质押操作风险

银行首先必须确认质物是否需要登记；其次，按规定办理质物出质登记，并收齐质物的有效权利凭证，同时与质物出质登记、管理机构和出质人签订三方协议，约定保全银行债权的承诺和监管措施；再者，银行要将质押证件作为重要有价单证归类保管。

练习题

一、名词解释

1. 担保　2. 保证贷款　3. 抵押贷款　4. 质押贷款　5. 抵押登记

二、单项选择题

1. 保证人的保证限额，是指根据客户信用评级办法测算出的保证人信用风险限额减去保证人对商业银行的（　　）得出的数值。

　　A. 资产　　　　B. 所有者权益　　C. 负债（包括或有负债）　　D. 或有负债

2. 不属于保证担保的范围的是（　　）。

　　A. 主债权　　　B. 主债权的利息　　C. 滞纳金　　　　　　D. 损害赔偿金

3. 下列不属于对贷款保证人的审查内容的是（　　）。

　　A. 是否具有合法资格和担保能力　　B. 保证合同的要素是否齐全

C. 保证担保的范围和时限　　　　D. 是否在银行开立了保证金专用存款账户

4. 企业甲的银行未偿还贷款本金余额为1000万元，利息总计为201.16万元，企业乙的信用风险额度为3000万元，乙对银行的负债为500万元，其中或有负债为100万元，则保证率为（　　）。

　　A. 38.46%　　　B. 40%　　　　C. 48.05%　　　　D. 46.20%

5. 抵押财产的所有人或有处分权人为（　　）。

　　A. 借款人　　　B. 抵押人　　　C. 贷款人　　　　D. 抵押权人

6. 下列不允许设定抵押权的是（　　）。

　　A. 机器设备　　　　　　　　　B. 处于海关监管的财产
　　C. 航空器械　　　　　　　　　D. 房产

7. 在抵押贷款的合同期间，抵押财产必须保险，且保险的第一受益人应是（　　）。

　　A. 抵押人　　　B. 贷款银行　　C. 借款人　　　　D. 担保人

8. 存单质押贷款中，存单开户行应根据（　　）办理存单确认和登记止付手续，并妥善保管有关文件。

　　A. 出质人申请　　　　　　　　B. 出质人申请及质押合同
　　C. 质押合同　　　　　　　　　D. 贷款人开具的证明

9. 存单质押贷款金额原则上不超过存单本金的（　　）。

　　A. 70%　　　　B. 80%　　　　C. 90%　　　　　D. 100%

10. 根据担保法规定，企业法人办理财产抵押贷款的，除签订抵押合同外，还应（　　）合同才能生效。

　　A. 封存财产　　B. 办理抵押物登记　C. 办理公证　　D. 留置财产

11. 下列各项中，商业银行不可以接受的质押财产是（　　）。

　　A. 汇票、支票、本票、债权、存单
　　B. 国家机关的财产
　　C. 依法可以转让的专利权、著作权中的财产权等知识产权
　　D. 依法所有、依法有权处分的动产

12. 抵押物价值变动趋势不包括（　　）。

　　A. 实体性贬值　B. 功能性贬值　C. 技术性贬值　D. 经济性贬值

三、多项选择题

1. 下列具有保证人资格的有（　　）。

　　A. 长百股份有限公司　　　　　B. 利华木材厂
　　C. 吉大医院　　　　　　　　　D. 省财政厅的工作人员王钢
　　E. 某实验中学

2. 下列可以质押的权利有（　　）。

　　A. 汇票、支票、本票　　　　　B. 收益权
　　C. 存款单　　　　　　　　　　D. 仓单、提单
　　E. 著作权中的财产权

3. 经银行认可的具有较强代为清偿能力的，无重大债权债务纠纷的（　　）可以接受为保证人。

　　A. 企业法人的职能部门　　　　B. 金融机构
　　C. 担保公司　　　　　　　　　D. 国家机关

E. 从事经营活动的事业法人

4. 商业银行发放抵押贷款审查的重点主要有（　　）。

A. 确认抵押品、选择抵押品　　　B. 验证产权证明、验证保险单

C. 抵押品估价　　　　　　　　　D. 确定抵押贷款的最高限额

E. 抵押物登记

5. 防范贷款抵押风险的措施主要有（　　）。

A. 严格审查抵押物的真实性、合法性和权属

B. 准确评估抵押物的价值

C. 做好抵押物登记，确保抵押关系效力

D. 将抵押物留置

E. 确保抵押合同期限覆盖贷款合同期限

四、判断题

1. 医院、学校等以公益为目的的事业单位、社会团体提供保证的保证合同无效。（　　）

2. 抵押贷款中的抵押物由借款人占管，质押贷款的质物由出质人占管。（　　）

3. 信贷人员应根据抵押物的评估值，分析其变现能力，充分考虑抵押物价值变动趋势，科学地确定抵押率。（　　）

4. 保证的方式有一般保证和连带责任保证，我国商业银行的授信业务只有一般保证方式。（　　）

5. 以汇票、本票、支票等质押贷款，这些质押权利凭证背书必须具有连续性。（　　）

五、思考题

1. 什么是贷款担保？主要有哪些种类？

2. 抵押物的范围？禁止抵押的财产权利有哪些？

3. 保证担保存在哪些风险？如何防范？

4. 抵押贷款操作的要点有哪些？

5. 存单质押贷款如何防范风险？

第八章 公司授信业务

【学习目的与要求】

　　了解公司信贷业务的种类；
　　了解各类贷款的对象和条件；
　　掌握流动资金贷款需求的测算；
　　掌握各类公司贷款业务的风险评价和控制措施；
　　掌握各类公司贷款的业务流程。

【案例导入】

ABC 化学公司流动资金贷款成功发放

　　2010 年年末，ABC 化学公司向我行申请 170 万元流动资金贷款，用于原材料采购等日常营运。我行在受到这一申请后，赴实地进行了尽职贷前调查。了解到借款人 2005 年组建成立，主要从事各类颜料、染料和相关色料产品的专业制造和开发。

　　借款人自成立以来不断研发新技术和环保新产品。作为两大名牌纺织印花色浆的唯一供应商，销售对象有 30～40 家。2007 年销售收入达 3646 万元，2008 年为 3200 万元，虽然 2009 年与 2008 年持平，但利润率升至 14.6%，盈利能力水平显著提升。

　　企业向我行申请 170 万元流动资金贷款。根据企业的营运情况来看，周转一次为 84 天，从其损益表反映，2009 年利润总额 474 万元，以企业目前的经营情况和发展趋势来看，第一还款来源充足。另作为第二还款来源的位于上海某地的房产抵押物，经上海某地产估价咨询有限公司评估，总价为 260 万元，抵押率 65.4%，符合相关要求。

　　上述情况基础上，我行撰写了真实、完整的书面调查报告。最终，本笔贷款并按照审贷分离、分级审批的原则，依审批流程进行上报，并获得了审批。审批通过后，我行与借款人签订了书面借款合同、抵押合同等相关协议，在办妥合法有效的抵押、保险手续之后，我根据客户的提款申请，采用受托支付的方式发放了首笔 999996.98 元的流动资金贷款，期限一年。放款当日，分 19 笔将资金划至交易对手。剩余 700003.02 元贷款资金仍采取受托支付的方式进行划付，确保贷款资金按计划用途使用。

　　资料来源：http://bank.jrj.com.cn/2011/09/16165411062178.shtml。

第一节　企业流动资金贷款

一、企业流动资金贷款及其规则

（一）流动资金贷款的定义

企业流动资金贷款，是指贷款人向企（事）业法人或国家规定可以作为借款人的其他组织发放的用于借款人日常生产经营周转的本外币贷款。借款人在日常生产经营中长期平均占用的流动资金需求、临时性、季节性等原因引起资金不足，都可以向商业银行申请流动资金贷款。流动资金贷款作为一种高效使用的融资手段，具有贷款期限短、手续简便、周转性较强、融资成本较低的特点，因此成为深受公司客户欢迎的银行业务。

（二）企业资金贷款的种类

企业资金贷款不同的划分标准，有不同的贷款种类。

1. 按期限划分

按期限划分可分为短期流动资金贷款和中期流动资金贷款。短期流动资金贷款是指银行对企业发放的期限在1年以内（含1年）各种短期贷款；中期流动资金贷款是指期限1年至3年（含3年）的流动资金贷款。

2. 按贷款方式划分

按贷款方式划分可分为信用贷款和担保贷款。其中担保贷款又分为保证贷款、抵押贷款和质押贷款。

3. 按使用方式划分

按使用方式划分可分为逐笔申请、逐笔审批、逐笔核贷的短期流动资金贷款和在银行规定的时间和限额内随借、随用、随还的短期循环贷款。

4. 按贷款行业划分

按贷款行业划分可分为工业流动资金贷款、商业流动资金贷款、建筑业流动资金贷款、交通运输业流动资金贷款、餐饮业流动资金贷款、旅游业流动资金贷款等。

5. 按偿还方式划分

按偿还方式划分可分为一次性偿还贷款和分次偿还贷款。一次性偿还贷款本金的贷款，利息可以分期支付，也可以在归还本金时一次性付清。分次偿还贷款是指借款人按规定的期限分次偿还本金和支付利息的贷款。

（三）流动资金贷款的规则

商业银行开展流动资金贷款业务，应当遵循依法合规、审慎经营、平等自愿、公平诚信的原则。

商业银行开展流动资金贷款业务，应完善内部控制机制，实行贷款全流程管理，全面了解客户信息，建立流动资金贷款风险管理制度和有效的岗位制衡机制，将贷款管理各环节的责任落实到具体部门和岗位，并建立各岗位的考核和问责机制。

二、企业资金贷款的对象和条件

（一）企业流动资金贷款的对象

企业流动资金贷款的对象应当是经工商行政管理机关（或主管机关）核准登记的企（事）业法人、其他经济组织、个体工商户。其中其他经济组织包括：依法登记 领取营业执照的独资企业、合伙企业、联营企业、中外合作经营企业、经民政部门核准登记的非以公益为目的的社会团体以及经核准登记领取营业执照的乡镇、街道、村办企业。

(二) 借款人申请流动资金贷款具体条件

① 借款人应是经工商行政管理机关（或主管机关）核准登记注册、持有企业法人营业执照或事业单位法人证书；在有效期内，已经办理年检手续。

② 借款用途明确用于企业生产经营资金、符合法律规定。

③ 遵守国家的政策法规和银行的信贷制度，在国家政策允许的范围内生产、经营。

④ 具有固定的生产、经营场地，产品有市场，生产经营有效益，不挤占挪用信贷资金，恪守信用；无重大不良信用记录。

⑤ 在银行开立了基本账户或一般存款账户。

⑥ 经营情况正常，资金运转良好，具有按期偿还贷款本息的能力。

⑦ 商业银行要求的其他条件。

三、企业流动资金贷款需求量的测算

商业银行向企业发放流动资金贷款的金额，取决于企业流动资金贷款的需求量。企业流动资金贷款需求量应基于借款人日常生产经营所需营运资金与现有流动资金的差额（即流动资金缺口）确定。一般来讲，影响流动资金需求的关键因素为存货（原材料、半成品、产成品）、现金、应收账款和应付账款。同时，还会受到借款人所属行业、经营规模、发展阶段、谈判地位等重要因素的影响。商业银行应根据借款人当期财务报告和业务发展预测，先估算借款人营运资金量，然后估算新增流动资金贷款额，再考虑其他因素，最后确定流动资金贷款需求量。

(一) 估算借款人营运资金量

借款人营运资金量影响因素主要包括现金、存货、应收账款、应付账款、预收账款、预付账款等。在调查基础上，预测各项资金周转时间变化，合理估算借款人营运资金量。在实际测算中，借款人营运资金需求可参考如下公式：

营运资金量＝上年度销售收入×（1－上年度销售利润率）×
　　　　　　（1＋预计销售收入年增长率）/营运资金周转次数

其中：

营运资金周转次数＝360/（存货周转天数＋应收账款周转天数－应付账款周转天数＋
　　　　　　预付账款周转天数－预收账款周转天数）

周转天数＝360/周转次数

应收账款周转次数＝销售收入/平均应收账款余额

预收账款周转次数＝销售收入/平均预收账款余额

存货周转次数＝销售成本/平均存货余额

预付账款周转次数＝销售成本/平均预付账款余额

应付账款周转次数＝销售成本/平均应付账款余额

(二) 估算新增流动资金贷款额度

将估算出的借款人营运资金需求量扣除借款人自有资金、现有流动资金贷款以及其他融资，即可估算出新增流动资金贷款额度。

新增流动资金贷款额度＝营运资金量－借款人自有资金－现有流动资金贷款－
　　　　　　其他渠道提供的营运资金

(三) 需要考虑的其他因素

① 各银行业金融机构应根据实际情况和未来发展情况(如借款人所属行业、规模、发展阶段、谈判地位等)分别合理预测借款人应收账款；存货和应付账款的周转天数，并可考虑一定的保险系数。

② 对集团关联客户，可采用合并报表估算流动资金贷款额度，原则上纳入合并报表范围内的成员企业流动资金贷款总和不能超过估算值。

③ 对小企业融资、订单融资、预付租金或者临时大额债项融资等情况，可在交易真实性的基础上，确保有效控制用途和回款情况下，根据实际交易需求确定流动资金额度。

④ 对季节性生产借款人，可按每年的连续生产时段作为计算周期估算流动资金需求，贷款期限应根据回款周期合理确定。

【案例】

某公司申请新增 500 万元授信

某公司制造、加工、销售电线电缆、铜铝材、电缆配件、电器机械及器材，行业属通用设备制造业，经营规模中型，且处于成长阶段。公司 2013 年实际经营情况较好，年销售收入总额 1 亿元，销售成本 7000 万元，销售利润率为 30%。公司拓展了新客户，并取得订单。预计 2014 年销售收入增长率为 10%，主要是通过银行贷款来筹措营运资金，希望向银行借款 1000 万元。该公司财务数据简表如下：

财务数据简表　　　　　　　　　　　　　　　金额单位：万元

科目	2012-12-31	2013-12-31
货币资金	600	700
应收账款	1600	1850
预付账款	400	500
存货	1090	2150
短期借款	120	200
应付账款	1650	1500
预收账款	550	600
产品销售收入	9000	10000
产品销售成本	6300	7000
所有者权益	2530	2700
长期负债		
固定资产净值	2080	2000

估算借款人营运资金量

根据《流动资金贷款管理暂行办法》中流动资金贷款需求量测算参考公式测算结果如下：

应收账款周转天数＝360/销售收入/平均应收账款余额
　　　　　　　　＝360/10000/[(1600＋1850)/2]＝62.1

预收账款周转天数＝360/销售收入/平均预收账款余额
$$=360/10000/[(550+600)/2]=20.7$$
存货周转天数＝360/销售成本/平均存货余额
$$=360/7000/[(1090+2150)/2]=83.33$$
预付账款周转天数＝360/销售成本/平均预付账款余额
$$=360/7000/[(400+500)/2]=23.14$$
应付账款周转天数＝360/销售成本/平均应付账款余额
$$=360/7000/[(1650+1500)/2]=81$$
营运资金周转次数＝360/(存货周转天数＋应收账款周转天数－应付账款周转天数＋预付账款周转天数－预收账款周转天数)
$$=360/(83.33+62.1-81+23.14-20.7)=5.38$$
营运资金量＝上年度销售收入×(1－上年度销售利润率)×(1＋预计销售收入年增长率)/营运资金周转次数
$$=10000×(1-30\%)×(1+10\%)/5.38=1431（万元）$$
借款人自有资金＝目前企业所有者权益＋企业长期负债－企业固定资产净值－企业流动资产中长期占用部分＝2700＋0－2000－0＝700（万元）
新增流动资金贷款额度＝营运资金量－借款人自有资金－现有流动资金贷款－其他渠道提供的营运资金＝1431－700－200－0＝531（万元）

根据测算结果 531 万元，取整为 500 万元，与公司实际申请的新增 500 万元相符。

四、流动资金贷款风险评价及控制措施

商业银行应建立和完善风险评价机制，落实具体的责任部门和岗位，全面审查流动资金贷款的风险因素，并制定防范和控制措施。

(一) 流动资金贷款风险评价

1. 授信业务合规风险评价

① 客户（包括集团客户主要成员企业）曾经发生和目前仍然存在的不良信用记录。

② 客户近期新出现的重大违规事件和所受的税务、质量、环保等方面的重大处罚，近三年重大违规事件和所受重大处罚的整改落实情况。

③ 是否符合国家产业、国土、环保、资源、城市规划政策及其他相关政策要求，对于不符合的要说明具体内容。

④ 授信额度集中度或贷款集中度是否超过监管规定，对于不符合的要说明具体内容。

⑤ 授信业务期限、用途、结构是否符合银行额度授信管理办法和有关授信产品制度规定，对于不符合的要说明具体内容。

2. 授信业务关键风险评价

(1) 信用风险评价（第一还款来源风险信息）：

① 客户的还款资金来源、计划、到位情况；

② 客户存在的市场、经营、财务、管理等方面的重大风险缺陷及重大风险事项；

③ 客户存在的对外投资、对外借款、或有负债、大额应收账款等风险信息；

④ 集团客户过度授信、关联交易、关联担保等风险信息。

(2) 风险缓释措施评价（保证、抵押、质押等第二还款来源风险信息）：

① 抵（质）押物合法合理性分析；

② 抵（质）押物变现能力与价值分析；
③ 保证人主体资格与保证能力分析。
(3) 其他风险信息。

(二) 风险防控措施

针对授信业务关键风险提出有针对性、有效性和可操作性的风险防范和控制措施，必要时应在合同中设置限定性条款。

(1) 针对信用风险　加强对该企业法人资信的审查力度，关注其银行、商誉信用，同时建议追加该公司企业法人代表为第三方连带责任保证人。

(2) 针对经营、市场风险和财务风险　关注产品和原材料市场、国家产业政策、财税金融政策变化对该客户产品的销售、资金筹集等产生的影响；了解企业经营和财务状况，要求客户回笼资金基本通过本行结算，有效加强客户资金监控。

(3) 针对过度授信风险　银行贷款存续期间，公司不宜对外进行长期投资，同时设定相关持续财务控制指标为资产负债率不高于一定比率。

(4) 针对关联交易风险　关注关联交易的真实性和公允性，防止客户借关联交易虚构、转移利润。

(5) 针对保证风险　关注国家宏观经济政策和抵押物市场的变化，办妥抵押登记手续并要求该客户对抵押物办理财产保险；关注连带责任保证人资产质量状况及负债变化情况。

五、流动资金贷款操作流程

(一) 借款申请与受理

1. 借款申请

借款人填写借款申请书，提出借款申请，申请书内容包括借款币种、金额、期限、用途、贷款方式、还款来源、还款方式以及借款人的财务指标和基本经营状况。除申请书外按银行要求还要提供以下有关资料（新开户企业，应按有关规定，先与银行建立信贷关系）：

① 借款人及保证人的基本情况、营业执照；
② 经审计的上年度财务报告和上期的财务报表；
③ 抵、质押物清单，有处分权人同意抵、质押、保证的有关证明文件；
④ 抵、质押物的产权证明和保险单；
⑤ 保证人的信用等级证明文件；
⑥ 银行认为需要提供的其他资料。

银行对流动资金贷款申请材料的方式和具体内容提出要求，并要求借款人恪守诚实信用原则，承诺所提供材料真实、完整、有效。

2. 申请的受理

银行贷款调查部门负责接收借款申请，并对借款人提供的资料以及借款人的基本经营情况进行初步调查。根据初步调查的结果和银行的资金供应情况，决定是否同意受理。对同意受理的借款申请，及时通知借款人。

(二) 贷款调查与信用等级评估

1. 贷款调查

银行受理贷款申请后，对借款人的合法性、财务状况的真实性、借款用途等进行调查，调查采取现场与非现场相结合的形式，并形成书面调查报告。调查人员对调查内容的真实性、完整性和有效性负责。调查内容包括：

① 借款人的组织架构、公司治理、内部控制及法定代表人和经营管理团队的资信等情况；

② 借款人的经营范围、核心主业、生产经营、贷款期内经营规划和重大投资计划等情况；

③ 借款人所在行业状况；

④ 借款人的应收账款、应付账款、存货等真实财务状况；

⑤ 借款人营运资金总需求和现有融资性负债情况；

⑥ 借款人关联方及关联交易等情况；

⑦ 贷款具体用途及与贷款用途相关的交易对手资金占用等情况；

⑧ 还款来源情况，包括生产经营产生的现金流、综合收益及其他合法收入等；

⑨ 对有担保的流动资金贷款，还需调查抵（质）押物的权属、价值和变现难易程度，或保证人的保证资格和能力等情况。

2. 评估客户信用等级，进行综合授信

（1）评定客户信用等级，建立资信记录　根据银行内部的客户评级制度，采用科学合理的评级和授信方法，科学评定客户的信用等级，建立客户资信记录。

（2）确定流动资金贷款额度　在信用等级评估的基础上，信贷经营部门应制定流动资金贷款的授信方案，该方案可以单独制定，也可以与其他额度共同制定。主要包括以下内容：

① 综合考虑借款人经营规模、业务特征及应收账款、存货、应付账款、资金循环周期等要素，测算其营运资金需求，并结合借款人风险限额、偿债能力等因素确定借款人流动资金贷款总额度；

② 确定各分项额度、额度使用条件、额度循环特征、是否承诺性额度、额度间调剂规则等；

③ 综合考虑借款人现金流、负债、还款能力等因素，确定额度项下的贷款结构，包括金额、期限、利率、担保和还款方式等。

（三）贷款的风险评价和审批

1. 贷款的风险评价

流动资金贷款风险是指借款人不能按期偿还和付清流动资金贷款本息的可能性，银行应根据借款人经营管理具体情况进行业务合规风险评价和业务关键风险评价，并根据风险评价的结果，提出有针对性、有效性和可操作性的风险防范和控制措施，必要时应在合同中设置限定性条款。

2. 贷款审批

贷款人应根据审贷分离、分级审批的原则，建立规范的流动资金贷款评审制度和流程，确保风险评价和信贷审批的独立性；建立健全内部审批授权与转授权机制。银行在进行完贷款的风险评价、审查工作后，进行流动资金贷款审批，审批人员在授权范围内按规定流程独立审批贷款，不得越权审批。贷款审批后，向申请人做出正式答复。

（四）签订借款合同与贷款支付

1. 签订借款合同、担保合同

贷款审批后，银行应与借款人签订书面流动资金借款合同及其他相关协议。保证贷款还应由保证人与商业银行签订保证合同，或保证人在借款合同上写明与商业银行协商一致的保证条款，加盖保证人的法人公章，并由保证人的法定代表人或授权代理人签署姓名；抵押贷款应当由抵押人与商业银行签订书面抵押合同；质押贷款由出质人与商业银行签订书面质押合同。

流动资金借款合同的内容包括借款的金额、期限、利率、用途、支付、还款方式、还款来源、企业承诺、违约责任和贷款人可采取措施等条款。

借款合同中的支付条款包括：贷款资金的支付方式、贷款人受托支付的金额标准、支付方式变更及触发变更条件、贷款资金支付的限制、禁止行为借款人应及时提供的贷款资金使用记录和资料。

借款合同中的企业承诺事项包括：向贷款人提供真实、完整、有效的材料；配合贷款人进行贷款支付管理、贷后管理及相关检查；进行对外投资、实质性增加债务融资，以及进行合并、分立、股权转让等重大事项前征得贷款人同意；贷款人有权根据借款人资金回笼情况提前收回贷款；发生影响偿债能力的重大不利事项时及时通知贷款人。

借款合同中应当约定，出现以下情形之一（未按约定用途使用贷款的；未按约定方式进行贷款资金支付的；未遵守承诺事项的；突破约定财务指标的；发生重大交叉违约事件的；违反借款合同约定的其他情形）时，借款人应承担的违约责任和贷款人可采取的措施。

2. 贷款发放与支付

银行设立独立的责任部门或岗位，负责流动资金贷款发放和支付审核，按照合同约定通过银行受托支付或借款人自主支付的方式对贷款资金的支付进行管理与控制，监督贷款资金按约定用途使用，并根据借款人的行业特征、经营规模、管理水平、信用状况等因素和贷款业务品种，合理约定贷款资金支付方式及银行受托支付的金额标准。

（1）受托支付方式　具有以下情形之一的流动资金贷款，原则上应采用银行受托支付方式：

① 与借款人新建立信贷业务关系且借款人信用状况一般；

② 支付对象明确且单笔支付金额较大；

③ 银行认定的其他情形。

（2）自主支付方式　借款人自主支付的，银行应按借款合同约定要求借款人定期汇总报告贷款资金支付情况，并通过账户分析、凭证查验或现场调查等方式核查贷款支付是否符合约定用途。

贷款支付过程中，借款人信用状况下降、主营业务盈利能力不强、贷款资金使用出现异常，银行应与借款人协商补充贷款发放和支付条件，或根据合同约定变更贷款支付方式、停止贷款资金的发放和支付。

（五）贷后管理

1. 跟踪、定期、不定期检查、监测

针对自主支付的借款人银行除要求企业汇报贷款资金支付情况外，要在一周左右对企业进行跟踪现场检查，以确认贷款支付符合约定用途。一旦发现借款人没有按约定用途使用贷款，银行即可按约定的情形采取措施。

贷款发放后，银行应定期不定期对借款人进行现场检查与非现场监测，动态掌握借款人的如下情况：

（1）掌握各种影响借款人偿债能力的风险因素　结合借款人的行业特点，分析借款人经营、财务、信用、支付、担保及融资数量和渠道变化等状况，掌握各种影响借款人偿债能力的风险因素。

（2）掌握借款人资金回笼、账户资金进出情况　可根据借款人信用状况、融资情况等，与借款人协商签订账户管理协议，明确约定对指定账户回笼资金进出的管理。同时，应关注大额及异常资金流入流出情况，加强对资金回笼账户的监控。

（3）关注借款人经营、管理、财务及资金流向等重大预警信号 一旦发现借款人经营、管理、财务及资金流向等重大预警信号，就应根据合同约定及时采取提前收贷、追加担保等有效措施，防范、化解贷款风险。

2. 贷款风险分类及不良贷款处置

借款人经营、管理、财务等方面出现不良预警信号时，银行应及时对贷款进行分类。流动资金贷款形成不良贷款的，应对其进行专门管理，及时制定清收处置方案。对借款人确因暂时经营困难不能按期归还贷款本息的，银行可与其协商重组。对确实无法收回的不良贷款，银行按照相关规定对贷款进行核销后，应继续向债务人追索或进行市场化处置。

3. 流动资金贷款展期及到期收回

流动资金贷款需要展期的，应当在贷款到期日之前向银行申请展期。银行应审查贷款所对应的资产转换周期的变化原因和实际需要，决定是否展期，并合理确定贷款展期期限。贷款展期要争得保证人、抵押人、质押人的同意，并重新签订担保合同，同时加强对展期贷款的后续管理。

贷款到期，展期贷款到期，商业银行应提前一周左右提示借款人偿还贷款。借款人偿还流动资金贷款后档案资料存档管理。

第二节　固定资产贷款

一、固定资产贷款及其规则

（一）固定资产贷款定义

固定资产贷款是指商业银行向企（事）业法人、其他经济组织发放，用于借款人新建、扩建、改造、开发、购置等固定资产投资项目的本外币贷款。

（二）固定资产贷款种类

按照贷款的不同用途，固定资产贷款可分为基本建设贷款、技术改造贷款、科技开发贷款、商业网点贷款、项目融资等。

1. 基本建设贷款

基本建设贷款是指用于经国家有权部门批准的基础设施、市政工程、服务设施和以外延扩大再生产为主的新建或扩建生产性工程等基本建设而发放的贷款。

2. 技术改造贷款

技术改造贷款是用于现有企业以内涵扩大再生产为主的技术改造项目而发放的贷款。

3. 科技开发贷款

科技开发贷款是指用于新技术和新产品的研制开发、科技成果向生产领域转化或应用而发放的贷款。

4. 商业网点贷款

商业网点贷款是指商业、餐饮、服务企业，为扩大网点、改善服务设施、增加仓储面积等所需资金，在自筹建设资金不足时，而向银行申请的贷款。

5. 项目融资

项目融资是指贷款人向特定的工程项目提供贷款融资，对于该项目所产生的现金流量享有偿债请求权，并以该项目资产作为附属担保的发放的贷款。它是一种以项目的未来收益和资产作为偿还贷款的资金来源和安全保障的融资方式，是符合特定条件的固定资产贷款。

（三）固定资产贷款的规则

商业银行开展固定资产贷款业务与流动资金贷款一样，应当遵循依法合规、审慎经营、平等自愿、公平诚信的原则。

商业银行开展固定资产业务，应实行项目经理制，实行贷款全流程管理，全面了解客户和项目信息，建立固定资产贷款风险管理制度和有效的岗位制衡机制，将贷款管理各环节的责任落实到具体部门和岗位，并建立各岗位的考核和问责机制。

固定资产贷款的期限一般不超10年，超10年的要按照监管的要求进行备案。

商业银行应将固定资产贷款纳入对借款人及借款人所在集团客户的统一授信额度管理，并按区域、行业、贷款品种等维度建立固定资产贷款的风险限额管理制度。

商业银行应与借款人约定明确、合法的贷款用途，并按照约定检查、监督贷款的使用情况，防止贷款被挪用。商业银行应要求借款人将项目投保，并将银行作为项目投保的第一顺位保险金请求权人，或采取其他有效措施控制保险赔款权益。

固定资产贷款一般采用抵押、质押或保证的形式。符合商业银行信用贷款的条件，可以采用信用的方式。

固定资产贷款利率，由银行经营部门在授权范围内，根据风险收益匹配原则，综合考虑项目风险、风险缓释措施、市场情况等因素与借款人谈判确定，同时要符合国家利率管理规定。

固定资产贷款利率可以采用固定利率，也可采用浮动利率。中长期固定资产贷款原则上采用浮动利率，并且按年浮动。

对应提未提的固定资产贷款，应按未提金额及实际未使用天数收取贷款承诺费。

二、固定资产贷款条件

（一）借款人申请固定资产贷款应具备的基本条件

① 借款人依法经工商行政管理机关或主管机关核准登记。
② 借款人信用状况良好，无重大不良记录。
③ 借款人为新设项目法人的，其控股股东应有良好的信用状况，无重大不良记录。
④ 国家对拟投资项目有投资主体资格和经营资质要求的，符合其要求。
⑤ 借款用途及还款来源明确、合法。
⑥ 贷款人要求的其他条件。

（二）固定资产贷款项目应符合的条件

① 项目符合国家的产业、土地、环保等相关政策，并按规定履行固定资产投资项目的合法管理程序。
② 符合国家有关投资项目资本金制度的规定。

国家有关投资项目资本金制度规定，行业资本金占比：交通运输、煤炭项目35%以上，钢铁、邮电、化肥项目25%以上，其他项目20%以上。

③ 需要政府有关部门审批的项目，必须持有批准文件。
④ 符合商业银行关于项目准入的相关标准。

三、固定资产贷款操作流程

(一) 受理与尽职调查

1. 借款受理

借款人申请固定资产贷款，应按照银行的要求，提交以下资料：

① 借款申请书；
② 借款人的相关资料；
③ 贷款项目的相关资料；
④ 贷款担保的相关资料；
⑤ 银行要求的其他资料。

2. 尽职调查

客户经理和风险经理按照平行作业的要求开展固定资产贷款尽职调查，并形成调查报告。尽职调查的内容主要包括：

① 借款人提供资料的真实、完整和有效性；
② 借款人及项目发起人等相关关系人的资信与实力；
③ 贷款项目的实际情况；
④ 贷款抵押担保情况；
⑤ 需要调查的其他内容。

(二) 风险评价与审批

1. 风险评价

银行应落实具体责任部门和岗位，对固定资产贷款进行全面风险评价，并形成风险评价报告。银行对固定资产风险评价主要通过省、市行项目经理进行贷款项目评估实现的。银行贷款项目评估从借款人、项目发起人、项目合规性、项目技术、和财务可行性、项目产品市场、项目融资方案、还款来源的充足性和可靠性、担保、保险等角度进行。所有固定资产贷款均应进行风险评价。风险评价应根据科学、客观、公正、审慎、全面的原则进行，并对与贷款偿还紧密相关的要素进行重点评估，充分揭示项目风险。评估需要的资料：

① 符合国家产业、产品布局和投资项目审批程序，可行性研究经权威部门论证；
② 符合国家产业布局政策、财政税收政策、行业发展规划以及国家和行业的可行性研究设计标准和参数；
③ 借款人营业执照，公司章程，借款人（出资人）最近三年的审计报告原件及随审计报告附送的资产负债表、损益表和现金流量表及其报表附注；
④ 借款人信用状况，贷款担保意向或承诺，担保人营业执照、财务报表、或有负债状况，抵押（质押）物的情况说明等。

风险经理根据风险评价情况完成《项目评估报告》，并按相关规定上报审核。

2. 固定资产贷款审批

银行应按照审贷分离、分级审批制度，规范固定资产贷款审批流程，明确贷款审批权限，确保审批人员按照授权独立审批贷款。有权审批人员依据评估报告等资料进行贷款的审查审批。

(三) 签订借款合同

贷款审批之后，银行应与借款人及其他相关当事人签订书面借款合同、担保合同等相关合同。合同中应详细规定各方当事人的权利、义务及违约责任，避免对重要事项未约定、约定不明或约定无效。合同内容主要包括：

① 贷款金额、期限、利率、用途、支付、还贷保障及风险处置等要素和有关细节；

② 约定提款条件以及贷款资金支付接受贷款人管理和控制等与贷款使用相关的条款，提款条件应包括与贷款同比例的资本金已足额到位、项目实际进度与已投资额相匹配等要求；

③ 约定对借款人相关账户实施监控，必要时可约定专门的贷款发放账户和还款准备金账户；

④ 借款人对贷款相关的重要内容作出承诺，承诺内容应包括：贷款项目及其借款事项符合法律法规的要求；及时向贷款人提供完整、真实、有效的材料；配合贷款人对贷款的相关检查；发生影响其偿债能力的重大不利事项及时通知贷款人；进行合并、分立、股权转让、对外投资、实质性增加债务融资等重大事项前征得贷款人同意等；

⑤ 借款人出现未按约定用途使用贷款、未按约定方式支付贷款资金、未遵守承诺事项、申贷文件信息失真、突破约定的财务指标约束等情形时借款人应承担的违约责任和贷款人可采取的措施。

（四）贷款发放和支付

贷款的发放和支付应通过约定的账户办理，必要时应通过专门的贷款发放账户办理，专门的贷款发放账户可以是一般账户或专用账户。

银行通过银行受托支付或借款人自主支付的方式对贷款资金的支付进行管理与控制。

采用银行受托支付的，银行应在贷款资金发放前审核借款人相关交易资料是否符合合同约定条件。银行审核同意后，将贷款资金通过借款人账户支付给借款人交易对手，并应做好有关细节的认定记录。单笔金额超过项目总投资5%或超过500万元人民币的贷款资金支付，应采用银行受托支付方式。

采用借款人自主支付的，银行应要求借款人定期汇总报告贷款资金支付情况，并通过账户分析、凭证查验、现场调查等方式核查贷款支付是否符合约定用途。

固定资产贷款发放和支付过程中，银行应确认与拟发放贷款同比例的项目资本金足额到位，并与贷款配套使用。

在贷款发放和支付过程中，借款人出现以下情形的，银行应与借款人协商补充贷款发放和支付条件，或根据合同约定停止贷款资金的发放和支付：

① 信用状况下降；

② 不按合同约定使用贷款资金；

③ 项目进度落后于资金使用进度；

④ 违反合同约定，以化整为零方式规避贷款人受托支付。

（五）贷后管理

固定资产贷后管理应按照银行规定进行贷后项目管理、风险管理、押品管理、现金流管理以及不良贷款管理。

1. 贷后项目管理

在项目建设期间，贷后管理应对项目建设进度、资金到位和使用进度、贷款资金支付情况、工程建设质量等事项重点关注。

在项目经营期间，贷后管理应对项目生产经营、项目资产的维护、项目产品市场的变化、新政策的不利影响等事项重点关注，并通过借款人经营现金流的分析判断其实际经营情况。

2. 贷款风险管理

银行应定期对借款人和项目发起人的履约情况及信用状况、项目的建设和运营情况、宏观经济变化和市场波动情况、贷款担保的变动情况等内容进行检查与分析，建立贷款质量监控制度和贷款风险预警体系。出现可能影响贷款安全的不利情形时，银行应对贷款风险进行重新评估，并采取针对性措施。

3. 贷款担保管理

项目实际投资超过原定投资金额，银行经重新风险评估和审批决定追加贷款的，应要求项目发起人配套追加不低于项目资本金比例的投资和相应担保。对抵（质）押物的价值和担保人的担保能力建立贷后动态监测和重估制度。

4. 现金流管理

银行应对固定资产投资项目的收入现金流以及借款人的整体现金流进行动态监测，对异常情况及时查明原因并采取相应措施。合同约定专门还款准备金账户的，银行应按约定根据需要对固定资产投资项目或借款人的收入现金流进入该账户的比例和账户内的资金平均存量提出要求。借款人出现违反合同约定情形的，银行应及时采取有效措施，必要时应依法追究借款人的违约责任。

5. 不良贷款管理

固定资产贷款形成不良贷款的，银行应对其进行专门管理，并及时制定清收或盘活措施。对借款人确因暂时经营困难不能按期归还贷款本息的，银行可与借款人协商进行贷款重组。对确实无法收回的固定资产不良贷款，银行按照相关规定对贷款进行核销后，应继续向债务人追索或进行市场化处置。

【资料】

固定资产投资项目资本金制度

国务院（国发〔2015〕51号文件）规定对固定资产投资项目资本金制度进行调整和完善。具体规定如下：

一、各行业固定资产投资项目的最低资本金比例按以下规定执行。

城市和交通基础设施项目：城市轨道交通项目为20%，港口、沿海及内河航运、机场项目为25%，铁路、公路项目为20%。

房地产开发项目：保障性住房和普通商品住房项目20%不变，其他项目为25%。

产能过剩行业项目：钢铁、电解铝项目维持40%不变，水泥项目维持35%不变，煤炭、电石、铁合金、烧碱、焦炭、黄磷、多晶硅项目维持30%不变。

其他工业项目：玉米深加工项目由为20%，化肥（钾肥除外）项目维持25%不变。

电力等其他项目维持20%不变。

二、城市地下综合管廊、城市停车场项目，以及经国务院批准的核电站等重大建设项目，可以在规定最低资本金比例基础上适当降低。

三、金融机构在提供信贷支持和服务时，要坚持独立审贷，切实防范金融风险。要根据借款主体和项目实际情况，按照国家规定的资本金制度要求，对资本金的真实性、投资收益和贷款风险进行全面审查和评估，坚持风险可控、商业可持续原则，自主决定是否发放贷款以及具体的贷款数量和比例。对于产能严重过剩行业，金融机构要严格执行（国发〔2013〕41号）有关规定。

资料来源：中国新闻网，2015年9月14日，http://www.chinanews.com/cj/2015/09-14/7521750.shtml.

第三节 项目融资

一、项目融资及其规则

(一) 项目融资定义

项目融资是指项目发起人为该项目筹资和经营而成立一家项目公司,由项目公司承担贷款,以所产生的现金流作为还款来源,并以该项目资产作为附属担保而发放的贷款。它是一种以项目的未来收益和资产作为偿还贷款的资金来源和安全保障的融资方式,是符合特定条件的固定资产贷款。项目融资,应符合以下特征:

① 贷款用途通常是用于建造一个或一组大型生产装置、基础设施、房地产项目或其他项目,包括对在建或已建项目的再融资;

② 借款人通常是为建设、经营该项目或为该项目融资而专门组建的企事业法人,包括主要从事该项目建设、经营或融资的既有企事业法人;

③ 还款资金来源主要依赖该项目产生的销售收入、补贴收入或其他收入,一般不具备其他还款来源。

项目融资一般应用于需要巨额资金、投资风险大而传统方式难以满足但现金流量稳定的工程项目,如天然气、煤炭、石油等自然资源的开发,以及运输、发电、道路、铁路、机场、农林、电子、公用事业等大型工程建设项目。项目融资是以项目本身良好的经营状况和项目建成、投入使用后的现金流量作为还款保证来融资的。它不需要以投资者的信用或有形资产作为担保,也不需要政府部门的还款承诺,贷款的发放对象是专门为项目融资和经营而成立的项目公司。

(二) 项目融资种类

1. 无追索权的项目融资

无追索权 (No-recourse) 的项目融资也称为纯粹的项目融资,在这种融资方式下,贷款的还本付息完全依靠项目的经营效益。同时,贷款银行为保障自身的利益必须从该项目拥有的资产取得物权担保。如果该项目由于种种原因未能建成或经营失败,其资产或收益不足以清偿全部的贷款时,贷款银行无权向该项目的主办人追索。

2. 有限追索权的项目融资

有限追索权 (Limited-recourse) 项目的融资是指除了以贷款项目的经营收益作为还款来源和取得物权担保外,贷款银行还要求有项目实体以外的第三方提供担保。贷款行有权向第三方担保人追索。但担保人承担债务的责任,以他们各自提供的担保金额为限,所以称为有限追索权的项目融资。

(三) 项目融资的特点

1. 融资主体的排他性

项目融资主要依赖项目自身未来现金流量及形成的资产,而不是依赖项目的投资者或发起人的资信及项目自身以外的资产来安排融资。融资主体的排他性决定了债权人关注的是项目未来现金流量中可用于还款的有多少,其融资额度、成本结构等都与项目未来现金流量和资产价值密切相关。

2. 追索权的有限性

传统融资方式,如贷款,债权人在关注项目投资前景的同时,更关注项目借款人的资信及现实资产，追索权具有完全性；而项目融资方式如前所述，是就项目论项目，债权人除和签约方另有特别约定外，不能追索项目自身以外的任何形式的资产，也就是说项目融资完全依赖项目未来的经济强度。

3. 项目风险的分散性

融资主体的排他性、追索权的有限性，决定着作为项目签约各方对各种风险因素和收益的充分论证。确定各方参与者所能承受的最大风险及合作的可能性，利用一切优势条件，设计出最有利的融资方案。

4. 项目信用的多样性

将多样化的信用支持分配到项目未来的各个风险点，从而规避和化解不确定项目风险。如要求项目"产品"的购买者签订长期购买合同（协议），原材料供应商以合理的价格供货等，以确保强有力的信用支持。

5. 项目融资程序的复杂性

项目融资数额大、时限长、涉及面广，涵盖融资方案的总体设计及运作的各个环节，需要的法律性文件也多，其融资程序比传统融资复杂。且前期费用占融资总额的比例与项目规模成反比，其融资利息也高于公司贷款。

(四) 项目融资的规则

1. 项目融资原则

商业银行开展项目融资业务与固定资产贷款业务一样，应当遵循依法合规、审慎经营、平等自愿、公平诚信的原则。

2. 项目融资金额的确定

项目融资金额应当根据项目投资需要、固定资产投资项目资本金比例要求，综合考虑项目预期现金流、风险水平和借款人风险承受能力等因素，合理确定贷款金额。

3. 项目融资期限

项目融资期限是指贷款第一笔发放之日起至借款人按合同约定还清全部贷款本息之日止的时间，具体期限应当根据项目预测现金流、投资回收期和融资金额等因素合理确定，要严格控制中长期贷款的发放。

4. 项目还款方式

项目融资须实行分期还款。要根据项目预期现金流情况制订切实可行的分期还款计划：

① 应从项目建设期完成时即开始还款，并应采用按月或按季还款；

② 还款金额应与项目建设、运营进度相匹配。

5. 其他规则

办理项目融资业务，可根据项目建设的专业性和技术性，委托或者要求借款人委托具备相关资质的独立中介机构为项目提供法律、税务、保险、技术、环保和监理等方面的专业意见或服务。

多家机构参与同一个项目融资的，原则上应当采用银团贷款。

二、项目融资参与各方当事人及项目融资的条件

(一) 项目融资各方当事人

由于项目融资的复杂结构，因而参与融资结构并在其中发挥不同程度重要作用的利益主体也较传统的融资方式为多，概括起来，项目融资的主要当事人包括：项目发起人、项目公司、贷款人、项目承建商、项目设备/原材料供应者、项目产品的购买者、融资顾问、保险

公司等。

(1) 项目发起人　项目发起人是项目公司的投资者,是股东,它通过组织项目融资,实现投资项目的综合目标要求。

(2) 项目公司　项目公司通常是项目发起人为了项目的建设而建立的经营实体,除项目发起人投入的股本金之外,项目公司主要靠借款进行融资。

(3) 政府机构　政府机构是项目特许经营权的审批机构。

(4) 贷款人　贷款人主要有商业银行、国际金融组织等金融机构。在一个项目融资中,贷款人可以是简单的一两家商业银行,也可以是由十几家组成的国际银团。

(5) 项目承建商　项目承建商通常与项目公司签订固定价格的总价承包合同,负责项目工程的设计和建设。对于大项目,承建商可以另签合同,把自己的工作分包给分包商。

(6) 项目设备/原材料供应者　项目设备供应者通过延期付款或者优惠出口信贷的安排,可以构成项目资金的一个重要来源,为安排项目融资提供了有利条件。

(7) 项目产品的购买者　项目产品的购买者可以在项目融资中发挥相当重要的作用,构成融资信用保证的关键部分之一。项目产品的购买者通过与项目公司签订长期购买合同,保证了项目的市场和现金流量,为投资者对项目的贷款提供重要的信用保证。

(8) 保险公司　当对借款人或项目发起人的追索权是有限的情况下,项目的一个重要安全保证是用保险权益做担保。因而,必要的保险是项目融资的一个重要方面。

项目融资各方当事人关系如图 8-1 所示。

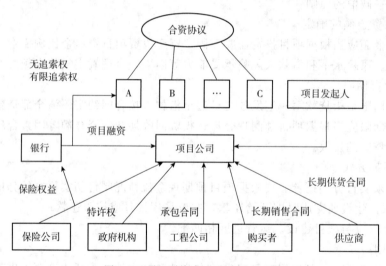

图 8-1　项目融资各方当事人关系图

(二) 办理项目融资业务的项目公司应具备的基本条件

① 项目公司依法经工商行政管理机关或主管机关核准登记。

② 项目公司及主要股东信用状况良好,无重大不良记录。

③ 国家对拟投资项目有投资主体资格和经营资质的要求的,符合其要求。

④ 项目符合国家产业、环保、土地使用、资源利用、安全生产等方面的政策和贷款银行信贷政策。

⑤ 符合国家有关投资项目资本金制度的规定。

⑥ 项目已按照国家规定办理审批、核准或备案手续。

⑦ 项目生产所需原材料有稳定的来源，并能够签订原材料供货合同或意向书。

⑧ 项目公司能够向贷款人提供完工担保、基本建设超支安排，同意将保险权益转让给贷款人，同意将项目的在建工程及其形成的固定资产抵押给贷款人，同意将项目的收益质押给贷款人，项目股东同意将各自的股权质押给贷款人。

⑨ 项目产品销售渠道畅通，最好有"照付不议"产品购销合同。

⑩ 项目建设及生产所需的水、电、通讯等配套设施已经落实。

三、项目融资业务操作流程

（一）项目公司向业务部门提出项目融资贷款需求

项目公司申请项目融资应提交以下资料：

① 项目融资申请；

② 项目公司章程、经年检的营业执照、法人代表身份证明等；

③ 项目公司近三年经审计的年度财务报告和最近一期月度财务报表。新设立项目公司，可只提供股东相关资料；

④ 项目可行性研究报告，政府有权部门对项目在环保、土地、规划、安全生产和投资管理等方面的许可文件；

⑤ 项目资本金已落实的证明文件；

⑥ 与项目建设及生产经营相关的合同和协议文件，包括总承包合同、特许经营权协议、购买协议、产品支付协议、原材料供应合同等；

⑦ 贷款担保要求的相关资料。

【资料】

商业银行发放贷款要注意的高风险项目

1. 项目投入物质属紧缺资源的项目	8. 竞争激烈领域的项目
2. 项目投入物大部分需要进口的项目	9. 技术寿命较短的项目
3. 项目产出物大部分用于出口的项目	10. 债务资金比例高的项目
4. 国家限制或可能限制的项目	11. 资金来源单一且存在不稳定因素的项目
5. 国家优惠政策可能终止的项目	12. 在国外投资的项目
6. 建设周期长的项目	13. 自然灾害频发地区的项目
7. 市场需求变化较快的项目	14. 研发新技术的项目

（二）项目融资调查与磋商

1. 项目融资调查

办理项目融资业务，调查人员应主要就以下内容进行尽职调查：

① 项目公司提供的材料是否真实、完整和有效；

② 项目公司、项目发起人或主要股东的基本情况，包括成立时间、注册资本、机构设置、治理结构；信用状况、生产经营实力、财务状况、融资状况；股东的行业地位、资金实力和经营管理水平等；

③ 融资项目基本情况，包括项目建设的必要性、建设内容、建设条件和可行性分析、项目建设进展情况、审批核准情况；

④ 项目市场分析，包括项目市场环境、供求关系和未来变化趋势等；
⑤ 项目投资及偿债能力分析，包括项目投资构成、资本金比例、自筹资金来源和项目预期未来现金流等。

2. 银行与融资项公司磋商

商业银行与项目公司就"照付不议"购销合同、原料供应合同、完工担保、超支成本安排、保险权益转让、项目融资抵押、项目收益权质押、项目股东权益质押等各项融资条件进行磋商并达成一致意见。

（三）融资项目审批及签署协议

商业银行按照贷款审批程序，对项目进行分级审批。项目贷款获得批准后，项目公司与商业银行就全部融资协议文本进行磋商，达成一致后签订项目融资协议。融资协议签署之后，项目公司按协议以及工程进度提取贷款。

（四）项目贷款管理

在贷款存续期间，贷款行应定期对借款人和项目发起人的履约情况及信用状况，项目的建设和运营情况，宏观经济和市场波动情况，贷款担保的变动情况等内容进行检查与分析。定期对项目风险进行评价，并建立贷款质量监控制度和风险预警体系。出现可能影响贷款安全的情况的，应当及时采取相应的措施。在实践中，项目贷款的贷后检查主要包括以下三个方面：

1. 项目建设期检查

检查项目的建设进度是否按计划进行，有无延长情况及延长原因；检查总投资中各类资金是否到位及使用情况；检查项目的建设、技术、市场条件是否发生了变化，承担项目建设的能力和项目建设质量的实际情况如何，是否出现较大事故，环保设施是否同步建设，对于异地项目，必要时需要到实地。

检查在项目建设成本超支的情况下，对项目实际投资超过原定投资预算金额确需追加贷款的，应由借款人重新提出借款申请。贷款行按规定流程经重新风险评价和审查决定追加贷款的，应要求项目发起人配套不低于项目资本金比例的追加投资和相应担保。

2. 项目试生产阶段检查

在项目的试生产阶段，检查项目建成的设施和设备运转是否正常，项目生产数据和技术指标是否达到预订标准，环保设施是否与主题工程同时建成，并经环保部门验收通过。

3. 项目经营期检查

应重点关注项目所在行业风险情况、项目经营状况及收入状况，项目经营活动现金流是否达到评估水平，项目经营收入是否按照约定按时、足额回笼贷款行，要对项目经营收入账户进行动态监测，若账户资金流动出现异常，应及时查明原因并采取相应措施。借款人应按约定及时偿还贷款本息。对借款人确因暂时经营困难不能按约定期限偿还借款本息的，可与借款人协商贷款展期、再融资或重组。

第四节　票据承兑与贴现

一、银行承兑汇票业务

（一）银行承兑汇票概念

银行承兑汇票是商业汇票的一种，是由收款人或承兑申请人签发，并由承兑申请人向开户银行申请，经银行审查同意签章承诺到期承认兑付的汇票。对于银行来讲，无论是收款人签发汇票，还是承兑申请人签发汇票，均应由承兑申请人的开户银行承兑。银行承兑汇票在经济生活中具有支付手段、信用手段、结算手段、融资手段等多种作用。从票据行为来说，它以票据为对象，是票据的取得和转让。对银行来说，只要承诺了汇票到期付款，银行就成了债务人，到期见票必须无条件支付，所以开出商业汇票并由银行承兑，是商业信用向银行信用的转化，也是以银行信用来保证商业信用，是一种银行授信业务，是表外授信。

银行承兑汇票由银行承兑，银行为票据的主债务人，银行的良好信誉使汇票到期后的付款不成问题。因而对持票人来讲，银行承兑汇票的风险小；但对于承兑银行来讲，承兑是给予承兑申请人一种授信，如果承兑申请人无法按时偿付汇票到期资金，银行的资金便出现了风险。

(二) 申请办理银行承兑汇票的企业必须具备的基本条件

① 信誉良好，无不良记录。
② 在银行开立基本存款账户。
③ 有真实、合法的商品交易合同和交易发票。
④ 有可靠的资金来源。
⑤ 不欠利息。

(三) 银行承兑汇票业务的办理程序

一般情况下，承兑申请人向其开户银行提出承兑申请，作为承兑人的银行将会对申请人的资信、财务状况、业务的具体贸易背景进行调查，并要求承兑申请人缴付一定的保证金才能为其承兑。具体办理程序如下：

① 客户向开户银行提出申请，填写《银行承兑汇票申请书》，要求银行为其汇票进行承兑。客户向银行提供能够证明其真实贸易背景的贸易购销合同等资料。

② 银行信贷部门严格审查购销合同。在核定的授信总量之内，在承兑单项额度之内，考核单个企业、单笔银行承兑汇票金额。

③ 对企业提出的办理银行承兑汇票申请进行审核、签署意见，并按贷款审批程序、权限办理银行承兑汇票的审批手续。

④ 银行与承兑申请人签订承兑协议。协议内容除有效担保外，应收取一定金额的保证金（100%保证金不占用授信额度）；约定手续费标准（一般是0.5‰左右）、承兑汇票到期存入资金及逾期不能付款的处理办法。保证金可以抵作部分承兑款项，防止发生银行垫支等情况。

⑤ 办理担保手续，为客户开立保证金专户，客户按照约定比例存入保证金。

⑥ 银行会计部门在承兑汇票上签章承兑，并收取承兑手续费。

⑦ 承兑款项按时足额到位及资金不足的处理。根据承兑协议，执行扣款；对尚未扣回的承兑款项按日息万分之五计收利息；对垫支10天以上的承兑申请人，银行一年之内不得再次为其办理承兑业务。

(四) 银行承兑汇票业务的风险种类及其防范

1. 银行承兑汇票业务风险种类

银行承兑汇票作为一种关系权利义务的全债权凭证，是财产权的化身，在市场上具有极高的流通性；作为承兑人的银行信誉度非常高；作为一种票据它又受到票据法的约束和保护，具有安全性高、信用好等特点，在实际经济生活中被广泛使用。正因为如此，商业银行在办理银行承兑汇票业务时，必须谨慎、认真，否则容易被不法分子或其他别有用心的人所

利用,造成资金风险。一般来讲,银行承兑汇票业务的风险有如下几种:

(1) 诈骗风险　为了获得银行承兑汇票,不法分子可能利用各种手段,如以虚假公司名义申请、以伪造的贸易购销合同申请、以低比例的保证金获得高面额的银行承兑汇票等,通过以上手段获得银行承兑汇票以后,他们会立即到另一家商业银行申请贴现,套走资金,使银行承担全部风险。

(2) 担保不落实风险　如果商业银行对于有些承兑汇票不收保证金或收取保证金的比例偏低,致使银行的债务悬空。一旦承兑汇票到期,债务人不能及时足额归还银行款项,则银行没有足以抵偿损失的担保物可供处理。因此,对于不熟悉的客户或把握性不大的贸易项目,如果不能收取全额保证金,或质押物、抵押物不足值,则应要求申请人提供担保,否则宁可不做业务。

2. 银行承兑汇票业务的风险防范

(1) 严查贸易背景　真实的贸易均会出具增值税发票,因此,客户经理要严格审查此项贸易的增值税发票,将真实的增值税发票与商品购销合同对照检查,就能判断贸易业务的真实性。银行客户经理还可通过其他途径了解该项业务的贸易背景,如是否经常做这种贸易,贸易对手是否为经常的合作伙伴等,从多种途径了解到的情况均说明贸易的背景是真实的,则该笔业务的风险将大大降低。

(2) 落实保证金及抵押或担保措施　通常情况下,申请人向银行申请商业汇票承兑,一定要预存一定的保证金,商业银行一定要对保证金账户实行严格管理,将保证金专户存储,不允许客户挪作他用。同时,不能用保证金保证的部分也一定要落实其他抵押或担保措施,以便银行垫付资金后,能通过处置抵押物收回资金,或由担保方代为偿付。

二、票据贴现业务

(一) 票据贴现定义及其特点

1. 票据贴现的定义

票据贴现(简称贴现)是指商业汇票的持票人,为提前取得票款,将未到期的商业汇票卖给银行,向银行贴付一定的利息,取得现款的一种票据转让行为。"贴现"是商业汇票的持票人用"贴水"的办法转让票据,将未来获得现金的债权提前转换为现金的缩略语。贴现,对于票据持有人来说,是将未来的货币收入提前实现为现实的货币收入,对于承做贴现的银行来说,是对商业汇票的持有人融通资金。因此,贴现形式上是一种票据转让行为,实际上是一种资金融通,是一种银行信用与商业信用机结合的融资。也正因为如此,票据贴现也称为贴现贷款。

票据贴现的对象是经工商机关核准登记的企(事)业法人或其他经济组织、个体工商户,并在本行开立基本存款账户、一般存款账户或临时存款账户。票据贴现的期限一般最长不得超过 6 个月。

2. 票据贴现的特点

尽管票据贴现是一种融资的方式,但与贷款相比仍有显著区别,主要有以下几点:

(1) 两者的性质不同　票据贴现具有票据买卖性质,因为票据贴现对银行来说,是向贴现人购进票据,付出货币资金,票据到期,贴现银行向票据付款人收取款项。一般贷款是借贷性质,贷款到期,借款人必须偿还。

(2) 两者的当事人不同　票据贴现的当事人有贴现申请人、贴现银行、票据付款人、承兑人、背书人等。一般贷款的当事人包括借款人、商业银行、保证人、抵押人、出质人。

(3) 两者的回收时间不同　票据贴现期限一般较短，即从贴现日起到到期日止，通常 3 个月，最长不超过半年。票据到期后，承兑人必须无条件支付。当然，票据贴现还可以通过再贴现、转贴现随时收回资金。一般贷款的回收期相应较长，一般都要贷款到期才能收回，从目前来看，最短是 6 个月。

(4) 两者利息收取时间不同　票据贴现在贴现当时从贴现金额中扣收利息，一般贷款定期收取利息，即按季收息。

(5) 两者办理手续不同　票据贴现由贴现申请人填贴现凭证，银行审核，由会计部门扣收利息，支付余款。票据到期由银行向付款人或承兑人收取款项；一般贷款人，由借款人填借款申请书，银行调查，审查，签订借款合同，发放贷款，贷后检查，到期收回贷款。

(二) 贴现利息及实付贴现金额的计算

1. 贴现利息的计算

银行在办理票据贴现时，要及时收取贴现利息，并在贴现票据金额中预先扣收。贴现利息是按实际贴现天数计算，其计算公式是：

$$贴现利息 = 汇票金额 \times 实际贴现天数 \times (月贴现率 \div 30)$$

公式中的实际贴现天数即贴现期限，是指贴现银行向申请贴现人支付现款之日起到贴现票据到期日止的期限。在计算实际天数时，从贴现日起至汇票到期前日计算贴现期，承兑人在异地的，应另加 3 天的划款日期。

公式中的贴现率是贴现利息与票据到期收回款项的比例。由于利息提前扣收及期限较短，因此贴现率一般略低于银行同期贷款利率。另外由于贴现率参照再贴现率、市场利率等情况结合确立，在具体执行时要根据实际情况掌握，有所浮动。

2. 实付贴现金额的计算

实付贴现金额，是指在贴现汇票金额中，扣除从贴现日起至汇票到期日止的贴现利息后，实际支付给贴现申请人的金额。其计算公式为：

$$实付贴现金额 = 汇票金额 - 贴现利息$$

(三) 票据贴现业务操作流程

1. 贴现申请

商业汇票的持票人（或收款人）急需资金时，持未到期的商业承兑汇票或银行承兑汇票向银行申请贴现。凡申请办理票据贴现的企业需提交以下资料：

① 未到期的银行承兑汇票；
② 提交《承兑汇票贴现申请书》；
③ 购销合同原件；
④ 增值税发票原件（原件上注明"已于×年×月×日在某某银行办理贴现××万元"字样）；
⑤ 运输单据等银行要求提供的有关资料。

首次办理贴现业务还必须提供：营业执照/事业单位法人证书、法人代表身份证、经办人身份证和授权委托书、近三年的资产负债表。

2. 银行审查

银行受理票据贴现申请后要对贴现申请人和提交的票据进行审查，审查的内容主要有以下几个方面：

(1) 审查票据的合法性

① 审查申请贴现的票据是否完备，须记载的事项、有关签章人签章是否齐全，有无

假票；

②有无背书不连续或背书不符合要求；

③审查申请贴现票据是否以合法的商品交易为基础，重点审查商品交易合同与增值税发票是否具有对应关系，严禁为套取资金而签发空头汇票。

(2) 审查贴现资金的具体用途　贴现银行应根据信贷政策的要求，严格审查贴现的使用方向；贴现资金必须适用于正常的生产经营的流动资金需要，控制企业任意扩大固定资产投资规模。

禁止贴现申请人将贴现资金从申请人账户直接划出至出票人或直接前手，或证券、期货、信托等公司，或用于本行承兑业务保证金，或进行股本权益性投资。

(3) 审查承兑人和贴现申请人的信用状况　贷款审查部门根据调查、审核情况，对同意予以贴现的，应填写《承兑汇票贴现调查审批表》，并连同有关资料，一并报送有权审批人员批准。

(4) 票据查询　银行承兑汇票贴现，须向承兑银行查询，做好查询记录并保管好回复的电文。贴现经办机构须向承兑银行办理票据查询：

①汇票票面要素是否真实相符；

②他行是否已办理查询；

③是否挂失止付或公示催告。

票据查询应采用人民银行同城票据交换、人民银行现代化支付系统、传真、中国票据网和实地查询方式之一或人民银行规定的其他有效查询方式。对于采取实地查询的，实地查询书应填写完整，经办人员应到对方营业场所临柜办理查询，双人签字及加盖承兑行（或查询代理行）业务专用章。

未经查询的银行承兑汇票一律不得办理票据贴现业务。

对有下列情形之一的，不得办理贴现业务：

①承兑汇票要素不全；

②承兑汇票的背书不连续；

③内容有涂改，有关签章不符合要求；

④注有"不得转让"字样的汇票；

⑤汇票金额期限不符合规定；

⑥承兑行已发出通知停止办理贴现汇票或汇票本身不准贴现的。

3. 贴现审批及资金的划拨

银行承兑汇票贴现业务经审查无误，由审查部门填写《银行承兑汇票贴现审批表》并提出审查意见，经票据融资中心主任审查同意后，送有权审批人审批。

经审查、审批同意办理贴现的，应与贴现申请人签订《银行承兑汇票贴现协议》并与其他相关凭证一起交付会计部门，会计部门要认真审查贴现凭证上的贴现申请人名称与银行承兑汇票持票人名称是否一致，审查无误后将款项划入贴现申请人账户。

4. 贴现票据到期收回票据款项

贴现票据到期，贴现银行采取委托收款结算方式，向承兑人或承兑银行收取票款。如未能如期收回票款，贴现银行可依法将贴现汇票退还申请人，将贴现款项从其账户中扣收。如果存款户中存款不足，不足部分转作逾期贷款，并根据规定加收 0.5‰ 利息。

(四) 票据贴现业务的风险及其防范

1. 贴现业务风险种类

票据贴现业务虽属低风险业务,但不等于无风险。贴现业务风险归纳起来有假票风险、信用风险、操作风险、延付风险四类。

(1) 假票风险　假票风险指用以申请贴现的商业汇票是通过伪造纸质、签章、金额等要素的变造或克隆票据。随着科技水平的提高,制假手段也越来越高明,在缺少先进仪器的情况下,单纯用肉眼判断存在很大的风险性。并且在办理贴现业务过程中,经办柜员只是对票据是否曾签发向出票行进行查询,未对票据真实性进行仔细审核,这也往往导致风险。

(2) 信用风险　信用风险主要包括出票人恶意挂失、承兑银行在公示催告期间隐瞒票据曾被查询的事实、二次贴现和出票人与承兑人联手诈骗等情形,使贴现银行遭受损失的风险。

(3) 操作风险　操作风险突出表现为票据在保管过程中丢失,或因保管人员失误造成的汇票到期未能及时托收给银行造成损失风险。

(4) 延付风险　延付风险主要是指贴现银行在票据到期时向付款行进行委托收款,因票据上的一些错误(被背书人书写错误、背书人签章模糊、骑缝章不规范等)被退回要求错误责任单位补打证明而导致收款延期,从而给银行造成延误期内资金利息损失的风险。

2. 票据贴现业务的风险防范

从以上分析可以看出,目前贴现业务的风险有四类,对不同类型的业务风险应该采取不同的风险管理措施。

(1) 增强风险经营意识,树立稳健的发展观　发展贴现业务首先要增强风险意识,坚持六个"做到",即认识贴现诸环节可能潜在的业务风险,做到防范先于规范;建立银行系统内部票据诈骗案件的及时通报制度,对源自诈骗案件多发地区和银行的票据严格审核,做到防范之中有重点;对大额票据要双人上门查询,做到大额业务重点防范;完善贴现业务内部控制制度,做到防范与规范并重;完善票据定价机制,做到利率反映风险,价格补偿成本;增强风险管理能力,做到加快业务发展和自身的风险控制与管理能力相适应。

(2) 加强内控制度建设,规范业务操作行为　一是提高业务人员素质,即提高从业人员对票据诈骗行为方式及表现形式的识别能力,把好票据审查关;二是强化内控制度建设,堵塞风险管理漏洞。实施贴现业务精细化管理,将贴现细分为验票、查询、授信、审查、审批、贷前查询、放贷、贷后管理、贷后定期查询(每隔60天)、到期收款、收贷等环节,合理设置业务岗位,明确岗位工作职责,使票据查询查复、贷款审批发放、到期收款收贷等工作及时、规范、有序,确保票据真实、交易真实和资金安全。

(3) 完善企业信用征信体系建设,有效防范票据风险　从目前企业信用信息数据库看,银行承兑汇票的签发与兑付、贴现贷款的发放与回收等信贷事项已经得到实时反映,但与票据有关的其他信息,系统尚无记载。随着贴现业务的快速发展,按照承兑行和票据号码,增加票据查询、质押、贴现、挂失、公示催告以及诉讼等记录,以完整反映票据所处的业务状态。通过票据信息网上即时发现,银行系统可以构建起有效的票据风险防范体系。

(4) 协同打击票据诈骗行为,塑造良好的票据业务信用环境　对伪造或变造票据实施诈骗的犯罪行为,银行要主动向公安机关报告,配合公安机关及时侦破诈骗案件。商业银行要定期开展反诈骗培训,提高业务人员的识假和反假能力,同时要加强票据业务的行业信息交流,共同防范票据风险。司法机关要完善票据案件审判制度,在对票据业务做出除权判决时,应将票据权利留至票据到期。对于伪报票据丧失的当事人,人民法院在查明事实,裁定终结公示催告或者诉讼程序后应追究当事人的法律责任。

【案例】

"克隆"汇票差一点就瞒过银行

近日,江苏省睢宁县检察院受理了一起提请批捕的金融诈骗案件,嫌疑人"克隆"银行承兑汇票用于骗贷,涉案数额高达千万元。值得警惕的是,这种通过高科技手段变造的承兑汇票不但专业人士难辨真伪,在银行内部网上查询竟然也"一路绿灯",如果不是偶然到原出票银行核对,连银行也识别不了。

2010年,薛雷虚报注册成立了"徐州某电器公司"。2011年8月19日,他指使公司副总经理马某(在逃)伪造了一份买卖合同,合同双方分别为本公司与"徐州某网架公司",后者的"合同专用章"及"法人代表"印章均是薛雷等人私刻的。

根据预谋,在这份买卖合同中要出现三个"交易额",即一个"400万"和两个"1万"。拿着这份子虚乌有的合同,薛雷等人到徐州农行开出三张与合同内容相对应的银行承兑汇票。其中尾号"74"的出票金额为400万元,尾号"75""76"的两张汇票出票金额均为1万元。

当天,薛雷将尾号400万元的汇票复印件与两张1万元汇票原件交给张某(在逃),由他在广州找人通过高科技手段"克隆"。于是,三张汇票成了票号相同、出票金额均为400万元的"一真两假"的"三胞胎"。

8月23日,薛雷通过他人将其中一张"克隆"的汇票转让给徐州某钢材公司,再持这张"克隆"汇票以钢材公司的名义,到睢宁县农村合作银行申请质押贷款360万元。

信贷员经过认真审查、上网查询,均未发现汇票异常,贷款手续顺利办妥。就在发放贷款前一天,该行会计到徐州办事时顺便将汇票拿到出票银行核对,才偶然发现系变造。

据办案人员介绍,这起新型金融犯罪案件犯罪分子分工明确、专业化程度高、涉案金额巨大。被"克隆"的汇票无论是银行工作人员用肉眼观察、还是通过内部网上查询,均难辨真伪。

12月7日,睢宁县检察院批准逮捕薛雷。

资料来源:http://www.sina.com.cn,2011年12月21日02:00,正义网,检察日报。

第五节 其他表外业务

一、贷款承诺

(一)贷款承诺的含义和特点

贷款承诺是指银行承诺在一定时期内或者某一时间按照约定条件提供贷款给借款人的协议,属于银行的表外业务,是一种承诺在未来某时刻进行的直接信贷。对于在规定的借款额度内银行已经做出承诺但尚未贷出的款项,客户必须支付一定的承诺费。贷款承诺可以分为不可撤销贷款承诺和可撤销贷款承诺两种,目前我国商业银行开展的贷款承诺都是具有法律效力的不可撤销的承诺。贷款承诺的承诺期限一般为6个月,承诺费一般为0.25%~0.75%。

贷款承诺是最近几年开展的新业务。贷款承诺分为流动资金贷款承诺和项目贷款承诺,主要是项目贷款承诺。目前我国商业银行提供贷款承诺业务的主要对象是国有大型企业，中小企业贷款承诺业务在全国范围内相比而言从事的银行数量少、适用的范围小、承诺贷款数额小。

贷款承诺与授信进行比较主要有以下两个特点：

1. 保证客户的资金需求

对于企业的支持，银行采取最多的是综合授信方式，银行给予企业一定的贷款额度，企业在办理具体贷款业务时，银行还要进行严格的审批，能否得到足额贷款并不确定。贷款承诺（不可撤销）具有法律性质，企业能在有效期限内得到资金，保证了客户的经营资金需求。

2. 贷款承诺可以锁定利率风险

利率市场化之后，利率的不确定性所带来的风险很难控制，但是在贷款承诺协议中，企业和银行已经协定利率。如果届时利率比协定利率高了，企业仍按照原协商利率贷款，如果低了，企业可以放弃贷款，相当于一项期权交易。而如果企业放弃贷款，银行则从收取的承诺费中得到补偿，一定程度上也锁定了风险。

（二）贷款承诺的对象和条件

目前我国国有商业银行办理的贷款承诺业务主要是项目贷款承诺。

1. 贷款承诺的对象

经国家工商行政管理机关（或主管机关）核准登记的依法从事经营活动并经年检的企（事）业法人及其他经济组织的，国家有权部门正式批准立项，客户完成项目可行性研究报告的固定资产项目，由调查评估后，经审查同意提供固定资产贷款时，可以对外提供固定资产项目贷款承诺函。贷款承诺函是为客户报批项目可行性研究报告时，向国家有关部门表明同意贷款支持项目建设的文件，具有一定的法律效力。

2. 贷款条件

① 在银行开立基本账户或一般账户。

② 承诺贷款的项目必须是经国家有权部门批准正式立项，并且已完成可行性研究报告，只待国家有权部门审批或已通过审批的项目。

③ 已编制项目资本金和其他建设资金到位方案。

④ 取得涉及土地征用、供水、供电、供气等有权部门的批文或协议。

⑤ 经营活动正常，有稳定的经济收入。对于新建客户，可不受本条制约。

（三）贷款承诺业务流程

贷款承诺业务流程主要有申请、调查、审批、出具承诺函、项目持续跟踪、放款。

1. 客户提出申请

客户提交申请书时，还应提供下列项目资料及基本生产经营、财务资料：

① 使用政府投资的项目，提供有权部门同意立项的批准文件、有相应资质的机构提供的可行性研究报告及批复文件；

② 根据有关部门要求提供环保评价报告及批准文件、特殊行业批准文件、其他批准文件；

③ 资本金和其他建设、生产资金筹措方案及落实资金来源的证明材料；

④ 其他前期准备情况；

⑤ 企业法人营业执照、法定代表人资格证书等；

⑥ 前三年会计年度财务报表、申请借款前一个月的资产负债表、损益表和现金流量表；

⑦ 担保方式及相应承诺书。

2. 进行项目评估及相关调查和审批

银行客户部门在收到客户出具有条件贷款承诺函的申请后，要对项目进行评估，评估内容见"第六章"。审批立项的原则上需提供项目可行性研究报告或项目建议书，然后逐级上报有权审批行审批。

3. 出具贷款承诺函

贷款承诺函审批后，审批行有关部门根据有权审批人审批内容起草有条件贷款承诺函，将有条件贷款承诺函文本送同级法律事务部门审查无误后对外出具贷款承诺函。在出具贷款承诺函时，可根据贷款管理制度和项目的具体情况，增加有关的附加条款。凡由总行对外出具贷款承诺函（见示例8-1），一级分行应提前10天将申请报告和有关资料报总行。一级分行以下（不含一级分行）无权对外出具承诺函。对外出具贷款承诺函的具体事项，由信贷部门办理。对外出具的贷款承诺函要统一编号、专门登记，防范不法分子利用其进行诈骗活动。贷款承诺函的有效期为：从开出之日起到正式签订借款合同止。在发生下列情况之一时，对已开出的贷款承诺函应重新确认。

① 借款人未能满足提供贷款承诺函时约定的条件；
② 建设项目发生重大方案调整；
③ 借款人发生重大经营变故；
④ 国家有关政策变化，影响项目效益。

【示例8-1】

中国××银行贷款承诺函

我行同意对＿＿＿＿＿＿项目给予贷款支持，贷款总额严格控制在人民币＿＿＿＿＿＿以内，贷款期限＿＿＿＿年，贷款用途仅限于＿＿＿＿＿＿，贷款利率执行中国人民银行公布的贷款利率。

本承诺函不得对外（第三人）融资、担保，转让无效。本承诺函的有效期限为，从开出之日起到正式签订借款合同止。

（单位签章）　年　月　日

4. 项目持续跟踪及放款

贷款承诺函出具后，公司业务部门对企业和项目进行持续跟踪。在企业正式提出授信需求后，按照商业银行贷款业务流程操作。

（四）贷款承诺风险及其防范

1. 贷款承诺风险的种类

作为一项信用工具，贷款承诺一般需要承受两方面的金融风险：

一是信用风险，这种风险与潜在借款人的还款能力和意愿直接相关。贷款承诺的信用风险几乎全部来自于潜在借款者；

二是市场风险，这种风险广泛地与市场条件的不利变化相关，包括利率和汇率等及价格变动风险。但是，对于贷款承诺，只有当其中一方拥有正市场价值（positive market value）时，才可能出现违约行为，因为这种价值代表了预期将要发生的损失或现金流出义务。从经济性质上看，一项贷款承诺具有期权特征。

对于商业银行等金融机构，承诺持有者的收益相当于其因持有贷款承诺而带来的机会成本。因此，随着市场利率与设定利率偏离程度的加大，承诺方实际上承担了所有的市场风险（外币贷款时还包括汇率风险），风险可能是无限的，而收益仅限于收到的按照一定比例或固定数额支付的贷款承诺费。因此必须加强和规范商业银行对外出具贷款承诺函的管理，防范贷款风险。

2. 贷款承诺的风险防范

贷款承诺是银行向其客户作出的一种保证，使客户能根据事先确定好的条件从银行取得贷款。贷款承诺常用的方式是信用额度，即银行和客户在谈妥融资条件后，银行答应给客户提供贷款的最高限额。贷款承诺的风险与一笔实际贷款的风险相差无几，应采取严厉措施来防范风险：

① 贷款承诺业务必须被纳入信贷管理体系；
② 制定比较严厉的贷款限制条款，以防止任何不利因素出现；
③ 根据银行的筹资能力和客户的信用程度确定信用额度；
④ 制定有利的贷款承诺价格和对客户的约束条款，如当客户财务状况恶化时，银行可以拒绝客户的融资要求，而且不退还已收取的承诺费。

二、保函业务

（一）银行保函业务的含义及特点

1. 银行保函业务的含义

银行保函是指商业银行应商业合约或经济关系中的一方（即申请人）要求，以自身的信誉向商业合约或经济关系中的另一方（即受益人）出具的，担保申请人或被担保人履行某种责任或义务的一种具有一定金额、一定期限、承担某种支付责任或经济赔偿责任的书面付款保证承诺。

银行保函虽然可以作为合同的支付手段，也可以作为其他义务履行的保证手段；可以是国际贸易项下的结算方式，也可以是国内贸易项下的结算方式，更可以是非贸易项下的信用工具，但实质上银行保函业务是银行非常重要的表外融资业务。银行保函业务虽然不占用银行的信贷资金，对资本占用较少，在银行的盈利方面发挥着越来越重要的作用，但是一旦被保证人不履行其责任，银行就必须承担相应的责任，或进行经济赔偿。

2. 银行保函业务的特点

银行保函具有以下两个特点：

（1）银行信用作为保证，易于为客户接受　在商业合约、贸易交易或经济关系中，由于多种原因，双方彼此不熟悉、不信任的情况经常存在，为保证合约、贸易或经济关系的受益人的利益，有银行信用作保证，易被客户接受，保证商业合约或贸易交易的顺利进行。

（2）保函是依据商务合同开出的，但又不依附于商务合同，是具有独立法律效力的法律文件。当受益人在保函项下合理索赔时，担保行就必须承担付款责任，而不论申请人是否同意付款，也不管合同履行的实际事实。即保函是独立的承诺并且基本上是单证化的交易业务。

（二）保函业务种类

银行保函业务种类很多，最主要的有工程项下保函业务，融资保函业务及贸易中常用保函业务。银行保函业务主要有以下五种。

1. 投标保函

投标保函是指在以招标方式成交的工程建造和物资采购等项目中，银行应招标方的要求出具的、保证投标人在招标有效期内不撤标、不改标、中标后在规定时间内签订合同或提交履约保函的书面文件。投标保函适用于所有公开招标、议标时，业主要求投标人缴纳投标保证金的情况。招标人为避免投标人在评标过程中改、撤标，或中标后拒签合同而给自身造成损失，通常都要求投标人缴纳投标保证金，以制约对方行为。投标保函是现金保证金的一种良好的替代形式。

2. 履约保函

履约保函是指担保银行应工程承包方或商品供货方的申请而向业主或买方出具的、保证承包方或供货方严格履行合同义务的书面文件。履约保函适用范围非常广泛，可用于任何项目中对当事人履行合同义务提供担保的情况，常见用于工程承包、物资采购等项目。在工程承包、物资采购等项目中，业主或买方为避免承包方或供货方不履行合同义务而给自身造成损失，通常都要求承包方或供货方缴纳履约保证金，以制约对方行为。履约保函是现金保证金的一种良好的替代形式。

3. 付款保函

付款保函是指担保银行应买方的申请而向卖方出具的，保证买方履行因购买商品、技术、专利或劳务合同项下的付款义务而出具的书面文件。付款保函适用于一切存在付款行为的商品贸易、技术劳务贸易、工程项目等。在商品贸易中付款保函作为买方在卖方按照合同约定发货后及时支付货款的付款保证。工程项目中付款保函作为工程承包项下业主向承包方按期足额支付工程进度款的付款保证。付款保函中的付款条件可以在一定程度上制约卖方、承包方的行为，并保证货物、工程质量表面上达到买方、业主的要求，从而维护买方的利益。

4. 融资保函

融资保函是指担保银行应借款人的申请而向贷款人出具的，保证借款人履行借贷资金偿还义务的书面文件。商业银行办理的融资保函业务主要包括：借款保函、透支保函、有价证券发行担保、银行授信额度保函等。融资保函适用于借款人向银行等金融机构取得各种形式的融资；借款人在金融市场上发行有价证券融资等。

5. 质量保函

质量保函是指担保银行工程承包方、供货方的申请而向业主或买方出具的、保证承包方、供货方履行在保修期或维修期内的合同义务的书面文件。质量保函也称为"维修保函"，适用于工程承包、供货安装等合同执行进入保修期或维修期、业主或买方要求承包方、供货方良好履行保修义务的情况。在工程承包、供货安装等项目进入保修期或维修期后，业主、买方为避免工程、货物的质量与合同规定不符，而承包方、供货方不愿或不予进行修理、更换和维修，造成自身损失，往往要求承包方或供货方在履约保函期限届满前提供质量保函，对其在保修期内的行为进行约束。

（三）银行保函业务的办理流程

银行保函业务的办理流程主要包括保函申请、审批、签订协议、提供反担保、缴纳担保费、开立保函（见示例8-2）、保函执行和检查管理八个程序。

1. 保函申请

保函申请人与保函受益人签订商务合同之后，填写《开立保函申请书》，提供保函涉及的有关合同、协议、标书等文件以及其他资料。

2. 保函审批

人民币保函业务实行三级审批制度。商业银行信贷部对申请人的合法资格、经济实力、有关交易的真实性、反担保情况进行核实评估。申请书经部门经理审核同意后报有权审批人员审批。

3. 签订协议

保函申请获批准后，商业银行与申请人签订《开立保函协议》，明确担保内容、金额、期限、担保责任、反担保措施、违约处理等经济权责。

4. 提供反担保

保函申请人按《开立保函协议》约定的金额和期限交足保证金并提供保函金额扣除保证金后差额部分的反担保（抵押、质押、保证）。

5. 交纳担保费

保函申请人按照双方约定日期交足担保费。保函的收费标准依据保函的内容不同而定。一般投标类保函费率最低，债务类保函费率最高。

6. 开立保函

申请人交足保证金、办理反担保手续并交清担保费后由商业银行签发保函文本。保函文本内容依保函种类不同而不同（见履约银行保函样本）。

7. 保函执行

保函有效期内申请人和受益人如需要修改人民币保函内容的，按新的条件重新审批；保函申请人未履行主合同义务，商业银行向受益人赔付并向申请人追偿；保函到期后按照规定办理注销手续。

8. 检查管理

商业银行开具人民币保函后由信贷部负责履行监督管理的职责，对主合同的履行情况、保函申请人担保期间内的经营活动、财务状况、反担保变化情况进行追踪检查。

【示例8-2】

履约银行保函

致：　　　（业主全称）

鉴于（承包人全称）（下称"承包人"）与（业主全称）（以下简称"业主"）签订修建　（公路项目名称）　第　合同段合同协议书，并保证按合同规定承担该合同段工程的实施和完成及其缺陷修复，我行愿意出具保函为承包人担保，担保金额为人民币（大写）元（￥　　　元）。本保函的义务是：我行在接到业主提出的因承包人在履行合同过程中未能履约或违背合同规定的责任和义务而要求索赔的书面通知和付款凭证后的　　天内，在上述担保金额的限额内向业主支付任何数额的款项，无须业主出具证明或陈述理由。

在向我行提出要求前，我行将不坚持要求业主应首先向承包人索要上述款项。我们还同意，任何对合同条款所作的修改或补充都不能免除我行按本保函所应承担的义务。

本保函在担保金额支付完毕，或业主向承包人颁发交工证书之日起失效。

担 任 银 行：（银行全称）　（盖章）
法 定 代 表 人（签字）
年　月　日

(四) 保函业务的风险及其防范

1. 保函业务的风险

商业银行为客户出具保函时，实际上是承担了一项或有负债，当某种情况（如客户信誉低下,或合同条款不严谨,或商业银行内部审核不严)出现时,这项或有负债就可能变成真正的负债,银行就会因此遭受资金损失。可能使商业银行遭受损失的风险主要有以下几项:

(1) 信誉风险　信誉风险是指保函申请人及反担保人资信不良,使商业银行遭受损失的可能性。银行保函主要是担保申请人履行某一合约项下的义务,并在申请人违约和受益人索赔时向受益人支付规定金额的赔偿金。银行如果如约向受益人支付赔偿金,则申请人对银行做出的赔付应予以补偿。如果申请人、反担保人的资信不好或实力不强,当申请人无力或不愿偿债时,银行在支付给受益人赔偿金后可能得不到来自申请人、反担保人的补偿。

(2) 合同风险　合同风险指由于保函合同中的条款不严谨而使商业银行遭受损失的可能性。由于保函与其所依附的商务合同是各自独立的法律文件(从属性担保例外),虽然保函是根据合同而来,但它又独立于合同。这就是说,受益人的索赔能否成立,关键在于他的索赔是否满足了保函条款的规定,所以保函合同的各项条款是否严谨,将直接影响担保人保函项目的风险。

(3) 审查或管理风险　审查或管理风险主要是指商业银行对担保申请人和反担保人的资信审查不严,对债务及担保的风险认识不足;银行缺乏专业人员,在制度不健全或上级未授权的情况下,超越权限审批和办理担保业务;未经上级法律部门审核而出具非银行统一格式的保函,致使保函条款不严谨;未落实保证金和相应的反担保条件,或反担保措施无效等,均可能使商业银行出具保函后承担极大的风险。

2. 保函业务的风险防范

针对保函业务的风险成因及其特点,商业银行可采取如下控制与防范措施。

(1) 做好保函业务的前期审查和后期管理工作　前期审查包括开立保函前对申请人及反担保人的资信审查,对受益人的资信调查,对担保项目的可行性研究,对保函条款的审查等。银行为了保证赔付后能够及时得到申请人的补偿,应建立完善的风险转化机制,一方面,明确保函申请人在保函项下应承担的责任,将这些责任书面化、合法化;另一方面,加强保函项下的抵押与反担保,以便银行在保函项下发生索赔时能合法地从申请人或反担保人处获得及时足额的资金补偿。后期管理主要是及时跟踪担保项目的进展,以便随时解决保函有效期内出现的问题。

(2) 严格审批制度　对于保函业务,要在银行制定统一制度,进行统一管理,保函条款应由银行法律部门统一把关,严防基层银行不经上级同意或授权擅自出具保函。具体包括:

① 各级行的内部职能机构一律不得以部门名义对外出具保函;

② 严格审查担保申请人的资格和资信情况,不符合要求或情况不明的,不得担保;

③ 严格按规定范围受理担保业务,基层行不得接受境外金融机构、企业、商社的担保申请,也不得为其经济组织的担保事项提供反担保;

④ 严格按照规定比例收取保证金;

⑤ 不得出具没有受益人的空头保函,或无担保事项、担保金额、担保期限和无限责任的保函,同时,保函格式要采用银行统一规定的格式,如果客户要求变通的,在确认无风险后方可同意;

⑥ 加强对保函的监控,严禁转让、贴现和用于抵押;

⑦ 因申请人保证金账户资金不足以支付受益人债务而造成银行垫付资金时,经办行应督促申请人在1个月内归还垫付资金,否则将依法向申请人、反担保人追索,或处理抵(质)押物;

⑧ 空白保函应归入重要空白凭证管理。

【资料】

招商银行保函费率表及其相关规定

保函种类	费率	保函种类	费率
投标保函	0.25‰~2.0‰	履约保函	0.50‰~2.5‰
工程预付款保函	0.50‰~2.5‰	工程维修保函	0.50‰~2.5‰
工程留置保函	0.50‰~2.5‰	付款类保函	1.00‰~3.5‰
债务类保函	1.00‰~4.0‰	其他保函	0.50‰~3.0‰
收费规定	\multicolumn{3}{l}{1. 委托人存足全额保证金时,才可执行费率下限}

收费规定	1. 委托人存足全额保证金时,才可执行费率下限
	2. 如遇费率调整,调整前出具的保函继续执行原费率,调整后出具的保函执行新费率
	3. 保函按收费标准每三个月收取一次(即本费率是三个月费率),也可一次性收取
	4. 本标准以 300 元为起点,不足 300 的收取 300

三、信用证

(一) 信用证的含义和特征

信用证(Letter of Credit,L/C)是银行开立的有条件的承担第一性付款责任的书面文件。具体地说,它是银行(开证行)根据进口方(开证申请人)的要求和指示,向出口方(受益人)开立的,在一定期限内凭符合信用证条款规定的单据,即期或在可以确定的将来的日期,对出口方支付一定金额的书面保证文件。

2007 年最新修订的《跟单信用证统一惯例》(国际商会第 600 号出版物,简称 UCP600)第二条对信用证的定义是:信用证指一项不可撤销的安排,无论其名称或描述如何,该项安排构成开证行对相符交单予以承付的确定承诺。本定义中的承付指:

① 如果信用证为即期付款信用证,则即期付款;

② 如果信用证为延期付款信用证,则承诺延期付款并承诺到期日付款;

③ 如果信用证为承兑信用证,则承兑受益人开出的汇票并在汇票到期日付款。

在理解信用证概念时应注意以下两点:一是它强调了信用证存在着以银行自身名义开出这种情况;二是它强调开证行对信用证的义务是付款或承兑并付款,或授权另一家银行付款或承兑并付款,或授权另一家银行议付。

根据上述信用证的含义及相关国际惯例的规定,可以总结出信用证的以下三个基本特征。

1. 开证行负有第一性的付款

在信用证结算方式下,只要受益人提交的单据完全符合信用证的规定要求,开证行必须对其或其指定人付款,而不是等进口商付款后再转交款项。可见,与汇款、托收方式不同,信用证方式依靠的是银行信用,是由开证行而不是进口商负第一性的付款责任。

2. 信用证是一项独立的文件

虽然信用证以买卖合同为基础,但一经开出,就成为独立于买卖合同之外的另一种契约,各当事人的责任与权利均以信用证为准。买卖合同只能约束进出口双方,而与信用证业务的其他当事人无关。因此,开证行只对信用证负责,只凭完全符合信用证条款的单据付款,而且一旦付款,开证行就丧失了对受益人的追索权。

3. 信用证业务是一种纯粹的单据业务

在信用证方式下,银行付款的依据是单证一致、单单一致,而不管货物是否与单证一致。信用证交易把国际货物交易转变成了单据交易。信用证方式也有它自身的缺陷:首先是不问商品,只问单据,给欺诈活动造成可乘之机;其次是手续复杂,耗时较长,费用也较高。尽管如此,信用证结算方式仍然是目前国际贸易结算中采用最多的结算方式,也是商业银行表外业务的种类之一。

(二)信用证业务流程

不同类型的信用证在运作程序上存在差异,手续繁简不一。在此以国际贸易结算中大量使用的即期跟单信用证为例,简要描绘信用证业务操作流程(见图8-2)。按信用证方式支付国际贸易货款,一般要经过以下10个主要环节。

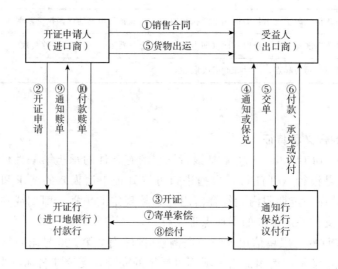

图 8-2　信用证的业务流程

图示说明:
① 买卖双方签订合同,约定以信用证方式进行结算;
② 进口方向开证行递交开证申请书,约定信用证内容,并支付押金或提供保证人;
③ 开证行接受开证申请书后,根据申请开立信用证,正本寄给通知行,指示其转递或通知出口方;
④ 由通知行转递信用证或通知出口方信用证已到。通知行在开证行要求或授权下对信用证加以保兑;
⑤ 出口方认真核对信用证是否与合同相符,如果不符,可要求进口商通过开证行进行修改;待信用证无误后,出口商根据信用证备货、装运、开立汇票并缮制各类单据,船运公司将装船的提单交予出口商;
⑥ 出口商将单据和信用证在信用证有效期内交予议付行;议付行审查单据符合信用证条款后接受单据并付款,若单证不符,可以拒付;
⑦ 议付行将单据寄送给开证行或指定的付款行,向其索偿;
⑧ 开证行收到单据后,应核对单据是否符合信用证,如正确无误,即应偿付议付行代垫款项;
⑨ 开证行通知开证申请人备款赎单;
⑩ 进口方付款赎单,如发现不符,可拒付款项并退单。进口方发现单证不符,也可拒绝赎单。

(三)信用证项下贸易融资

信用证是一种结算方式,也是一种融通资金的方式。在国际贸易中,进口商不可能在任何时候都能凭自己的能力履行付款义务,出口商也很难自负一切生产、装船等费用,于是银行在为买卖双方办理信用证结算的同时也提供融资便利,促进贸易的顺利进行。信用证项下的贸易融资分为出口融资和进口融资两种方式。

1. 出口融资方式

出口融资方式是指信用证项下银行向出口商提供的融资。对于出口商来说,并不能保证在任何时候都有足够的资金来经营其出口业务,特别是在货物数量较多、金额较大的情况下,就需要某种形式的资金融通,而这种融通可能发生在货物的装运前和装运后。货物装运前,出口商可能需要资金采购备货或完成货物的生产,直到货物装运上船;货物装运后,若不是采用即期付款的结算方式,出口商就要到规定的付款期限才能收到货款,在这段时间,出口商的资金被占用,一旦急需用款就必须另外融资。因此,可将出口商的融资分为装运前和装运后两个阶段。

(1) 装运前融资　装运前的融资主要有打包放款。打包放款是指出口商收到国外开来的信用证,凭借信用证正本合同和销售合同作为还款凭证和抵押品,向银行申请抵押贷款。

红条款信用证属于部分预支信用证的一种。这种信用证本身就是对出口商的资金融通,它有一个特别的条款,规定允许出口商在全部货运单据备齐之前可以向出口地的银行预支部分货款(80%的信用证金额),待其交单请求议付时,以已付款项偿还垫款本息。倘若出口商不能办理议付时,则垫款本息由开证行负责偿还,开证行随后可向申请人追索此款。

(2) 装运后融资　装运后的融资主要有出口押汇和汇票贴现。出口信用证押汇是指出口商为了解决资金周转的困难,凭借进口银行开来的信用证将货物发运后,按照信用证要求制作单据并提交其议付银行要求议付,即以出口单据为抵押,要求银行提供在途资金融通。对议付行来讲,有开证行的保证付款,这种融资风险较小;对开证行来讲,风险则较大。

汇票贴现是指贴现信用证项下远期汇票,先经指定承兑行(在出口地)对单据审核并对汇票贴现后,提前把汇票净款垫付给受益人作为融资,随后,承兑行将单据寄给开证行,并通知汇票到期日。汇票到期时承兑行能获得开证行的偿付。

2. 进口融资方式

进口融资,是指商业银行对本国进口商从国外进口商品授予信用。进口商只有在进行了结算即付款后才能拿到提货单据,否则不能提货,在这个过程中,银行就可以为其融资。进口融资的方式主要有开证授信额度、假远期信用证和提货担保。

(1) 开证授信额度　开证授信额度是指开证行对在本行开户且资信良好的进口商,在申请开立信用证时,提供的免收保证金或不要求其办理反担保或抵押的最高资金限额。这是银行根据资信情况对进口商在开证方面给予的信用支持,这样能使进口商的资金压力减轻,是对进口商的一种融资方式。

对于开证行来说,只要出口商提交的单据相符,便承担了第一付款责任,因此银行把开立信用证视为一种授信业务。进口商必须向银行提供保证金、抵押品或担保书后,银行才会考虑开立信用证。在实际业务中,为了方便一些资信较好的、有一定清偿能力的客户,银行通常根据客户所提供的抵押品数量和质量及客户的资信情况,核定一个相应的开证额度,供客户循环使用。在开证授信额度内,不收保证金或减收保证金。银行根据资金实际业务的需要,可将开证授信额度分为循环使用的开证授信额度和一次使用的开证授信额度。授信额度的确定是建立在银行对客户的了解和信任基础上的。银行一般从三个方面调查和了解客户情况：一是企业以往的授信记录及其信用情况；二是企业的财务状况和管理水平；三是企业发展前景。

(2) 假远期信用证　假远期信用证是指信用证项下远期汇票付款按即期付款办理的信用证，它是相对于远期信用证而言的，既非远期信用证，也非即期信用证。就商品交易而言是即期买卖，就汇票的付款期而言，却是以远期买卖的面貌呈现的，这是出口方银行通过开证行向开证申请人（进口商）提供短期融资的一种方式。

(3) 提货担保　所谓提货担保是指当货物已运抵目的地而提单尚未寄到时，进口商可凭到货通知单请求开证行出具提货担保书，凭以从船务公司现行提货。该提货担保书中声明，正本提单到达后进口商应立即向船务公司提示，当船务公司因提货担保而蒙受损失时，由进口商及开证行负连带赔偿责任。

(四) 信用证业务风险及其防范

1. 信用证风险的种类

信用证业务是商业银行适应经济全球化趋势，为完善服务手段、提升服务质量而向涉外企业开办的一项重要的国际结算贸易融资业务。近年来，银行进口开证业务快速发展的同时，也出现了业务风险暴露而造成资金垫付的问题，远期信用证项下的银行风险更大，严重影响了银行资产质量。信用证项下银行的风险主要有以下三种：

(1) 申请人套用银行资金　一些企业在通过正当途径无法得到银行贷款（尤其是外汇贷款）的情况下，把开立无贸易背景远期信用证作为骗取银行资金的主要手段之一。其方法是，用假合同、假单据伪造贸易背景，国内开证申请人和国外受益人联手诈骗银行。国内申请人利用假合同欺骗银行开出远期信用证后，国外受益人通过交单行交来与证相符的假单据。由于双方的目的是骗取银行的资金，所以不管单据真伪，有无不符点，申请人都接受单据，催促开证行承兑汇票。开证行承兑后，受益人（或申请人）再持该银行承兑汇票到其他银行办理贴现，达到套取银行资金的目的。

(2) 挪用资金　在远期信用证业务中，进口方将货物销售出去，收回货款，在付款日未到时，它很可能会把这笔资金继续周转或挪作他用。有的进口方为追求高额利润，甚至挪用这笔资金炒股票、期货。这给开证行带来很大风险。如果进口方不能按时回笼资金，开证行就必须在到期日为进口方垫款。

(3) 市场风险　市场风险是指某些商品市场行情发生变化所带来的风险。在远期信用证中，进口方通常会以进口商品在国内市场的销售款来偿付信用证款项。一旦进口商品价格下跌，销售不畅，到期资金不能收回，进口方无法按时支付货款，开证行将被迫垫付资金。

2. 开证行对风险的防范措施

(1) 实行统一授信控制客户风险信用总量　实施总授信额度内的贸易融资额度管理。随着一些大型客户可办理授信业务的选择范围（包括业务品种和经办机构）明显扩大，客户在某一家银行多头融资、信用过度膨胀的风险也明显上升。根据新的形势，对授信业务必须明确由信贷部门对客户风险信用总量实行统一扎口管理。每年年初由信贷部门对与银行有业务关系的客户进行评级，并根据客户申请确定客户总授信额度，严格控制客户在内部多家机构进行授信。同时，根据客户贸易结算总量的情况，在总授信额度内，核定其贸易融资额度占比。

(2) 实行分类指导，优化授信结构　授信结构的优化有助于降低授信的整体风险度。在客户分类的基础上，实施客户结构调整，加大对大型优良客户攻关力度；调整融资结构，逐步压缩对客户长期贷款以及流动资金贷款的比例,相应增加贸易融资的比例;区分风险度实行分类指导政策,对非全额保证金的开证,经办行必须严格审查担保文件与信用证项下其他合同文本的关联性和一致性,确保抵押担保的真实有效。

(3) 严格开证保证金管理,落实风险担保措施　开证保证金要实行台账管理,而且要做到天天对账,定期检查,保障保证金不被挪用。以存单或国债作为保证金时,必须要办理质押手续,银票要经过查询、查复,存单、国债要办理止付冻结手续。银票到期委托收款时,确保收款人的账号和户名为保证金专户的账号和户名。对于存单、国债的到期日在信用证付款日之前的情况,结算人员与客户经理要相互配合,跟踪到期款项进入保证金专户。

(4) 加强跟踪管理,确保开证业务的真实贸易背景　对客户的生产经营情况掌握得越全面,银企间的信息不对称程度越轻,越有利于银行降低业务风险。因此,对企业申请的每笔进口开证业务,除进行正常开证条件的审查外,还要对企业开证业务的贸易真实性进行严格审查,确保每笔开证业务都有真实的贸易背景。

(5) 了解客户基本情况及其主营业务　一方面要对客户经常进行调查了解,及时掌握其生产经营的动态情况,另一方面还要掌握客户所经营的主营业务,了解进口商品的市场行情,积极参与到客户的贸易交易过程中去,这是审查客户的贸易合同的业务基础。

(6) 实行特定业务的专人管理　对进口设备及大宗商品的大额开证业务,要区别于一般的贸易业务,指定专人进行跟踪管理,对开证的企业、进口商品的行情、贸易背景实时掌握了解,必要时实行仓单质押,与企业一道完成开证业务的循环过程,充分体现贸易融资的自偿性的特点。

【案例】

日照首起特大信用证诈骗案终宣判

2017年3月9日,日照市中级人民法院对市公安局经侦支队侦办的一特大信用证诈骗案犯罪嫌疑人李某某依法宣判:犯信用证诈骗罪,判处无期徒刑,剥夺政治权利终身,没收个人全部财产;对诈骗所得财物予以追缴。

2015年3月,日照市公安局经侦支队接到本地一家进出口贸易公司负责人的报案,称其公司在2014年进口金精矿业务中被香港某公司诈骗1262万美元。

据该负责人介绍,嫌疑人李某某通过青岛某贸易有限公司负责人与他结识。经李某某介绍,与香港昊明国际有限公司签订金精矿供货合同,通过远期国际信用证结算。双方先后签订6份供货合同,开具了5份信用证,涉及金额1262万美元。李某某还拿出订货提单,证明货物是真实存在的,在提货单上,船务公司、集装箱号、货物名称出发港口、到达港口等信息一应俱全。

第一份合同正常收到货物后,博取了该日照进出口贸易公司的信任。可是后续合同只收到部分货物,其余货物却迟迟不来,李某也不见了踪影。日照某贸易公司怀疑被诈骗,于2015年3月份报警,请求公安机关立案侦查。

日照经侦支队受理案件后,成立专案组,迅速开展工作。李某某于2015年5月25日被抓捕,归案后李某某拒不认罪,"零口供"。为了取证,市经侦支队多方调查,逐步证实了李某某的犯罪主体地位,虚构贸易背景,制作假单据,并在信用证业务流程中将假单据流转,达到骗取银行及受害企业资金的目的。

为了骗取资金,犯罪嫌疑人自2014年以来,利用实际控制的上游公司香港昊明有限公司供金精矿售卖,下游广东公司收货为名,对日照某贸易公司赚取其中差价为由实施诈骗。

"由于境外生意距离远,都会选择邮件的方式进行签约,双方银行确认手续齐全后,双方公司盖章后,交易就开始了。由于诈骗方根本就没有实质货物,正好利用自己广东公司销货为由,货品不经手日照这个贸易公司,日照贸易公司只需收款这种模式。"魏雷波说,犯罪嫌疑人伪造了假提货单,在逃过银行查证后,日照方货款就打到诈骗方银行账户。

因为犯罪嫌疑人没有钱,他将日照公司打过来的货款通过提前上交利息的方式,提前将钱取现,用于广东公司付日照贸易公司货款,从而取得了日照方公司信任。第一份合同正常收到货款后,随后与犯罪嫌疑人签订5份合同。据悉,诈骗方共骗取日照公司在银行开具的国际信用证项下货款,共计折款人民币1亿余元。

资料来源:大众网 http://rizhao.dzwww.com/rzxw/201703/t20170323_15682434.html.

练习题

一、名词解释

1. 流动资金贷款　2. 固定资产贷款　3. 项目融资　4. 技术改造贷款
5. 银行承兑汇票　6. 票据贴现　7. 贷款承诺　8. 假票风险

二、单项选择题

1. 短期流动资金贷款期限是在(　　)以内,主要用于企业临时性、季节性临时资金需要和弥补其他支付性资金不足。
   A. 3个月　　　　　B. 6个月　　　　　C. 2个月　　　　　D. 1个月

2. 固定资产贷款的期限一般不超(　　)年,超(　　)年的要按照监管的要求进行备案。
   A. 3　　　　　　　B. 5　　　　　　　C. 8　　　　　　　D. 10

3. 票据贴现的期限一般最长不得超过(　　)个月。
   A. 3　　　　　　　B. 4　　　　　　　C. 6　　　　　　　D. 12

4. 国家有关投资项目资本金制度规定,行业资本金占比:交通运输、煤炭项目(　　)以上。
   A. 30%　　　　　　B. 25%　　　　　　C. 35%　　　　　　D. 15%

5. 按贷款用途划分,公司信贷的种类不包括(　　)。
   A. 自营贷款　　　　B. 项目融资　　　　C. 流动资金贷款　　D. 并购贷款

6. 甲公司拟向乙银行贷款,并以一处房产设定抵押,该房产的购买成本为300万元,目前账面价值为260万,经评估的现值为500万元。乙银行确定抵押贷款率为60%,甲公司最多能从乙银行获得的贷款额为(　　)万元。
   A. 300　　　　　　B. 180　　　　　　C. 500　　　　　　D. 156

7. 不属于借款需求主要影响因素的是(　　)。
   A. 资产效率下降　　　　　　　　　　B. 股权结构变动
   C. 固定资产重置与扩张　　　　　　　D. 一次性或非期望性支出

8. 下列情形中,可能导致流动资产增加的是(　　)。
   A. 长期投资　　　　　　　　　　　　B. 固定资产扩张

C. 固定资产重置　　　　　　　　　D. 季节性销售增长

9. 借款人不能按期归还贷款时，应当在贷款到期日之前，向银行申请（　　）。
   A. 贷款延期　　　B. 贷款展期　　　C. 调整还款时间　　　D. 贷款期限调整

10. 通常流动资金贷款是（　　），固定资产贷款是（　　）。
    A. 短期贷款；周转贷款　　　　　　B. 长期贷款；周转贷款
    C. 短期贷款；长期贷款　　　　　　D. 长期贷款；循环贷款

11. 在流动资金贷款调查报告中，借款人财务状况不包括（　　）。
    A. 资产负债率　　　　　　　　　　B. 供应商和分销渠道
    C. 流动资金数额和周转速度　　　　D. 存货净值和周转速度

三、多项选择题

1. 流动资金贷款操作流程包括（　　）。
   A. 贷款申请　　　B. 贷款调查　　　C. 贷款审查　　　D. 贷款评估

2. 商业银行开展流动资金贷款业务，应当遵循（　　）的原则。
   A. 依法合规　　　B. 审慎经营　　　C. 平等自愿　　　D. 公平诚信
   E. 公平竞争

3. 固定资产贷款按照贷款的不同用途，可分为（　　）。
   A. 基本建设贷款　B. 技术改造贷款　C. 科技开发贷款　D. 商业网点贷款
   E. 机器设备贷款

4. 银行保函业务主要有（　　）。
   A. 投标保函　　　B. 履约保函　　　C. 融资保函　　　D. 质量保函
   E. 付款保函

5. 下列情况中，会导致企业产生借款需求的有（　　）。
   A. 应收账款增加　B. 应付账款增加　C. 应付账款减少　D. 存货增加
   E. 应收账款减少

6. 固定资产贷款在贷款发放和支付过程中，借款人出现（　　）情形的，银行应与借款人协商补充贷款发放和支付条件，或根据合同约定停止贷款资金的发放和支付。
   A. 信用状况下降
   B. 不按合同约定使用贷款资金
   C. 项目进度落后于资金使用进度
   D. 违反合同约定，以化整为零方式规避贷款人受托支付
   E. 管理层变化

7. 根据《固定资产贷款管理暂行办法》规定，贷款人应要求借款人在合同中对与贷款相关的重要内容做出承诺，承诺内容包括（　　）。
   A. 实质性增加债务融资等重大事项前征得贷款人同意
   B. 配合贷款人对贷款的相关检查
   C. 贷款项目及其借款事项符合法律法规的要求
   D. 及时向贷款人提供完整、真实、有效的材料
   E. 发生影响其偿债能力的重大不利事项及时通知贷款人

8. 2015年年初，S公司向银行贷款100万元用于厂房设备更新，期限5年，则此项贷款属于（　　）。
   A. 固定资产贷款　B. 基本建设贷款　C. 流动资金贷款　D. 中期贷款

E. 长期贷款

四、判断题

1. 借款人申请流动资金贷款，应是经工商行政管理机关（或主管机关）核准登记注册、具有独立法人资格的企业、其他经济组织和个体工商户。（   ）

2. 中期流动资金贷款最长期限不超过 2 年。（   ）

3. 借款人申请流动资金贷款须在银行开立基本账户或一般存款账户。（   ）

4. 贷款承诺期限一般为 6 个月，贷款承诺费在 0.25%～0.75% 之间。（   ）

5. 银行保函虽然可以作为合同的支付手段，更可以是非贸易项下的信用工具，但实质上是银行非常重要的表外融资业务。（   ）

6. 固定资产贷款发放和支付过程中，银行应确认与拟发放贷款同比例的项目资本金足额到位，并与贷款配套使用。（   ）

7. 对单笔资金支付超过项目总投资 5% 或超过 2000 万元人民币的固定资产贷款，应采取贷款受托支付。

五、计算题

××企业向银行申请流动资金贷款，银行需测算该企业的流动资金贷款合理需求量。企业部分财务数据如下表所示。

企业部分财务数据 单位：万元

科目	期初余额	期末余额	科目	期初余额	期末余额
货币资金	6000	7000	短期借款	1200	1000
应收账款	16000	18500	应付账款	16500	15000
预付款项	4000	5000	预收账款	5500	6000
存货	10900	21500	应交款项	1400	1300
流动资产合计	36900	52000	一年内到期的非流动负债	4300	3000
			流动负债合计	28900	26300

其他资料如下：

① 贷款申请年度企业的销售收入总额为 10 亿元，销售成本为 7 亿元，销售利润率约为 30%；

② 企业当年净利润为 7000 万元，计划分红 2100 万元；

③ 企业预计第二年的销售收入年增长率为 10%；

④ 企业未分配利润中用于营运资金周转的部分为 2000 万元；

⑤ 企业股东投资中用于营运资金周转的部分为 2000 万元；

⑥ 企业当年固定资产折旧为 800 万元；

⑦ 企业近期内有一笔 500 万元的短期贷款需要归还；

⑧ 企业目前主要是通过银行贷款来筹措营运资金。

要求：

① 估算营运资金周转次数，完成下表，即营运资金周转次数测算表。

营运资金周转次数测算表

科目	起初余额/万元	期末余额/万元	平均余额/万元	周转次数	周转天数
应收账款	16000	18500	17250		
预付账款	4000	5000	4500		
存货	101900	21500	16200		
应付账款	16500	15000	15750		
预收账款	5500	6000	5750		

② 估算借款人营运资金量。

③ 估算借款人可用自有资金。

④ 估算新增流动资金贷款额度。

六、问答题

1. 申请流动资金贷款的企业应具备什么条件？
2. 固定资产贷款按照用途划分分为哪几类贷款？
3. 项目贷款贷后管理的内容有哪些？

第九章

个人贷款业务

【学习目的与要求】

了解商业银行个人贷款的特征及其种类；
掌握商业性个人住房贷款的操作流程；
了解个人汽车贷款的操作流程；
掌握信用卡基本要素的含义及其操作流程；
了解个人经营性贷款的操作流程。

【案例导入】

吉林银行个人综合消费贷款成功案例

李小姐是长春市某大学正式在编教师，平均月收入在5000元以上。三个月前，刚刚结婚，马上寒假快要到了，加上老公还有年假未休，于是李小姐计划和老公去南方旅游，以弥补新婚的蜜月之旅。但由于新婚不久，二人还没有多少积蓄，于是，李小姐决定向银行申请个人消费信贷3万元用作旅游资金，计划还款期限24个月。

李小姐了解到吉林银行有个人综合消费贷款产品，便致电吉林银行客服，客服向其推荐了一名客户经理，客户经理经过详细沟通，告知了李小姐需要准备的贷款资料。在此同时，由于贷款有"循环"功能，在额度有效期内，借款资金可循环使用，不使用时并不产生利息，客户经理建议李小姐多申请点额外的额度以备不时之需。李小姐欣然同意。

在李小姐提供了相关申请材料，并按我行要求办理了其他相关手续后，顺利办理了3年期10万元的"及时雨"贷款循环额度，同时发放了第一笔1年期3万元的款项用于旅游度假；两个月后，李小姐老公通过了研究生入学考试，李小姐又申请了2年期2万元的借款支持丈夫求学深造。

资料来源：http://www.jlbank.com.cn/publish/portal0/tab1189/info7089.htm。

第一节　个人贷款概述

一、个人贷款的特征

（一）个人贷款的定义

个人贷款是指商业银行向符合条件的自然人发放的用于个人消费、生产经营等用途的本外币贷款。随着我国国民经济的不断发展和金融市场的日益活跃，商业银行个人贷款业务发展迅猛,目前,商业银行个人贷款数量日益增加,品种日益多样化。

(二) 个人贷款的特征

(1) 贷款种类较多　个人贷款既有消费类贷款,也有经营类贷款;既有自营性贷款,也有委托类贷款;既有单一类贷款,也有组合类贷款。

(2) 贷款用途范围较广,影响因素复杂　个人贷款可以满足个人客户住房、购车、助学、旅游等消费用途的需要;也可以满足借款人购买设备或用于企业生产经营需要。由于贷款使用对象是个人客户,贷款风险受到客户资信、还款能力、经营状况以及宏观环境等因素的影响。

(3) 还款方式较为灵活　个人贷款可以根据客户需要,采用灵活多样的还款方式,如等额本金还款法、等额本息还款法、等比累进还款法、等额累进还款法、组合还款法等。

二、个人贷款的种类

(一) 按贷款用途分类

1. 个人消费类贷款

个人消费类信贷是指商业银行等金融机构向消费者个人客户发放贷款,以满足其资金需求,个人客户在约定期限内还本付息的借贷行为。通常来讲,消费信贷的贷款对象是个人,贷款用途是消费,目的是提高消费者即期消费水平,有利于消费者合理安排个人消费。

2. 个人经营类贷款

个人经营类贷款是指银行向从事合法生产经营的个人发放的,用于定向购买或租赁房、机械设备,以及用于满足个人控制的企业(包括个体工商户)生产经营流动资金需求和其他合理资金需求的贷款。

(二) 按担保方式分类

1. 信用类个人贷款

信用类个人贷款是指银行向借款人发放的无须提供担保或只提供一定授信额度的贷款。其授信额度根据被授信人的经济状况、信用状况来确定。信用类个人贷款包括:个人小额短期信用贷款、综合授信贷款、个人贷记卡贷款等。

2. 保证类个人贷款

保证类个人贷款是指贷款行以借款人提供的,贷款行认可的具有代为清偿债务能力的法人,其他经济组织或自然人作为保证人而向借款人发放的贷款。保证类个人贷款手续简便,只要保证人愿意提供保证,银行经过核保认定保证人具有保证能力,签订保证合同即可,整个过程仅涉及银行、借款人、保证人三方,贷款办理时间短,环节少。保证类个人贷款基本无办理费用,即使有费用也较低。如果贷款出现逾期,银行可直接向保证人扣收贷款,出现纠纷可通过法律程序进行,处置程序较为简便。

3. 抵押类个人贷款

抵押类个人贷款是指贷款银行以借款人或第三人提供的、经贷款银行认可的符合规定条件的财产作为抵押物而向借款人发放的贷款。借款人不履行还款义务时,贷款人有权依法以该财产折价或者以拍卖、变卖财产的价款优先受偿。

4. 质押类个人贷款

质押类个人贷款是指借款人以本人或其他自然人的未到期本外币定期储蓄存单、凭证式国债、电子记账类国债、个人寿险保险单,以及贷款银行认可的其他权利凭证票面价值或记载价值的一定比例向借款人发放的贷款。

(三) 按贷款是否可循环分类

1. 个人单笔贷款

个人单笔贷款主要是指用于每个单独批准在一定贷款条件（收入的使用、最终到期日、还款时间安排、定价、担保等）下的个人贷款。其特点是被指定发放的贷款本金，一旦经过借贷和还款后，就不能再被重复借贷。

2. 个人不可循环授信额度

个人不可循环授信额度是指根据每次单笔贷款出账金额累计计算，即使单笔贷款提前还款，该笔贷款额度也不能循环使用。即使额度仍然在有效期内，当出账金额累计达到最高授信额度时，也不能再出帐。

这类业务中，具有代表性的是用途为购买机器设备、装修经营场所的个人经营贷款，根据设备的购买安装进度、装修项目的工程进度在额度内分次出账，直到额度用满为止。

3. 个人可循环授信额度

个人可循环授信额度是指由自然人提出申请，并提供符合银行规定的担保或信用条件（一般以房产作为抵押）经银行审批同意，对借款人进行最高额度授信，借款人可在额度有效期内随借随还、循环使用的一种个人贷款业务。

个人可循环授信额度为余额控制，在额度和有效期内，借款人可以自行搭配每次使用的金额，贷款归还后，可以继续循环使用，直至达到最高余额或期满。

授信额度项下贷款可用于个人经营，以及装修、留学、旅游等消费用途。授信额度通常可达抵押房产评估价值的70%，商业银行可根据风险政策制定不同的抵押率。

第二节 个人住房贷款业务

一、个人住房贷款的概念和特点

个人住房贷款是指银行或银行接受委托向在中国大陆境内城镇购买、建造、大修各类型房屋的自然人发放的贷款。目前我国个人住房贷款比重在个人贷款业务中占绝对主导地位，尽管汽车贷款、助学贷款、个人经营类贷款迅速发展，但个人住房贷款的主导地位不会改变，并具有很大的发展空间。其具有如下特点：

1. 贷款金额大、期限长

购房支出通常是家庭消费支出的主要部分，住房贷款也普遍占家庭负债的较大份额。据统计，美国住房贷款负债平均占到家庭负债的70%，我国个人住房贷款也是家庭最主要的负债。个人住房贷款金额较大，贷款期限较长，通常为10~20年，最长可达30年。正是由于具有这样的特点，个人住房贷款绝大多数采取分期付款的方式。

2. 主要以所购房产作抵押

尽管个人住房贷款有保证、抵押和质押三种方式，但由于保证贷款的保证时间较短，最长5年，质押贷款的质物价值较少，不足以质押，因此，通常情况下，绝大多数借款人要以所购房产之全部权益作抵押，并需要为抵押物办理全额财产保险。

3. 利率优惠

为了进一步推行商业性个人住房贷款利率市场化，中国人民银行2008年10月27日公布新的自营性个人住房贷款政策：自营性个人住房贷款利率水平可以为相应期限档次贷款基准利率进行下浮，商业银行法人可根据具体情况自主确定利率水平和内部定价规则。住房公积金贷款的利率按照中国人民银行规定的住房公积金贷款利率执行。公积金贷款利率更低。

4. 风险具有系统性

由于大多数个人住房贷款为房产抵押担保贷款模式，除了客户还款能力、还款意愿等方面的因素外，个人住房贷款风险受房地产交易市场的稳定性、规范性影响较大，具有较明显的系统性，风险也相对集中。

二、个人住房贷款的种类

按照资金来源划分，个人住房贷款包括自营性个人住房贷款、公积金个人住房贷款和个人住房组合贷款。

（1）自营性个人住房贷款　也称商业性个人住房贷款，是指银行运用信贷资金向城镇购买、建造或大修理各类型住房的个人发放的贷款。

（2）公积金个人住房贷款　也称委托性住房公积金贷款，是指由各地住房公积金管理中心运用个人及其所在单位所缴存的住房公积金，委托商业银行向购买、建造、翻建或大修自住住房公积金缴存人及在职期间缴存住房公积金的离退休职工发放的专项住房贷款。该贷款不以营利为目的，实行"低进低出"的利率政策，带有较强的政策性，贷款额度受到限制，因此它是一种政策性个人住房贷款。

（3）个人住房组合贷款　它是指按时足额缴存住房公积金的职工在购买、建造或大修住房时，可以同时申请公积金个人住房贷款和自营性个人住房贷款，从而形成特定的个人住房贷款组合，简称个人住房组合贷款。

按照住房交易形态划分，个人住房贷款可分为新建房个人住房贷款、个人再交易住房贷款和个人住房转让贷款。

（1）新建房个人住房贷款　又称为一手房住房贷款，是指银行向符合条件的个人发放的、用于购买在住房一级市场住房而发放的贷款。

（2）个人再交易住房贷款　又称为二手房住房贷款，是指银行向个人发放的、用于购买在二级市场上合法交易的各类型个人住房而发放的贷款。

（3）个人住房转让贷款　它是指当尚未结清个人住房贷款的客户出售用该贷款购买的住房时，银行用信贷资金向购买该住房的个人发放的贷款。

按照贷款利率的确定方式划分，个人住房贷款可分为固定利率贷款和浮动利率贷款。

三、个人住房贷款的还款方式

个人住房贷款可采取多种还款方式进行还款，如一次本息还款法、等额本息还款法、等额本金还款法、等比累进还款法、等额累进还款法及组合还款法等多种方法。其中，以等额本息还款法和等额本金还款法最为常用。

1. 等额本金还款法

所谓等额本金还款法，又称利随本清、等本不等息还款法。贷款人将本金分摊到每个月内，同时付清上一交易日至本次还款日之间的利息。这种还款方式相对等额本息而言，总的利息支出较低，但是前期支付的本金和利息较多，还款负担逐月递减，利息逐渐随本金归还减少。随后，每个月的还款本金不变，利息逐渐减少。

2. 等额本息还款法

所谓等额本息还款法，是贷款的本金和利息之和采用按月等额还款的一种方式。其中每月贷款利息按月初剩余贷款本金计算并逐月结清。由于每月的还款额相等，因此，在贷款初期每月的还款中,剔除按月结清的利息后,所还的贷款本金就较少;而在贷款后期因贷款本金不断减少、每月的还款额中贷款利息也不断减少,每月所还的贷款本金就较多。

【资料】

等额本金还款法和等额本息还款法的比较

等额本金还款法和等额本息还款法是个人住房贷款比较常见的两种还款方式。二者之间的主要区别如下:

一是计算方法不同。等额本金贷款采用的是单利计息法。在每期结算时,它只对未归还本金(贷款余额)计息,而不对未支付的贷款利息计息。等额本息贷款采用的是复利计息方法。在每期还款结算时,未归还本金所产生的利息要和未归还本金一起被计息,也就是说未付的利息也要计息。在国外,等额本息还款法是公认的符合贷款人利益的还款方式。

二是两种方法支付的利息总额不同。在相同贷款金额、贷款利率和期限的条件下,"等额本金还款法"的利息总额要少于"等额本息还款法"。

三是还款前、后期的压力不同。因为"等额本息还款法"每月的还款金额数是相同的,所以在收支和物价基本不变的情况下,每期的还款压力是相同的;"等额本金还款法"每次还款的本金一样,但利息是由多到少、依次递减,同等情况下,前期还款压力大,后期压力小。

四、个人住房贷款的风险与防范

(一) 个人住房贷款的风险

1. 合作机构风险

合作机构风险主要表现为房地产开发商和中介机构的欺诈风险,主要表现为"假个贷"。"假个贷"一般是借款人并不具有真实的购房目的,合作机构捏造借款人资料或者其他相关资料,虚构购房行为套取银行个人住房贷款的行为。"假个贷"不仅扰乱了正常的金融秩序,也加大了银行贷款风险。

2. 信用风险

信用风险主要是借款人的违约行为造成银行信贷资金损失的风险。个人住房贷款的违约是指借款人不能在合同约定的条件下足额偿还贷款的行为。个人住房贷款违约的类型主要包括:借款合同履行期间借款人连续两期以上未按合同约定的分次还款计划归还贷款本息;擅自改变贷款用途,挪用贷款;未经贷款行同意将设定抵押权的财产出租、出售、转让、赠与或重复抵押、质押;违反合同规定的其他行为等。

3. 操作风险

操作风险是指在个人住房贷款业务操作过程中,由于违反操作规程或操作中存在疏漏等情况而产生的风险。操作风险会导致贷款决策失误,在发放贷款过程中出现操作风险,会造成信贷资金的损失。

(二) 个人住房贷款的风险防范

1. 合作机构风险防范

对合作机构贷款风险的防范主要有以下措施:一是选择实力雄厚、资信良好的开发商和销售前景良好的项目,把有实力的客户作为重点发展对象,对于限制淘汰的开发商原则上不进行合作,从源头上降低"假个贷"风险,对于开发商推荐的按揭客户,一定要谨慎调查,防范开发商套现而制造"假按揭"事件,使银行遭受损失;二是进一步完善个贷风险保证金制度,积极开展房地产中介商风险保证金制度;三是要积极利用法律手段,追究当事人刑事责任,加大"假个贷"的实施成本,使犯罪分子受到法律制裁。

2. 信用风险防范

借款人的信用风险主要表现为还款能力风险和还款意愿风险两个方面。因此必须从这两个方面进行风险控制。一是对客户进行严格的信用分析,重视客户诚信和还款能力的调查;二是严格审查第一还款能力,银行必须对借款人的收入证明严格把关,除了向借款人的工作单位、税务部门等第三方进行查证外,还应审查其纳税证明、银行账单等,确保第一还款来源真实、准确、充足,以降低信用风险。

3. 操作风险防范

对操作风险的防范措施,首先是严格履行贷款业务的操作规程,尤其对高风险贷款项目"三查制度"的落实;其次要加强内部控制,培养银行风险管理文化,强化信贷工作人员对从事信贷业务的职业操守,增强责任意识。

五、个人住房贷款的操作规程

(一) 借款人申请

在借款人申请个人住房贷款时,贷款银行一般要求申请人填写《个人住房借款申请书》,并提供下列资料:

① 合法有效的身份证件(居民身份证、户口本或其他有效居留证件);
② 借款人偿还贷款能力证明材料,包括收入证明材料和有关资产证明等;
③ 婚姻状况证明;
④ 合法有效的购房合同;
⑤ 借款人首付款交款单据(包括发票、收据、银行进账单、现金交款单等);
⑥ 个人信用报告;
⑦ 银行规定的其他文件和资料。

(二) 贷款调查

调查核实的主要内容包括:

① 材料一致性,贷前调查人应认真核实贷款申请材料,以保证《个人住房贷款申请表》填写内容与相关证明材料一致;相关证明材料副本(复印件)内容与正本一致,并需由贷前调查人验证正本后在副本(复印件)盖章签名证实;
② 借款申请人(包括代理人)身份证明;
③ 借款申请人偿还贷款本息的能力;
④ 贷款年限加上借款人年龄是否超过 65 年;
⑤ 借款申请人是否已支付符合法定要求的首付款,并存入开发商在贷款银行开立的售房款专用账户上;
⑥ 借款申请人所购房屋的价格与当地同类物业的市场价格水平是否相符。

经调查核实,借款人各项情况真实、准确,符合个人住房按揭贷款条件,调查人员形成贷款调查报告,提出初步贷款的建议,提交审查部门审查。

(三) 个人住房按揭贷款的审查、审批

银行一般从以下几个方面进行审查:

① 购房行为的真实性,防止借款人和开发商串通骗取银行贷款;

② 所购房屋的价格与当地同类物业的市场价格水平是否相当，必要时可委托具有房地产估价资质的机构进行价格评估；

③ 如有共有人，共有人是否出具同意抵押的合法书面意见；

④ 借款人的还款能力。

审查人员审查后，有权审批人员进行审批。

（四）签订住房按揭合同

经审批同意的，贷款银行与借款人、开发商签订个人住房贷款合同，明确各方的权利和义务。住房合同一般就贷款金额、贷款期限、贷款利率、还款方式等事项做出明确约定。贷款金额一般不超过购房总额的80％，贷款期限一般最长不超过30年，贷款利率是一般是浮动利率。

（五）办理房屋保险、公证、担保手续

贷款银行要求借款人必须办理财产保险。借款人投保的金额不得低于贷款金额，保险期限不得短于贷款期限，保险费用由借款人支付，一次性投保。保险业务可由银行代为办理。贷款银行认为有必要的，可以要求对借款合同进行公证，公证费用由借款人承担。以所购住房为抵押物的，贷款银行和借款人凭借合同到当地房地产管理部门办理房地产抵押（预）登记。

（六）贷款发放

以所购住房为抵押的，在借款人办妥房屋保险、公证和抵押（预）登记手续后，方可发放贷款。发放贷款时，一般由贷款银行工作人员填写借据，借款人签章或按指印认定，同时借款人签署划款扣款授权书，贷款银行将款项直接划入开发商在贷款银行开立的售房专户上，同时通知借款人贷款已经发放，开发商出具收款凭证。

（七）贷后检查

贷后检查是以借款人、抵（质）押物、保证人、合作开发商及项目为对象，通过客户提供、访谈、实地检查、行内资源查询等途径获取信息，对影响个人住房贷款资产质量的因素进行持续跟踪检查、分析，并采取相应补救措施的过程，判断借款人的风险状况，提出相应的预防或补救措施。

（八）贷款偿还

在住房按揭贷款实践中，贷款银行一般约定借款人自合同生效后次月的约定时间开始按月还款。银行贷款的回收分为正常回收和非正常回收。借款人按借款合同中约定进行还款属正常回收，不按合同规定还款属非正常回收。非正常贷款的回收工作包括提前还款和期限调整。提前还款包括提前部分还本和提前结清两种方式，借款人可以根据实际情况决定采取提前还款的方式。期限调整指借款人因某种特殊原因，向贷款银行申请变更贷款还款期限，包括延长期限、缩短期限等。借款人需要调整借款期限，应向银行提交期限调整申请书，期限调整后，银行将重新为借款人计算分期还款额。

【资料】

建设银行个人住房贷款产品

（一）贷款用途

主要用于支持个人在中国大陆境内城镇购买、大修住房，目前其主要产品是抵押加阶段性保证个人住房贷款。

（二）贷款对象

具有完全民事行为能力的中国公民，在中国大陆有居留权的具有完全民事行为能力的港澳台自然人，在中国大陆境内有居留权的具有完全民事行为能力的外国人。

（三）贷款条件

借款人必须同时具备下列条件：

① 有合法的身份；

② 有稳定的经济收入，信用良好，有偿还贷款本息的能力；

③ 有合法有效的购买、大修住房的合同、协议以及贷款行要求提供的其他证明文件；

④ 有所购（大修）住房全部价款20%以上的自筹资金，并保证用于支付所购（大修）住房的首付款；

⑤ 有贷款行认可的资产进行抵押或质押，或有足够代偿能力的法人、其他经济组织、自然人作为保证人；

⑥ 贷款行规定的其他条件。

（四）贷款额度

最高为所购（大修）住房全部价款或评估价值（以低者为准）的80%。

（五）贷款期限

一般最长不超过30年。

（六）申请贷款应提交的资料

借款人需要提交的资料如下：

① 个人住房借款申请书；

② 身份证件复印件（居民身份证、户口簿、军官证，在中国大陆有居留权的境外、国外自然人的护照、探亲证、返乡证等居留证件或其他身份证件）；

③ 经办行认可的有权部门出具的借款人稳定经济收入证明或其他偿债能力证明资料；

④ 合法的购买（大修）住房合同、协议及相关批准文件；

⑤ 抵押物或质押权利清单及权属证明文件，有处分权人出具的同意抵押或质押的证明，贷款行认可的评估机构出具的抵押物估价报告书；

⑥ 保证人出具的同意提供担保的书面承诺及保证人的资信证明；

⑦ 建设银行的存款单据、凭证式国债单据等借款人拟提供给贷款行质押的有价证券；

⑧ 借款人用于购买（大修）住房的自筹资金的有关证明；

⑨ 房屋销（预）售许可证或楼盘的房地产权证（现房）（复印件）；

⑩ 如果借款人的配偶与其共同申请借款，借款申请书上还要填写清楚配偶的有关情况，并出示结婚证和户口簿等；

⑪ 贷款行规定的其他文件和资料。

（七）还款方法

贷款期限在1年以内（含1年）的，实行到期本息一次性清偿的还款方法。贷款期限在1年以上的，可采用等额本息还款法和等额本金还款法。借款人可以根据需要选择还款方法，但一笔借款合同只能选择一种还款方法，合同签订后，不得更改。

第三节　汽车消费贷款业务

一、汽车消费贷款的含义及特点

个人汽车贷款是贷款人向申请购买汽车的借款人发放的，以所购汽车或其他财产或第三方保证作担保的贷款。汽车贷款由于其业务操作方面的独特性，也逐步发展成为个人贷款业务中自成特色的一类，该类贷款的特点主要体现在以下两个方面。

（1）汽车贷款业务与汽车市场关系密切　由于汽车销售领域的特色，汽车贷款业务的办理不是商业银行能够独立完成的。首先，贷款申请人要从汽车经销商处购买汽车产品，银行贷款的资金将直接转移至经销商处；其次，由于汽车贷款多实行所购车辆的抵押，贷款发放银行会要求借款人及时足额购买汽车产品的保险，从而贷款银行与保险公司建立业务关系。此外，汽车贷款业务拓展中还有可能涉及多种担保机构、服务中介等，甚至于在业务拓展方面贷款银行还要与汽车生产企业进行联系沟通，因此，银行在汽车贷款业务开展中不是独立作业，而是多方的协调配合。

（2）风险管理难度相对较大　由于汽车贷款购买标的产品为移动易耗品，其风险度相对于住房贷款来说更难把握。特别是在国内信用体系尚不完善的情况下，商业银行对借款人的资信状况较难评价，对其违约行为缺乏有效的约束力，因此，在汽车贷款的风险控制方面难度较大。

二、汽车消费贷款的原则和营销模式

（一）汽车消费贷款的原则

个人汽车贷款实行"设定担保，分类管理，特定用途"的原则。"设定担保"指借款人申请个人汽车贷款需提供所购汽车抵押或其他有效担保。"分类管理"指按照贷款所购车辆的不同种类和用途，对个人汽车贷款设定不同的贷款条件。"特定用途"指个人汽车贷款专项用于借款人购买汽车，不允许挪作他用。

（二）汽车消费贷款的运行模式

目前汽车消费贷款最主要的运行模式就是"间客式""直客式"和汽车金融服务三种模式。

1．"间客式"模式

"间客式"运行模式在目前的个人汽车贷款市场中占主导地位。该模式是指由购车人直接到经销商处挑选车辆，然后通过经销商办理贷款手续。汽车经销商或第三方（如保险公司、担保公司）负责对贷款购车人的资信情况进行调查，帮助购车人办理申请贷款手续，提供代办车辆保险等一系列服务，部分经销商以自身资产为借款人按时还款向银行承担连带责任保证和全程担保。在这种情况下，由于经销商或第三方在贷款过程中承担了一定风险并付出了一定的人力、物力，所以它们往往要收取一定比例的管理费或担保费。

简单来说，"间客式"运行模式就是"先买车，后贷款"。其贷款流程为：① 选车；② 准备所需资料；③ 与经销商签订购买合同；④ 经销商或第三方做资信情况调查；⑤ 银行审批、放款；⑥ 客户提车。

2．"直客式"模式

与"间客式"的"先购车，后贷款"相反，纯粹的"直客式"汽车贷款模式实际上是

"先贷款，后买车"，即客户先到银行申请个人汽车贷款，由银行直接面对客户，对客户资信情况进行调查审核，在综合评定后授予该客户一定的贷款额度，并与之签订贷款协议。客户在得到贷款额度后即可到市场上选购自己满意的车辆。在选定车型之后，到银行交清首付款，并签署与贷款有关的其他合同，由银行代客户向经销商付清余款，客户提车，之后就是借款人按月向银行还款了。

"直客式"贷款的流程为：① 到银行网点填写汽车额度贷款表；② 由银行（或第三方）对客户进行资信调查；③ 客户与银行签订贷款合同；④ 到经销商处选定车辆并向银行交纳购车首付；⑤ 银行代理提车、上户和办理抵押登记手续；⑥ 客户提车。由于在这种模式下，购车人首先要与贷款行做前期的接触，由银行直接对借款人的偿还能力以及资信情况进行评估和审核。

3. 汽车金融服务模式

汽车金融服务模式是指商业银行在提供汽车贷款服务时，采取不同的整合方法、涵盖不同范围的金融产品和服务的总和。其具体模式包括以下几种：

（1）四方合作模式　即在经销商、银行和保险公司参与的同时，引入律师事务所协助银行进行资信调查和贷款风险处置。这种模式能在相当的程度上降低银行的风险，但会增加借款人的费用。

（2）全程参与模式　即银行在综合授信额度下针对厂商的采购、生产、销售等各个环节，提供融资、结算、消费信贷、账户管理、信息咨询等全方位的金融服务。

（3）战略联盟模式　即由银行牵头成立"汽车金融服务网络协会"，引入汽车经销商、保险公司、拍卖行、租赁企业、二手车市场等机构，涵盖汽车从生产到报废的全过程。该模式实质上是一个以"整体营销汽车金融产品、综合处置汽车信贷风险"为目的的战略联盟。

三、汽车消费贷款的风险与防范

（一）汽车消费贷款的主要风险种类

（1）借款人信用风险　主要有借款人提供虚假文件或资料，骗取商业银行贷款购买车辆，还款意愿差，故意或有意拖欠应付贷款本息；未经商业银行同意，私自将所购车辆出租、转让、变卖、馈赠或重复抵押；借款人因疾病、离婚、自然灾害等原因，失去还款能力。

（2）合作机构的风险　主要是汽车经销商欺诈风险。汽车经销商的欺诈行为主要包括：一车多贷、甲贷乙用、虚报车价、冒名顶替、全部造假、虚假车行等。

（3）商业银行操作风险　商业银行贷前审查不严，甚至有内外串通骗贷的情况，是造成车贷风险的重要因素。

（二）风险控制的主要措施

（1）加强借款人还款能力的审查　确保借款人有足够的还款能力才可发放贷款，并且要求借款人提供足额担保，降低信用风险。

（2）选择资信良好的经销商合作　重点放在选择资金实力雄厚、代理品牌好的一级代理商，选择销售业绩良好、对购车人有一套完整的资信评估能力的经销商。对于经销商担保的贷款，应要求经销商在商业银行存入一定比例的保证金。

（3）加强信贷人员的风险防范意识　强化内部控制制度，防范操作风险。

四、办理汽车消费贷款的业务流程

借款人可以通过两种途径获得分期贷款进行购车，一是直接贷款，二是间接贷款。

（一）直接贷款操作流程

直接贷款也称买者贷款，是消费者直接向银行申请贷款并从银行取得贷款。

1．咨询

客户到银行营业网点进行咨询，网点为用户推荐已与银行签订《个人汽车贷款合作协议书》的特约经销商。

2．选购汽车

到经销商处选定拟购汽车，与经销商签订购车合同或协议。

3．贷款申请

到银行网点提出贷款申请，需要提交的资料有：贷款申请书；有效身份证件；职业和收入证明以及家庭基本状况；购车协议或合同；担保所需的证明或文件；银行规定的其他条件。借款人应当对所提供材料的真实性和合法性负完全责任。

4．资信调查

银行在受理借款申请后有权对借款人和保证人的资信情况进行调查，对不符合贷款条件的，银行在贷款申请受理后15个工作日内通知借款人；对符合贷款条件的，银行将提出贷款额度、期限、利率等具体意见，及时通知借款人办理贷款担保手续，签订《汽车消费借款合同》。

5．办理保险

借款人在银行指定的保险公司预办抵押物保险，并在保单中明确第一受益人为银行，保险期限不得短于贷款期限。

6．贷款通知

银行向经销商出具《个人汽车贷款通知书》，借款人同时将购车首期款支付给经销商。

7．领取牌照

经销商在收到《个人汽车贷款通知书》及收款凭证后，协助借款人到相关部门办理缴费及领取牌照等手续，并将购车发票、各种缴费凭证原件及行驶证复印件直接移交到银行。

8．凭证保管

借款人以所购汽车作抵押的，其保险单、购车发票等凭证在贷款期间由银行保管。在合同期内，银行有权对借款人的收入状况、抵押物状况进行监督，对保证人的信誉和偿债能力进行监督，借款人和保证人应提供协助。

（二）间接贷款操作流程

间接贷款也称卖者贷款，是指借款者向汽车零售商提出借款申请并与其商定贷款条件，然后由零售商将已商定的贷款协议交由银行审批，银行批准后按照事先商定的条件向零售商发放贷款，由零售商再将贷款提供给消费者。

1．客户咨询与资格初审

客户咨询时，经销商须向客户提供个人汽车贷款购车须知、购车常识、个人汽车贷款实际操作问答、车辆价格明细表、消费贷款购车费用明细表、汽车分期付款销售计算表、客户个人资料明细表和客户登记表等。当客户决定采用消费贷款形式购车时，需要填写消费贷款购车表、复审意见表、消费贷款购车申请表等。经销商对客户的消费贷款购车进行初步的资格审查并签署意见。

2．资格复审与银行初审

经销商对客户进行资格复审时，客户需要填写消费贷款购车资格审核调查表、银行的个人汽车贷款申请书。资格复审结束时，经销商需要对消费贷款购车表、复审意见表签署复审意见，并将经过复审的客户相关材料提交银行进行初审鉴定。

客户文件交银行初审后，经销商需要在消费贷款购车资格审核调查表、个人汽车贷款申请书等文件上的审批栏内签署意见。

3. 签订购车合同书

银行初审鉴定后，经销商与客户签订购车合同书，通知客户交付首期购车款，并为客户办理银行账户，客户填写车辆验收交接单。

4. 经销商与客户办理抵押登记手续及各类保险、公证

在对合同协议进行公证时，需要填写经济事务公证申请表、公证处接洽笔录等。办理保险时，需要填写汽车保险投保单、汽车分期付款售车信用保险或保证保险投保单及其问询表，需要为保险公司准备相关的客户文件。

5. 银行终审

将填写的个人消费贷款保证合同、委托付款授权书、委托收款通知书、个人消费贷款借款合同等所有相关文件报银行终审。

6. 车辆申领牌照与交付使用

上述程序履行完以后，银行将贷款划拨经销商。经销商协助为客户所购车辆申领牌照，并将车辆交由客户使用。经销商应留下购车发票、车辆购置附加费发票、车辆合格证以及车辆行驶证复印件等。

第四节 个人信用卡业务

一、个人信用卡业务的概念

信用卡（Credit Card）是银行或其他财务机构签发给那些资信状况良好的人士，用于在指定的商家购物和消费或在指定银行机构存取现金的特制卡片，是一种特殊的信用凭证。目前的信用卡就是贷记卡，即无需预先存款就可以贷款消费的信用卡，是先消费后还款的信用卡。信用卡业务的实质是一种消费信贷，是发卡银行提供给持卡人的一个明确信用额度的循环账户，持卡人可以在不超过账户额度的范围内任意支取，偿还借款后，额度自动恢复。

二、信用卡业务的种类

根据不同的分类标准，可对信用卡做以下分类。

（一）按照是否需要向发卡银行缴存备用金

信用卡按照是否需要向发卡银行缴存备用金可分为贷记卡和准贷记卡。贷记卡是指发卡银行给予持卡人一定的信用额度，持卡人可在信用额度内先消费、后还款的信用卡；准贷记卡是指持卡人须先按发卡银行要求交存一定金额的备用金，当备用金账户余额不足支付时，可在发卡银行规定的信用额度内透支的信用卡。

（二）按照持卡人的清偿责任

按照持卡人清偿责任的不同，信用卡可以分为主卡和附属卡。主卡是由持卡人本身对自己所持有的信用卡的所有支付款项承担清偿责任的信用卡。附属卡的持卡人一般并不对自己所持有的信用卡承担清偿责任，而是由其主卡的持卡人来承担这一责任。主卡和附属卡的功能和作用虽然相同，但都是以主卡持卡人的名义申领，所以，主卡的持卡人有权终止其附属卡持卡人的使用权。附属卡持卡人使用信用卡所发生的一切债务均由主卡持卡人承担，由主

卡持卡人直接向发卡机构或特约单位履行债务，因此，也决定了主卡和附卡属于同一账户，信用额度共享。

（三）按照信用卡等级

信用卡等级就是银行根据申卡人的收入程度和刷卡次数、刷卡金额以及还款及时性，所设立的白金卡、金卡和普通卡。白金卡是发卡机构为区别于金卡客户而推出的信用卡，并提供了比金卡更为高端的服务与权益，一般采取会员制度，有客户服务电话专线服务和备显尊崇的附加值服务。通常具有全球机场贵宾室礼遇、个人年度消费分析报表、高额交通保险、全球紧急支援服务、24小时全球专属白金专线电话服务等服务功能。金卡是发卡机构针对收入较高的人群发行的一种信用卡，与普通卡的区别主要在年费和信用额度上，金卡的信用额度通常在万元以上。普通卡是发卡机构所发行的最低级别的信用卡，但也能通过给持卡人所核定的授信限额体现出不同等级。

（四）按照发行对象

按照发行对象的不同，信用卡可分为商务卡和个人卡。商务卡是由发卡行向企事业、部队、院校等单位发行的信用卡，其适用对象为单位指定的人士，由持卡人所在单位承担最终清偿责任。个人卡是由发卡行向个人发放的信用卡，由持卡人承担最终清偿责任。

（五）按照清算和还款币种

按照信用卡清算和还款币种的不同，信用卡可以分为人民币卡、外币卡和双币卡等。

（六）按照卡片的信息载体

按照卡片信息载体的不同，信用卡可以分为磁条卡、芯片卡和磁条芯片卡。从安全的角度出发商业银行正逐步对已发行的磁条卡更换为芯片卡，新发的信用卡一律使用芯片卡。

三、信用卡业务的相关要素

（一）信用额度、取现额度、可用额度

1. 信用额度

信用额度是银行根据申请人的收入水平为申请人的信用卡核定的额度，即用该卡可以刷卡消费的金额，也是个人信用卡消费贷款的最高限额。持卡人可以循环使用信用额度。发卡银行一般对普通卡的信用额度为5万元。即同一账户月透支余额不超过5万元（含等值外币），外币卡的透支额度不超过持卡人保证金（含储蓄存单质押金额）的80%。附属卡的信用额度一般视主卡的信用状况确定，主卡可以在不超过本人相应信用额度的前提下自主指定附属卡的额度，若无特别指定，主、附卡共用同一信用额度。

2. 取现额度

取现额度是指持卡人利用信用卡可以提取现金的额度。一般为信用额度的30%~50%。发卡银行对贷记卡的取现每笔授权，每卡每日累计取现不得超过5000元人民币。对持卡人在自动柜员机（ATM机）取款设定交易上限。每卡每日累计提款不得超过10000元人民币。

3. 可用额度

可用额度是指你所持的信用卡还没有被使用的信用额度。其计算方式为：

可用额度＝信用额度－未还清的已出账金额－已使用未入账的累积金额

可用额度为零时，持卡人不能再进行透支。

（二）账单日、到期还款日、免息还款期、最低还款额

1. 账单日

银行每月会定期对持卡人的信用卡账户当期发生的各项交易、费用等进行汇总结算,并结计利息,计算持卡人当期总欠款金额和最小还款额,并为持卡人邮寄对账单。此日期即为信用卡的账单日。

2. 到期还款日

到期还款日是指发卡银行规定的持卡人应该偿还其全部应还款或最低还款额的最后日期。到期还款日为银行生成账单日起,加上免息还款天数之后的日期。如持卡人的账单日是每月3号,免息还款期为20天,那么持卡人的到期还款日则为每月23号。

3. 免息还款期

免息还款期是指按期全额还款的持卡人享有的针对消费交易的免息期间,免息时间从银行记账日起至最后还款日止,各行不同,最短为20天,最长为56天。透支取现交易不享受免息还款期待遇。

若消费者在到期还款日前未全额还款,则不享受免息期待遇。银行将按日利率万分之五计收利息,并按月计收复利。计息日期从记账之日起至还款日止,计息本金以实际应还金额计算。若消费者在到期还款日前未还款或还款金额不足最低还款额,银行除将按规定计收利息外,还将按最低还款额未还部分的5%收取滞纳金。计算举例说明如下:

例:张小姐持有某银行一张信用卡,该信用卡的账单日为每月18日,最后还款日每月8日。如果张小姐在8月18日消费,当天是账单日,在9月8日最后还款日前全额还款,即享受了最短20天的免息还款期。如果她8月19日刷卡消费,该笔消费结算在9月18日账单上,在10月8日最后还款日全额还款,即享受了最长50天免息期(8月19日—10月8日)。

因此,一般来讲,在账单日当天刷卡消费,享受最短免息还款期;在单日的后一天刷卡消费,享受最长免息还款期。

4. 最低还款额

信用卡产生透支,而在到期还款日时无力全额偿还欠款,则可偿还最低还款额,通常为透支额的10%,设有最低标准。最低还款额的标准会在信用卡的对账单上标明。最低还款额的概念等于是在向银行表明您并非恶意透支而不想归还欠款,只是暂时没有偿还能力而已。偿还最低还款额将无损于个人信用。

一般情况下,最低还款额为累计未还消费本金的一定比例(一般为10%),所有费用、利息、超过信用额度的欠款金额、预借现金本金,以及上期账单最低还款额未还部分的总和。最低还款额计算公式如下:

最低还款额=本期各种费用和利息+上期最低还款额未还部分+本期预借现金余额+
(本期消费余额+上期未计入最低还款额且未还的消费余额)×10%

(三)贷款期限和计息方式

1. 信用卡透支期限

各家发卡银行在信用卡章程里规定的信用卡透支的期限不同。一般准贷记卡的透支期限最长为60天。贷记卡虽然没有明确的期限,但都规定贷记卡的首月最低还款额不得低于其当月透支余额的10%。对透支超过一个月,最低还款额未归还的持卡人,发卡银行应及时提出止付,收回信用卡。

2. 信用卡计息

(1)计付利息的规定 发卡银行对准贷记卡账户内的存款,按照中国人民银行规定的同期同档次存款利率及计息办法计付利息。发卡银行对贷记卡账户的存款不计付利息。

(2) 计收利息的规定　贷记卡透支按月计收复利，准贷记卡透支按月计收单利，透支利率为日利率万分之五，并根据中国人民银行的有关规定进行调整。

贷记卡持卡人在规定的到期还款日前，还清账单上列示的全部应还款额时，消费款项可享受 20~50 天的免息待遇。持卡人选择最低还款额方式或超过发卡银行批准的信用额度用卡时，不再享受免息还款期待遇，应当支付自银行记账日起，按规定利率计算的透支利息。贷记卡持卡人支取现金、准贷记卡透支，不享受免息还款期和最低还款额待遇，应当支付现金交易额或透支额自银行记账日起，按规定利率计算的透支利息。

(3) 信用卡计息方式　国际上通行的信用卡计息方式主要有两种：全额计息和按未清偿部分计息。未清偿部分计息方式是按照未偿还的部分计算利息，已经偿还的部分不再计收利息。目前，只有中国工商银行采用这种计息方式。2009 年 1 月，工行修改了其信用卡章程，新章程规定："持卡人可按照对账单标明的最低还款额还款。按照最低还款额规定还款的，发卡机构只对未清偿部分计收从银行记账日起至还款日止的透支利息。"

全额计息方式（也称循环计息）是指只要持卡人到期还款日未能全部还清欠款，即使已经偿还了最低还款额，银行也将按照当期消费账单全额的万分之五计算利息，计息时间一般从刷卡消费算起，直至全部还清为止。目前国内绝大部分银行采取的都是全额计息方式，对持卡人已偿还的款项也计息。

例：张小姐的账单日为每月 5 日，到期还款日为每月 25 日，最低还款额为应还金额的 10%。6 月 5 日银行为张小姐打印的本期账单包括了她在 5 月 5 日至 6 月 5 日之间的所有交易账目：假设本期张小姐仅在 5 月 30 日消费了一笔支出，金额为人民币 1000 元，则张小姐本期账单的"本期应还金额"为人民币 1000 元，"最低还款额"为 100 元。

不同的还款情况，张小姐的循环利息不同：

若张小姐于 6 月 25 日前，全额还款 1000 元，则在 7 月 5 日的对账单中循环利息为 0 元。

若张小姐于 6 月 25 日前，只偿还最低还款额 100 元，则 7 月 5 日的对账单上未清偿循环利息的具体计算如下：

$$循环利息 = 1000 \times 0.05\% \times 26 （5月30日—6月25日） + \\ (1000-100) \times 0.05\% \times 10 （6月25日—7月5日） = 17.5 （元）$$

本期最低还款为 117.5 元。由此可见，若按最低还款额还款，持卡人要支付较多的循环利息。

(4) 罚息的规定　如果在最后到期还款日实际还款额低于最低还款额，最低还款额未还部分要一次性支付 5% 违约金。

四、信用卡业务操作流程

(一) 客户申请信用卡

申请人到办理信用卡业务部领取信用卡申请表，并按表中要求如实填写。信用卡申请表中的内容一般包括：①主卡申请人和附属卡申请人姓名；②出生年月日及性别；③工作单位；④职务；⑤月均收入；⑥婚姻状况；⑦供养人口；⑧担保人的有关资料等。同时，还要将主卡持卡人、附属卡持卡人及担保人的身份证复印件和填好的申请表格一起交给发卡银行。申请人也可以从网站上下载填写相关资料表格后邮寄到银行信用卡中心。

(二) 资信调查，核准发卡

银行收到申请人的申请后，由发卡银行对申请人的基本条件、资金、信誉、担保等进行全面调查及审核，包括对申请表内容的真实性、完整性，以及证明材料及附件的真实性、完整性的审查，对申请人的资信状况做出综合分析与评价，确定其信用等级，决定提供信用卡的额度，核准发放信用卡。申领人领到卡，在信用卡背面签名后，就可以使用信用卡了。

（三）持卡人用卡消费

信用卡持卡人可以在与发卡银行签订协议的特约商户处进行刷卡消费。与发卡银行签订协议的特约商户一般是独立核算的商业、饮食业、旅游服务业、交通运输业、娱乐业等单位。持卡人可以在核定的信用额度内进行透支。特约商户应注意识别止付卡、假卡，发现止付卡、假卡和冒用卡应立即没收，送交发卡行。

（四）特约商户向持卡人提供商品或劳务

信用卡持卡人用卡消费，特约商户应向持卡人提供商品或劳务，这是信用卡使用的基本规定。特约商户不向持卡人提供商品和劳务，造成大量透支，套取银行现金，将被取消特约商户资格。

（五）向收单行提交持卡人的购物清单

向持卡人提供商品或劳务之后，特约商户填制总计单，连同进账单与签购单一并送交其开户行或收单行（发卡行）。

（六）收单行向特约商户付款

开户行或收单行应审查签购单是否有效。对超过有效期、超限额无授权批准、已被止付的卡号等单据须退单；审查总计单、进账单和签购单金额、笔数等项是否有误，审查无误后按正确的金额办理划款。

（七）收单行与发卡行的资金清算

收单行办完划款以后，将有关单据交发卡行，发卡行审核无误可与收单行办理资金清算。发卡行经审查发现收单行或特约商户办理信用卡时违反操作规程可退单拒付资金。收单行认为拒付无力，与发卡行产生纠纷，可向总行申请仲裁。

（八）发卡银行向持卡人发送付款通知书

银行于每月账单日对持卡人的信用卡账户当期发生的各项交易、费用等进行汇总结算，并结计利息，确定持卡人本期应当还款的金额和日期，同时向持卡人发送付款通知书。

（九）持卡人向发卡银行归还信用卡贷款

信用卡的还款方式有多种：存款机可以还款；预约账户还款可以让银行自动扣款；网上跨行还款、利用银联支付平台可以还款；还可以使用手机为信用卡还款。

五、信用卡业务风险及其控制与防范

（一）信用卡业务面临的风险类型

1. 信用风险

信用卡消费比一般消费信贷更为灵活、简便，更能满足客户经常性的消费需要，给客户以随机性支付的保障。作为发卡银行，在向持卡人提供这些优惠、便利信贷方式的同时，其背后总是要隐含着相应的信用风险。这种信用风险主要是持卡人不偿还透支贷款本息及相关费用给发卡银行造成损失的可能性。

信用卡的信用风险的主要表现形式是恶意透支。恶意透支是持卡人以非法占有为目的，超过规定限额或规定期限透支。具体表现有：频繁透支，即持卡人以极高的频率，在相距很近的信用卡营业点反复支取现金，积少成多，在短时间内占用银行大量现金；多卡透支，即持卡人向多家银行提出申请，多头开户，持卡人往往以新透支来偿还旧透支，出现多重债务，导致无力偿还；异地透支，即持卡人利用异地取现信息不能及时汇总，"紧急止付通知"难以及时送达的现状，在全国范围流窜作案，肆意透支。这种恶意透支，大部分得不到偿还，使发卡银行遭受损失。

2. 欺诈风险

信用卡欺诈，是信用卡风险源之一，发卡银行的很多损失都是由欺诈造成的。信用卡欺诈的形式主要有：

（1）失卡冒用　失卡一般有三种情况，一是发卡银行在向持卡人寄卡时丢失，即未达卡；二是持卡人自己保管不善丢失；三是被不法分子窃取。

（2）假冒申请　一般都是利用他人资料申请信用卡，或是故意填写虚假资料。最常见的是伪造身份证，填报虚假单位或家庭地址。

（3）伪造信用卡　国际上的信用卡诈骗案件中，有60%以上是伪造卡诈骗，其特点是团伙性质，从盗取卡资料、制造假卡、贩卖假卡。他们经常利用一些最新的科技手段盗取真实的信用卡资料，当诈骗分子窃取真实的信用卡资料后，便进行批量性的制造假卡、贩卖假卡，大肆作案。

（4）网上冒用　发卡银行为了提高产品的科技含量，为持卡人提供增值服务，相继增加了商品邮购、电话订购、网上交易等功能，由于这些交易都是非面对式，所以其安全性相对较低，信用卡资料（卡号、密码等）很容易被不法分子冒用。而且，随着此类交易的增多及用途的日益广泛，风险案件也会随之增多。

（5）来自特约单位的不法行为　持卡人签名的签购单是特约商户与发卡机构进行结算的基本凭证。大多数特约商户都能够严格按照相关规定认真执行。但在实际的操作中，仍然有特约商户的经办人员或中介机构，通过伪造持卡人的签购单和利用POS机假消费真提现的非法行为。

3. 操作风险

信用卡业务风险也常常是由于信用卡操作不当引起的。在受理信用卡业务时，银行、特约商户的有关操作人员没有严格按照有关规章制度办事，给信用卡的有关当事人造成一定的风险或损失。例如，收款员没有按操作规定核对止付名单、身份证和预留签名，接受了本应止付的信用卡，造成经济损失；收款员在压印签购单时，没有将信用卡的卡号压印在有关单据上，造成"无卡号单"，使发卡人无法进行结算；持卡人超限额消费时，收款员不征询授权而采用分单压印逃避授权，导致信用失控等。

（二）信用卡业务的风险防范措施

1. 加强贷前信用管理

（1）从严核准发卡条件　对申领卡的客户，除进行资信审查外，还要求其必须具备一定的基本条件，对没有城市常住户口的人员坚决不能发卡，这主要是因为这些人员流动频繁，难以对其进行资信审查，万一发生恶意透支，不能实施有效的控制。

（2）严格资信审查　首先，设定科学有效的资信评估指标，并随着形势的发展做适当的调整和补充。对个人申请人设定收入水平、支出水平、家庭财产月现金流量、主要持卡用途等指标；同时对资信评估指标进行量化处理，不同指标设定不同分值，并根据分值的高低确定申领人不同资信等级，对不同等级的申领人授予不同的信用额度。其次，采用科学的资信审查方法，避免审查流于形式。除书面核实、电话访问方式外，还可通过其他间接方式如核对其保险资料等方式对申领人的身份、资信状况进行审查。

（3）完善担保制度　一是选择适当的担保形式并制定合法、规范的担保协议。发卡银行应当根据申请人的资信状况确定有效担保和担保方式。二是若确定采用保证方式担保,要对保证人进行资信调查,掌握保证人的资信状况和担保能力,持卡人由资信能力强的人担保,可使透支资金的偿还有可靠保障。

2. 注重对信用卡的日常管理

(1) 实行信用卡取现笔笔授权　为防止不法分子冒用信用卡恶意透支,发卡行各取现网点在办理信用卡取现时,不论金额大小,必须笔笔向本行信用卡业务部请求授权。收单行(发卡行)信用卡业务部授权部门要严格监控,建立取现授权登记簿。发现有严重透支行为或欺诈行为的,要立即采取紧急止付措施,并请收单行协助扣卡、扣证;符合公安司法程序,办妥有关手续的,也可请求协助扣人。收单行应按照发卡行的请求,配合工作,采取积极有效的措施,制止透支(欺诈)行为继续发生。对因收单行(取现网点)违章操作和未请求授权而造成的风险损失,原则上由收单行负责。

(2) 对持卡人实施规范的日常管理　一是建立健全持卡人档案资料。根据退回的账单、或打不通的电话等情况,了解客户发生变化的情况,尽量取得新资料,以保证客户资料的真实性。二是每天打印各类透支清单及还款清单,及时掌握新增、新减的透支户和重点户。三是加强对透支的控制。每日认真分析透支户报告表,对于一般的透支户要定期发送对账单,使其尽快偿还贷款。对于透支后仍大量取现、消费,或透支额较大、透支时间较长以及有意回避银行追索的客户,应及时停止该卡的使用。

3. 加强对逾期款的管理与债务催收

(1) 及时发出催收通知进行账务提醒　对于早期或非恶意未还最低还款额客户,及时发出催收通知,进行"账务提醒",一般在当月寄发"对账单",告知透支日期和金额;免息期过后十五日未归还透支款,发"催收通知书",透支时间超过30天,发卡机构要与持卡人联系,敦促其立即还款,同时还可以与保证人联系,通过担保人催促其还款。

(2) 上门催款,及时止付　对大额透支或透支时间超过一个月的,经电话等形式催收未果的,要派专人上门拜访,请其归还透支款。并列入支付名单,及时停止该卡使用。

(3) 列入"黑名单",强制催收　对于晚期或恶意透支未还的客户,采取相对强制的催收办法,如外访催收、发律师函、诉讼通知或其他法律途径。同时在银行同业间公布恶意透支的名单,同业联动制裁恶意透支。

4. 加大技术投入,提高信用卡的技术含量

加大技术投入,使信用卡采用智能卡,提高信用卡的技术含量,能大大提高信用卡使用的安全程度。智能卡的安全性来自于芯片的安全技术,卡片难以仿冒,而且电脑芯片的应用使得卡片的真实性在特约商户的POS终端就能得以调查和验证,可以从根本上解决伪造卡的问题。虽然智能卡转换计划需要一定的时间和相当的投入,但却是未来发展的必然趋势。

第五节　个人经营性贷款

一、个人经营性贷款的含义和分类

个人经营性贷款是指银行向从事合法生产经营的个人发放的,用于定向购买或租赁商用房、机械设备,以及用于满足个人控制的企业(包括个体工商户)生产经营流动资金需求和其他合理资金需求的贷款。根据贷款用途的不同,个人经营类贷款可以分为个人经营专项贷款和个人经营流动资金贷款。

1. 专项贷款

专项贷款是指银行向个人发放的用于定向购买或租赁商用房和机械设备,且其主要还款来源是由经营产生的现金流获得的贷款。专项贷款主要包括个人商用房贷款(以下简称商用房贷款)和个人经营设备贷款(以下简称设备贷款)。商用房贷款是指银行向个人发放的用于定向购买或租赁商用房所需资金的贷款,目前,商用房贷款主要用于商铺(销售商品或提供服务的场所)贷款。设备贷款是指银行向个人发放的,用于购买或租赁生产经营活动中所需设备的贷款。

2. 流动资金贷款

流动资金贷款是指银行向从事合法生产经营的个人发放的用于满足个人控制的企业(包括个体工商户)生产经营流动资金需求的贷款。流动资金贷款按照有无担保状况分为有担保流动资金贷款和无担保流动资金贷款。有担保流动资金贷款是指银行向个人发放的、需要担保的用于满足生产经营流动资金需求的贷款;无担保流动资金贷款是指银行向个人发放的、无须担保的用于满足生产经营流动资金需求的信用贷款。

二、个人经营性贷款的特征

个人经营性贷款的最大特点就是适用面广,它可以满足不同层次的私营企业主的融资需求,且银行审批手续相对简便。个人经营性贷款主要有以下几个特征。

1. 贷款期限相对较短

个人经营性贷款主要用于满足借款人购买机械设备或临时性流动资金需求,因此,贷款期限一般较短,通常为3~5年。

2. 贷款用途多样,影响因素复杂

个人经营性贷款主要用于借款人购买设备或用于企业的生产经营,受宏观环境、行业景气程度、企业本身经营状况等不确定因素影响较多。

3. 风险控制难度较大

个人经营性贷款除了对借款人自身信用情况掌握外,银行还需对借款人所经营企业的运作情况详细调查,并对该企业的资金运作情况加以了解与掌握,以保证信贷资金安全。

三、个人经营性贷款的操作流程

个人经营性贷款业务的操作重点在于对借款人经营情况的真实了解,经营前景的准确把握,对企业名下财产作担保物的法律风险和价值波动的规避等。银行对个人经营性贷款中商用房贷款和有担保流动资金贷款的贷款操作流程,具体包括贷款的受理和调查、贷款的审查和审批、贷款的签约和发放、贷款支付管理和贷后管理五个环节。

(一) 个人经营性贷款的受理和调查

1. 商用房贷款的受理和调查

(1) 贷款的受理 贷款银行应要求商用房贷款申请人填写借款申请书,并按银行要求提交相关申请材料。对于有共同申请人的,应同时要求共同申请人提交有关申请材料。申请材料清单有:合法有效的身份证件;贷款银行认可的借款人还款能力的证明材料;营业执照及相关行业的经营许可证;购买或租赁商用房的合同、协议或其他有效文件;借款人或开发商向贷款银行提供的证明商用房手续齐全、项目合法的资料;涉及抵押或质押担保的,需提供抵押物或质押权利的权属证明文件和有处分权人(包括财产共有人)同意抵(质)押的书面证明,以及贷款银行认可部门出具的抵押物估价证明;涉及保证担保的,需要保证人出具同意提供担保的书面承诺,并提供能证明保证人保证能力的证明材料;已支付所购或所租商用房价款的首付款证明。

(2) 贷前调查

①调查方式。贷前调查可以采取审查借款申请材料、面谈借款申请人、查询个人信用、实地调查和电话调查等多种方式进行。

②调查内容。贷前调查人在调查申请人基本情况、贷款用途和贷款担保等情况时,应重点调查的内容包括:材料的一致性;借款人身份、资信和经济状况;贷款用途及相关合同、协议;担保情况等。

贷前调查完成后,贷前调查人应对调查结果进行整理、分析,提出是否同意贷款的明确意见及贷款额度、贷款期限、贷款利率、担保方式、还款方式、划款方式等方面的建议,并形成对借款申请人偿还能力、还款意愿、担保情况等方面的调查意见,同时,要对商用房的地段、质量状况提出书面调查意见,连同申请资料等一并送交贷款审查人员进行贷款审查。

2. 有担保流动资金贷款的受理和调查

(1) 贷款的受理 贷款银行应要求有担保流动资金贷款申请人填写借款申请书,并按银行要求提交相关申请材料。对于有共同申请人的,应同时要求共同申请人提交有关申请材料。申请材料清单有:合法有效的身份证件;贷款银行认可的借款人还款能力的证明材料;借款人开办企业的营业执照、税务登记证、验资报告、公司章程、生产经营场地等证明材料;明确的用款计划以及与之相关的购销合同、租赁协议、合作协议等资料;涉及抵押或质押担保的,需要提供抵押物或质押权利的权属证明文件和有处分权人(包括财产共有人)同意抵(质)押的书面证明,以及贷款银行认可部门出具的抵押物估价证明;涉及保证担保的,需要保证人出具同意提供担保的书面承诺,并提供能证明保证人保证能力的证明材料。

(2) 贷前调查

① 调查方式。贷前调查可以采取审查借款申请材料、面谈借款申请人、查询个人信用、实地调查和电话调查等多种方式进行。

② 调查内容。对有担保流动资金贷款的贷前调查除了商用房贷款的相关内容外,还应重点调查这些内容:贷款用途,是否用于借款人所经营企业的流动资金需求,具体用于哪个经营项目;对借款人所经营企业经营状况的调查,应从反映企业业务繁忙程度、实际盈利能力的业务订单、日客流量和营业/销售额、纳税证明、员工工资单、主要结算账户的银行对账单和交易流水、借款人获取经营收入的凭证等原始记录着手。

贷前调查完成后,贷前调查人应对调查结果进行整理、分析,提出是否同意贷款的明确意见及贷款额度、贷款期限、贷款利率、担保方式、还款方式、划款方式等方面的建议,并形成对借款申请人偿还能力、还款意愿、担保情况以及其他情况等方面的调查意见;连同申请资料等一并送交贷款审查人员进行贷款审查。

(二) 个人经营性贷款的审查和审批

1. 商用房贷款的审查和审批

(1) 贷款的审查 贷款银行应对贷款调查内容的合法性、合理性、准确性进行全面的审查,重点关注调查人的尽职情况和借款人的偿还能力、诚信状况、担保情况、抵(质)押比率、风险程度等。贷款审查人负责对借款申请人提交的材料进行合规性审查,对贷前调查人提交的面谈记录以及贷前调查的内容完整性进行审查。贷款审查人审查完毕后,应对贷前调查人提出的调查意见和贷款建议是否合理、合规等提出书面审查意见,连同申请材料、面谈记录等一并送交贷款审批人进行审批。

(2) 贷款的审批　贷款审批人依据银行商用房贷款办法及相关规定,结合国家宏观调控政策,从银行效益性角度出发审查每笔商用房贷款的合规性、可行性及经济性,根据借款人的还款能力以及抵押担保的充分性与可行性等情况,分析该笔业务预计给银行带来的收益和风险。贷款审批人应根据审查情况签署审批意见。贷款审批人签署审批意见后,应将审批表连同有关材料退还业务部门。

2. 有担保流动资金贷款的审查和审批

(1) 贷款的审查　贷款银行应对贷款调查内容的合法性、合理性、准确性进行全面的审查,重点关注调查人的尽职情况和借款人的偿还能力、诚信状况、担保情况、抵(质)押比率、风险程度等。贷款审查人审查完毕后,应对贷前调查人提出的调查意见和贷款建议是否合理、合规等提出书面审查意见,连同申请材料、面谈记录等一并送交贷款审批人进行审批。

(2) 贷款的审批　贷款人应根据审慎性原则,完善授权管理制度,规范审批操作流程,明确贷款审批权限,实行审贷分离和授权审批,确保贷款审批人按照授权独立审批贷款。贷款审批人员应该依据银行有担保流动资金贷款办法及相关规定,结合国家宏观调控政策或行业投向政策,从银行效益性角度出发审查每笔有担保流动资金贷款的合规性、可行性及经济性,根据借款人的还款能力以及抵押担保的充分性与可行性等情况,分析该笔业务预计给银行带来的收益和风险。贷款审批人根据审查情况对有担保流动资金贷款业务出具同意或否决的审批意见。

(三) 个人经营性贷款的签约和发放

1. 商用房贷款的签约和发放

(1) 贷款的签约　对经审批同意的贷款,应及时通知借款申请人以及其他相关人(包括抵押人和出质人等),确认签约的时间,签署借款合同和相关担保合同。贷款签约流程为:填写合同→审核合同→签订合同。

(2) 贷款的发放　贷款发放条件落实后,贷款银行应按照合同约定将信贷资金发放、划转到约定账户。贷款发放流程为:出账前审核→开户放款→放款通知。

2. 有担保流动资金贷款的签约和发放

关于有担保流动资金贷款的签约和发放参照商用房贷款部分。

(四) 个人经营性贷款的支付管理

1. 商用房贷款的支付管理

对于商用房贷款资金而言,银行应采用贷款人受托支付方式向借款人的交易对象,即向借款人所购或租赁商用房的开发商支付。银行应要求借款人在使用商用房贷款时提出支付申请,并授权贷款人按合同约定方式支付贷款资金。在贷款资金发放前,银行应审核借款人相关交易资料和凭证,是否符合合同约定条件。贷款资金支付后,要做好有关细节的认定记录。银行应当通过账户分析、凭证查验或现场调查等方式,核查贷款支付是否符合约定用途。贷款人受托支付完成后,应详细记录资金流向,归集保存相关凭证。

2. 有担保流动资金贷款的支付管理

《个人贷款管理暂行办法》规定,对于借款人无法事先确定具体交易对象且金额不超过30万元人民币的个人贷款和贷款资金用于生产经营且金额不超过50万元人民币的个人贷款,经贷款人同意可以采取借款人自主支付方式。有担保流动资金贷款是银行向个人发放的用于满足生产经营流动资金需求的贷款,借款人通常事先不确定交易对象,银行可采用借款人自主支付方式。银行应与有担保流动资金贷款的借款人在借款合同中事先约定,要求借款人定期报告或告知贷款资金支付情况。银行应当通过账户分析、凭证查验或现场调查等方式,核查贷款支付是否符合约定用途。

(五) 个人经营性贷款的贷后管理
1. 商用房贷款的贷后管理
商用房贷款的贷后管理是指贷款发放后到合同终止前对有关事宜的管理,包括贷后检查、合同变更、贷款收回。

(1) 贷后检查 贷后检查是以借款人、抵(质)押物、保证人等为对象,通过客户提供、访谈、实地检查、行内资源查询等途径获取信息,对影响商用房贷款资产质量的因素进行持续跟踪调查、分析,并采取相应补救措施的过程。贷后检查的主要内容包括借款人情况检查和担保情况检查两个方面。

① 对借款人进行贷后检查的主要内容:借款人是否按期足额归还贷款;借款人工作单位、收入水平是否发生变化;借款人住所、联系电话有无变动;有无发生可能影响借款人还款能力或还款意愿的突发事件,如卷入重大经济纠纷、诉讼或仲裁程序,借款人身体状况恶化或突然死亡等。

② 对保证人及抵(质)押物进行检查的主要内容:保证人的经营状况和财务状况;抵押物的存续状况、使用状况、价值变化情况;质押权利凭证的时效性和价值变化情况;对用商用房抵押的,对商用房的出租情况及商用房价格波动情况进行监测。

(2) 合同变更

① 提前还款。提前还款是指借款人具有一定偿还能力时,主动向贷款银行提出部分或全部提前偿还贷款的行为。提前还款包括提前部分还本和提前结清两种方式,借款人可以根据实际情况决定采取提前还款的方式。

② 期限调整。期限调整是指借款人因某种特殊原因,向贷款银行申请变更贷款还款期限,包括延长期限和缩短期限等。

③ 还款方式变更。商用房贷款的还款方式有多种,比较常用的是等额本息还款法、等额本金还款法和到期一次还本付息三种。在贷款期限内,借款人可根据实际情况,提出变更还款方式,但由于各种还款方式需要遵循不同的计息规定,因此,还款方式变更需要根据贷款银行的有关规定执行。

(3) 贷款收回 对于能正常收回的贷款,贷款银行依据借款合同从借款人账户上划收贷款本金和利息。会计部门填写贷款收回凭证收账。对于有问题的贷款,贷款银行要建立商用房贷款的不良贷款台账,落实不良贷款清收责任人,实时监测不良贷款回收情况。对未按期还款的借款人,应采用电话催收、信函催收、上门催收、司法催收等方式督促借款人按期偿还贷款本息,以最大限度地降低贷款损失,有担保人的要向担保人通知催收。

2. 有担保流动资金贷款的贷后管理
有担保流动资金贷款的贷后管理除了商用房贷款贷后检查的内容外,还应特别关注以下内容。

(1) 日常走访企业 在政策、市场、经营环境等外部环境发生变化,或借款人自身发生异常的情况下,应不定期就相关问题走访企业,并及时检查借款人的信贷资金使用情况。

(2) 企业财务经营状况的检查 通过测算与比较资产负债表、损益表、现金流量表及主要财务比率的变化,动态评价企业的经济实力、资产负债结构、变现能力、现金流量情况,进一步判断企业是否具备可靠的还款来源和能力。

(3) 项目进展情况的检查 对项目进展情况的检查包括项目投资和建设进度、项目施工设计方案及项目投资预算是否变更,项目自筹资金和其他银行借款是否到位,项目建设与生产条件是否变化,配套项目建设是否同步,项目投资缺口及建设工期等。

练习题

一、名词解释

1. 个人贷款 2. 个人消费贷款 3. 个人经营贷款 4. 个人住房贷款
5. 个人汽车贷款 6. 等额本金还款方式 7. 等额本息还款方式 8. 信用卡
9. 到期还款日 10. 免息还款期

二、单选题

1. 申请商业性个人住房贷款，借款人必须具备条件之一：有所购住房全部价款（　　）以上的自筹资金。
   A. 20%　　　　B. 30%　　　　C. 40%　　　　D. 50%
2. 个人贷款中，借贷合同关系的一方主体为银行，另一方主体为（　　）。
   A. 公司　　　　B. 法人　　　　C. 社会团体　　　　D. 自然人
3. 商业性个人住房贷款，贷款期限一般最长不超过（　　）年。
   A. 10　　　　B. 20　　　　C. 30　　　　D. 40
4. 个人汽车贷款期限最长不超过（　　）年。
   A. 1　　　　B. 3　　　　C. 5　　　　D. 10
5. 免息还款期是指对非现金交易，从银行记账日起至到期还款日之间的日期为免息还款期。我国银行免息还款期最短20天，最长（　　）天。
   A. 30　　　　B. 40　　　　C. 50　　　　D. 56
6. 今年小张因购买一辆自用车向银行申请个人汽车贷款，该车的价格为80万元，则小张可以获得的最高贷款额度为（　　）万元。
   A. 64　　　　B. 56　　　　C. 48　　　　D. 40
7. 公积金个人住房贷款的贷款风险由（　　）承担。
   A. 中国人民银行　　　　　　　　B. 公积金管理中心
   C. 商业银行　　　　　　　　　　D. 公积金管理中心和商业银行联合

三、多项选择题

1. 借款人申请个人住房按揭贷款应先填写《个人购房借款申请表》，并提交如下资料：（　　）。
   A. 购房人及房产权利证书所登记共有人的身份证明及户口本的原件及复印件
   B. 已付首期款的发票或收据原件
   C. 与开发商签订的《房地产买卖（预售）合同》原件
   D. 收入证明原件（或纳税税单）
   E. 婚姻证明
2. 国家助学贷款的用途用于弥补学生在校学习期间（　　）的不足。
   A. 学费　　　　B. 住宿费　　　　C. 生活费　　　　D. 高消费
   E. 培训费
3. 下列属于个人汽车贷款实行的原则的是（　　）。
   A. 财政贴息　　　　B. 设定担保　　　　C. 分类管理　　　　D. 特定用途
   E. 风险补偿
4. 信用卡风险种类有（　　）。
   A. 信用风险　　　　B. 欺诈风险　　　　C. 特约商户风险　　　　D. 利率、汇率风险

E. 操作风险

5. （　　）是一种由商业银行授予持卡人一定的信用额度，持卡人在授信的信用额度内"先消费、后还款"的一种信用支付工具。

A. 贷记卡　　　B. 准贷记卡　　　C. 借记卡　　　D. 准借记卡

E. 银行卡

6. 汽车经销商的欺诈行为主要包括（　　）及虚假车行等。

A. 一车多贷　　　B. 甲贷乙用　　　C. 虚报车价　　　D. 冒名顶替

E. 全部造假

7. 个人住房组合贷款是符合条件的申请人同时申请（　　），从而形成特定的个人住房贷款组合。

A. 公积金个人住房贷款　　　　　B. 自营性个人住房贷款

C. 新建房个人住房贷款　　　　　D. 个人二手房住房贷款

E. 个人汽车消费贷款

四、判断题

1. 个人住房公积金贷款以住房抵押方式担保的，借款人要到房屋坐落地区的房屋产权管理部门办理房产抵押登记手续，抵押合同由夫妻单方签字即可。（　　）

2. 个人汽车贷款中以所购车辆或其他不动产抵押申请贷款的，首期付款额不得少于购车款的20%，借款额最高不得超过购车款的80%。（　　）

3. 个人汽车贷款中抵押物、质物的评估、保险、登记、公证等费用由借款人承担。（　　）

4. 借记卡具有消费信用、转账结算、存取现金等全部功能。（　　）

5. 个人住房贷款的发放是由银行会计部门凭《个人贷款审批表》复印件和借款借据、《借款合同》办理贷款发放手续，并将贷款金额全数一次性划入个人在银行开设专户。（　　）

6. 足额、高质量的担保，可以提高贷款的安全性，降低贷款风险成本，相应地降低贷款利率。（　　）

五、计算题

1. 李先生欲购买100平方米的房子，目前市面上房子价格是10 000元/平方米，则购买100平方米的房子所需要的费用为100万。假设按揭70%，贷款期限20年，贷款年利率8%，采取等额本息还款。问：

（1）需要支付的首期款是多少？

（2）每月需支付的还款额是多少？

（3）要支付的贷款利息是多少？（利用贷款计算器即可）

2. 客户王湘于3月21日向创佳房地产公司购买住房一套并向交通银行H支行申请住房按揭贷款，手续齐备，信贷部门审查批准并为王湘开立了活期储蓄存款账户。购房价款为60万元，首付30%，贷款42万元，合同贷款期限为10年，月利率为6‰，采用等额本金偿还法。计算第一个月、第二个月、最后一个月偿还贷款额。

六、问答题

1. 个人住房贷款借款人必须具备哪些条件？

2. 个人住房贷款具有哪些特点？

3. 目前个人汽车贷款的种类有哪些？

4. 信用卡风险种类有哪些？

5. 信用卡风险如何防范？

第十章

贷款风险管理

【学习目的与要求】

了解贷款风险的概念和特征；
掌握贷款风险的种类、贷款风险管理的程序；
了解贷款风险分类的概念、五级分类的定义和特征；
掌握贷款风险的程序和方法；
掌握贷款风险管理机制以及不良贷款的处置方法。

【案例导入】

中国工商银行成功全额清收企业不良贷款本金

某公司是以经营制造、销售纺织品、出口自产的棉纱、涤纶纱、棉坯布、棉涤纶坯布等系列纺织品及服装的企业。2008年以来，公司生产用原材料价格、用工成本涨幅较大，而产成品价格基本维持以往水平变化不大，作为主营业务纺织盈利较低，仅靠牛仔布维持经营，加上受国家纺织行业出口退税政策影响，公司利润空间被严重压缩。2008年8月开始，企业经营困难；由于招商银行撤资1000万元等原因，2008年11月起，整个企业资金链濒于断裂，导致企业停产。

中国工商银行桓台支行在该企业融资总额为5127.64万元，其中3760.14万元为房地产和机器设备抵押，1367.5万元为另一企业担保。自2009年1月开始逾期欠息，至2009年6月底，全部进入不良资产，五级分类为次级类；年底为可疑类。

贷款行于2010年1月对其起诉，并诉前保全查封中国工商银行抵押的房产、土地、设备，中国工商银行胜诉后立即申请强制执行。通过多方努力，几经周折，法院委托于2011年6月21日公开拍卖涉案资产高于评估价25%成交，目前已全部清收中国工商银行贷款本金5127.64万元及诉讼费用。

资料来源：2011年07月09日16：06：46，中国金融界网。

第一节 贷款风险概述

一、贷款风险的定义和特征

（一）贷款风险的定义

贷款风险是指由于多种不确定性因素的影响使商业银行贷款不能有效增值和安全归流，从而蒙受损失的可能性。数量上的可能性表现为贷款能否全部收回，时间上表现为能否按期收回。信贷资金安全地投放出去，又安全地收回来，这是信贷资金良性循环的表现。但是，在信贷资金运动过程中，总会由于这样或那样的原因，使得贷款本息不能按期、如数收回，这种可能性就是我们通常所说的贷款风险。

贷款风险不同于贷款损失。贷款损失是商业银行贷款资金运动结果的一种表现，只有在贷款到期无法收回的后果出现后，才是真正意义上的损失。贷款风险有转变为贷款损失的可能性，但没有必然性。

贷款风险也不等同于风险贷款。每一笔贷款都或多或少地存在着一定的风险，只不过风险有大小而已。通常把风险度较高的贷款，即贷款损失可能性大的贷款称作风险贷款。风险贷款实际上有两种含义：一种是指不良贷款，亦即非正常贷款或有问题贷款，贷款本息的回收已经发生困难甚至根本不可能收回；另一种是指高风险贷款，如科技贷款，这种贷款本息回收的不确定性很大，贷款人在承担了较大的贷款风险的同时，有可能取得较大收益。贷款风险属于风险范畴，风险贷款属于贷款种类的范畴。

贷款风险是商业银行的主要风险，也是商业银行的传统风险，这种风险管理不好，将导致银行产生大量无法收回的贷款呆账，将严重影响银行贷款资产的质量，甚至可致使银行破产倒闭。因此，分析贷款风险，并对贷款风险进行管理的目的，就是在于如何将这种损失的可能性降到最低，保障商业银行信贷资产的安全。

(二) 贷款风险的特征

1. 贷款风险的客观性

信贷活动的经济基础是社会化的商品生产和流通，具有三重支付、三重归流的运动规律。由于信贷活动和经济活动充满了许多不确定性因素，直接影响到信用资金的合理配置以及借款人的有效使用，从而危及贷款安全。可见，贷款风险滋生于商品经济，它是客观存在的，是不以人的意志为转移的。

2. 贷款风险的可变性

贷款风险的可变性是指贷款风险的质态和程度具有不断变化的特征。第一，来自借款人的经营风险具有可变性。由于借款人所处的社会地位、技术装备、劳动者素质和管理水平等方面存在着差异，往往会改变借款人面临风险的种类和大小。第二，来自项目的建造风险也是可变的。由于通货膨胀、环境、技术、政策及国际因素的影响，贷款项目难以避免成本超支、延期竣工、中途停建等问题，从而增加贷款风险。第三，来自自然因素对贷款项目造成的风险，其可变性也十分明显，由于各种自然灾害的发生、严重程度都是偶然的，并难以预测，对于农业贷款的风险影响，也是大小不一，程度不一的。第四，金融业本身的不断改革和创新也使贷款风险具有可变性。贷款对象的多层次，贷款种类的多样化，贷款方式的变化，同业竞争的加强，金融宏观调控的强化等，无一不在改变着贷款风险的种类和程度。可见，贷款风险是随时空不断变化的动态随机变量。

3. 贷款风险的可控性

虽然贷款风险具有客观性、可变性，但它仍是带有规律性的。经营管理不善，资金实力不强，信用等级差的企业，贷款风险大；信贷人员素质差，管理水平低的金融企业风险较大；自然灾害严重的地区风险较大等。因而，可以依据影响贷款风险的主要因素及其影响程度，采取相应的措施和方法，对贷款风险进行认识、测定和控制，以降低贷款风险，减少贷款损失。

4. 贷款风险的双重性

贷款风险的双重性是贷款风险有可能给银行造成经济损失，也可能带来高效益。同时，贷款风险的存在也给银行造成了压力和约束，有利于抑制贷款盲目扩张、迫使其努力提高管理水平，尽力减少风险损失。

贷款风险的上述特征，要求我们既不能盲目冒险，也不能谈"险"色变，要增强风险意识，树立风险动态观、风险量化观和风险管理观，切实防范和有效化解贷款风险。

二、贷款风险的种类及表现形式

（一）贷款风险的种类

贷款风险从不同角度划分有不同的种类。

1. 按诱发风险的原因来划分可分为信用风险、操作风险、市场风险和其他风险

信用风险指借款人不能或不愿按约定偿还贷款本息，导致银行信贷资金遭受损失的可能性。信用风险主要来自客户的信用状况，其产生主要有两种原因：一是由于银行信贷人员在发放贷款前对客户的信用状况缺乏认真细致的调查与分析；二是发放贷款后客户经营状况的恶化。信用风险是商业银行贷款业务面临的主要风险。

操作风险是指由不完善或有问题的内部程序、人员、系统或外部事件所造成贷款损失的可能性。贷款操作风险是预防贷款风险的关键，也是最大的顽疾。从出现的大额不良贷款中可以看出，多数不良贷款大都是由于操作违规引起的，为此加强贷款操作风险的预防是信贷管理的重中之重。

市场风险包括利率风险和汇率风险。利率风险是指在市场利率波动时，由于银行的资产和负债的期限结构不平衡、形式不协调引起的利率收入和支出变动不一致而给银行带来损失的可能性。利率风险是现代商业银行面临的基本风险。汇率风险是指由于汇率的波动而使银行外汇贷款蒙受损失或丧失预期收益的可能性。随着商业银行业务中外汇业务量的不断增加，外汇风险的影响也显得越来越重要。

其他风险包括法律风险、竞争风险、国家风险、战略风险等。法律风险是指商业银行在开展银行业务过程中，因合同不能履行、发生争议诉讼或其他法律纠纷，而给银行带来经济损失的风险。竞争风险是指银行业激烈的同业竞争造成贷款客户流失、市场占有份额下降、银行利差缩小从而增大银行总风险，威胁银行安全的可能性。国家风险是指由于借款国宏观经济、政治、社会环境的影响导致商业银行的外国客户不能偿还贷款本息的可能性。战略风险是指银行的贷款决策失误或执行不当而造成的贷款损失的可能性。

目前我国商业银行贷款风险中最主要的是信用风险和操作风险，属于低度贷款风险。

2. 按贷款风险的性质划分可分为静态风险和动态风险

静态风险只有风险损失，而无风险收益。静态风险源于自然灾害和意外事故，基本符合大数定律，一般可以比较准确地预测其发生概率，因而可以通过社会保险承担风险损失。动态风险则既可能有风险损失，也可能有风险收益。动态风险由于其发生的概率和每次发生的影响力都随时间而改变，是难以计算成本和把握的，因而保险不可能对此承担风险，只能由银行的借款企业承担，一旦造成风险损失，则可能危及银行安全。

3. 按贷款风险影响的范围来划分可划分为系统性风险和非系统性风险

系统性风险往往和整个社会相关，它的作用范围比较广泛，通常涉及整个银行业，如政策性风险、利率风险、汇率风险等；非系统性风险只和具体银行的贷款业务有关，它的作用范围狭小，通常只涉及银行，如决策风险、信贷人员风险等。

4. 按贷款风险的程度来划分可划分为高、中和低度贷款风险

对于风险企业、风险项目的风险贷款，其贷款风险出现的可能性最大，所以它属于高度

贷款风险范畴；对于中长期贷款，由于需求量大，贷款管理的复杂程度较高，所以一般划归中度贷款风险；一年以下的短期性和临时性贷款风险程度一般。

（二）贷款风险的表现形式

目前我国商业银行贷款风险主要反映在三个方面：一是贷款资产的流动性弱，表现为短贷长占，流动资金贷款不流动，固定资产贷款长期化，贷款难以正常周转；二是贷款资产的安全性差，表现为贷款占用形态异常，存量不良贷款占比过高，增量预期风险不断增加，贷款损失大量产生，难以安全归流；三是贷款资产的收益性低，表现为筹资成本上升，资金使用效益下降。贷款资产质量下降，说明越来越多的贷款低效或无效投入在生产流通环节，不仅难以创造价值和实现增值，反而大量沉淀流失，甚至被虚假收入上缴财政而消费。它扩大了信贷收支缺口，增大了信贷需求压力，不利于信贷资金良性循环。其结果，一是大量空投的贷款难以创造价值和增加有效供给，同时贷款又形成了购买力，自然会加剧社会供求矛盾，诱发通货膨胀；二是大量信贷资金来源于居民储蓄，贷款空投难以回收，实际上是蚕食了存款，这种状况继续下去，终将酿成支付危机。可见，贷款质量下降，经营效益滑坡，既是金融问题，也是经济和政治问题，必须高度重视并有效管理。

三、贷款风险的管理策略

贷款是商业银行的资金运用行为，在这一运用过程中商业银行可以根据不同情况采取相应的措施来管理风险。回避、转嫁、分散和补偿就是商业银行贷款风险管理的基本策略。

（一）风险回避策略

从根本上说贷款是商业银行的一种主动行为，为了保证信贷资产的安全，商业银行首先要主动地回避那些不应承担的风险。

1. 坚持审慎原则

作为对社会有着广泛影响的金融中介机构，银行在其经营管理过程中应始终坚持审慎原则。银行与一般企业不同。一般企业根据其风险偏好的不同既可以选择低风险低收益的投资活动，也可以选择高风险高收益的投资活动。而银行始终应作为一个低风险偏好者存在，它所追求的是低风险下的合理收益，而不是高风险下的高收益，这是商业银行风险选择的一个基本要求。从另一方面讲，银行的信贷活动所收取的只是相当于社会平均收益的贷款利息，这一收益比率也不允许它承担过高的风险。

2. 进行科学的评估和审查

要及时回避贷款风险，就是要在授信之前，深入调查借款企业情况，客观评估借款企业信用状况，严格审查贷款项目，然后根据自己的风险选择，去做那些适合自身风险要求的项目，放弃那些不符合自身风险要求的项目。简言之，贷款风险的回避就是商业银行根据自身的风险偏好特点，选择那些适合自己风险要求的授信项目，同时，放弃那些不符合自己风险要求的授信项目。这一切都要建立在对信贷风险的科学评估之上，而我们对授信客户进行信用评级、核定最高风险限额和授信额度、细化各类授信业务审查格式就是为了客观评价信贷风险。所以，信贷风险回避的过程实质上也是对客户进行信用评级和统一授信、对项目进行评估和审查的过程。

（二）贷款风险转嫁策略

银行在将一笔贷款贷给一家企业的同时即承担了该企业不能按期还本付息的信用风险。在这种情况下，银行一方面要尽可能避免风险的发生，另一方面要及时将风险转嫁出去。贷款风险转嫁是指银行在承担借款企业信用风险的同时，用担保等方式把自己所承担的信用风险转嫁给第三者的一种风险控制方法,主要分为以下几种。

1. 担保转嫁

担保转嫁即通过办理担保银行把本应由自己承担的借款企业信用风险转嫁给保证人,但银行在转移借款企业信用风险的同时又承担了担保人的信用风险。所以用担保来转嫁风险其效果的好坏取决于担保人的资信。因此商业银行一般都要求担保人资信明显优于被担保人。

信贷风险的担保转嫁也包括抵、质押转嫁。抵、质押分以第三人财产、权力抵、质押和以借款人自身财产、权力抵、质押两种。在以第三人财产抵押的情况下,银行所面临的信用风险转嫁给了抵押人或出质人。在以借款人自身财产抵押的情况下,虽然银行所面临的信用风险没有转嫁给第三人,但是通过抵、质押能有效控制信贷资产损失,达到降低信贷风险的目的。

2. 保险转嫁

保险转嫁即通过办理保险,将被保险人保险标的所遭受的财务损失后果转嫁给保险人承担的一种财务补偿技术。贷款风险的保险转嫁途径有两条:一是对有些贷款的风险可由贷款人以向保险人投保的方式转嫁给保险人,如出口信贷大都有出口信用保险机构提供的出口信用保险作支持,国际信贷中的国家风险特别是其中的政治风险也可以由保险人承保;二是借款人将其在生产经营过程中面临的各种可保风险都向保险公司投保,从而使贷款人面临的贷款风险间接地转嫁给保险公司。

(三) 风险分散策略

风险分散是指银行在进行授信活动时要注意所选择地区、行业和客户的分散,避免信贷资金的投向过度集中,以减少银行可能遭受的信用风险,从总体上保证银行信贷资产的效益。

1. 地区分散

地区分散是指银行在做贷款等授信业务时,应把资金投向于不同地区的企业,以避免由于某一个地区的经济状况剧烈变动而使银行蒙受巨大损失。当然,这主要是针对一些规模比较大、跨地区经营的银行而言。近几年,一些大银行在完善国内机构网络的同时,纷纷到境外设立分支机构,对境外客户受理授信业务,也是出于地区风险分散的考虑。

2. 行业分散

行业分散是指银行在对企业贷款时,要考虑到企业所处的行业,不能把大部分的甚至全部的资金只投入到某一个或少数几个行业的企业中。尽管一家银行可能对某一个或几个行业比较熟悉,但同样要考虑到行业分散,因为市场状况变化很大,我们所熟悉、看好的行业很可能会发生一些突然的、超出预料的变化,若银行的资金仅投资于这些行业,会使银行发生较大的损失。

3. 客户分散

为了避免贷款过分集中的风险,各国金融当局都规定了一家银行对同一借款人贷款的最高限度。例如,美国联储理事会规定了一家银行对同一借款人的放款不能超过银行股东权益的10%,同时还规定了对银行高级职员借款的金额和具体用途。我国商业银行法也规定,银行对同一客户的放款不能超过其资本净额的10%。所有这些规定都是从客户风险分散的角度来考虑的。

信贷风险分散要求银行动态地监控授信地区、行业及客户的分布结构,适时进行调整,这也就是所谓的贷款组合管理。消极的贷款组合管理只是简单的风险分散,而积极的贷款组合管理则是追求风险分散基础上的贷款收益最大化,它不是简单的风险分散,而是有机的风险分散。

（四）风险控制策略

贷款风险的控制策略是指贷款人在贷前、贷时和贷后采取相应措施，防止或减少贷款信用风险损失的策略。从这个意义上说，除了风险分散和风险转嫁之外，贷款信用风险的控制还有其他许多措施，其中主要有以下几种：建立健全审贷分离制度，提高贷款决策水平；加强贷后检查工作，及时进行贷款风险分类；积极清收不良贷款。

（五）风险补偿策略

对贷款人来说，贷款信用风险只可能减少，不可能消除，贷款人必须承担一定的风险损失。所谓风险补偿，就是指贷款人以自身的财力来承担未来可能发生的保险损失的一种策略。风险补偿有两种方式：一种是自担风险，即贷款人在风险损失发生时，将损失直接摊入成本或冲减资本金；另一种是自保风险，即贷款人根据对一定时期风险损失的测算，通过建立贷款呆账准备金以补偿贷款呆账损失。呆坏账准备金制度就是银行风险补偿的一种有效方式。我国银行自1988年开始实施呆账准备金制度。

信贷风险的回避、转嫁、控制、分散和补偿都是信贷风险管理的基本策略。前三者偏重于具体贷款风险的管理，更多属于微观信贷风险管理的范畴。后两者偏重于商业银行整体信贷业务的风险管理，不管是风险分散还是风险补偿都是以一定规模的信贷资产作为管理对象的，是属于宏观的信贷风险管理的范畴。

第二节　贷款风险分类

一、贷款分类的含义和标准

（一）贷款分类的含义

贷款分类即贷款风险分类是银行信贷管理的重要组成部分，是指商业银行按照风险程度将贷款划分为不同档次的过程，其实质是判断债务人及时足额偿还贷款本息的可能性。

从表面上看，贷款分类就是把贷款按照风险程度划分为不同档次，但在实际操作中，银行信贷分析和管理人员、银行监管人员或其他有关人员，必须综合能够获得的全部信息，熟练掌握贷款分类的标准，才能按照贷款的风险程度进行正确分类。应当特别重视分类的过程，在对每一笔贷款进行分类的过程中，需要按照既定的程序、使用专门的工具，收集全部有意义的信息，并在此基础上对影响贷款质量的财务与非财务信息进行分析判断。这一过程包含着大量的有用信息，也最能反映商业银行的信贷文化和信贷管理水平。

（二）贷款分类的标准

中国人民银行从1998年5月开始试行《贷款五级分类指导原则》，并在2001年12月修订后正式发布。中国银监会在2007年发布54号文件《贷款风险分类指引》，至少将贷款划分为五类（亦称"五级分类"），即正常、关注、次级、可疑和损失五类，具体分类标准如下：

正常类贷款指借款人能够履行合同，没有足够理由怀疑贷款本息不能按时足额偿还的贷款。

关注类贷款指尽管借款人目前有能力偿还贷款本息，但存在一些可能对偿还产生不利影响的因素的贷款。

次级类贷款指借款人的还款能力出现明显问题，完全依靠其正常营业收入无法足额偿还贷款本息，即使执行担保，也可能会造成一定损失的贷款。

可疑类贷款指借款人无法足额偿还贷款本息，即使执行担保，也肯定要造成较大损失的贷款。

损失类贷款指在采取所有可能的措施或一切必要的法律程序之后，本息仍然无法收回，或只能收回极少部分的贷款。

前两类属正常贷款，后三类合称为不良贷款。

我国贷款风险分类的标准有一条核心的内容，即贷款偿还的可能性。在市场约束和法制健全的情况下，借款人的还款能力几乎是唯一重要因素。我国目前处于经济转轨时期，有些借款人明明有能力还款，却偏偏赖账不还，而银行又无法通过法律程序迅速地保全资产，因此往往还款意愿也能够影响还款可能性。但究其实质，还款能力还是占主导地位。

二、贷款风险分类的目标、原则和意义

(一) 贷款风险分类的目标

通过贷款分类应达到以下目标：

① 揭示贷款的实际价值和风险程度，真实、全面、动态地反映贷款质量。

② 及时发现信贷管理过程中存在的问题，加强贷款管理。

③ 为判断贷款损失准备金是否充足提供依据。

(二) 贷款风险分类的原则

贷款分类应遵循以下原则：

（1）真实性原则　分类应真实客观地反映贷款的风险状况。

（2）及时性原则　应及时、动态地根据借款人经营管理等状况的变化调整分类结果。

（3）重要性原则　对影响贷款分类的诸多因素，要根据《贷款风险分类指引》第五条的核心定义确定关键因素进行评估和分类。

（4）审慎性原则　对难以准确判断借款人还款能力的贷款，应适度下调其分类等级。

(三) 贷款风险分类的意义

1. 贷款风险分类是银行稳健经营的需要

商业银行要在风险中生存发展就必须稳健经营。而稳健经营的前提，不仅是要化解已经发生的风险，而且还要及时识别和弥补那些已经发生但尚未实现的风险，即内在风险。适时的贷款分类，是银行稳健经营不可缺少的前提条件。贷款分类除了帮助识别贷款的内在风险以外，还有助于发现信贷管理、内部控制和信贷文化中存在的问题，从而有利于银行改善信贷管理水平。

2. 贷款分类是金融审慎监管的需要

金融监管当局要对金融机构实施有效监管，必须有能力通过非现场体系对金融机构的信贷资产质量进行连续监控，并通过现场检查，独立地对金融机构的信贷资产质量做出评估，而这些都离不开贷款分类。同时，监管当局还有必要对金融机构的信贷政策、程序、管理和控制做出评价。这其中包括对金融机构的贷款分类制度、程序、控制以及贷款分类的结果是否连贯可靠做出评价。没有贷款分类，监管当局的并表监管、资本监管和流动性的监控等都会失去基础。

3. 贷款分类是利用外部审计师辅助金融监管的需要

外部审计师是帮助银行防范金融风险不可缺少的力量。对于申请上市的银行来说，证券监管当局规定必须由其认可的审计机构对银行的财务状况做出审计，并按照审慎会计准则和

五级分类的标准,披露不良资产、准备金和资本充足状况。建立一套统一规范的贷款分类方法,有助于保证信贷资产质量审计的质量。

4.贷款分类是不良资产处置和银行重组的需要

对于商业银行拍卖或批量出售的不良资产,潜在的投资者需要做出尽职调查,即对资产质量做出评估后才能做出投资决策。当一家金融机构出现问题,需要对其进行重组,潜在的投资者首先需要了解银行的净值。为此也要对被重组的银行进行尽职调查。所有这些都需要贷款分类的理念、标准和方法。以风险为基础的贷款分类方法,为不良资产评估提供了有用的理论和方法。

三、贷款分类考虑的因素及监管要求

(一) 贷款分类考虑的因素

① 借款人的还款能力。借款人的还款能力是一个综合概念,包括借款人现金流量、财务状况、影响还款能力的非财务因素等。

② 借款人的还款记录。

③ 借款人的还款意愿。

④ 贷款项目的盈利能力。

⑤ 贷款的担保。

⑥ 贷款偿还的法律责任。

⑦ 银行的信贷管理状况。

对贷款进行分类时,要以评估借款人的还款能力为核心,把借款人的正常营业收入作为贷款的主要还款来源,贷款的担保作为次要还款来源。

(二) 贷款分类的监管要求

遵循中国银监会《贷款风险分类指引》的要求,商业银行进行贷款风险分类必须做到:

① 制定和修订信贷资产风险分类的管理政策、操作实施细则或业务操作流程;

② 开发和运用信贷资产风险分类操作实施系统和信息管理系统;

③ 保证信贷资产分类人员具备必要的分类知识和业务素质;

④ 建立完整的信贷档案,保证分类资料信息准确、连续、完整;

⑤ 建立有效的信贷组织管理体制,形成相互监督制约的内部控制机制,保证贷款分类的独立、连续、可靠;

⑥ 商业银行高级管理层要对贷款分类制度的执行、贷款分类的结果承担责任;

⑦ 商业银行应至少每季度对全部贷款进行一次分类;

⑧ 逾期天数是分类的重要参考指标,应加强贷款的期限管理。

四、贷款风险分类方法

贷款风险分类涉及面广、实践性强。在一个不断变化、充满了不确定性因素的客观世界里,影响贷款偿还的原因不仅众多,而且易变。因此,贷款风险分类的方法不可能公式化、简单化,贷款风险分类的结果是否准确,在很大程度上取决于信用分析以及分类人员的经验、知识和判断能力。一般而言,贷款风险分类的程序通常需要经过以下五个步骤:

(一) 收集并填写贷款分类的基础信息

贷款信息是否充分、可靠,直接影响到贷款风险分类结果的准确性。因此,分类人员首先必须阅读信贷档案,注意收集有利于分析、判断借款人偿还可能性的重要信息。必要时,可有针对性地对借款人及其关联客户、有关管理部门等进行现场调查或查询，然后根据要求，填列到贷款分类认定表中。贷款风险分类需要的基础信息一般应包括以下内容：

1. 借款人的基本情况

一般包括的内容有：

① 借款人的名称、地址、营业执照、贷款卡及在人民银行信贷登记咨询系统的流水账单、税务登记证、特殊行业生产经营许可证、业务经营范围和主营业务、公司章程、法定代表人身份有效证明等；

② 组织结构、高级管理人员，以及附属机构情况；

③ 借款人经营历史、信用等级，以及保证人的基本情况。

2. 借款人和保证人的财务信息

① 借款人的资产负债表、损益表、现金流量表、外部审计报告、借款人的其他财务信息；

② 保证人的资产负债表、损益表、现金流量表、外部审计报告及其他财务信息。

3. 重要文件

（1）法律文件　包括：借款合同、借款借据、抵押合同、担保书、董事会决议、合同附加条款、关系人放款合同、股权证明、保险合同、租赁转让协议以及其他法律文件。

（2）信贷文件　包括借款申请书、贷款调查报告、贷款审批报告、承诺函、贷款检查报告、备忘录、催款通知书、还款记录及其他信贷文件。

4. 往来信函

包括与其他银行的咨询信函、信贷员走访考察记录以及备忘录等。

5. 借款人还款记录和商业银行催收通知。

6. 贷款检查报告，包括定期不定期信贷分析报告、内审报告等。

（二）初步分析贷款基本情况

分类人员应根据收集、整理的基础信息进行审查、分析，对贷款正常与否做出初步判断。分析的重点是审查贷款合同约定的用途、还款来源与贷款的实际运用、归还是否一致；贷款期限是否与资产转换周期相匹配；借款人能否正常还本付息，是否出现了不利于贷款偿还的因素等。

1. 分析贷款目的

贷款目的即贷款的用途。看贷款的合同用途与实际用途是否一致，是判断贷款正常与否的基本标志，因为贷款一旦被挪用，就意味着将产生更大的风险。

2. 分析还款来源

通常借款人的还款来源不外乎有现金流量、资产转换、资产销售、抵押品的清偿、重新筹资以及担保人偿还等。由于这几种来源的稳定性和可变现性不同，成本费用不同，风险程度也就不同。在贷款分类中分析人员应判断目前的还款来源是什么，与合同约定的是否一致，风险是高还是低。

3. 分析资产转换周期

资产转换周期是银行信贷资金由金融资本转化为实物资本，再由实物资本转化为金融资本的过程。资产转换周期的长短，一般应该是银行确定贷款期限的主要依据。有些贷款逾期，就是因为借款合同比资产转换周期短。

4. 查验还款记录

还款记录对于贷款分类的确定具有特殊作用。一方面，还款记录直截了当地告诉我们，贷款是在正常还本付息，还是发生过严重拖欠或被部分注销，贷款是否经历重组，本息逾期的时间，是否已经挂账停息，以及应收未收利息累计额。这些信息基本上能够帮助我们很快地对贷款做出基本判断。另一方面，还款记录还是判断借款人还款意愿的重要依据。

（三）确定还款可能性

评估贷款归还的可能性应考虑的主要因素按性质大体可归纳为财务、现金流量、信用支持与非财务因素等方面。

1. 财务分析

在贷款的分类中，借款人的经营状况是影响其偿还可能性的根本因素，其财务状况的好坏是评估偿债能力的关键。通过财务分析，可以评价企业资本收益率能力，评价企业财务稳健性，是否具有清偿债务的能力，企业未来的发展前景如何等，从而对贷款分类做出较准确的判断。

① 考察借款人过去和现在资产负债总量及构成，对重要的资产负债、损益项目进行分析，重点看盈利水平和净值。

② 计算财务比率（相对数），如流动比率、速动比率、现金比率、资产负债率等，分析借款人的盈利能力、营运能力和偿债能力。

③ 通过分析预测，对借款人财务状况好坏有一个总体的概念。这里主要关注的是偿债能力，对于短期贷款，主要看流动比率，短期内流动资产的变现能力；对于长期贷款，重点分析借款人的杠杆比率，分析其资金来源结构的合理性，持续经营能力，财务稳定程度。

2. 现金流量分析

现金流量是直接还款来源，应是银行最关心的因素。首先应计算现金流量净额，其次预测未来现金流量，再次分析现金流量，对还款能力进行判断。分析借款人能否还款，如果能，他的钱从哪来的，其来源是否稳定；如果不能，哪一种经营活动产生的现金少；借款人经营中存在哪些问题等。根据现金流量判断借款人的还款能力，要从总量和结构两个方面分析。

（1）从总量上分析，得出借款人还款能力大小的初步结论　如果未来现金净流量为正数，表明借款人能够偿还贷款。因为现金净流量为正数意味着三种活动产生的现金收入足以支付三种活动所需的现金支出，而偿还贷款属于融资活动中的现金流出的一部分，所以，这种情况下借款人能够偿还贷款。

如果现金净流量为负值，并不意味着借款人不能还款。现金净流量为负值意味着现金流入小于现金流出总量，但由于偿还贷款只是现金流出的一部分，所以当现金净流量为负值时，借款人能否还款需要进一步分析。

（2）从结构和流出顺序分析，判断借款人能否还款和还款来源　借款企业在正常经营情况下，经营活动的现金流入首先要满足经营活动的现金流出的需要，如支付应付账款、购货付款、支付工资、销售费用、管理费用、利息支出、缴纳税金等，而不能先用于还款。

当经营活动现金净流量大于零，净利润大于零时，需要分配股利。当投资活动净现金流量大于零，经营活动产生的现金在分配股利后偿还贷款；如果不足，可用投资活动的剩余现金补足；仍然不足，则需借新换旧。如果投资活动净现金流量为负数，经营活动产生的现金分配股利后，首先要弥补投资活动的现金需求，然后再偿还贷款。这时的还款来源要么是经营活动，要么是融资活动。

当经营活动现金净流量为负值，净利润小于零时，如果投资活动现金净流量大于零，那么首先要弥补经营活动现金流出，然后才能还款，不足时就需要融资，这时的还款来源要么是投资活动，要么是融资活动。如果投资活动现金净流量小于零，那么借款人必须融资来弥补经营活动和投资活动的现金流出，这时的还款来源只能是融资活动。

当经营活动净现金流量小于零，净利润大于零，借款人处境更加严峻，因为他还要面临分配股利。

3. 担保状况分析

担保提供的是贷款的第二还款来源，是银行防范风险的重要手段，也是影响贷款质量的一个重要的风险因素。这种影响在于当借款人的正常经营收入不足以偿还贷款本息时，担保就成为直接的还款来源，从第二还款来源变为第一还款来源。因此，它的充足程度、可靠程度影响对贷款质量的判断，有时还是决定性的。担保的分析评价分抵、质押和担保两方面。

（1）抵、质押的分析评价　抵、质押的分析评价包括两个方面：

① 法律方面的评价，即抵、质押的有效性评价。主要包括抵、质押合同是否合规；抵押物或质物是否合法；抵、质押手续是否齐全合规；是否在规定机构办理登记；是否建立了安全保管措施；是否投保。

② 经济方面的评价，即抵、质押的充分性评价。主要包括抵、质押物估价是否合理；抵、质押率是否在规定的范围内（一般抵押率不超 70%，质押率不超 80%）；是否有合适的市场变现；是否对抵、质押物定期进行估价，以判断其价值是否能够保证贷款本息的全部清偿。

（2）保证的分析评价　在分析保证贷款时，一方面看保证能力，即保证人的资格、财务实力；另一方面看保证人的保证意愿，即保证人履行保证协议的历史记录、履约的经济动机，与借款人之间的关系，保证人是否完全意识到由此可能产生的一系列风险和责任，是否愿意履行其责任。

由于在现实中存在一些制约因素，因此对担保的效力要恰当地估计，它不能取代借款人的信用状况，甚至，除非借款人陷入清偿境地，否则不把担保作为决定还款可能的主要因素。

4. 非财务因素分析

除了上述财务因素和抵押担保状况对还款可能性会产生很大影响外，其他一些非财务因素如行业环境、企业管理、还款意愿、银行信贷管理等因素都会对还款能力产生影响。通过对非财务因素进行分析，能够帮助信贷分析人员进一步判断贷款偿还的可能性，使贷款分类结果更加准确。

5. 综合分析

进行各种信用分析时，信贷人员必须明了每种分析方式的不足和局限性。因此，在确定还款可能性时，最主要的是对影响还款可能性的所有因素进行综合分析。从借款人偿还贷款本息情况、财务状况、信用支持状况等方面进行综合考察、多维分析，并将各种分析结果进行比较，差异较大的要进一步研判，最终形成对借款人偿还贷款可能性的基本判断和总体评价。

（四）综合分析，确定分类结果

在确定还款可能性时，最主要的是对影响还款可能性的因素进行综合分析，回答以下问题：

① 借款人目前的财务状况怎样？现金流量是否充足？是否有能力还款？

② 借款人过去的经营业绩和记录怎样？是否有还款愿意？

③ 借款人目前和潜在的问题是什么？对贷款的偿还会有什么影响？

④ 借款人未来的经营状况会是怎样？如何偿还贷款？

通过分析，对还款可能做出判断。根据还款可能，按照贷款风险分类的核心定义，比照各类别贷款的特征，确定贷款分类的结果。各类贷款的特征见表10-1。

表10-1　五类贷款的主要特征

分级	主要特征
正常	借款人有能力履行承诺，并对贷款的本金和利息进行全额偿还，没有问题贷款
关注	1. 净现金流量减少； 2. 借款人销售收入、经营利润下降，或净值开始减少，或出现流动性不足的征兆； 3. 借款人的一些关键财务指标低于行业平均水平或有较大下降； 4. 借款人经营管理有较严重问题，借款人未按规定用途使用贷款； 5. 借款人的还款意愿差，不与商业银行积极合作； 6. 贷款的抵押品、质物价值下降； 7. 商业银行对抵押品失去控制； 8. 商业银行对贷款缺乏有效的监督
次级	1. 借款人支付出现困难，并且难以按市场条件获得新的资金； 2. 借款人不能偿还对其他债权人的债务； 3. 借款人内部管理问题未解决，妨碍债务的及时足额清偿； 4. 借款人采取隐瞒事实等不正当手段套取贷款
可疑	1. 借款人处于停产、半停产状态； 2. 固定资产贷款项目处于停缓状态； 3. 借款人已资不抵债； 4. 商业银行已诉诸法律来收回贷款； 5. 贷款经过了重组，仍然不能正常归还本息，还款状况没有得到明显改善
损失	1. 借款人无力偿还，抵押品价值低于贷款额； 2. 抵押品价值不确定； 3. 借款人已经彻底停止经营活动； 4. 固定资产贷款项目时间长，复工无望

注：这里对各类贷款特征只是作了提示性的归纳。在实践中，影响贷款偿还的特征远比此处列举的复杂。

（五）信贷讨论

信贷讨论是指信贷管理人员与具体分类人员或检查人员对贷款分类结果进行讨论，交换各自的信息和看法，以获得对被分类贷款更加全面的认识，并通过讨论对这些贷款做出更准确的分类。

【案例】

××压缩机公司贷款风险分类

一、企业概况

××压缩机公司创建于1982年，主要从事压缩机的研究、制造、销售和配件安装，属空气动力设备制造业，企业性质为私营，是西北地区规模较大、品种较全的压缩机整机和配件生产厂家。注册资本1400万元，总资产2391万元，拥有职工280人，主要生产 W、V、Z、L 四大系列"××牌"高效节能压缩机，年产量 300（套），销往全国 29 个省市，产品供不应求。2000 年、2001 年分别获两项国家专利，被陕西省消费者协会评为"十大品牌"，被中国名牌推广中心评为"中国名优产品"。

二、借款情况

该企业 2006 年 5 月 23 日进行贷款分类时有三笔贷款。种类：中期、短期。用途：流动资金。预约还款来源：营业收入。金额共计 490 万元（2005 年 5 月 23 日至 2008 年 5 月 23 日，180 万元；2005 年 9 月 16 日至 2007 年 9 月 16 日，240 万元；2006 年 4 月 30 日至 2007 年 4 月 30 日，70 万元）。

偿还情况：无逾期、利息全部清止于 2006 年 3 月 31 日。

展期情况：无。

担保情况：180 万元用旧厂房地产、设备作抵押物折价 194.1 万元，抵押率 93%，310 万元用新厂房地产作抵押，抵押物折价 1008 万元，抵押率 33%。

三、还款的可能性分析

1. 财务分析

2003~2005 年主要经济指标持续增长，分别实现利润 85 万元、128 万元、133 万元，2006 年 3 月底实现利润 43 万元。总资产由 2004 年 1899 万元增到 2006 年的 2391 万元。经营活动现金流量为正 357 万元，资产负债率 32%，比率较低。销售利润率连续保持在 10% 以上，流动比率 66%。有利因素：销售收入稳步增长，利润不断增加，财务状况良好。产品质量稳定，畅销，货款回收率较好。不利因素：不断扩大固定资产投资，流动比率较低，资产利用率低，影响利润增加。

2. 现金流量分析

有利因素：经营活动现金净流量连续保持正数，2006 年 3 月为 357 万元。不利因素：投资活动增加过快，融资减缓，导致现金净流量为负数。

3. 担保分析

抵押合同有效，抵押品完整，180 万元中期贷款抵押率过高，240 万元中期贷款和 70 万元短期贷款抵押物多为新购置，且抵押率较低，易变现，有代偿能力。

4. 非财务因素分析

该企业成立 24 年，保持了稳定发展，总资产、利润率、效益均保持增长状态，经营正常、质量稳定。不利因素为企业不断扩张，固定资产投资过快，流动资金不足，资产利润率低，管理层人员老化。

四、分类理由及结果

该企业经营正常，财务状况良好，连年盈利。还款意愿良好，无逾期、无欠息。由于扩大投资，现金流量不足，流动比率偏低，影响短期还款。资产负债率低，长期偿债能力较强。240 万元中期贷款和 70 万元短期贷款抵押价值充足，易变现，初步认定为正常类贷款；180 万元中期贷款，抵押率过高，且抵押物老化，有降偿可能，初步认定为关注类。

五、不同类别贷款分类

在具体分类时，对需重组的贷款、银团贷款、违规贷款、小微企业贷款等，由于贷款的种类和贷款的用途以及贷款的性质不同，为此，在分类时应从其不同的风险程度进行考虑和判断。

1. 重组贷款

对于需要重组的贷款，一般来说，贷款只有在发生偿还问题后才需要重组。银行应对重组贷款予以密切监督。在分析需重组的贷款时，重点应放在借款人的还贷能力上。由于借款人不能满足最初商定的还款条件，往往需冲销一部分本金或减免部分利息。在这种情况下，贷款分类时，不能把保留的账面余额都归为次级类。

2. 银团贷款

对于银团贷款，贷款风险还是应该注重借款人的经营风险，根据借款人的经营状况，依据一般贷款标准进行分类。但是银团贷款的牵头行在贷款的合同与协议安排方面负有管理的责任，如果合同与协议的约定本身不利于贷款偿还，那么，这样贷款至少为关注类。

3. 违规贷款

关于违规贷款，违规行为使贷款的风险放大了，影响到贷款的正常偿还，而且有的违规行为引发的风险已非常严重，因此，即使贷款的偿还从目前看有充分保证，但存在着法律执行风险的问题，这样的贷款至少为关注类。

4. 表外信用替代项目

关于表外信用替代项目，包括贷款承诺、商业信用证、备用信用证、担保、承兑汇票等，也可以参照贷款风险分类的原理和方法对其进行风险分类。一般情况下，一旦表外业务出现了垫款，形成了信用证垫款，这样的项目至少为次级类。

5. 国际贸易融资

国际贸易融资包括进口押汇、出口押汇、打包放款、票据贴现等项业务，由于贸易融资本身的特殊性质，贸易融资项下的风险等级划分是不同的，应根据相应特点，划分出各类别的特征进行分类。

6. 承兑汇票贴现

承兑汇票贴现的分类可综合考虑承兑人、贴现申请人及贴现担保人的条件等情况，执行贷款分类标准。如凡具有合法商品交易背景、票据真实、贴现手续完备有效、背书完整有效但超出银行允许范围的银行承兑汇票分为关注类。如果承兑银行经营状况不佳或出现流动性困难、贴现手续不完全、有重大缺陷并足以造成不能顺利收款的，可分为次级类。

7. 自然人和小企业贷款

银监会发布的《小企业贷款风险分类办法》（试行）规定商业银行可以根据贷款逾期时间，同时考虑借款人的风险特征和担保因素，参照小企业贷款逾期天数风险分类矩阵（见表10-2）对小企业贷款进行分类。自然人贷款分类也可以采用这种分类方法。这种分类方法是小企业贷款分类的最低要求，如果出现影响小企业履约能力的重大事项或出现规定的预警信号时，小企业贷款分类应在逾期天数风险分类矩阵的基础上至少下调一级。

表 10-2　小企业贷款逾期天数风险分类矩阵

担保方式	逾期时间					
	未逾期	1～30 天	31～90 天	91～180 天	181～360 天	360 天以上
信用	正常	关注	次级	可疑	可疑	损失
保证	正常	正常	关注	次级	可疑	损失
抵押	正常	正常	关注	关注	次级	可疑
质押	正常	正常	正常	关注	次级	可疑

第三节 不良贷款的处置

一、不良贷款的定义及成因

（一）不良贷款的定义

不良贷款是指借款人未能按原定的贷款协议按时偿还商业银行的贷款本息，或者已有迹象表明借款人不可能按原定的贷款协议按时偿还商业银行的贷款本息而形成的贷款。按照四级分类的标准，我国曾经将不良贷款定义为逾期贷款、呆滞贷款和呆账贷款（即"一逾两呆"）的总和。从2002年起，我国全面实行贷款五级分类制度，该制度按照贷款的风险程度，将银行信贷资产分为五类：正常、关注、次级、可疑、损失。不良贷款主要指次级、可疑和损失类贷款。

（二）不良贷款的成因

我国商业银行不良贷款产生的原因比较复杂，既有历史原因，也有我国经济体制改革因素的影响；既有整个社会经济环境的原因，也有商业银行自身的经营管理机制方面的原因。具体说来，我国商业银行不良贷款的产生与下列因素有关。

1. 社会融资结构的影响

我国间接融资比重较大，企业普遍缺少自有资金，企业效益不好，必然导致银行产生不良资产。我国传统上是以商业银行为主的融资格局，资本市场的发展相对滞后，使得全社会的信用风险集中积聚到商业银行中。而我国国有企业的经营机制改革没有很好地解决，这也是我国商业银行不良资产产生的重要因素。

2. 宏观经济体制的影响

长期以来我国的经济增长主要是政府主导的粗放型经营模式，国有银行根据政府的指令发放贷款，经济转轨后，改革的成本大部分由银行承担了，由此形成大量不良资产。

3. 社会信用环境影响

整体上，我国的信用环境还有待提高。国内有些地方没有形成较好的信用文化是导致"三角债"问题的重要原因。有的企业没有偿还银行贷款的动机，相关的法律法规也没有得到很好的实施，由此形成了大量的不良资产。

4. 商业银行自身及外部监管问题

商业银行本身也存在着一些问题，比如法人治理结构未能建立起来、经营机制不灵活、管理落后、人员素质低等因素都影响着银行资产质量的提高。与此同时，对商业银行的监管工作不足也是影响因素之一。

尽管国家及商业银行自身都采取了大量措施降低商业银行的不良贷款比例，但是由于产生不良贷款的社会条件还没有从根本上消失，所以出现了不良资产一边剥离、一边上升的现象。社会信用未能根本好转，部分企业仍存在赖账行为。另外资金存在着向大城市、大企业、大项目集中的趋势，贷款的风险集聚，仍存在形成大量不良贷款的可能。

二、不良贷款的监控和考核

（一）不良贷款监控考核的目的、意义和范围

为了进一步完善商业银行资产负债管理体系，加强贷款风险管理，及时、真实地反映信贷的质量，提高信贷资金的流动性、安全性、效益性，商业银行普遍都在全行实施了不良贷

款的监控与考核。

不良贷款监控是以提高信贷资产质量为目的,通过建立一组简明易行的指标,对不良信贷资产的总量、结构及其变化定期进行监控考核的一项管理制度。

商业银行普遍实施不良贷款的监控考核制度,目的是为了进一步完善商业银行资产负债管理体系,加强贷款风险管理,及时、真实地反映信贷资产的质量,提高信贷资产的安全性、流动性和效益性。

不良贷款监控考核的使用范围,包括各项人民币贷款及外汇贷款,不包括委托贷款即投资业务。

不良贷款的监控考核实行系统管理,纳入资产负债管理体系。在各行行长及资产负债管理委员会的领导下,由授信、会计、风险资产管理、计划、稽核等部门分工负责,组织实施。

(二) 不良贷款的考核与奖惩

商业银行总行一般对各分行、支行的信贷资产质量进行定期考核,监管部门也对这些指标进行监控。各行的监控考核标准不一,但是都必须达到监管部门的监控指标。监测和考核主要通过一系列量化指标完成。不良贷款的监测和考核指标体系包括贷款资产质量指标、贷款迁徙率指标。不良贷款比例不超过5%,不良贷款迁徙率不超过1.5%,次级贷款迁徙率不超过3%,可疑类贷款迁徙率不超过40%。

贷款资产质量指标主要包括不良贷款比例、不良贷款余额、不良贷款余额变化率、新发放贷款不良率等。

不良贷款比例＝不良贷款期末余额÷各项贷款期末余额×100%

不良贷款余额变化率＝(本期期末不良贷款余额－上期期末不良贷款余额)÷上期期末不良贷款余额×100%

新增贷款不良率＝新发放贷款形成的不良贷款余额÷新发放贷款余额×100%

贷款迁徙率指标主要包括正常贷款迁徙率、次级贷款迁徙率、可疑贷款迁徙率。

正常贷款迁徙率＝(期初正常类贷款中转为不良贷款的金额＋期初关注类贷款中转为不良贷款的金额)÷(期初正常类贷款余额－期初正常类贷款期间减少金额＋期初关注类贷款余额－期初关注类贷款期间减少金额)×100%

次级贷款迁徙率＝期初次级类贷款向下迁徙金额÷(期初次级类贷款余额－期初次级类贷款期间减少金额)×100%

可疑贷款迁徙率＝期初可疑类贷款向下迁徙金额÷(期初可疑类贷款余额－期初次级类贷款期间减少金额)×100%

商业银行总行对信贷资产质量好的分、支行要进行表彰奖励;对信贷资产质量差、管理不善的分、支行要通报批评,限期改正,或实行必要的惩罚措施。监管部门分析监控指标,并进行评价和预警。

三、不良贷款的处置方式

商业银行对不良贷款进行监控和考核之后,要在深入分析不良贷款成因的基础上,有针对性地采取措施处置不良贷款。具体方法包括清收、重组、以资抵债、核销。

(一) 贷款清收

根据是否诉诸法律,可以将清收划分为常规清收和依法收贷两种。

1. 常规清收

常规清收包括直接追偿、协商处置抵（质）押物、委托第三方清收等方式。常规清收需要注意以下几点：其一，要分析债务人拖欠贷款的真正原因，判断债务人短期和中长期的清偿能力；其二，利用政府和主管机关向债务人施加压力；其三，要从债务人今后发展需要银行支持的角度，引导债务人自愿还款；其四，要将依法收贷作为常规清收的后盾。

2. 依法收贷

采取常规清收的手段无效以后，要采取依法收贷的措施。依法收贷的必要步骤：

（1）提起诉讼　人民法院审理案件，一般应在立案之日起6个月内作出判决。银行如果不服地方人民法院第一审判决，有权在判决书送达之日起15日内向上一级人民法院提起上诉。

（2）财产保全　银行在依法收贷的纠纷中申请财产保全有两方面作用：一是防止债务人的财产被隐匿、转移或者毁损灭失，保障日后执行顺利进行；二是对债务人财产采取保全措施，影响债务人的生产和经营活动，迫使债务人主动履行义务。

财产保全分为两种：诉前财产保全和诉中财产保全。诉前财产保全是指债权银行因情况紧急，不立即申请财产保全将会使其合法权益受到难以弥补的损失，因而在起诉前向人民法院申请采取财产保全措施；诉中财产保全是指可能因债务人一方的行为或者其他原因，使判决不能执行或者难以执行的案件，人民法院根据债权银行的申请裁定或者在必要时不经申请自行裁定采取财产保全措施。

（3）申请支付令　根据民事诉讼法的规定，债权人请求债务人给付金钱和有价证券，如果债权人和债务人没有其他债务纠纷的，可以向有管辖权的人民法院申请支付令。债务人应当自收到支付令之日起15日内向债权人清偿债务，或者向人民法院提出书面异议。债务人在收到支付令之日起15日内既不提出异议又不履行支付令的，债权人可以向人民法院申请执行。如果借款企业对于债务本身并无争议，而仅仅由于支付能力不足而未能及时归还的贷款，申请支付令可达到与起诉同样的效果，但申请支付令所需费用和时间远比起诉少。

（4）申请强制执行　对于下列法律文书，债务人必须履行，债务人拒绝履行的，银行可以向人民法院申请执行：其一，人民法院发生法律效力的判决、裁定和调解书；其二，依法设立的仲裁机构的裁决；其三，公证机关依法赋予强制执行效力的债权文书。此外，债务人接到支付令后既不履行债务又不提出异议，银行也可以向人民法院申请执行。

申请执行应当及时进行。2008年4月1日起施行的修正后的民事诉讼法规定申请强制执行的法定期限为2年。申请强制执行期限，从法律文书规定履行期间的最后一日起计算；法律文书规定分期履行的，从规定的每次履行期内的最后一日起计算。

（5）申请债务人破产　当债务人不能偿还到期债务而且经营亏损的趋势无法逆转时，应当果断申请对债务人实施破产。尤其对于有多个债权人的企业，如果其他债权人已经抢先采取了法律行动，例如强制执行债务人的财产，或者债务人开始采取不正当的手段转移财产，此时债权银行应当考虑申请债务人破产，从而达到终止其他强制执行程序、避免债务人非法转移资产的目的。

（二）贷款重组

贷款重组，从广义上来说，就是债务重组。根据债权银行在重组中的地位和作用，可以将债务重组划分为：自主型和司法型债务重组。自主型债务重组完全由借款企业和债权银行协商决定。司法型债务重组，主要指在我国企业破产法中规定的和解与整顿程序以及国外的破产重整程序中，在法院主导下债权人对债务进行适当的调整。

1. 自主型贷款重组

（1）自主型贷款重组概念　自主型贷款重组也称贷款重组，是指借款企业由于财务状况恶化或其他原因而出现还款困难，银行在充分评估贷款风险并与借款企业协商的基础上，修改或重新制订贷款偿还方案，调整贷款合同条款，控制和化解贷款风险的行为。

具备下列具体情形之一，同时其他贷款条件没有因此明显恶化的，可考虑办理贷款重组：

① 通过贷款重组，借款企业能够改善财务状况，增强偿债能力；
② 通过贷款重组，能够弥补贷款法律手续方面的重大缺陷；
③ 通过贷款重组，能够追加或者完善担保条件；
④ 通过贷款重组，能够使银行债务先行得到部分偿还；
⑤ 通过贷款重组，可以在其他方面减少银行风险。

（2）贷款重组的方式

目前商业银行的贷款重组方式主要有六种，即变更担保条件、调整还款期限、调整利率、借款企业变更、债务转为资本和以资抵债。但在实务中，贷款重组可以有多种方式，各种方式既可以单独使用，也可以结合使用。

① 变更担保条件　例如：a. 将抵押或质押转换为保证；b. 将保证转换为抵押或质押，或变更保证人；c. 直接减轻或免除保证人的责任。银行同意变更担保的前提，通常都是担保条件的明显改善或担保人尽其所能替借款企业偿还一部分银行贷款。

② 调整还款期限　主要根据企业偿债能力制定合理的还款期限，从而有利于鼓励企业增强还款意愿。延长还款期限要注意遵守银行监管当局的有关规定。

③ 调整利率　主要将逾期利率调整为相应档次的正常利率或下浮，从而减轻企业的付息成本。调低利率也要遵守人民银行和各银行关于利率管理的规定。

④ 借款企业变更　主要是借款企业发生合并、分立、股份制改造等情形时，银行同意将部分或全部债务转移到第三方。在变更借款企业时，要防止借款企业利用分立、对外投资、设立子公司等手段逃废银行债务。

⑤ 债务转为资本　债务转为资本是指债务人将债务转为资本，同时债权人将债权转为股权的债务重组方式。但债务人根据转换协议，将应付可转换公司债券转为资本的，则属于正常情况下的债务转资本，不能作为债务重组处理。

⑥ 以资抵债　以资抵债是指因债务人（包括借款人和保证人）不能以货币资产足额偿付贷款本息时，银行根据有关法律、法规或与债务人签订以资抵债协议，取得债务人各种有效资产的处置权，以抵偿贷款本息的方式。它是依法保全银行信贷资产的一种特殊形式。抵债资产应当是债务人所有或债务人依法享有处分权，并且具有较强变现能力的财产。商业银行在取得抵、质押品及其他以物抵贷财产后，要按规定的原则确定价值，对抵债资产进行保管，并应尽快处置变现。

抵债资产收取后应尽快处置变现，应以抵债协议书生效日，或法院、仲裁机构裁决抵债的终结裁决书生效日为抵债资产取得日，不动产和股权应自取得日起2年内予以处置；除股权外的其他权利应在其有效期内尽快处置，最长不得超过自取得日起的2年；动产应自取得日起1年内予以处置。银行处置抵债资产应坚持公开透明的原则，避免暗箱操作，防范道德风险。抵债资产原则上应采用公开拍卖方式进行处置。选择拍卖机构时，要在综合考虑拍卖机构的业绩、管理水平、拍卖经验、客户资源、拍卖机构资信评定结果及合作关系等情况的基础上，择优选用。拍卖抵债金额1000万元（含）以上的单项抵债资产应通过公开招标方式确定拍卖机构。

抵债资产收取后原则上不能对外出租。因受客观条件限制，在规定时间内确实无法处置的抵债资产，为避免资产闲置造成更大损失，在租赁关系的确立不影响资产处置的情况下，可在处置时限内暂时出租。银行不得擅自使用抵债资产。确因经营管理需要将抵债资产转为自用的，视同新购固定资产办理相应的固定资产购建审批手续。

2. 司法型贷款重组

(1) 破产重整　现代市场经济国家均有比较成熟的破产重整制度。所谓破产重整，是指债务人不能清偿到期债务时，债务人、债务人股东或债权人等向法院提出重组申请，在法院主导下，债权人与债务人进行协商，调整债务偿还安排，尽量挽救债务人，避免债务人破产以后对债权人、股东和雇员等人，尤其是对债务企业所在地的公共利益产生重大不利影响。由于这类债务重组主要是为了避免债务人立即破产，而且一旦重组失败以后债务人通常都会转入破产程序，因此这类重组被称为"破产重整"。

法院裁定债务人进入破产重整程序以后，其他强制执行程序，包括对担保物权的强制执行程序，都应立即停止。在破产重整程序中，债权人组成债权人会议，与债务人共同协商债务偿还安排。根据债权性质（例如有无担保），债权人往往被划分成不同的债权人组别。当债权人内部发生无法调和的争议，或者债权人无法与债务人达成一致意见时，法院会根据自己的判断作出裁决。

(2) 我国企业破产法规定的和解与整顿

所谓和解，是指人民法院受理债权人提出的破产申请后三个月内，债务人的上级主管部门申请整顿，经债务人与债权人会议就和解协议草案达成一致，由人民法院裁定认可而中止破产程序的过程。

所谓整顿，是指债务人同债权人会议达成的和解协议生效后，由债务人的上级主管部门负责主持并采取措施，力求使濒临破产的企业复苏并能够执行和解协议的过程。各国破产法虽都有和解制度，但把和解与整顿结合起来，则为我国破产法的独创。

通过和解或整顿，落实债权。

(三) 增加信贷投入

增加信贷投入处理不良信贷是指对那些通过增加新的信贷投入而使客户的生产经营或项目建设转为正常，从而提高经济效益和还本付息能力，盘活和处理不良贷款的一种手段。客户同时具备下列 (1)、(2)、(5) 或 (1)、(3)、(5) 或 (1)、(4)、(5) 项条件，即可增加信贷投入。

(1) 建设项目、生产经营符合国家的产业政策；

(2) 由于所需流动资金不足，使生产经营不能正常进行，造成银行信贷不能按期偿还形成的不良贷款；

(3) 建设项目已经建成，但由于没有充足的配套流动资金，而无法正常运行，达到预期经济效益，造成银行信贷不能按期偿还，形成的不良贷款；

(4) 建设项目已经基本建成，但主要由于客观因素形成资金缺口，而无法竣工投产，达到预期经济效益，造成银行信贷不能按期偿还，形成的不良贷款；

(5) 增加新的信贷投入后，能使不良贷款转为正常。

(四) 批量转让

批量转让是指商业银行对一定规模的不良贷款（10 户/项以上）进行组包，定向转让给资产管理公司的行为。不良贷款批量转让工作应坚持依法合规、公开透明、竞争择优、价值最大化原则。

商业银行应在每批次不良贷款转让工作结束后30个工作日内，向同级财政部门和银监会或属地银监局报告转让方案及处置结果。

商业银行应做好不良资产批量转让工作的内部检查和审计，认真分析不良资产的形成原因，及时纠正存在的问题，总结经验教训，提出改进措施，强化信贷管理和风险防控。

（五）呆账核销

呆账核销是指对按国家有关规定审核认定的，确实无法收回的利用信贷资金发放的各类本外币贷款本金，依照有关规定通过审查批准，进行冲销。呆账核销是银行的内部行为，银行对已呆账核销的借款人仍有追索权，应继续追索信贷资金。

借款人以及担保人如符合财政部规定的下列条件之一的，其不良信贷可认定为呆账贷款：

① 经依法宣告破产，进行清偿后未能还清的贷款；

② 借款人死亡，或者依照民法通则的规定，宣告失踪或宣告死亡，以其财产或遗产清偿后，未能还清的贷款；

③ 遭受重大自然灾害或意外事故，损失巨大且不能获得保险补偿，确实无法偿还的部分或全部贷款，或者以保险赔偿清偿后，未能还清的贷款；

④ 借款人被依法撤销、关闭、解散，并终止法人资格，在财产清偿并追究保证人责任后，未能还清的贷款；

⑤ 根据国家有关规定，列入《全国企业兼并破产和职工再就业工作计划》的企业，因实施破产、兼并等，给银行造成的贷款损失；

⑥ 经国务院专案批准核销的贷款。

【资料】

不良资产证券化试点扩容：多家股份制银行加入阵营

重启一年后，不良资产证券化阵营有望进一步扩容。2016年2月，五大行和招行获得了首批试点资格，重启了本轮不良资产证券化。

2016年首批不良资产证券化试点银行以国有大行为主，第二批试点银行将扩容至大部分股份制银行和少数城商行。这意味着不良资产证券化重启后，将形成国有大行、绝大多数股份制银行和少数城商行的阵营梯队。业内预计，今年零售类不良资产支持证券发行规模将继续扩容。

随着宏观经济下行压力持续，银行业不良贷款规模不断上升，本轮不良资产证券化的重启正是缘于商业银行不良资产承压。截至2016年末，商业银行不良贷款余额及不良率为15123亿元和1.74%。借助资产证券化有助于盘活银行资产的流动性，降低银行不良资产处置成本，分散风险。

2016年2月14日，央行、发改委等八部委印发《关于金融支持工业稳增长调结构增效益的若干意见》提出："在审慎稳妥的前提下，选择少数符合条件的金融机构探索开展不良资产证券化试点。"这为不良资产证券化重启打开了政策闸门。

2016年2月，工行、建行、中行、农行、交行和招行6家银行获得首批不良资产证券化试点资格，总额度500亿元。同年5月，中行和招行分别发行了一单对公不良资产支持证券和信用卡不良资产支持证券，标志着不良资产证券化时隔八年后正式重启。与一般信贷资产证券化不同，不良资产证券化项目的基础资产为已经违约的贷款。

时下正值本轮首批不良资产试点一周年。从重启后的情况来看，据联合资信发布的

《2016年不良资产支持证券市场运行报告及展望》报告统计，2016年银行间市场共计发行了14单不良资产证券化产品，累计发行规模156.1亿元。

资料来源：第一财经，http://www.yicai.com/news/5225360.html。

练习题

一、名词解释
1. 贷款风险　2. 贷款分类　3. 不良贷款　4. 次级类贷款　5. 可疑类贷款
6. 贷款操作风险　7. 以资抵债

二、单选题
1. 损失类贷款就是（　　）发生损失，即在采取所有可能的措施后，本息仍然无法收回的或只能极少部分收回的贷款。
   A. 大部分　　　　B. 全部　　　　C. 大部分或者全部　　　D. 以上均不正确
2. 对于借款人尚存在一定的偿还能力，或银行掌握部分第二还款来源时，银行可尝试通过（　　）等手段进行处置。
   A. 重组　　　　B. 催收、依法诉讼　　C. 以资抵债　　　D. 呆账核销
3. 下列各项中，不属于不良贷款处置方式的是（　　）。
   A. 正常展期　　B. 核销　　　　C. 打包处置　　　D. 重组
4. 指借款人能够履行合同，没有足够理由怀疑贷款本息不能按时足额偿还的贷款应归为类为（　　）贷款。
   A. 可疑类　　　B. 次级类　　　C. 正常类　　　　D. 关注类
5. 申请强制执行是依法清收贷款的重要环节，申请执行的法定期限为（　　）。
   A. 1年　　　　B. 2年　　　　C. 3年　　　　　D. 4年
6. 一般情况下，商业银行进行还款可能性分析的主要内容一般不包括（　　）。
   A. 财务分析　　B. 贷款品种分析　C. 非财务因素分析　D. 担保状况分析
7. 抵债资产为动产的处置实现为（　　）。
   A. 自取得日起1年内　　　　B. 自取得日起半年内
   C. 不确定　　　　　　　　　D. 自取得日起2年内
8. 诉前财产保全是指债权银行因情况紧急，不立即申请财产保全将会使其合法权益受到难以弥补的损失，因而在起诉前向（　　）申请采取财产保全措施。
   A. 银监会　　　B. 债权银行　　C. 人民法院　　　D. 公安机关
9. 商业银行拍卖抵债金额（　　）万元（含）以上的单项抵债资产一般应通过公开招标方式确定拍卖机构。
   A. 1500　　　　B. 500　　　　C. 1000　　　　　D. 2000
10. 商业银行应在每批次批量不良贷款转让工作结束后（　　）个工作日内，向同级财政部门和监管部门报告转让方案及处置结果。
    A. 15　　　　　B. 45　　　　　C. 60　　　　　　D. 30

三、多选题
1. 在贷款分类中，银行首先了解的是贷款的基本信息，其内容包括（　　）。
   A. 贷款目的　　　　　　　　B. 还款来源
   C. 贷款在使用过程中的周期性分析　　D. 还款记录

E. 贷款来源

2. 在进行贷款风险分类时，银行进行判断分析的主要步骤有（　　）。
   A. 基本信贷分析　　B. 还款能力分析　　C. 还款可能性分析　　D. 确定分类结果
   E. 委托中介机构评估

3. 以下属于关注类贷款的主要特征有（　　）。
   A. 净现金流减少　　　　　　　　B. 借款人的还款意愿差，不与商业银行积极合作
   C. 商业银行对抵押品失去控制　　D. 借款人处于停产、半停产状态
   E. 借款人已资不抵债

4. 贷款分类应遵循的原则有（　　）。
   A. 真实性原则　　B. 及时性原则　　C. 重要性原则　　D. 审慎性原则
   E. 系统性原则

5. 贷款分类需要考虑的因素有（　　）。
   A. 借款人的还款能力　　　　B. 借款人的还款记录
   C. 借款人的还款意愿　　　　D. 贷款的担保
   E. 贷款偿还的法律责任。

6. 在还款可能性分析，对担保状况的分析重点考虑的有（　　）。
   A. 担保的有效性　　B. 担保的代偿性　　C. 担保的变现性　　D. 担保的实用性
   E. 担保的充分性

7. 下类贷款中属于不良贷款的有（　　）。
   A. 正常类贷款　　B. 次级类贷款　　C. 可疑类贷款　　D. 关注类贷款
   E. 损失类贷款

四、判断题

1. 贷款分类除了帮助识别贷款的外在风险以外，还有助于发现信贷管理、内部控制和信贷文化中存在的问题，从而有利于银行改善信贷管理水平。（　　）

2. 债务转为资本是指债务人将债务转为资本，同时债权人将债权转为股权的债务重组方式。（　　）

3. 贷款风险分类是中国人民银行按照风险程度将贷款划分为不同档次的过程。其实质是根据债务人经营状况和担保状况，评价债权被及时、足额偿还的可能性。（　　）

4. 贷款分类有助于识别已经发生但尚未实现的风险。（　　）

5. 银行在处置不良贷款的过程中受到的抵债资产，原则上不能对外出租。但对符合一定条件的抵债资产，可在处置时限内暂时出租。（　　）

6. 如果借款人贷款时约定的还款来源发生变化，但目前已偿还了部分贷款，该贷款可视为正常贷款。（　　）

五、思考题

1. 商业银行贷款风险的特征有哪些？
2. 简述商业银行贷款风险有哪些种类？
3. 论述商业银行贷款风险管理策略？
4. 什么是贷款分类，贷款分类的程序有哪些？
5. 如何用现金流量分析、担保分析进行贷款风险分类？
6. 论述我国商业银行如何进行不良资产的处置？

第十一章

银行网络贷款业务

【学习目的与要求】

了解网络贷款、银行网络贷款的概念；

掌握商业银行网络贷款的模式；

了解商业银行开展网络贷款尝试的过程；

掌握开展网络贷款业务银行的网贷产品品种和业务流程；

掌握商业银行防范网络贷款风险的办法。

【案例导入】

直销银行发力定期理财 质押贷款提升流动性

随着各类互联网定期产品出现，银行系互联网投资理财产品也开始在"定期"概念上发力。国内首家直销银行——民生直销银行推出的定期产品"定活宝"，立足低门槛、高收益，同时主打高流动性，受到广大投资者的追捧。

民生直销银行的"定活宝"产品，将定期产品赋予了"活"的优势，持有定活宝的客户在急需用钱时可在线获取低利率贷款，一举解决了定期产品流动性的最后难题。由于能随时在线获取贷款，一些投资者原来只敢购买3个月期限的产品，现在可以随意购买6个月甚至1年期以上的产品。定活宝产品因此大受欢迎，创下3分钟售罄5000万元，周销售10亿元的销售纪录。

一位购买了定活宝产品的投资者李先生表示，自己手中有50万元的闲置资金本打算购买定期产品，但又恰逢订购的30万元的汽车款要付，自己另有30万元定期理财仅差半个月时间到期。15天的资金周转问题，导致不同的投资策略，收益也天壤之别。听闻民生直销银行推出的定活宝产品可质押贷款后，李先生算了一笔经济账，通过购买50万元定活宝，同时申请半个月30万元的质押贷款，收益可达传统定期理财的2倍，又可免去开口向人借钱的为难，立马抢购了50万元。定活宝在锁定高收益的同时，解决了短期资金周转难题，尤其受到预期或将有大额开销投资者的欢迎。

资料来源：http://finance.cnwest.com/content/2017-03/24/content_14622863.htm，西部网，陕西新闻网。

第一节　银行网络贷款业务概述

一、网络信贷的兴起

(一) 银行网络贷款业务的概念

网络贷款是指基于网络中介的背景下，企业与银行或第三方机构之间，以及个人与个人之间的借贷。借款人在网上填写信息资料，提出借款申请，即可足不出户获得贷款。相比于传统银行贷款，网络贷款突破了地域限制，方便快捷，门槛更低，信息获取、信用评价和风险控制的模式更有多方面创新。目前，国内多家商业银行纷纷进入网络贷款市场，主要是着眼于中小企业、小微网商的融资需求，利用便捷的网络渠道和有价值的网络信息，推出低成本、个性化、高效率线上信贷服务。

银行网络贷款业务是指银行通过各自的网络渠道为个人或企业客户办理贷款业务的一种新方法。我国商业银行的网络贷款业务一部分是传统业务通过网络在线进行贷款申请并预约线下办理，一部分业务是全部在线申请、在线审批、在线发放和收回的线上业务。虽然我国银行网络贷款与国外发达国家相比有不小差距，但是发展潜力巨大，只要国内各商业银行健全网络贷款系统、加大风控管理和诚信体系建设，必将迎来快速发展期。

(二) 我国银行网络贷款尝试

互联网既是信息传播的载体，又是功能多元化的便捷平台。近年来，随着互联网产业的迅猛发展，一些商业银行抓住电子商务快速发展机遇，紧贴借款人的网络习惯，推出了"网络贷款"业务。2008年开始，工商银行、建设银行、农业银行陆续利用网络银行开展个人网络贷款业务，之后交通银行、兴业银行、招商银行陆续根据自己的情况开展网络贷款业务。目前小企业网络信贷发展迅猛，成了银行拓展小企业贷款业务的新平台、新选择，还衍生了大量的卡、代销基金、代理保险等业务。我国银行网络贷款起步较晚，与国外部分国家成熟的网络贷款相比有不小差距，但是发展潜力巨大。

银行网络贷款对象通常分为两类，一是企业，二是个人。交通银行推出"e贷在线"服务，可自行通过互联网向交行提交包括小企业贷款、住房类贷款、汽车消费贷款等；建设银行则推出网络贷款产品"e贷通"，只要符合相关条件，不需要任何抵押担保，就可以获得最高10万~100万元的消费授信。此外，北京银行启动中小微企业贷款平台；宁波银行专门为中小企业搭建了网络社区平台"E家人"；平安银行则专门针对个人装修、买车、旅游、教育量身定做网上预约贷款业务。

二、银行网络贷款的模式

目前银行所开展的网络贷款服务，多数业务集中于中小企业融资，如招行、建行、工行、民生、浦发等银行，主要以与电子商务平台合作方式为主。

个人贷款业务的网络化开展近年来也不断发展，中行、交行、兴业、花旗、渣打开展有网络个人贷款业务，通过网上银行或"网络贷款"专页面向借款人及网友。花旗、渣打银行可以直接通过页面申请，无需注册，工作人员后期跟进。归纳总结国内中资银行网络贷款主要有以下三种形式展开。具体情况见表11-1。

表 11-1　中资银行网络贷款模式

开展形式	涉及银行	业务特点
网银分页面	工行、招行、浦发、民生	网银注册用户直接在网银"网络贷款"页面申请
网络贷款专属平台	交行	注册后，可进行在线预评估，提交贷款
与第三方平台合作	建行	借助电子商务平台的企业、诚信资源，提供局域范围内融资

（一）依托网银渠道

以网银用户为基础的网络贷款服务主要针对的是本行的业务人群。中国银行的"理想之家"、工商银行的"网上贷款"、兴业银行的"个人自助质押贷款"等都是采用该种模式。办理一笔网络贷款依次要进行以下程序：开通个人或企业网上银行；在银行柜台开立综合贷款账户并挂入网上银行账户内；登录网上银行进入网络贷款页面提交贷款申请；受理行进行在线评估或人工评估，有时可能还需现场考查；申请人在网上查询银行审查结果，审查通过后签订合同才表示贷款成功。虽然不同的银行登录画面各异，提交的资料也有所区别，但是操作步骤大同小异。如通过中国银行的"理想之家"个人贷款网上申请服务，客户只要登录中国银行网站，进入"个人金融服务""综合贷款服务"下的"在线申请"，即可提交申请。中国银行接到申请后会安排最近的网点的客户经理主动与客户联系，提供有关的咨询并安排贷款事宜。

（二）建立网络贷款专属平台

网络贷款专属平台、直接页面申请这两种业务形式较为近似，主要依托在线提交信息后，进入常规传统贷款流程。采用该模式最典型的是交通银行的"e贷在线"。"e贷在线"是交通银行专为个人用户及各类合作中介设计开发的综合性贷款服务申请平台。其特色在于：个性设计，客户在线输入相关信息，系统便会为其度身定制最优贷款解决方案，供客户即时选择；在线申请，客户鼠标轻轻一点即可在线申请，完成贷款预申请过程；网上预审，系统在获知客户还款能力后进行网上预审，客户足不出户即可知贷款预审批结果；即时查询，在银行审批期间，客户可随时登录系统查询贷款办理进度；贴心服务，在贷款流程中，交行工作人员将及时致电，实时通知。用户还可以根据交行贷款产品的特点，选择最适合自己的贷款、还款方式。

（三）与第三方电子商务平台合作

与第三方电子商务平台合作，则是借助电子商务平台的现有资源及诚信控制机制，为中小企业提供融资，例如建行的"e贷款"系列，与阿里巴巴等平台合作展开。

该模式的特点是银行借助电子商务平台的现有资源及诚信控制机制，为中小企业提供融资服务。建设银行与阿里巴巴合作推出的"网络联保"贷款就是该模式的代表。虽然"网络联保"贷款不需要任何抵押，但是需要由3家或3家以上企业组成一个联合体共同来申请贷款。该贷款模式实现了网络贷款业务全流程不落地操作，客户仅需登录阿里巴巴或建行网站进行贷款申请即可，贷款合同的签订、放、还款等均在网上操作。阿里巴巴所有会员都可以申请"网络联保"贷款，会员的网络商业信用纳入信用记录，将作为获得贷款的评价指标之一，为其申请贷款加分。

三、银行网络贷款的发展机遇与挑战

银行虽然具备互联网化的明显优势：一是银行贷款业务积累的经验，及客户资源和系统优势;二是网上银行发展至今的覆盖率及认识度已形成一定规模;三是互联网与银行客户的业务关联度较好,目前收支、转账等业务在互联网普及程度较高。

但要实现这些功能优势向网络贷款业务的转化,尚需时日。实现银行贷款业务的真正网络化,不仅仅是注册窗口移植网络,而是要实现预审、预提交均在网上进行,面签需在银行线下操作,还款也从网络端口进行,在贷前、贷中、贷后都需要银行系统的全面跟进。此外,还款管理、贷后追踪还可转入网络运作,可绑定借款人网银账号,由此可减轻线下业务这些环节的人力、物力、成本投入,做到环保和节约成本。

(一) 多种因素助力发展

目前,虽然我国银行网络贷款的发展尚在初级阶段,但其所处的环境却为未来的发展奠定了坚实基础。总结归纳,主要有以下几方面的潜在推动力。

1. 快速增长的贷款需求

企业的发展所引发的经营性融资需求在近年来扶摇上升,虽然大型企业融资体系相对健全,但是处于初创期、成长期的中小企业则由于短期经营资金链较为薄弱,整体融资需求增长迅速。同时,国内消费市场的快速发展、房地产市场需求近年来持续高速释放、民间创业诉求的不断提升,也直接刺激了居民对于住房、购车、消费、创业等融资的增长。

2. 法律法规保驾护航

《中华人民共和国商业银行法》《个人贷款管理暂行办法》在面签等业务流程方面的规定,不仅规范了贷款办理流程,而且增加了网络贷款的抗风险能力。同时,《关于加快流通领域电子商务发展的意见》和《电子商务模式规范》的出炉,在明确政府对电子商务的引导和扶持政策的同时,还为初涉网络贷款的银行在网络合作、资源整合、渠道搭建等方面提供了法律保障。

3. 电子商务的飞速发展

据调查机构统计,截至2016年6月,我国网民规模达7.1亿,互联网普及率达到51.7%,超过世界平均水平;电子商务环境已相对成熟,形成了以企业电子商务为主体,消费购物电子平台快速崛起的繁荣之势。2017年2月,中国电子商务市场已经增长26.2%,占全国整体零售额的15.5%。随着中国的城市化进程继续,以及中国的一二线城市不断成长,电子商务行业将继续受益。

4. 征信体系的逐步完善

虽然中国信用环境存在诸多不足,但是随着人民银行的征信体系建设的不断完善,在抵押变现难等信贷棘手问题得到很好解决的同时,社会整体诚信环境也将得到进一步上升。

(二) 技术瓶颈期待突破

要实现网络贷款业务的突破,目前,各家银行除了面临第三方贷款平台的竞争外,最大难题就是技术瓶颈。

1. 银行网络贷款系统尚不健全

从银行网络贷款的主要载体之一"网上银行"而言,虽然各银行网银业务已形成一定规模,但由于没有与信贷业务进行很好的网络对接,从而造成了客户经理对贷款在线信息的跟进不及时及贷款发放的滞后。贷款业务怎样与互联网有效结合,需要进一步探索。要想加快推进网络贷款业务的发展,在对现有的网络贷款系统进行优化和整合的同时,还需加紧制定与网络贷款相关的制度和办法。

2. 银行网络贷款功能相对滞后

目前,我国网络贷款大多停留在网络注册阶段,完全的贷款网络化并没有实现,最终还是要回到网下进行其他步骤的操作。以渣打银行"现贷派"网络贷款为例，在网页提交贷款信息后，最终还是要回到线下进行预审核、评估、审批等步骤的操作。至于完全自主操作的网络贷款，现在只有一种能做，这就是自有存单抵押，该存单为申请人自己的存单，绑定在网银账户之内，银行可自动核实，自动冻结，放款金额也与存单金额大致相同。如今，虽然也有部分银行在网络贷款业务的宣传方面，指出可以通过系统实现预审批、评估等环节的自助式服务，但根据易贷中国实际调查得知，目前该类服务尚停留在开发阶段。

3. 银行网络贷款面临第三方贷款平台的竞争

在各银行开展网络贷款之前，就有易贷中国、生意宝等在内的专业第三方贷款服务平台开展了网络融资业务。这些贷款平台不仅在系统的完善、网络化服务的专业度、贷款程序的简化和便捷化方面领先于银行，而且还拥有较为广泛的借款人群体，这都是银行网络贷款将直面的考验。

4. 银行网络贷款地位不稳固

目前银行网络贷款业务受系统不完善、风控和诚信体系不健全的影响，业务形态较为初级，无法让借款人的贷款需求全线向网络靠拢，无法实现贷前、贷中、贷后的高度网络化。从上可以看出，在认知度、民众接受程度方面，银行网络贷款市场地位还不稳固。

四、银行发展网络信贷业务的建议

（一）组织架构创新

组织架构创新主要是实现网络信贷业务应实行集中化管理和专业化经营。

总行层面设立网络信贷管理部门，承担网络信贷业务的主管职能，主要负责制度制定、产品设计、系统维护、业务审核、政策指导、经办机构管理、与电子商务平台合作等。

网络信贷管理部门内设网络信贷运营中心，负责网络信贷业务集中操作事务，包括业务受理、落实业务经办机构、信用评级、授信审批等。

各小企业业务的主要营销窗口，如支行是网络信贷业务的具体经办机构，负责对借款申请人进行尽职调查、授信申报、合同签订、贷款发放、贷后管理等。

（二）业务流程创新

业务流程创新是要实现电子商务平台在对客户相关信息进行审核和筛选后，将经过核实的客户信息传送至银行网络贷款处理系统，系统自动完成客户信用等级初评。网络信贷运营中心将通过初评的客户拆分到各小企业专营支行，再由支行指定客户经理受理。客户经理按银行授信管理相关政策进行贷前调查、发起授信申报。网络信贷业务实行集中审批制，网络信贷运营中心行使统一授信方案审批权和单笔业务审批权。放款等相关事项委托小企业专营支行代为办理。

（三）产品设计创新

有别于一般的柜台客户，电子商务客户主要是通过网络交易实现其经营目标，交易的过程有网络特色。因此银行开展网络信贷服务，需要依据电子商务业务特色、客户特点、交易特征等内容进行业务产品的新开发，为电子商务客户度身定制系列信贷产品。例如：建设银行"e贷通"电子商务信贷，是建设银行为满足网络中小客户的融资需求，对通过阿里巴巴 B2B 电子商务平台发起业务申请，并符合建行相关政策条件的客户提供的一种信贷业务。

此外，初期银行网络信贷业务可以开展买家供应商融资业务：供应商在正常经营过程中，以其持有的经大买家确认的，尚未履行交货义务，相应款项尚未收付的购货订单为依据申请的信贷业务。还可以采用联贷联保业务方式,即指多个借款人通过网络自愿共同组成一个联合体,联合体成员之间协商确定授信额度,每个借款人均对其他所有借款人因向银行申请借款而产生的全部债务提供连带保证责任的信贷业务。也可以开展网络信用贷款业务:为满足网络小企业客户快捷、便利的融资需求,对借款人不进行信用评级和一般额度授信,在分析、预测企业第一还款来源以及网络信用的基础上主要依据提供足额有效的抵押而办理的贷款业务,对网络信用好的电子商务客户给予一定比例的信用贷款。灵活多样的产品可以满足电子商务客户多样化的融资需求,形成规模经济效应。

(四)操作系统创新

依托于网络平台及电子商务业务开展的网络信贷在操作流程上应该充分体现网络的特色,银行应该针对网络电子商务信贷的特点开发类似于"网络银行信贷业务系统"的网络信贷系统,实现网上申贷、网上签订合同、网上支用、网上还款、信息查询等信贷业务全流程网络化操作。同时在网络流程中诸如客户报名、联保体组建、信息填报、合同申请、合同签订、贷款支用和还款申请等环节可降低银行人力成本和客户经理工作量,提高信贷业务办理效率。

此外,在风险防范方面,通过建立新的客户评价办法、建立新的贷后管理模式等,与网络公司合作建立互动的信贷风险预警机制。

第二节 银行网络贷款产品及业务流程

工行、交行、建行等多家银行自开展网贷业务以来各自推出拥有自己特色的网贷产品,这些网贷产品按对象划分可分为两类:个人网贷产品、小微企业网贷产品;按担保方式划分可分为:信用贷款、抵(质)押贷款、联合体联保贷款;按期限划分可分为:短期贷款(一个月至一年)和中期贷款(一年以上至五年)。现介绍典型的几种银行网贷品种及业务流程。

一、银行个人网络贷款业务产品及业务流程

(一)建行个人"快贷"系列产品

1. 建行个人"快贷"品种介绍

"快贷"系列是建行推出的个人客户全流程线上自助贷款,客户可通过建行电子渠道在线完成贷款,包括实时申请、批贷、签约、支用和还款。客户可通过建行手机银行、网上银行、智慧柜员机进行自助办理。

"快贷"系列贷款对象:信用良好的建行个人客户,只要在建行办理业务(如存钱,购买理财、国债、基金等,贷款,代发工资等),都可能获得额度,且办理业务越多,额度越高。"快贷"系列产品包括"快e贷""融e贷""质押贷""车e贷""沃e贷"等产品。具体详见表11-2。

表11-2 建行"快贷"系列产品汇总表

产品	贷款金额/元	贷款对象期限	担保方式	贷款支用	操作方式
快e贷	1000~30万	网银、手银客户,最长1年,循环使用	信用贷款	可以自主提现;可在国内电商网站购物,用网银支付中的"贷款账号支付";可用快贷签约的借记卡在商户POS刷卡消费	全流程线上自助操作

续表

产品	贷款金额/元	贷款对象期限	担保方式	贷款支用	操作方式
融e贷	5万~500万	网银、手银客户，最长5年，循环使用	抵押信用	可在国内电商网站购物，用网银支付中的"贷款账号支付"；可用快贷签约的借记卡在商户POS刷卡消费；可按要求提供相应材料后，转账支付	线上批，线下签约
质押贷	5000~300万	网上存款、理财客户，最长1年，循环使用	存款、国债、理财产品等质押贷款	可以自主提现；可在国内电商网站购物，用网银支付中的"贷款账号支付"；可用快贷签约的借记卡在商户POS刷卡消费	全流程线上自助操作
车e贷	1000~50万	网银、手银客户，最长3年	信用贷款	贷款申请成功后，可网上选择意向车型，点击"预约"与汽车经销商约定线下贷款支付并提车。合作汽车品牌包括：东风标致、一猫汽车网等	线上贷款选车，线下刷卡提车
沃e贷	1万~50万	联通"沃易购"平台代理经营者最长2个月	小额信用贷款	用于在联通"沃易购"平台购物支付贷款	全流程线上发放

2．建行个人"快贷"业务办理流程

（1）手机快贷办理流程

① 登录手机银行→点击"快贷"图标→点击"申请"

② 输入申请额度→输入短信接收的验证码确认→成功

（2）网银快贷办理流程

① 登录网上银行→选择"个人贷款"-"我要快贷"-"快e贷"→点击"现在申请"

② 填写申请额度，点击"提交审批"。填写申请额度、还款账户账号、开户行、手机号码、联系地址、邮政编码；阅读《个人征信授权书》，勾对"我已阅读《个人征信授权书》，现授权中国建设银行查询我的征信信息"之后，提交审批。

③ 确认申请信息→插入网银盾验密。阅读《中国建设银行快贷信用循环借款合同》《中国建设银行借贷通服务协议》；确认借款人姓名、申请额度；勾对"本人已阅读，理解并同意签订《中国建设银行快贷信用循环借款合同》"；插入网银盾，输入网银盾密码验密。

④ 申请成功。签约成功会出现恭祝客户完成所有快贷办理流程的界面。界面里还包括贷款使用方法介绍以及该笔贷款的客户姓名、贷款额度、贷款期限、贷款到期日、贷款账号、贷款使用储蓄卡、贷款年利率、还款方式、贷款经办行等交易信息。

⑤ 贷款归还。借款人按期偿还贷款本息。

（二）工行网上银行个人质押贷款产品及业务流程

1．工行网上银行个人质押贷款产品介绍

工行网上银行个人质押贷款是工商银行向客户发放的以合法有效的质押品为担保的人民币贷款。银行存款、债券、理财产品、基金、人寿保险单、账户贵金属等均可作为质押物。

网上银行个人质押贷款贷款额度灵活，单笔最低 500 元，最高 30 万元，单户最高 1000 万元；贷款期限自由，最短为 8 天，最长可达 1 年，在此区间内可以选择任意天数。

贷款操作流程简便。贷款操作简单易学，通过网上银行自助办理、自动审批、快速到账，实现贷款的自助发放。申请办理网上银行个人质押贷款业务的，须持有工商银行网上银行注册的理财金账户卡、工银灵通卡，拥有工商银行网上银行个人客户证书，即 U 盾。

2. 工行网上银行个人质押贷款操作流程

① 进入工行网银页面，点击"网上贷款"按钮，点击"申请贷款"按钮。

② 点击"质押贷款"右面的"办理"按钮；阅读《个人网银质押贷款业务介绍》，再点击"已阅读并接受"。

③ 在出现的界面上，选择离自己家近的最方便的网点即可。

④ 再点击下一步，选择质押物，点击理财产品前的小加号，选择相应的理财产品。

⑤ 网页上会显示你的贷款额度，就是理财产品的数量乘以 90%。按照提示选择贷款期限，根据提示点击确定，插上 U 盾，输入密码确认，进入我的贷款栏，点击自助放款后，钱即可进入你所选择的账户。

⑥ 还款点击网银，进行还款。

二、建行中小企业"e 贷通"系列产品及业务流程

建行"e 贷通"是建行与阿里巴巴公司合作推出的电子商务信贷产品，其结合建行网上银行渠道、信贷业务系统和电子商务的网络信用，为类似于阿里巴巴"诚信通"第三方支付平台上的中小企业客户提供批量信贷支持。由于采用网络联保等一系列手段降低中小企业信贷准入门槛，其也成为解决中小企业融资难的一款崭新金融产品。

(一) 中小企业"e 贷通"系列产品

中国建设银行网络银行"e 贷通"系列产品是"互联网＋金融"的成功实践，是运用互联网、物联网、大数据思维和技术打造全新的网络金融服务平台，通过银行系统与核心企业、核心平台系统对接，实现交易、资金及物流"三流合一"及信息实时交互，整合多方资源，为客户提供的、全流程在线不落地操作的网络金融服务。主要包括网络供应链类、网络物流类、网络资金流类、网络信息流类四大类产品。

1. 网络供应链类系列产品

网络供应链类产品包口括"e 点通""e 销通""e 链通"，是指建设银行与供应链核心企业或供应链管理平台合作，整合双方资源，为核心企业及供应链上下游企业提供全流程网络融资服务。这类产品适用于成熟的、已实现"三流合一"的、具备较强供应链管理和整合能力的企业和平台。

网络供应链类产品通过引入网络信用记录，实现增信，特别适合经营稳定、周转快、短期资金需求大的核心企业上下游客户或网络平台客户，采用报名申请、合同签订、支用贷款、预约还款全流程网上操作，确认的应收账款最快可当日放款，贷款额度可循环支用，还款可通过网银预约，到期直接扣款还贷，此外还提供全面的应收账款、存货管理等供应链管理增值服务。

2. 网络物流类系列产品

网络物流类产品包口括"e 单通""e 棉通""e 采通"，是指建设银行与网络交易平台系统对接合作，为网络平台客户提供的基于对物流和交易流控制的全流程网上操作的网络融资服务，主要包括网络仓单融资和网络订单融资等产品。产品适用于成熟的、已实现"三流合

一"的、具备较强物流整合能力的大宗商品交易平台。

网络物流类产品引入网络信用记录，实现增信，特别适合经营周转快、短期资金需求大的电子商务客户。产品采用全流程网上操作。在仓单支用申请的第二个工作日内完成支用审批及放款，并可在合同额度内循环支用。还款可通过网银预约，到期直接扣款还贷。

3. 网络资金流类系列产品

网络资金流类产品包括"e保通""e集通"，是指建设银行与网络交易平台系统对接合作，为网络平台的客户提供的基于对资金流和交易流控制的全流程网上操作的网络融资服务，适用于成熟的、已实现"三流合一"的、具备较强资金流整合能力的网络交易平台或第三方支付平台。产品同样引入网络信用记录，实现增信；特别适合经营稳定、周转快、短期资金需求大的电子商务客户。确认的应收账款最快可在当日放款，贷款额度可循环支用；可提供全面的应收账款管理服务。

4. 网络信息流类系列产品

网络信息流类产品包括"e联通""e速通"，是指建行与网络交易平台系统对接合作，为网络平台客户提供的基于对信息流控制的全流程网上操作的网络融资服务。适用于成熟的、具备较强信息流和商流整合能力的电子商务平台。服务对象：电子商务客户。引入网络信用记录，实现增信。贷款方式有信用保证或抵（质）押。可通过网银预约还款。

（二）中小企业"e联通""e速通"业务流程

① 借款人开立建行结算账户并开通建行企业网银（高级版）。

② 点击建设银行网站→公司机构→网络银行服务→马上办理。

③ 点击"e联通""e速通"融资申请→马上申请→网络银行融资申请书。

④ 填写网络银行融资申请表相关信息→提交申请。

⑤ 借款人下载《个人信息授权书》（见示例11-1）、《电子签名声明》（见示例11-2）、《联保体协议书》（见示例11-3），将上述文档签字并加盖公司印章先传真后快递至当地网络银行专营机构。

【示例11-1】

个人信息授权书

本人同意_____银行将本人信用信息提供给中国人民银行个人信用信息基础数据库及信贷征信主管部门批准建立的其他个人信用数据库，并同意_____银行向上述个人信用数据库或有关单位、部门及个人查询、打印、保存本人的信用状况，查询获得的信用报告限用于中国人民银行颁布的《个人信用信息基础数据库管理暂行办法》规定用途范围内。

本人身份证号码为：
申贷企业名称：

授权人（签字）：
申贷企业（签章）：

【示例11-2】

电子签名声明

致中国建设银行股份有限公司_____分行：

兹有我公司_____在贵行办理网络银行业务，根据该业务要求，我公司特作出以下

声明:

1. 我公司接受网上签约的签约方式，同意通过电子签名在网上合同及相关法律文本的签署，同时认可：网上签署的电子形式的合同及相关法律文本，与纸质文本具有相同的法律效力，对我公司具有法律约束力。

2. 电子签名在贵行网络银行业务全流程各环节均具有与手工签名同等法律效力。

3. 在合同履行过程中，凡在贵行有关系统中使用我公司企业网上银行申请人号、申请人证书和密码进行的操作均视为我公司行为，由此产生的电子信息记录均具有法律效力，对我公司具有法律约束力。

4. 我公司已充分认识到网上签约以及业务办理可能带来的风险，由此产生的一切风险、责任及损失，由我公司自行承担。

声明人(法定代表人)(签字或签章)：
(公　章)

【示例11-3】

联保体协议书
(联保体成员之间签订)

贷款银行名称：_____

协议各方：

甲方：_____

住所：_____

法定代表人(负责人)：_____　　邮政编码：_____

传真：_____　　　　　　　　　电话：_____

乙方：_____

住所：_____

法定代表人(负责人)：_____　　邮政编码：_____

传真：_____　　　　　　　　　电话：_____

丙方：_____

住所：_____

法定代表人(负责人)：_____　　邮政编码：_____

传真：_____　　　　　　　　　电话：_____

本协议各方借助_____平台决定组成信贷联合担保组织向贷款银行申请贷款，为明确各成员的权利义务关系，经充分友好协商，特签订本协议。

一、联保体性质

1. 本协议约定的信用贷款联合担保组织（以下简称"联保体"，其中组成成员以下简称"联保体成员"）是由本协议项下的数个企业法人/个体工商户组成信用集合向贷款银行申请贷款而成立的相对固定的组织。

2. 除基于本协议及相关合同所发生的权利义务关系外，联保体各成员之间不构成任何形式的代理、合伙、合作等法律关系，任何成员不得以其他成员的名义对外宣传、从事本协议及相关合同约定外的行为。

二、借贷方式

本协议生效后，本协议各方均应以自己的名义向贷款银行申请贷款，各方拟申请贷款额度为：甲方：_____万元；乙方：_____万元；丙方：_____万元；丁方：_____万元，联保体贷款总额为：_____万元。联保体贷款总额及各方具体贷款额度均以贷款银行最终核定的额度为准。

三、担保方式

1. 联保体的全部成员将对成员间的贷款承担连带担保责任。任何一方未能按照相关合同约定在贷款归还期限届满前归还贷款的，贷款银行除有权要求借贷方归还贷款外，还有权要求联保体任何一方归还该到期贷款。具体约定以相关合同为准。

2. 当某一联保体成员根据联保体与贷款银行签订的相关合同对其他成员的逾期贷款或其他违约行为承担连带担保责任后，该成员有权要求逾期还款方返还其承担担保责任部分的款项及该款项自支付给贷款银行之日起至返还期间的同期同档次银行存款利息。

四、联保体成员权利义务

1. 联保体贷款总额及各成员额度确定后，任一成员应在向贷款银行实际支用额度之日起一个工作日内以书面方式通知其他成员。如有成员在贷款银行确认额度后又提出退出或要求变更，因此造成其他成员不能获得贷款款项或无法及时获得款项而引起的损失及贷款银行要求的损失赔偿要求，由提出要求的成员承担赔偿责任。

2. 联保体各成员除依照相关合同为其他成员对建设银行的债务提供担保（包括但不限于保证、抵押、质押担保）外，不得再提供任何形式的担保（包括但不限于为任何企业、个人等第三方提供任何形式的担保、为其他成员对除建设银行以外的其他债权人的债务提供任何形式的担保），在本协议签订前已提供担保的，在该担保到期后不得继续。

五、保密条款

联保体各成员应对本协议内容及在签订本协议过程中知悉的各成员及建设银行有关业务运作与操作技术等商业方法有保密义务，未经有关成员及建设银行同意，不得以任何形式对外透露。

六、指定联系人

联保体各成员同意指定以下人员作为联保体与贷款银行之间的指定联系人，负责接收贷款银行向联保体发出的通知，并向贷款银行递交联保体共同文件。但指定联系人并非联保体各成员的委托代理人，若联保体文件仅有指定联系人签章而无其他联保体成员签章，仅作为签章人的文件，不能作为联保体共同文件。联保体共同文件由联保体各成员法人代表指定联系人收到贷款银行通知的第三个工作日起，视为贷款银行通知已送达联保体各成员。

指定联系人：

联系方式：

七、争议处理

因本协议产生之任何争议，各成员应友好协商解决，协商不成，可向_____仲裁委员会申请仲裁，仲裁裁决是终局的，对各成员均具有约束力。

八、其他

本协议自各方法定代表人/负责人签字并加盖公章之日起生效，一式两份，各成员各执一份，交贷款银行备案一份。

联保体成员签字盖章：
甲方：法定代表人/负责人（签字）：
申贷企业（公章）：
乙方：法定代表人/负责人（签字）：
申贷企业（公章）：
丙方：法定代表人/负责人（签字）：
申贷企业（公章）：

日期：

⑥ 在系统自动测算显示的额度内进行审核，提交审批并通过建行企业网银完成合同签约；

⑦ 进入贷款支用，输入支用金额，点击支用，贷款自动存入企业账号；

⑧ 借款人偿付融资款项。

三、建行小微企业"快e贷"及业务流程

(一) 建行小微企业"快e贷"产品

小微企业"快e贷"是针对小微企业提供的免抵押、免担保的纯信用、全流程网上操作的网络融资服务。

适用对象:企业主为中国内地居民;企业和企业主信用良好,不存在逾期和欠息记录;已开通建行企业网银和企业主个人高级版网银;企业和企业主个人在建行拥有金融资产。

小微企业"快e贷"单户贷款额度最高可达200万元;全流程网上自助办理,系统秒批,贷款办理迅速;可循环;最长期限为1年,随借随还;按日计息,万分之一点九。

(二) 小微企业"快e贷"的业务流程

1. 通过企业网银开通小微企业"快贷"功能

用主管岗角色进入企业网银后,点击"服务管理"→"业务管理"→"开通"。在一级菜单中选择"信贷融资",在二级菜单中选择"小微企业快贷",点击"开通"。

2. 通过企业网银进行小微企业"快贷"授权

用主管岗角色进入企业网银后,点击"信贷融资"→"小微企业快贷"→"我要快贷"。点击"马上授权"。

选择企业贷款发放账号,核对返显信息后,勾选相关选项,点击"确定"进行授权。

3. 登录已被授权的企业实际控制人的个人网银进行贷款申请

选择"个人贷款→小微企业快贷→快贷申请";选择"快e贷"→"现在申请",并接受授权。系统将跳转至填写贷款信息界面;在系统自动计算的最高可贷款额度内,填写贷款金额、期限,点击"提交审批"。勾选相关选项,点击"签约"。签约完成后,企业实际控制人即可进行贷款支用。点击"快贷支用",输入支用金额(贷款支用至企业账号),确认贷款支用信息,出现"贷款支用成功"界面。

【资料】

建设银行与阿里巴巴公司联合推出网络联保贷款

网络联保贷款是建设银行和阿里巴巴公司在全球首创推出的新型小企业贷款模式,是针对注册资本50万~200万元、年销售额1000万元左右的微小企业,由3家或3家以上的企业通过网络平台组成一个联合体,共同向银行申请贷款。建设银行网络联保贷款有6个方面的特点:

(1) 贷款过程流程化和网络化 在"网络银行"上,贷款流程几乎完全脱离纸质资料的层层递交和审批,而在网上完成申请、审批、放贷等各项步骤,大大节省了银行的人力成本。

(2) 无抵押贷款、利益共享、风险共担 贷款申请者不需要抵押、质押自己的资产,只要缔结联合体协议,承诺在成员企业无法还贷时,联合体中的其他企业必须共同代为还贷。

(3) 将商户的网上交易记录作为信用评价标准 阿里巴巴为其电子商务平台上的"诚信通"会员和"中国供应商"会员设立了独立信用档案。企业入库需要经过严格的第三方认证,然后转成信用记录转存在阿里巴巴信用评价体系与信用数据库。银行将该数据库中企业的信用作为银行放贷的依据。

(4) 银行、政府和阿里巴巴共建"风险池",降低银行的放贷风险 银行、政府和

阿里巴巴采用三方联手，各拿出一部分资金，成立"网络银行风险池"，若发生信贷损失，将在某一范围内对贷款风险进行补偿，降低了银行的放贷风险。

（5）对违约企业进行"网络信息披露"，并对企业欠贷信息进行互联网曝光。

（6）实行"企业间自身考察＋银行实地走访"的双考察模式，降低贷款风险。通过组员间的互查、银行的贷前检查和企业的自查，能有效地降低联保体风险和银行的信贷风险。

资料来源：罗弦，《商业银行网络联保贷款模式研究》，硕士论文，2009年。

第三节　网络贷款的风险管理

一、网络贷款对象及风险特征

从理论上讲，所有的贷款都可以在网络上进行受理、审批、发放和管理。但是对于不同的贷款对象，网络贷款所面临的风险是不相同的。

（一）大型、特大型对公类客户，私人银行类客户及基于放开贷款营销的个人住房贷款客户等

对于这类客户而言，网络只是简单地将这些客户的贷款业务由线下转移到了互联网上，没有通过网络改变、延展银行经营地域半径。这类网络贷款的主要方式是通过成熟的网银、重客等系统来进行，主要作用是为这类客户提供更高效的服务、带来更满意的客户体验及节约经营成本。银行经营这类客户时，最主要的手段还是依靠线下调查、线下贷后管理。因此，银行现有的流程设计和风控措施基本能够有效识别该类客户的信用风险和有效避免此类业务的操作风险。

（二）信用卡类或类信用卡的消费贷款客户

通过银行自建的网络商城或第三方网络合作方，为个人客户提供信用卡分期或者小额消费类贷款。这类贷款随着互联网消费发展而兴起，有着广阔的市场和前景，对银行的声誉和市场份额有积极意义。其风险主要有：一是交易背景不真实，买卖双方蓄意以虚假的交易来套取银行信用，而银行仅凭网络交易记录无法有效识别这种风险；二是个人消费客户本人网络安全意识不强，操作不谨慎，造成信用卡被盗用、资金不安全以及他人冒用本人名义申请贷款等风险；三是因商户经营不善，分期付款的产品或服务无法再提供给持卡人和贷款人，造成持卡人和贷款人向银行追讨赔偿，而对银行造成的资金和信誉风险。

（三）中小企业类客户

这类贷款对象是目前国家、社会和银行关注最多的领域，多数是用以生产经营临时周转。现阶段银行营销此类客户，采取的模式大多是通过核心企业、第三方网络平台、专业市场或自建网络平台等进行批量营销来降低营销成本，同时采用具有自偿性的供应链产品如电子订单融资等来提高风险防控能力。该类客户存在的风险主要有：

1. 客户选择风险

钢铁、煤炭、铜等大宗商品，具有稳定的物理特性和化学特性，流动性强，无论从监管的角度还是从抵（质）押的角度，这些商品都是银行偏好的商品。但是，随着现在钢铁、煤炭、铜市场的不景气，行业风险逐渐积聚，客户风险不断加大。

2. 交易背景不真实风险

在网络贷款业务中，由于地域的广阔性，银行现场调查的成本较高，往往倾向于将核心企业、第三方网络平台、专业市场作为风险防控的最重要关口。一方面，上述机构在审查贸易背景真实性方面可能存在措施不够、执行合同乏力的情形，甚至有可能出于维护自身信誉等因素，帮助贷款客户隐瞒粉饰真实经营情况。另一方面，在银行系统与核心企业、专业市场、第三方仓储系统进行对接过程中，电子信息与实际信息往往存在一定差异，依旧无法实现信息完全对称，导致银行掌握贷款客户信息滞后。

3. 过度授信风险

如果第三方网络平台、专业市场网络贷款与多个银行有合作，贷款客户可能向多个银行同时发起贷款申请，虽然银行进行业务审查时没有别的金融机构贷款，但却可能形成多家银行机构同时授信的情况。

4. 网络安全风险

网络贷款业务必须将银行的系统与核心企业、第三方网络平台、专业市场的系统进行对接。在业务操作过程中，有可能将银行制度文件、客户机密、商业秘密等信息向这些机构泄密，甚至通过这些机构向互联网泄密。

5. 管理风险、操作风险

网络银行业务的集中审批、全流程线上操作等特点决定了银行内部管理面临操作技术性增强等问题，现有管理方式、人员配备和检测手段难以完全适应新模式下的风险管理要求，难免出现各类操作风险。

二、加强银行网络贷款风险防范的建议

（一）加强网络安全管理

网络安全是所有网络贷款业务面对的一个基本问题。银行开展网络贷款应做好以下几个方面的工作：一是加强宣传和培训，一方面建立员工培训的长效机制，使员工合规操作，另一方面是提升客户安全意识；二是加强技术研发投入，使系统、平台能够真正安全；三是加强软件合作方管理，避免合作方泄密。

（二）加强第三方机构或商户管理

加强第三方机构或商户管理应从以下几个方面入手：一是严格核心企业、第三方网络平台、专业市场准入；二是以"线上线下联动"方式防范客户风险，就近选择核心企业，由主办行安排专人定期现场巡查，核实电子信息的真实性；三是在给予核心企业上下游客户额度时，可以将上下游企业客户额度视为核心企业额度的一部分；四是在自建的网络平台发放个人贷款、经营类贷款时，利用银行资金结算信息及客户调查优势，加强商户的准入与管理。

（三）严把目标客户准入关

严把目标客户准入关是商业银行加强网络贷款风险防范的重要一环。应采取的对策有两个：一是网络贷款目标客户的行业政策、客户政策与线下贷款客户的信贷政策保持一致，防止客户政策套利，线下不能做就转移到网络上来做，从而带来网络贷款的风险；二是在对中小企业主发放个人经营类贷款时，要将个人贷款的额度和企业贷款的额度统一管理。

（四）强化交易背景调查

强化交易背景调查能一定程度保证网贷客户经营的真实性，保证真实交易背景下有经营收入，按期偿还贷款可能性大，降低信用风险。具体措施：一是通过分析核心企业、网络平台、专业市场等第三方交易数据来揭示客户交易背景；二是将一定比例的结算量作为贷款的条件，来监控客户的经营状态；三是与核心企业、网络平台、专业市场签订一定的排他协议，减少客户过度授信。

（五）加强技术风险预警及培训

建立与网络银行配套的风险识别机制，对异常情况要早预警、早处理。同时加大培训力

度，使相关业务人员迅速适应业务和流程的变化，避免出现制度理解偏差、操作失误等情况。

（六）建立专业网络银行业务经营团队

网络贷款要健康发展，必须建立适合网络贷款的独特发展思路的专业网络银行业务经营团队。一是改变目前分散经营分散管理模式，建立专业的网络银行业务经营团队，形成区别于线下贷款业务的经营思维。二是对于网络贷款进行单独考核，设定不良容忍率，不能因噎废食，一出现不良就立即叫停。

练习题

一、名词解释

1. 网络贷款   2. 银行网络贷款

二、单选题

1. 相比于传统银行贷款，网络贷款突破了（　　），方便快捷，门槛更低。
   A. 时间限制   B. 地域限制   C. 资金限制   D. 担保限制

2. 国内多家商业银行纷纷进入网络贷款市场，主要是着眼于中小企业、（　　）融资需求，利用便捷的网络渠道和有价值的网络信息，推出低成本、个性化、高效率线上信贷服务。
   A. 大型企业   B. 小型企业   C. 小微网商   D. 个人客户

3. 建设银行则推出网络贷款产品"e贷通"，只要符合相关条件，不需要任何抵押担保，就可以获得最高10万至（　　）的消费授信。
   A. 20万   B. 50万   C. 100万   D. 1000万

4. 随着互联网产业的迅猛发展，一些商业银行抓住电子商务快速发展机遇，紧贴借款人的网络习惯，于（　　）年开始推出了"网络贷款"业务。
   A. 1998   B. 2000   C. 2008   D. 2012

三、多项选择题

1. 国内中资银行网络贷款主要有以下（　　）形式展开。
   A. 依托网银渠道   B. 建立网络贷款专属平台
   C. 与第三方电子商务平台合作   D. 手机银行
   E. 网上银行

2. 银行实现网络贷款业务突破最大技术瓶颈包括（　　）。
   A. 银行网络贷款系统尚不健全
   B. 银行网络贷款功能相对滞后
   C. 银行网络贷款面临第三方贷款平台的竞争
   D. 银行网络贷款地位不稳固
   E. 银行资本金不充足

3. 银行发展网络信贷业务应加快（　　）创新步伐。
   A. 组织架构   B. 业务流程   C. 产品设计   D. 操作系统
   E. 人事管理

四、判断题

1. 我国商业银行的网络贷款业务是全部在线申请、在线审批、在线发放和收回的线上

业务。（　　）

2. 与第三方电子商务平台合作的银行网络贷款模式,是银行借助电子商务平台的现有资源及诚信控制机制,为中小企业提供融资。（　　）

3. 在开展网络抵押贷款业务的银行,个人可以以定期理财产品质押通过网络银行或手机银行申请贷款。（　　）

4. 商业银行在对中小企业主发放个人经营类网络贷款时,要将个人贷款的额度和企业贷款的额度统一管理。（　　）

5. 建设银行开展的"e贷通"系列网络贷款也称联保体贷款,借款人申请贷款时,需下载《个人信息授权书》《电子签名声明》《联保体协议书》,将上述文档签字并加盖公司印章先传真后快递至当地网络银行专营机构。（　　）

五、思考题

1. 我国商业银行推出的网络贷款模式有哪些?
2. 论述我国商业银行发展网络贷款业务的机遇和挑战?
3. 简述商业银行如何防范网络贷款的风险?

第十二章

小额信贷业务

【学习目的与要求】

掌握小额信贷的含义和特征；

掌握小额信贷与传统信贷的区别；

掌握小额信贷技术分析方法；

掌握小额信贷的业务流程。

【案例导入】

建设银行扶持小微企业

　　天津市欣龙德绝缘材料有限公司成立于 2005 年 02 月，坐落于天津市北辰区西堤头镇东堤头村北，注册资金 50 万元，主要研究、开发、生产聚酰亚胺薄膜等绝缘材料。企业实际控制人于广龙有一定的管理、实践经验。2015 年该公司新购进一条生产线，耗资近 200 万元，造成该公司流动资金短缺，经营遇到瓶颈。

　　2015 年 6 月，该公司联系到建设银行，寻求资金支持。该行客户经理经过审查客户资料、实地调查分析，发现该客户 2013 年总纳税额 74.66 万元；2014 年纳税额 65.05 万元，且经查询人行征信，该公司及实际控制人信誉良好，无不良记录，基本满足该行"税易贷"的贷款要求。该行客户经理立即与客户联系，详细讲解了"税易贷"的贷款条件与支用要求，并与客户达成共识，客户向该行提交了贷款申请。该行经过录入系统、初审、复审和实地面签，于 2015 年 7 月 7 日向天津市欣龙德绝缘材料有限公司发放贷款 160 万元，缓解了客户的燃眉之急。

　　该行贷款发放后，天津市欣龙德绝缘材料有限公司资金短缺问题得以解决，经营稳步发展，近 12 个月纳税额达 79.54 万元。贷款临近到期，该公司已向该行提出贷款申请，要求继续与该行合作。该行客户经理根据该客户的实际经营及纳税情况进行测算，计划今年向该客户发放贷款 200 万元，目前该笔贷款已批复，近期将发放。

　　建行"税易贷"贷款和其他银行同类小微企业贷款产品相比，最大的特点就是建设银行在放贷时不评级不授信，也无需申请者提供任何抵押和担保。小微企业只要符合以下条件，即可获得最高 200 万元人民币的贷款。

第一节 小额信贷概述

一、小额信贷的含义与特点

(一) 小额信贷的含义

小额信贷（Micro-credit）这一术语，是指向低收入群体和个体经营者、微小企业提供的一种额度较小的信贷服务。主要是对广大个体工商户、小作坊、小业主、小微型企业主等发放短期无担保的小额贷款。贷款的金额一般为 10 万元以下，1000 元以上。

小额信贷不同于微型金融（Micro finance），微型金融包含存款、贷款、汇款、保险、租赁等各种金融产品。

虽然小额信贷发展的初期是作为一种金融模式的扩展，但其目的则是为低收入者和微型企业提供自我实现和发展的机会，使其摆脱贫困的状态。因此，小额信贷同时也是一种重要的扶贫手段。早在 17 世纪，英国就出现了以资助穷人而非获得收益为目的的慈善基金，这些基金的重要来源则是慈善组织和其他宗教机构。这种慈善基金实际上就发挥了一种小额信贷的作用。在中国的北宋时期，王安石的青苗法则被看作一系列关于农村信贷的开创性方法，包括农户联保、市场化利率机制、贷款审核、信贷风险防范机制等诸多制度形式，并带有很强的抑制高利贷的扶助目的。20 世纪 70 年代开始，小额信贷在亚洲国家与拉丁美洲国家相继获得成功。

小额信贷是微小贷款在技术和实际应用上的延伸。借款人不需要提供担保，即债务人无需提供抵押品或第三方担保仅凭自己的信誉就能取得贷款，并以借款人信用程度作为还款保证。由于这种贷款方式风险较大，一般要对借款方的经济效益、经营管理水平、发展前景等情况进行详细的考察，以降低风险。

(二) 小额信贷的特点

我国自 1993 年开始试办小额信贷以来，经历了从国际援助、政府补贴支持到商业化运作的过程，目前，不仅农村信用社、农村商业银行、小额贷款公司、村镇银行大力开展小额信贷业务，一些城市商业银行、股份制商业银行甚至国有控股商业银行响应国家普惠金融号召，也纷纷成立小额贷款部门，并积极开展小额信贷业务。小额贷款业务呈现出的如下特点：

(1) 服务对象特殊　正规金融所没有覆盖到的客户群体。发展小额信贷的初衷——为贫困人口、低收入家庭和自营业者提供金融服务，促进不发达地区的经济发展。从理论上讲，小额信贷的服务对象应该是略低于贫困县的人口，但国际上成功的、具有可持续性的小额信贷机构的贷款对象是多层次的，囊括了贫困人口、非贫困人口和微小企业。多元化的借贷主体可以分散投资风险，为小额信贷机构的持续发展提供更多的契机，使小额信贷机构可以有更强的能力适应市场的环境，更好地为贫困人口、为促进农村金融体系的改进做出努力。

(2) 担保方式特殊　一般没有正规的抵、质押品。城乡贫困人群、小微企业、个体经营户缺少可供抵押的财产，很难按照传统的方式获得资金。不需要抵押担保，是小额信贷区别于传统信贷的明显特点。

(3) 额度较小　一般为人均 GDP 的一定百分比或数倍之内。在我国，一般认为是 10 万元以内。

二、小额信贷的分类

小额信贷经过多年发展，目前大体上可以分为扶贫性的小额信贷和商业性的小额信贷两种类型。

（一）扶贫性的小额信贷——强调扶贫效果

扶贫性小额信贷是向农、林、牧、渔、各种微型的非农经济体以及小商小贩等发放的短期无抵押的小额贷款。而且贷款的发放往往还伴随着一系列的综合技术服务，旨在通过金融服务让贫困人口获得生存与自我发展的机会。

扶贫性小额信贷的理论基础是强调政府作用的传统发展经济学。扶贫性小额信贷的实施机构是政策性金融机构、财政部门、非政府组织（NGO），资金来源于财政补贴、慈善基金、捐款等。贷款的利率水平低于基准利率。

很多国家的实践表明，补贴型的低利率对于有效地为贫困人口提供金融服务是有害的。之所以得出这样的结论是因为：小额扶贫贷款容易把贷款这一稀缺资源转向经济条件好的、有权利或关系的借款人，加剧贷款分配的不公平；容易助长寻租行为；破坏了金融市场的竞争秩序，妨碍了其他商业性金融机构的业务活动；借款人将政府的软贷款视为一种补贴，偿还率低，恶化了信用环境；经办机构成功与否更多的是以贷款数量，而不是财务效率作为衡量标准，缺乏监督贷款有效性的动力；经办机构不能覆盖自己的运作成本，只能依赖持续的补贴生存，一旦补贴停止，它们的经营也就停止了。经营不可持续，并且也只能帮助少数客户。

（二）商业性小额信贷——强调机构的可持续性

商业性小额信贷是一种组织化、制度化，以创新方式解决信息不对称问题，按照可持续经营原则为中低收入人群或微小企业提供信贷服务的信贷方式。

商业性小额信贷的理论基础是强调市场力量的新古典经济学。商业性小额信贷的实施机构是民营小额信贷机构、商业银行。由于商业性小额信贷资金来源于市场化的筹集，包括吸收存款、批发商业资金以及证券市场筹集的资金，因此其贷款利率水平高于基准利率。

商业性小额信贷不是一种慈善事业，也不是一种短期财务援助，更不是一项社会计划，而是产业，具有盈利性、商业性，具有内部产业链条的分工，在迅速地成长。需要大量的前期投入，需要系统的方法来控制风险和机会成本，对结果要耐心，执行工作时要勤勉。

对于商业银行来说，小额信贷是一项特殊的任务，需要管理层和股东全面认可并关注，促进履行企业社会责任，但也要谨慎行事。

三、小额信贷模式

小额信贷是一种新的信贷模式，这一模式是由理念、技术、组织机构、客户、产品等组成。小额信贷的理念：财富创造理念、现金流理念。技术：调查技术、借整还零、团体贷款。组织机构：特殊和相对独立的组织机构。客户：中低收入的家庭和微小企业。产品：额度都比较低。发达国家和发展中国家的小额信贷的模式不同。

（一）发展中国家小额信贷的模式

1. 孟加拉乡村银行（Grameen Bank，格莱珉银行）

孟加拉乡村银行格莱珉银行是小额信贷福利主义的代表，始于1976年尤努斯博士所主持的试验项目——向穷人发放贷款。1983年转为一家为穷人服务的独立银行，股权结构为借款者拥有95%的股份，政府拥有5%的股份。与国际上其他微型金融机构最大的不同，就在于他服务于最贫穷的人,并致力于扶贫和财务可持续的双重目标,以一种商业上可持续的模式来消除贫困。孟加拉乡村银行创立了小组贷款、分期还款、中心会议等机制,有效地降低了交易成本和保证还款率,使得金融服务能够达到底层贫困人口。到 2008 年该银行有 2517 个分支机构,753 万借款者,累计贷款 71 亿美元,贷款结余 5.8 亿美元,还款率达 98.11%。根据世界银行的研究,每年格莱珉银行的借贷者中有 5% 脱贫。

孟加拉乡村银行贷款产品有小额贷款,利率 20%;住房贷款,利率 8%;学生贷款,利率 5%。存款利率 8.8%~12%。从盈利状况看,自成立以来至 2006 年大多数年盈利。近年来由于乡村银行还要提供很多非金融服务,如要对员工进行大量的培训,管理成本很高,所以还不能很好地实现自我持续发展,但它在缓解贫困方面确实是成功的典范。

2. 印度尼西亚人民银行(BRI)

印度尼西亚人民银行是小额信贷制度主义的代表。印度尼西亚人民银行小额信贷部(BRI-UD)是正规金融机构从事小额信贷的模式,也是小额信贷发展中可持续性最好的典型。BRI-UD 总部对中央银行和财政部负责,下设地区人民银行、基层银行和村银行。村银行是基本经营单位,独立核算,自主决定贷款规模、期限和抵押,具体执行贷款发放和收回。机构内部建立激励机制。实行商业贷款利率(年利率 32%)以覆盖成本;如果借款者在 6 个月内都按时还款,银行每月返还本金的 5% 作为奖励;储蓄利率根据存款额确定,存款越多,利率越高。BRI-UD 高利率和鼓励储蓄的政策,是其实现财务可持续性的重要原因。另外,BRI 严格分离银行的社会服务职能和营利职能,银行不承担对农户的培训、教育等义务。1997 年的亚洲金融危机使印度尼西亚的商业金融机构受到重创,尽管小额贷款产业也受到影响,但 BRI-UD 经受住了考验,并为人民银行度过这次危机做出重大贡献,与此同时,其缓解贫困的作用也是有目共睹。2003 年 11 月,BRI-UD 在印度尼西亚成功上市,同时在美国证券柜台交易市场挂牌交易,迄今为止,BRI-UD 已成为世界上最大和最具营利能力的小额信贷网络。

3. 玻利维亚阳光银行(BancoSol)

玻利维亚阳光银行是非政府组织转变为商业银行的代表。1992 年转变为商业银行。2000 年后改变发展战略,从提供单一的小组联保贷款产品转向多元化的金融服务,从个人贷款、房屋贷款、短期运营资金贷款和中长期投资贷款到担保和抵押贷款、消费贷款、保理业务、借记卡、汇款结算、寿险和外汇买卖等全面的金融服务。最主要的贷款产品是个人贷款和小组联保贷款,分别占其贷款业务的 60% 和 35%。在贷款技术方面突出的特点是广泛采用打分技术。在新客户申请贷款时,采用客户选择的打分模型;对现有客户和老客户,采用客户细分的打分模型;对贷款即将到期和逾期的客户,采用收款的打分模型。

(二)发达国家小额信贷的模式——德国的 IPC

德国国际项目咨询公司(IPC 公司)是一家专门为以微小企业贷款业务为主的银行提供一体化咨询服务,并进而介入从事小额信贷业务的商业银行股权投资和经营的公司。IPC 公司在微型金融领域是非常成功和有为威望的。IPC 公司总部设在位于德国的法兰克福,旗下拥有 22 个以从事小额信贷为主的商业银行,这些银行位于中东欧、非洲、拉丁美洲。并在中国、乌克兰、俄罗斯、土耳其等国提供咨询服务。

经过多年的发展,IPC 公司在小企业贷款技术上形成了一套特色鲜明,行之有效的办法,并且在对外技术输出中取得了良好的效果。IPC 公司信贷技术的核心,是评估客户偿还贷款的能力。主要包括三个部分:一是考察借款人偿还贷款的能力,二是衡量借款人偿还贷款的意愿,三是银行内部操作风险的控制。每个部分,IPC 公司都进行了针对性的设计。在评估客户偿还贷款的能力方面,其流程主要是信贷员通过实地调查,了解客户生产、营销、资金运转等状况,自行编制财务报表,分析客户的还款能力,为发放贷款的整体决策提供信息。

四、我国小额贷款实践

(一) 中国开发银行微小企业贷款项目

国家开发银行微贷款项目是由世界银行(WB)和欧洲复兴开发银行(KFW)资助开发的。德国IPC公司进行技术援助。

国家开发银行微贷款项目的对象是自然人或个体工商户和微小企业(员工数量100人以下),目前自然人或个体工商户贷款占了90%以上;贷款额度0.5万~50万元,10万元以上的很少。2008年初,有12个城市商业银行加入了这个项目,6个发放了贷款,贷款余额25亿元,平均每笔贷款5万元,利率18%左右。30天以上的逾期贷款仅占0.3%。国家开发银行认为:国内一些小额贷款失败的原因,在于小额贷款技术引进不彻底。

(二) 商业银行的小微贷款

1. 包商银行的小微贷款

包商银行为解决长期以来居民个体及小企业融资难的问题,2005年末引入的德国IPC公司微小企业贷款技术,是国内首次由正规金融机构实施的基于商业可持续发展原则的贷款业务。经过多年的实践,包商银行成功应用和创新发展了微小企业贷款技术,实现了微小企业信贷业务的迅速扩张,在微小企业贷款领域已成为全国领先的银行。截至2011年12月末,包商银行为小企业金融部当年累计发放贷款63937笔,金额98.5亿元,贷款余额为70亿元,不良贷款率控制在0.44%的超低水平,各项指标均达到国际先进水平;六年来,历史累计发放贷款139570笔,金额262亿元,实现月最高发放小微企业贷款8884笔,已累计为87300户小企业、个体工商户、农牧民发放了贷款,支持了80多万人的就业、创业和展业;小企业信贷业务收益率是其公司业务收益率的3.5倍,其对包商业的利润贡献率已达到40%左右,成为名副其实的支柱性业务。由于近90%的客户以前从未获得过银行贷款,潜在的客户群体不断增加,微贷项目已拥有了一个较稳定的客户源和发展前景,实现了微小贷款的可持续发展目标。

2. 台州商业银行小微贷款

台州商业银行于2005年11月与国家开发银行在台州举行《微小企业贷款项目合作协议》签字仪式。2006年1月19日,发放了微小贷款项目的第一笔一年期分期还款贷款,金额为10万元。至此开启了"小本贷款"放款项目业。小本贷款是台州银行为微小企业、个体经营户及个人推出的轻松融资系列产品,它无需抵押、手续简便、利率灵活、放贷快速、借得轻松、还得方便。小本贷款金额5万~30万元(30万元以上对客户资质要求较高),满足小微企业和个人"短、小、频、急"的需求,帮助小微企业成长壮大。该行在简化放贷手续的同时,降低利率,下浮最大达20%,让利小微企业。截止2013年末,台州银行"小本贷款"贷款余额65.21亿元,已累计发放551.55亿元,获得资金支持的小微客户已达42万户,其中约60%的客户是平生第一次获得银行贷款。在所发放的小本贷款中,失土农民占比94%,无业城镇居民占比5%,异地创业流动人口占比1%,为地方创造了80万个就业机会。台州银行的"小本贷款"项目,得到了台州银监分局的高度肯定,并荣获"2014年服务小微企业二十佳金融产品"称号。

3. 哈尔滨银行小额信贷

哈尔滨银行秉承"普惠金融，和谐共富"理念，积极开展小微贷款业务。截至2009年第1季度末，小额贷款余额118.26亿元，占信贷资产总额的46.46%，小额贷款日均余额108亿元，占信贷总资产日均额的45.44%，收益占信贷资产总收益的52.19%，总体不良率控制在1%左右。

哈尔滨银行农业贷款原来上限2万元，现为5万元，平均每笔1.5万～2万元。微小企业速贷原来上限10万元，现为30万元，平均6万～7万元。农贷利率9.5%～10%，城市微贷利率15%，农业贷款不良率低于0.13%，城市微贷不良率低于1.23%。

（三）新型农村金融机构的小额贷款

从2007年开始，我国各地纷纷成立了新型农村金融机构：村镇银行、小额贷款公司、农村资金互助社。这些农村金融机构积极开展小额贷款业务，促进了小额信贷的发展。

截至2015年年末，全国已开业村镇银行1311家，资产总额为10015亿元，资本充足率达21.7%；贷款余额5880亿元，农户和小企业贷款余额分别为2665亿元和2802亿元，不良贷款率1.44%。

截至2015年年末，全国共有小额贷款公司8910家，贷款余额9412亿元，2015年人民币贷款减少131亿元。小额贷款公司利率制定有相应标准，下限为人民银行公布的贷款基准利率的0.9倍，上限不超过基准利率的4倍。

第二节　商业银行小额信贷的基本要素

一、小额信贷的对象和条件

（一）小额信贷的对象

小额信贷的对象是经工商行政管理部门注册登记的中小企事业法人、其他经济组织、个体经营户，以及具有中华人民共和国国籍的，具有完全民事行为能力的自然人。具体的贷款对象是小微企业、小业主、个体经营户、农户以及个人。

（二）小额信贷的条件

① 必须是有完全民事行为能力的中国公民，一般要求年龄在18～60周岁，部分银行会限制在25～50岁；

② 在中国境内有固定住所，或有当地城镇常住户口（或有效居住证明），或有固定的经营地点；

③ 有正当的职业和稳定的经济收入，具有按期偿还贷款本息的能力；

④ 无不良信用记录，不能将贷款资金用于炒股、购房或是赌博等；

⑤ 各个银行规定的其他小额贷款条件。

二、小额信贷的贷款用途

（一）农户小额贷款的用途

对于农村中的农户小额贷款，贷款用途有明确规定，具体包括：

① 种植业、养殖业等农业生产费用贷款，为购买肥料、农药、种苗、种子、饲料等贷款；

② 为农业生产服务的个体私营经营贷款；

③ 农机具贷款，为购买耕具、抽水机、脱粒机及其他小型农用机械等贷款；

④ 小型农田水利基本建设贷款。

(二) 微小企业主贷款的用途

微贷服务对象主要是中低收入阶层、贫困人口、以家庭为基础的自然人和微型企业，他们广泛存在于社会经济生活的各个层面，覆盖第一、第二、第三产业，因此，微小企业贷款的用途非常广泛。有用于第一产业的林、牧、渔以及种植业，用于第二产业的小型采掘、微型制造、建筑业以及第三产业中的交通运输、商业、餐饮业、仓储业等服务行业。具有微小企业主贷款用于多个行业，具有多种用途。

三、贷款额度的确定

小额贷款额度应为小额，这与客户群的经营能力相当，也与贷款人的自我保护有关。一方面，小企业、小作坊、小业主以及个体经营户经营规模较小，需要的资金也少，并且小企业、小业主等缺乏抵押担保，大部分信用贷款风险较大，贷款人出于贷款的安全发放小额贷款，进行自我保护。另一方面，贷款者发放小额贷款支持贫困阶层，自动防止力量强大的骗贷者。

小额贷款最高额度一般需要普遍的信息（10万元），也有的银行规定20万元，甚至更高200万元。贷款额度一般根据利率、未来现金流以及当地的人均收入水平确定，应控制在一定收入水平倍数之内。即使遭遇自然灾害，也有归还的可能。

每个客户的额度需要特殊的信息。由于借款人的生产与生活混同，生产规模一般不大，并且多数没有财务报表，客户经理必须编制客户的财务报表，并进行交叉核验，在此基础上确定贷款额度。

对新客户的首笔贷款确定一个低于其偿还能力的较小的额度。贷款人用较小的贷款额度来进行尝试，以发现借款人的真实信用水平。借款人通过准时还款证明他能够并且愿意遵守还款承诺；如果借款人在后续的还款过程中表现良好，贷款人可以适当增加贷款的额度；如果借款人发生拖欠或未能偿还贷款，他再次获得贷款的可能性就降低甚至再也不能得到贷款。在长期的重复博弈中发展借贷双方的业务关系和借款人的信贷记录。

四、贷款期限与利率

(一) 贷款的期限

小额贷款的期限主要有两种：一种是短期，一种是中期。短期贷款一般是1年以内（含1年）的贷款，中期贷款是指贷款期限1年以上，3年以内的贷款。

(二) 贷款的利率

贷款利率由资金成本、风险成本、运营管理成本和预期收益组成。资金成本包括基准利率水平以及资金来源的成本。风险成本包括客户的信用风险成本、市场风险成本和内部操作风险成本。运营管理成本是指包括识别和考察客户，处理贷款申请程序，发放贷款，贷后检查，贷款回收，坏账的善后处理的一系列成本。小额信贷业务额度小、业务量大；需要信贷员与客户面对面的交流，以人与人之间的直接联系来替代正规的财产担保，使得交易成本很高。

贷款人经营小额信贷也要获取一定的预期收益。贷款人要根据各种成本以及预期收益科学制定小额贷款的利率水平，适当的利率水平能保持小额贷款的可持续发展，也能促进借款人合理有效使用资金。小额贷款不适合低利率，低利率贻害无穷，价格战的竞争策略在小额贷款领域并不是一个好策略。

五、还款方式——分期还款

小额贷款还款方式有一次性还本付息和分期还款两种方式。主要采用分期还款方式，这是小额贷款非常重要的一个特点，是一种创新。分期还款制度是一种基于"现金流"理念的贷款管理技术。

分期还款方式的优点有三个。一是在没有抵（质）押的情况下，通过这一还款方式大大降低贷款人的风险，保持与客户经常的信息交换。实际上也迫使客户自己要投入一定的资本金（因为通常贷款项目不能这么快就产生收益）；迫使客户选择现金回流快的项目；迫使客户要保证稳定的收入，扩展多渠道的收入来源；改善借款人的现金流规划，迫使客户具有还小钱的能力；培养客户的诚信和还款意识。二是具有"早期预警"功能，贷款人可随时监控，尽早发现借款人的异常，这时催收也较为容易。避免所有的信贷风险在期末集中暴露。到期一次还本付息的还款方式，往往会形成前松后紧的现金流，极易形成偿付延后，成为不良贷款的根源。三是贷款人可以持续回收本息，财务状况更加健康。

在实践中发现，较长时间的逾期、较为困难的贷款催收都是采用一次性还本付息方式，有个别试图欺诈或出现还款困难的客户，由于采用了分期还款，及早发现并采取措施，从而证明分期还款机制的优势。

六、组织管理

（一）独立事业部

小额信贷的特点决定开展小额信贷业务的银行或机构，采用独立事业部的组织形式进行管理，以便取得更好的效益。

（二）审批权下沉

由于小额贷款笔数多、金额小、客户分布广，审批权限不能过高、集中。目前，由县市支行审批贷款的好处有：加快审批速度，审批人熟悉当地的市场情况，审批责任明确。

（三）信贷员全程管理

小额信贷是"一张面孔对客户"，信贷员要负责全面处理与客户之间的关系，从客户调查、贷款分析到贷后管理等（银监会：农村小额贷款由客户经理包发放、包管理、包收回），与客户之间建立一种较为个人化的关系。客户连续一贯的表现和接触有助于控制和建立相互之间的信任（客户不喜欢自己的个人信息、商业机密被更多的银行人员知晓）。信贷员负责客户评估，直到承担贷款的最终责任。体现了信贷风险管理方面权利与责任的对等。了解客户，有利于降低风险。

信贷员应注意：与客户再熟也要牢记银行的立场和自己的职责。

银行应注意：客户资源是银行的，不能成为信贷员个人的；执行轮岗制度、强制休假制度。

第三节 微小企业财务分析与逻辑检验

一、微小企业财务分析的方法

微小企业财务分析的方法与传统银行的信贷分析方法不完全相同。

传统信贷分析是对借款的经济单位进行分析，分析的依据是企业提交的正规财务信息（大部分经审计的资产负债表、损益表和现金流量表），分析企业提供的抵押物、保证人、质物的担保能力，并根据这些判断借款人的还款能力，据此做出科学的贷款决策。传统的信贷分析方法信息收集处理标准化、文档化，技术成熟。

微小企业财务分析方法不仅仅适用于对微小企业进行财务分析，也适用于对小业主、个体经营者以及农户等进行财务分析。由于小微企业、个体经营者以及农户没有正规的财务报表，信贷员利用调查收集的资料和信息对客户进行分析，编制损益表、资产负债表、现金流量表，并对客户的财务信息进行逻辑检验和权益检验，了解家庭经济社会状况，据此分析还款意愿和还款能力，在此基础上进行贷款决策，必要的情况下做进一步补充和外围调查。

调查收集信息主要包括：客户家庭及生意的客观性非财务信息、客户人品的主观性非财务信息、客户家庭及生意方面的财务信息。调查这些信息的目的是要进行贷款分析，以此评估微小企业的商誉、诚信、偿还能力及贷款需求，并进行贷款风险预测。

贷款分析的核心指标是微小企业的月可支配收入。最常见的小额贷款产品通常是按月等额还款。根据这种还款方式的特点，在小额贷款业务中，评估客户还款能力的一个核心指标是"月可支配收入"，即把客户的生意和家庭作为一个"经济单位"，每个月可以产生的"自由现金流"的金额，这一指标也是确定贷款额度的主要依据之一。

二、财务报表编制与重构

小额贷款目标客户是微小企业。微小企业数量巨大，但个体规模很小。大部分微小企业注册形式为"个体工商户"，很多是"夫妻店"。绝大部分客户不制作"财务报表"。由于大部分客户教育程度不高，因此也不懂如何制作"财务报表"。即使少量客户制作财务报表，也主要是为报税使用，很难反映其真实的经营情况。大部分客户交税采用"包税"，因此很多客户不长期保存其经营记录。由于其业务特点，在经营中大量采用现金结算的方式。

由于微小企业的前述特点，决定了我们必须对银行传统的信贷方法进行调整。在绝大部分情况下不能要求客户提供财务报表；即使客户有财务报表，也不能简单地将其作为信贷决策的基础。客户经理必须在调查的基础上为客户编制或重构财务报表。

（一）资产负债表的编制与重构

1. 资产负债表数据获取方式

编制/重构资产负债表的关键是获取各科目的数据。由于资产负债表反映的是"时点"数据，是客户生意"财务状况"在调查时点上的一张"照片"，因此理论上讲可以相对容易地获得更加可靠的数据。对于典型的小额贷款客户来说，主要的资产通常包括：存货、应收账款、设备和交通工具以及预付款项。其中存货和应收账款是调查的难点。对于小额贷款客户来说，有借款的并不多，但负债往往是一个重大的风险来源，调查起来通常难度也比较大。资产负债表数据获取方式见表12-1。

表12-1 资产负债表编制/重构数据获取方式

资产	数据获取方式	负债	数据获取方式
现金	清点现金	应付账款	询问，查阅进货单及付款凭证
银行存款	查银行存款余额	预收货款	查看有关凭证
应收款/预付款	询问/清点有关凭证		
存货	盘点存货	商业信贷	询问
设备	清点/查看有关凭证	私人借款	询问
交通工具	清点/查看有关凭证		
厂房、铺面	查看合同、产权凭证		

2. 资产负债表的编制/重构

微小企业资产负债表的编制方法是根据调查了解到的流动资产、固定资产和其他资产（如：对外投资）列出求和，将企业的负债列出求和，用资产减负债得出所有者权益。由于房产用于个人的居住，因此，不将房产列入固定资产的范畴。具体编制方法见案例1。

【案例1】

企业A有现金2000元；有银行存款16000元；存货320000元；企业有两辆2009年购的车子当时买价是19万元，现值12万元；企业的房租还有4个月到期，一年的房租是12000元；现企业A欠供货商企业C 60000元货款。当客户经理2013年2月1日拜访该公司时，公司恰好又收到一笔10000元的货款，货物昨天已经发出。编制资产负债表。企业A有多少权益？

企业A 资产负债表　　　　　　　　　日期：2013.2.1

资产		负债	
流动资产：	348000	流动负债：	60000
货币资金	28000	应付账款（企业C）	60000
现金	12000	短期贷款（<12个月）	
银行存款	16000		
存货	320000		
固定资产：	120000	长期负债：	
设备		贷款>12个月	
汽车	120000		
其他经营性资产：	4000	权益：	412000
房租	4000		
资产合计	472000	总负债+权益	472000

（二）损益表的编制与重构

1. 损益表数据获取方式

编制/重构损益表，与编制资产负债表一样，关键是获取各科目的数据。由于损益表数据是过去一段期间的数据，是"流量"数据，因此，在客户没有完整、可靠经营记录的情况下，数据获取起来会更加困难。

对于典型的小额贷款客户来说，固定费用中最主要的部分是租金和工资。这两项费用通常调查和把握起来都比较容易。在这种情况下，能否准确把握客户的损益，关键就是能否准确把握客户的销售收入和毛利率。而销售收入和毛利率通常是损益调查中最困难的两项内容。损益表数据获取方式见表12-2。

表12-2 损益表编制/重构数据获取方式

科目/项目	数据获取方式	科目/项目	数据获取方式
销售收入	询问/查看有关记录	水电费	询问/查看水电费单据
变动成本	通过核定毛利率/变动成本比率计算得出	税收	询问/查看交税凭证

续表

科目/项目	数据获取方式	科目/项目	数据获取方式
工资	询问/查看工资表	其他费用	询问/根据生意特点进行判断
租金	查看租赁合同、租金收据	家庭其他收入/家庭开支	询问/根据客户经济情况进行判断

2. 损益表的编制/重构

由于微小企业的收入与支出与家庭的收支有密切的关系,再加上微小企业经营大部分都有淡旺季之分,因此损益表编制应体现各个方面。具体可参看案例2。

【案例2】

客户B从2012年11月开始经营女装生意至今(调查当日为2013年11月3日),1月份是服装经营的旺季,营业收入在50000元左右,其他均相差不大,平均营业收入在35000元左右。客户的商品一般按两种折扣进货,分别是5折和5.3折,客户的服装都是按全价出售且各占50%。客户店里有两个职工,每人每月底薪为1500元,两人的绩效工资按营业收入的1‰提成。客户每月需要支付200元的托运费用,房租为每月4167元,水电费为350元,电话费为100元,每月要交200元的税费,招待费要350元,还有每月33元的上网费,客户丈夫在一家企业上班,月收入4000元左右,家庭月开支5000元。请为B客户编制损益表。

由于客户的商品一般按两种折扣进货,分别是5折和5.3折,客户的服装都是按全价出售且各占50%。因此客户B的经营成本计算方法如下:

$$旺季成本 = 50000 \times 50\% \times 0.5 + 50000 \times 50\% \times 0.53 = 25750$$

$$平季成本 = 35000 \times 50\% \times 0.5 + 35000 \times 50\% \times 0.53 = 18025$$

根据题中给出的数据及计算的成本编制客户B损益表。

客户B 损益表 日期:2013.11.3 单位:元

项目		好月份 2013年1月	一般月份 2012年11、12月 2013年2~10月	平均月份
销售收入		50000	35000	36250
成本		25750	18025	18668.75
提成		500	350	362.5
毛利润		23750	16625	17218.75
固定费用	工资	3000	3000	3000
	租金	4167	4167	4167
	托运费	200	200	200
	水电费	350	350	350
	通信费	100	100	100
	其他税收	200	200	200
	招待费	350	350	350
	网费	33	33	33
	总额	8400	8400	8400

续表

项目		好月份 2013年1月	一般月份 2012年11、12月 2013年2~10月	平均月份
净利润		15350	8225	8818.75
家庭因素	其他收入	4000	4000	4000
	家庭开支	5000	5000	5000
可支配收入		14350	7225	7818.75

（三）现金流量表的编制与重构

由上表我们可知企业的可支配收入，但不知道企业有多少现金，不知道企业销售的条件（现金或赊账），也不知道多少利润用于A的开支。现金流量表能更好地帮助我们理解实际情况。

现金流量表当中分为经营活动、投资活动及融资活动三部分，反映企业现金流量的来龙去脉，记录资金的流入/流出，反映收入和支出实际支付的情况而非何时发生，表明企业在某时刻资金流动性状况。流动性意味着有足够的钱来偿还各项支出以及贷款。

现金流量表的编制方法：期末现金余额＝期初现金＋期间现金流入－期间现金流出。

期初现金指期初客户手头上的现金量，包括现金和银行存款。手头上的钱并不一定是客户自己的钱，可以是借来的钱，如银行贷款，社会借款等。

期间现金流入是指期间任何现金流入，不要和期间销售收入混淆，销售收入可能发生，但不一定收到现金，可能形成应收账款。可能的现金来源：现金销售收入、应收账款回收、客户的预付款、定金、债务人现金偿还借款、获得贷款或私人借款、其他收入（配偶的工资等）。

期间现金流出是指期间任何现金流出，不要和期间销货成本混淆。可能的现金流出：原材料现金采购、支付材料应付账款、支付现金设备款、预付款（购买原材料定金、设备定金）、偿还私人借款或银行贷款（车贷、房贷等）、其他开支（如儿女结婚、小孩上大学等）。具体编制方法见案例3。

【案例3】

某客户月初手头上有35000元现金，第一个月份的销售收入为120000元，采购货物90000元，现金支付，固定费用开支30000元，本月用现金支付了20000元，另外10000元将在下个月支付，妻子家用开支了20000元，为儿子办生日聚会花了6000元，但是爷爷奶奶及亲属给了8000元。第二个月份的销售收入为250000元，但只收到了230000元，其他20000元将在下个月收到，现金采购材料花了187500元，固定费用还是30000元，他不仅支付了本月费用，还支付了第一个月份欠的10000元，妻子家用支出了20000元。编制两个月的现金流量表。

某客户两个月现金流量表　　　　　　　　单位：元

项目	第一个月	第二个月
期初现金期现	35000	27000
＋现金销售收入	＋120000	＋230000

续表

项目	第一个月	第二个月
－现金材料采购	－90000	－187500
－现金支付固定费用	－20000	－40000
经营现金流	＋10000	＋2500
－家庭开支	－20000	－20000
－其他开支	－6000	
＋其他收入	＋8000	
家庭现金流	－18000	－20000
期末现金	27000	9500

如果小额贷款客户几乎所有的交易都是以现金来进行的，并且所有的交易都在一个期间内（如当月）完成，没有延迟支付，那么，在这种情况下：损益表和现金流量表在很大程度上是一致的，而且微小贷款金额小、期限短，就没有必要为微小贷款客户分别编制两份报表。

如果某些小额贷款客户生产经营周期较长，应收应付等往来款占用资金较大，就应当分别编制损益表和现金流量表。在整个调查分析过程中，将三张报表综合起来考虑，可以看出整体的财务状况。资产负债表：某一时刻累计财富有多少。损益表：在某一特定时期内，创造多少财富（全部经营活动）。现金流量表：在某一特定时期内，发生了哪些现金流动。

三、财务数据的逻辑检验

（一）逻辑检验的理论基础

如前所述，绝大部分微贷客户不编制财务报表，即使编制可靠度也很低。这些财务数据要么是客户口述、要么是客户销售流水账。这些数据可信程度不高。如何高效地获取、检验客户的财务数据呢？逻辑检验就是一个有用的工具。

逻辑检验就是对两个方面获取的数据进行核对，如果数据偏差在一定范围，比如5%以内，即认为是合理的。逻辑检验有两个作用：一是获取精确的关键数据，二是用于验证申请人的诚信。

逻辑检验的哲学观应该是"联系论"。联系具有普遍性，客观性，多样性，可变性。小额贷款调查涉及很多的内外因素，而这些因素均遵循联系的这些特性，普遍、客观的联系存在于这些行为表象中。信贷逻辑检验就是将这些孤立的信息联系起来，从不同的角度分析一个事物，达到通过现象看本质的目的。

逻辑检验小例子：

一个养猪户说："我的养猪场一年出栏量是7000～9000头，目前我猪场的存栏量是1000头。"问题：你觉得客户说的话可靠吗？你有什么问题要问他吗？

（二）财务数据的逻辑检验

损益各项与资产负债各项逻辑图，见图12-1所示。

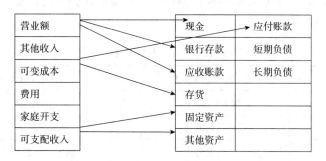

图 12-1 损益各项与资产负债各项逻辑图

1. 损益与资产负债逻辑检验

现金＝月营业额/30/每天营业时间×当天营业时间

银行存款＝期间利润×上次大项开支截止到分析时的时间

应收账款＝月营业额/30×应收账款账龄

应付账款＝月销售成本/30×赊账周期

应有存货＝上次进货时的存货＋期间购买存货－期间销售成本

资金积累和设备采购、其他资产购置是否匹配

【案例4】

客户C开一家超市。超市每天早上9点开门，晚上6点关门，当天下午4点在分析他的贷款申请时，他展示了当天钱箱里的现金，共1300元。他说早上开门时准备了300元现金找零用，当天也没进货，一个月的营业额能达到5万～6万元。请估算一下客户C现在每天的营业额有多少？

解析：

由于客户C经营超市，其营业额与一定时点的现金有联系，即

一定时点的现金＝月营业额/30/每天营业时间×当天营业时间

根据已有现金情况：1300－300＝月营业额/30/8×6，可得

月营业额＝1000×8×30÷6＝40000（元）。这与客户C口述的5万～6万元出入较大。

2. 交叉检验营业额

营业额可以根据现金、应收账款、销售成本和员工工资进行交叉检验。具体逻辑关系如下：

期间销售额＝期末现金－期初现金＋期间开支

应收账款余额＝账期内的销售额×赊销比例（如客户与其下游有较稳定的结款周期）

销售成本＝销售额×毛利率

员工工资＝基本工资＋工资提成×销售额

营业额也可以通过按时间比较销售额（每日、每周、每月、每年），按类型比较销售额（零售占比，批发占比，前提：知道零售或批发具体营业额），按产品比较销售额（A类产品占比，B类产品占比，前提：知道当月某一产品的具体营业额），通过进货检验销售额进行交叉检验。具体情况可见表 12-3。

交叉检验没有定式,千差万别的客户会有千差万别的检验方法,要根据客户的不同行业灵活选择不同的检验方法。

表 12-3 交叉检验营业额

贸易行业（小超市）	生产行业（机械加工）	服务（出租车）
按时间	按生产能力	按里程表、油表
按产品	按原材料消耗	按每月加油费用与油耗
按进货额	按水、电消耗	按汽车检修、换机油、轮胎的频率
现金检验	按计件工资	按上座率
	按应收账款	
	按铁屑	

【案例5】

客户张先生从事钢钉生产,信贷员3月2日做现场调查时,客户说:"下游客户与我的结款方式是先付10%的预付款,余款在货到后两个月内结清。4~8月为好的月份,日销量为4吨;12~2月为差的月份,日销量0.7吨,其他月份是一般月份,日销量2.6吨。钢钉每吨售价3500元。目前我有应收账款约70000元。"请对此做交叉检验。

交叉检验营业案例分析:

由于客户张先生与其下游有较稳定结款周期,则:应收账款余额＝账期内的销售额×赊销比例。在前述案例中:账期为2个月,赊销比例为90%,应收账款余额为70000元,因此可推算客户在1~2月的销售额应为:70000/0.9＝78000（元）。而客户口述1、2月每天销售0.7吨,每吨3500元则两个月的销售额应为:60天×0.7吨/天×3500元/吨＝147000元,二者差异很大,逻辑检验通不过!

（三）权益的检验

权益代表生意资金来源中由所有者自己投入/拥有的那部分。

权益＝资产－负债。由于权益变化的原因有:增加投入、红利分配、利润留存、资产价值增值或贬值。因此权益检验公式:

应有权益＝初始权益＋期间利润＋（期间权益注资－期间权益提款）＋（资产增值－折旧或贬值）

权益检验的思路:应有权益与实际权益进行"两点一线"比较,即选定两个时点（正推,反推）,回顾其间经营、投资、融资活动及家庭支出。

如果应有权益＞调查（实际）,可能有4种情况:利润算高了,支出算少了（月可支配收入被高估）;有部分资产没有调查出来,或者客户有其他投资;初始投资中有部分负债没有调查出来,或是客户借款、还款行为没有调查清楚;忘记了放在表外的资产。

如果应有权益＜调查（实际）,可能有3种情况:损益表中利润算少了,或有其他收入;客户有负债没有调查出来（应付账款,民间借贷）;可能有部分资产不是客户的,注意合伙情况。

【案例6】

权益检验实例：

某客户 2005 年开始从事纸品批发生意，初始投资 30 万元，其中 11 万元为亲戚朋友借款，其他资金为出售自家住房所得。开始经营至今，历年的盈利情况如下：

2005 年，不亏不赚；2006 年盈利 35 万元；2007 年盈利 75 万元；2008 年盈利 25 万元；2009 年盈利 35 万元；2010 年至今盈利 30 万元。目前（2013 年 12 月末）其有存货 86 万元，应收款 110 万元，现金及银行存款 3 万元；有三台配送车，初始购置价为 8 万元，目前价值 5 万元。客户因经营需要在他行有贷款 24 万元，欠亲友借款 25 万元，欠供应商货款约 8 万元；客户 2008 年购置自住房产，首付及装修共花费约 50 万元；2009 年为父母购置房产，首付及装修共花费约 30 万元；客户 2010 年上半年投资婴儿用品店，总投资约 80 万元。进行权益检验，看企业的权益是否属实？

根据给定数据编制资产负债表。

资产负债表编制/重构案例
资产负债表   单位：元

资产		负债	
流动资产：	1990000	流动负债：	570000
• 货币资金	30000	应付账款	80000
现金及银行存款	30000	短期贷款	240000
• 存货	860000	亲友借款：	250000
• 应收款	1100000		
固定资产	50000	权益	1470000
• 设备	50000		
汽车	50000		
总资产：	2040000	总负债＋权益：	2040000

应有权益＝初始权益＋期间利润＋（期间权益注资－期间权益提款）＋
（资产增值－折旧或贬值）
＝（30－11）＋（35＋75＋25＋35＋30）＋（0－30－50－80）－3
＝56（万元）＜147（万元）（实际）

经检验，客户应有权益＜实有权益，差额 91 万元。经过信贷员与客户沟通，欠上游企业应付账款 60 万元忘记了，还有亲戚借款 30 万元。

第四节 小额信贷操作管理

一、小额信贷业务受理

（一）判断客户是否符合贷款条件

中国大陆居民；年龄在 25～50 岁；从事正当的生产经营活动；项目具有发展潜力或市场竞争力；具备按期偿还贷款本息的能力；有稳定的收入来源；无不良信用记录；贷款用途

不能作为炒股、赌博等行为。

（二）借款申请

借款申请人自行填写借款申请书并签字；借款申请人配偶（若有）在借款申请书上签字；借款申请人及配偶（若有）填写征信查询授权书；借款申请人及其配偶（若有）提供身份证原件及复印件。

（三）贷款业务受理

受理符合贷款条件的客户的借款申请，要认真审核借款人及其配偶签字，审核资料是否齐全，身份证是否真实有效。

对下列情况的贷款申请不予受理：

① 非实际借款人申请，借款人本人有事；或借用他人执照申请，编写兑店协议等；

② 客户携带假合同申请，参照正规行业合同不符；

③ 客户申请时有无关人员陪同，发现为中介机构，以及夫妻关系较差，不配合贷款或不能签字。

二、贷款评估

（一）信贷调查

信贷调查包括：借款申请人企业经营状况调查、借款申请人家庭状况调查、担保人调查。进行信贷调查时，应该以访谈和实地考察为主要调查手段，要"面对面"。将客户所提供信息与书面材料和/或证明人所提供的信息进行"交叉检验"。

调查了解的主要内容：了解客户的从业经验、管理能力和个人品行；了解客户经营项目的行业和其自身状况；获得经营项目的财务信息；了解客户的家庭有关信息（基本状况、收支、财产及债务）；收集信贷决策资料和贷款要件；核对文件（合法性、真实性、有效性、一致性、全面性）；要求客户提供保证人和证明人的姓名和联系方式（证明人可以是经营上下游客户、经营地点出租人、所在市场的管理者等）；通过调查保证人和证明人，了解保证人的真实担保意愿，对客户所提供的信息进行交叉检验。

（二）信贷分析——"制三表"

通过量化和非量化信息分析借款申请人企业的经营状况及申请人的管理能力；分析申请人企业现金流，判断其项目的盈利能力和偿债能力；通过量化和非量化的信息分析借款申请人家庭状况；分析征信报告、调查走访所了解的借款申请人及其他相关人员信用状况，判断借款申请人还款意愿；分析申请金额及其用途与实际还款能力和意愿的内在联系；分析担保人的担保能力及担保意愿，判断第二还款来源的稳定性；分析该笔贷款存在的主要风险点并提出解决风险的主要措施。

（三）贷款建议——"测限额"

根据逻辑检验验证的数据测定贷款的限额，贷款限额的测定主要依据利润或可支配收入，以及现金流量，国际通行的小额信贷限额的做法是月利润的70%作为还款能力，我国商业银行按月分期还款占月可支配收入占比不超过70%掌握贷款的限额。据此建议发放贷款的金额，同时建议贷款的期限、利率、还款方式、担保方式及其他。

【案例7】

2015年4月某日，客户刘先生到我行申请办理微小企业贷款。刘先生是贷款经办行所在地当地人，现年39岁，自2008年至今一直与爱人共同经营服装生意，经营性质为个体工商户，经营手续齐全，月平均经营收入 5 万元，月平均进货成本 2 万元，每月缴纳定税 500 元，雇员两名，每名雇员月工资 3000 元，经营店面年租金 7.8 万元，家庭及个人月总支出 5000 元，申请借款 12 万元用于旺季增加库存量，刘先生计划 1 年还清。

（1）月均利润测算：

通过测算刘先生的月均利润为

12000 元（50000－20000－500－3000×2－78000/12－5000）。

（2）贷款额度测算：按照国际小额信贷通行做法，每月利润的 70% 作为还款能力的测算依据。

建议贷款额度：12000×70%×12＝100800（元）

三、贷款审查、审批

（一）贷款审查

贷款审查包括合规性审查和完整性审查。

合规性审查包括审查贷款建议的金额、期限、还款方式、担保方式是否符合信贷制度、审查相关人员身份、审查相关人员年龄、审查相关人员从业经验及工作时间、审查各种证照是否到期、审查贷款金额上限是否符合信贷制度以及其他需要审查的内容。

完整性审查包括审查所需资料是否齐全（查阅信贷制度）、审查所需签名是否齐全以及其他需要审查的内容。

（二）贷款审批——"滚动批"

信贷员汇报调查情况，每位审贷会成员发表意见，审贷双方辩论，每位审贷会成员对贷款提案的最终决议进行投票。最终决议分为"通过""否决""再议"，并实行"一票否决"制。贷款审批岗人员按照最终达成的决议填写贷款审批单。

贷款审批过程中要把握的十个关键点：基本情况分析、信用记录分析、行业分析、生产与经营情况分析、财务分析、融资情况分析、借款用途分析、担保分析、风险防范措施分析、融资方案分析。审批过程要注意外部要合法，内部要合规。

小额贷款需求具有"短、快、急"的特点，因此审批需要"滚动批"，即信贷员准备好调查报告后，审贷会应尽快审批。

四、贷款发放

贷款审批之后进入贷款发放阶段，贷款发放要落实审贷会条件，核对借款人及其保证人身份，在做出贷款决定的当天通知客户，签订合同及借据，同时还要进行贷款回访，整理贷款档案。

贷款发放时注意防范风险。防范贷款调查时用途与实际贷款用途不符或贷款被他人挪用，必要且可行的情况下，要采用委托支付的方式。防范非借款人本人签字，冒充或找人代签，防范借款人或保证人证明文件蓄意造假。

五、贷后监控

贷后监控是指在贷款发放后，银行有目的、有计划地对客户贷款的使用状况、客户的经营情况、家庭情况等进行观察、沟通、检验，及时掌握是否有影响客户正常还款的情况出现，并采取相应的防控措施，确保贷款的安全。实践证明，妥善的贷后管理可以有效降低贷款损失。

（一）监控目的

贷后监控的目的有三个：一是保证贷款的安全，通过贷后检查发现存在的问题，通过对客户的了解与把握找到低成本解决问题的方法；二是把握良好的营销机会，客户上游有供应商，下游有客户，还有社会关联人，通过贷后监控有更多的机会接触到客户的关联人，可以进行更有效的营销；三是有利于客户关系管理，贷后监控对公司客户来说拉近了与客户的距离，使得了解信息变得简单，也有利于提高服务质量和维护长期稳定的公司客户关系。

（二）贷后监控的内容

贷后监控的内容主要有以下几个方面：

（1）贷款目的分析　　贷款的实际用途与客户申请时约定的贷款用途是否一致。

（2）还款来源分析　　实际的还款来源与客户申请时约定是否发生变化。

（3）客户的业务是否发生变化　　这种变化是否有利于增强客户的还款能力，客户所在的行业发展状况，是否有不利于客户发展的因素。

（4）还款监管　　定期跟踪贷款偿还情况。

（三）贷后监控的方式

贷后监控主要通过电话、实地拜访等方式与客户进行联系，或者通过电话、网络等方式查询客户信息。主要分为正式监控、非正式监控和特殊监控。

正式监控是公司或银行要求的，网点必须做好落实并记录。主要分为贷后回访、定期检查和专题检查。贷后回访在贷后第一个月进行。主要了解客户贷款的实际用途与申请时的用途是否一致。定期检查根据客户的资信、贷款金额等有关因素来决定贷款检查的时间。检查的内容包括：客户的经营情况、产品市场发展前景、项目的进展情况等。专题检查是对一些有问题的客户可组织人员通过会谈、实地再考察等方式，查明问题根源，提出解决的措施和方法。

非正式监控是信贷人员在日常工作中与客户接触时进行的监控。包括日常监控（如监控饭店商店，路过时看看生意如何）、特殊监控（根据行业特点，选择监控的时间和方法）、电话监控（如常通电话，从客户交流中感觉是否正常）、侧面监控（如果拥有信息网络，通过侧面了解客户生意）、消费监控（在消费的同事，感觉客户的状态和生意情况）等。

特殊监控是对客户尚正常还款，但是已获得信息，客户生意主观或客观出现的重大变化而进行的监控。特殊监控要收集客户信息，与客户沟通获得客户的规划与想法，验证客户信息的可信度，要向审贷会汇报，制订应对方案，并尽快执行方案。

客户经理每次监控必须仔细填写文档，业务主管要定时进行文档检查，不定时抽查信贷员的监控质量。

（四）贷后监控预警信号

在日常的贷后监控过程中，如果觉察到以下信息，极可能会导致客户逾期，银行要高度重视，第一时间采取防范和化解措施。

① 客户未按协议提供重要信息或提供虚假信息，如隐瞒资产、债务或抵（质）押品真实情况。

② 客户本人无法联系或失踪，未按规定用途使用贷款。

③ 未曾预料的家庭变故：疾病、失业、离婚、死亡等。

④ 借款人生活方式发生不同寻常的变化。

⑤ 应收款大幅增加。
⑥ 存货大幅增加。
⑦ 经营发生变化：工人下岗、场所变更等。
⑧ 负债显著增加，包括向其他金融机构借款。
⑨ 行业趋势逆转。
⑩ 当地问题：如天气、灾害、疾病等。

(五) 逾期贷款控制策略

对逾期的处理必须有计划地进行控制，必须制订逾期的月计划、周计划、日计划控制策略。

月计划是结合上月底的逾期，对本月底的逾期情况进行预测，是否有可能新增逾期客户，对于逾期时间较长的客户，在质量管理部门的协助下能否成功收回部分。

周计划重点落实月计划中的各项工作，同时对于每周新增的逾期客户务必在当周消化掉。

日计划必须注重细节安排，对于扣款客户应重点关注三个时间段的回盘，同时有针对性地及时报盘；对于还现金或存对公客户，应提醒客户尽早办理，便于有个缓冲跟进时间，一般为上午通知提醒，中午回盘关注，下午检查核实。对于逾期客户应加大力度跟进甚至上门。

对不同的客户应采用不同的逾期控制策略。对还款能力及还款意愿都好的客户，积极与客户沟通收回贷款；对有还款能力但还款意愿欠缺的客户，首先积极培养其信用意识，逐步施加压力，维持短信、电话、上门、信函等催收形式，打消其拖赖的想法，迫使其还款。对无还款能力而还款意愿很好的客户，应与客户共同商讨解决的方法，在力所能及的范围内给予客户一些帮助，如调整还款计划、减免一部分利息等，让客户时刻感觉到银行真正在助其渡过难关，并保持很好的还款意愿，以使客户尽早还款。对于还款能力和还款意愿都欠缺的客户应通过法律手段维护银行债权。

六、贷款收回

采取"分期还款"方式收回贷款，提示工作具有重要性。提示工具可使用电话、短信的方式，最好使用一式两联的提示还款通知单，既及时通知还款，也可保证一旦未获还款，诉讼时效及时中断。还款方式的设计原则上不接受客户的部分或全部提前还款。

练习题

一、名词解释

1. 小额信贷　2. 扶贫性小额信贷　3. 商业性小额信贷　4. 逻辑检验

二、单选题

1. 扶贫性小额信贷的实施机构是政策性金融机构、财政部门、非政府组织（NGO），资金来源于（　　）。贷款的利率水平低于基准利率。

　　A. 财政补贴　　　　B. 慈善基金　　　　C. 商业银行　　　　D. 捐款

2. 商业性小额信贷是一种组织化、制度化，以创新方式解决信息不对称问题，按照（　　）为中低收入人群或微小企业提供信贷服务的信贷方式。

　　A. 可持续经营原则　B. 效益性原则　　　C. 安全性原则　　　D. 保本经营原则

3. 发展中国家小额信贷的模式不包括（　　）。
   A. 孟加拉乡村银行　　　　　　　　B. 印度尼西亚人民银行
   C. 玻利维亚阳光银行　　　　　　　D. 德国的 IPC
4. 小额贷款主要采用分期还款方式，这是小额贷款非常重要的一个特点，是一种创新。分期还款制度是一种基于（　　）理念的贷款管理技术。
   A. 现金流　　　B. 盈利　　　C. 安全　　　D. 风险

三、多项选择题

1. 对于农村中的农户小额贷款，贷款用途有明确规定，具体包括（　　）。
   A. 种植业、养殖业等农业生产费用贷款，为购买肥料、农药、种子、饲料等贷款
   B. 为农业生产服务的个体私营经营贷款
   C. 农机具贷款，为购买耕具、抽水机、脱粒机及其他小型农用机械等贷款
   D. 小型农田水利基本建设贷款
   E. 交通运输、商业、餐饮业、仓储业等服务行业贷款
2. 小额信贷采用分期还款方式的优点（　　）。
   A. 在没有抵（质）押的情况下，大大降低贷款人的风险
   B. 具有"早期预警"功能
   C. 贷款人可以持续回收本息，财务状况更加健康
   D. 借款人还款压力不大
   E. 借款人偿还的利息少
3. 商业性小额信贷组织管理制度包括（　　）。
   A. 独立事业部　　B. 审批权下沉　　C. 信贷员全程管理　　D. 审批权限上收
   E. 分级审批
4. 小额信贷的模式包括（　　）。
   A. 孟加拉乡村银行　　　　　　　　B. 印度尼西亚人民银行
   C. 玻利维亚阳光银行　　　　　　　D. 德国的 IPC
   E. 美国的花旗银行

四、判断题

1. 小额信贷信贷员要负责全面处理与客户之间的关系，从客户调查、贷款分析到贷后管理等。（　　）
2. 我国商业银行按月分期还款占月可支配收入比不超过80%掌握贷款的限额。（　　）
3. 小额贷款审批实行"一票否决"制。（　　）

五、计算分析题

根据给出的下列资料，编制资产负债表和损益表，看看其权益和月可支配收入为多少，营业额是否准确？是否可以发放贷款？

客户赵女士，今年35岁，有一个孩子，爱人在政府部门上班。现在某市某商场经营一家内衣店，在商场内较有知名度。客户曾在2010年2月28日与我行有过合作，当时发放贷款5万元，三个月期限，贷款已还完，信用状况良好，本次申请金额15万元、期限12个月，主要用途是客户想代理一个新品牌，用来进货。贷款调查结束时间为2012年12月31日下午16：30，信贷员调查赵女士自诉如下：

我有现金3849元，基本是一天的营业额，银行存款30000元，存货223300元，车等固定资产26万元，自有库房和货架25万元，剩余租金104000元，欠厂家货款10000元。自

有住房价值60万元。

买内衣6、7、8月份为淡季，月销售收入大约6万元，9、10、11、1、2月份为旺季，月销售收入大约15万元，3、4、5、12月为平季，月销售额大约12万元。销售成本率为61.5%，毛利率为38.5%。每月固定支出18000元，爱人每月工资4500元，每个月家庭开支5000元。

参考文献

[1] 闫红玉. 商业银行信贷与营销 [M]. 北京：清华大学出版社，2009.
[2] 吴慎之，陈颖. 银行信贷管理学 [M]. 武汉大学出版社，2008.
[3] 蔡鸣龙. 商业银行信贷管理 [M]. 厦门：厦门大学出版社，2014.
[4] 贾芳琳. 商业银行信贷实务 [M]. 北京：中国财政经济出版社，2009.
[5] 许贤丽，员明. 银行信贷管理实务 [M]. 长春：东北师范大学出版社，2014.
[6] 钟灿辉，陈武. 银行信贷实务与管理 [M]. 成都：西南财经大学出版社，2006.
[7] 邱俊如，金广荣. 商业银行授信业务 [M]. 北京：中国金融出版社，2009.
[8] 江其务，周好文. 银行信贷管理 [M]. 北京：高等教育出版社，2004.
[9] 周志翠. 商业银行放款实务 [M]. 北京：北京理工大学出版社，2011.
[10] 银行业专业人员职业资格考试办公室：《公司信贷》[M]. 北京：中国金融出版社，2016.
[11] 银行业专业人员职业资格考试办公室：《个人贷款》[M]. 北京：中国金融出版社，2016.
[12] 唐友清. 商业银行信贷实务 [M]. 北京：清华大学出版社，2011.
[13] 王艳君，郭瑞云，于千程. 商业银行授信业务 [M]. 北京：中国金融出版社，2012.
[14] 戴国强. 商业银行业务与管理基础 [M]. 上海：上海人民出版社，2007.
[15] 张淑芳，李春. 商业银行经营管理 [M]. 北京：化学工业出版社，2010.
[16] 王红梅，吴军梅. 商业银行业务与经营 [M]. 北京：中国金融出版社，2007.
[17] 陈工孟，傅建源. 小额信贷理论与实务 [M]. 北京：清华大学出版社，2017.

互联网

1. 中国人民银行，http：//www.pbc.gov.cn/
2. 中国银行业监督委员会，http：//www.china-cbrc.gov.cn/
3. 中国银行业协会，http：//www.china-cba.net/
3. 中国银行，http：//www.boc.cn/
5. 中国工商银行，http：//www.icbc.cn/
4. 中国农业银行，http：//www.abchina.com/
6. 中国建设银行，http：//www.ccb.com/
7. 中国光大银行，http：//www.cebbank.com/
8. 招商银行，http：//www.cmbchina.com/
9. 吉林银行，http：//www.pbc.gov.cn/
10. 华夏银行，http：//news.xinhuanet.com/
11. 广州银行，http：//www.gzcb.com.cn/